Medien politisch denken

Stavros Arabatzis

Medien politisch denken

Stasis und Polemos

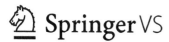 Springer VS

Stavros Arabatzis
Institut für Kunst und Kunsttheorie
Universität zu Köln, Humanwissenschaftliche Fakultät
Köln, Deutschland

ISBN 978-3-658-40675-2   ISBN 978-3-658-40676-9 (eBook)
https://doi.org/10.1007/978-3-658-40676-9

Die Deutsche Nationalbibliothek verzeichnet diese Publikation in der Deutschen Nationalbiblio-
grafie; detaillierte bibliografische Daten sind im Internet über http://dnb.d-nb.de abrufbar.

Planung/Lektorat: Barbara Emig-Roller
Springer VS ist ein Imprint der eingetragenen Gesellschaft Springer Fachmedien Wiesbaden
GmbH und ist ein Teil von Springer Nature.
Die Anschrift der Gesellschaft ist: Abraham-Lincoln-Str. 46, 65189 Wiesbaden, Germany

Vorwort

Die hier vorgelegte Arbeit möchte ‚Medien' von ihrem traditionellen Ort (Technik, Ästhetik, Sprache, Schrift, Buchdruck, Digitalität etc.) auf das politische Feld hin verlagern. Medien sind nämlich nicht nur als intellektuelles oder ästhetisches *Spiel* (kommunikatives, sprachliches, schriftliches, technisches, profitrationales, instrumentelles, hermeneutisches oder mathematisch-informatisches), vielmehr auch als *politischer Ernstfall* zu begreifen. Daher geht diese „Medientheorie" der Frage ‚medial' nach, „warum die Menschheit anstatt in einen wahrhaft menschlichen Zustand einzutreten, in eine neue Art von Barbarei versinkt."[1] Diese Frage, so unsere These, ist eine *mediale*, die aus der anfänglich ‚verkehrten Setzung' (*kata-strophen*) der Medien resultiert und dann ihren historisch-gesellschaftlichen, sozialen und politischen Fortschritt bestimmt: ihre historisch-gesellschaftliche und politische Höherentwicklung, hinter der eine Entwicklung im Gegensinn verläuft: der Fortschritt der *Mittel* als menschliche und dingliche Degeneration.

---

[1] Horkheimer und Adorno 1995, S. 1. Darin werden zwei Thesen aufgestellt: „schon der Mythos ist Aufklärung, und: Aufklärung schlägt in Mythologie zurück." (Ebd., S. 6). Wir wollen beide Thesen ein wenig korrigieren und „Aufklärung" nicht bloß auf „Mythos", sondern ebenso auf das *archische Gebot* der Monarchie (das säkularisierte Erbe des Monotheismus als der eine ‚Gott in der Zeit': das ökonomisch-theologische Mitteldispositiv) und Polyarchie (das säkularisierte Erbe des Polytheismus als die ‚vielen Götter in der Zeit': das staatlich-politisch-mythische Rechtsmitteldispositiv) zurückführen; also die ökonomisch-kapitalistische *Bewirtschaftung* der Welt und die politisch-staatliche *Verrechtlichung* der Welt miteinander verbinden. Dabei geht Geschichte nicht bloß in eine zyklische Einheit der ewigen Wiederkehr auf, vielmehr verdichten sich beide Medienökonomien (Moderne/Archaik, Geschichte/Ursprung, Zeit/Ewigkeit) in der dynamisierten *Mitte* der Medien, wo „alles Feste" (Subjekt/Objekt, Geschichte/Natur, Mensch/Gott, Immanenz/Transzendenz) zuletzt zu „verdampfen" (Marx) droht. Das „dialektische Bild" von Geschichte und Mythos

Vor diesem Hintergrund verfestigt sich heute wieder der Eindruck, den einmal Walter Benjamin in seinen „Geschichtsthesen"[2] von Geschichte, Zeit, Kunst und Kultur gehabt hat: dass der letzte Funken von Vernunft, Zivilisation, Humanität, Kultur, Aufklärung oder Fortschritt aus der Realität entwichen sei und nur noch die Trümmer einer in sich zerfallenden Zivilisation trostlos zurückgeblieben seien. Ähnlich heute unserer Blick auf Mensch und Welt, wo wir nun die zunehmenden ‚Krisen' immer mehr als Normalität erfahren. Deswegen werden hier *Medien* nicht mehr in ihrem diskursiven, technischen, ästhetischen, kommunikativen oder informatischen *Spiel* belassen. Vielmehr in die Sphäre des ‚Politischen' eingebettet und

---

greift daher ein wenig zu kurz, weil es von der Dynamik der Medien, auf ihrer jeweils erhöhten historischen Stufenleiter, abstrahiert. Der ‚eine Gott in der Zeit' (Kapitale, die Menschheit in ihrem Kapitalbegriff) und die ‚vielen Götter in der Zeit' (A-Kapitale, die Menschheit in ihrem Nationalbegriff) bilden dann sowohl ein *komplementäres* (die ökonomischen Mittel der kapitalistischen Vergesellschaftung und die Mittel der Nationalstaaten) als auch ein *antagonistisch-polemisches* Verhältnis. Eins, das heute die neue Konfliktlinie nach innen (*stasis:* Bürgerkrieg) und außen (*polemos:* Krieg) beschreibt: das liberal-demokratische Prinzip *gegen* das illiberal-autoritäre oder islamistisch-fundamentalistische Prinzip.

[2] „Es gibt ein Bild von Klee, das Angelus Novus heißt. Ein Engel ist darauf dargestellt, der aussieht, als wäre er im Begriff, sich von etwas zu entfernen, worauf er starrt. Seine Augen sind aufgerissen, sein Mund steht offen und seine Flügel sind ausgespannt. Der Engel der Geschichte muß so aussehen. Er hat das Antlitz der Vergangenheit zugewendet. Wo eine Kette von Begebenheiten vor *uns* erscheint, da sieht *er* eine einzige Katastrophe, die unablässig Trümmer auf Trümmer häuft und sie ihm vor die Füße schleudert. Er möchte wohl verweilen, die Toten wecken und das Zerschlagene zusammenfügen. Aber ein Sturm weht vom Paradiese her, der sich in seinen Flügeln verfangen hat und so stark ist, daß der Engel sie nicht mehr schließen kann. Dieser Sturm treibt ihn unaufhaltsam in die Zukunft, der er den Rücken kehrt, während der Trümmerhaufen vor ihm zum Himmel wächst. Das, was wir den Fortschritt nennen, ist *dieser* Sturm." (Benjamin 1991, 697 f.) Was Benjamin hier anhand dieses Bildes als „Katastrophe" beschreibt, ist in Wirklichkeit keine ‚Kunstfrage' (obwohl hier ein Bild aus der Kunst im Vordergrund steht) und auch kein *historisch-mythisches Verhältnis*, wo Geschichte in den Mythos zurückschlägt („Dialektik im Stillstand"). Vielmehr ein mediales Grundverhältnis, das aus der anfänglich ‚verkehrten' Setzung (*kata-strophen*) der Medien (als Logos, Begriff, Wort, Bild, Klang oder Körper) resultiert. Sodass wir in der *Mitte der Medien* nicht bloß mit einem mythischen Wiederholungszwang (die Figuren der Vergeblichkeit und Immergleichheit), sondern mit einer *stasiologisch-polemischen Medienökonomie* zu tun haben, die in ihrer Beschleunigung das Medium zuletzt auch noch selbst aus seiner *Mitte* nimmt; Subjekt und Objekt, Zeit und Ewigkeit, Immanenz und Transzendenz, Mensch und Gott damit ganz aus der Welt schafft. Stasis meint hier also nicht das Entziffern der mythischen Bild- und Gestaltcharaktere, sondern den zunehmenden Krieg und Bürgerkrieg als *Befehl* der beiden Generäle (ökonomisch-theologische und mythisch-staatliche). Die *Befehle* markieren die *Mitte* des Mediums als Stasis und Polemos. Damit aber auch den *Gegenbefehl*, der das ganze stasiologisch-polemische Feld außer Kraft setzt, um *anarchisch ohne Befehl* human und herrschaftsfrei zu sein.

damit in der öffentlichen Sphäre des polemischen Antagonismus lokalisiert – nicht
bloß des „Agonismus" (C. Mouffe), der vielmehr nur eine Vorstufe dazu bildet.
Daher unterscheidet sich dieser ‚Medienbegriff' von den üblichen „Medientheorien" der Tradition, die Medien in ihrer indikativen Funktion (was *ist* ein Medium;
was *sind* Massenmedien etc.) thematisieren. Denn Medien *sind* nicht dieses oder
jenes, vielmehr *sollen* sie von Anfang an in ihrer ‚verkehrten Setzung' vor allem
die jeweilige Macht verherrlichen und ihre metaphysische Herrlichkeit in der Zeit
verwalten. Heute: die glorreiche Demokratie, und auf die dann eine Autokratie, ein
Faschismus, ein Autochthonismus oder ein Fundamentalismus *antagonistisch-polemisch* reagieren.[3] Dergestalt, dass sie als ontologische Totalität (liberale oder illiberale) in sich selbst den ‚Feind' nach innen (Bürgerkrieg; *stasis*) wie nach außen
(Krieg; *polemos*) reproduzieren und dann bekämpfen müssen.

Die Hauptthese dieses Buches lautet daher, dass wir es in den ‚Medien' nicht
mehr mit einem theoretischen, technisch-ästhetischen oder informatischen *Spiel* zu
tun haben – was einmal theoretisch als „Parmenideische Unterscheidung" beschrieben wurde; wo man etwa im theoretischen Diskurs zwischen einem ‚wahren' und
‚falschen' Wissen unterscheiden kann, ohne dass dies existenzielle Folgen für die
Einzelnen nach sich ziehen müsste. Vielmehr mit dem *politischen Ernstfall*, wo es
nämlich um Wahrheit oder Falschheit *innerhalb der Polis* und ihren jeweils geltenden Gesetzen geht. Es sind die zwei unterschiedlichen Bereiche (*intellektuelles und
ästhetisches Spiel* hier und *politischer Ernstfall* dort), die *nicht* miteinander verwechselt werden dürfen, weil letzterer existenziell ist und darin um Leben oder Tod
geht; der freilich nicht ‚unmittelbar physisch' sein muss, vielmehr auch den sozialen

---

[3] Insofern liegt das mediale Problem eines *Rückfalls* in Barbarei weniger in der *Reaktion*,
sondern in den Medien der *Aktion*, Aufklärung, des Fortschritts, der Modernität und Humanität selbst. „Wir glauben", so Horkheimer und Adorno in der *Dialektik der Aufklärung*, „in
diesen Fragmenten insofern zu solchem Verständnis beizutragen, als wir zeigen, daß die
Ursache des Rückfalls von Aufklärung in Mythologie nicht so sehr bei den eigens zum
Zweck des Rückfalls ersonnenen nationalistischen, heidnischen und sonstigen modernen
Mythologien zu suchen ist, sondern bei der in Furcht vor der Wahrheit erstarrenden Aufklärung selbst." (Horkheimer und Adorno 1995, S. 4). Diese Aussage trifft heute ebenso auf die
glorreiche Demokratie zu, die in ihren ontologischen Begriffen mythisch und theologisch
erstarrt ist. Denn wenn man sich auf „westliche Werte", Demokratie, Freiheit, Menschenrechte oder Toleranz wie ontologische Begriffe versteift, diese als ein moralisch Seinsollendes erklärt, dann gerät man selbst ins statische Feld des Gegners (Autoritarismus, Faschismus oder Fundamentalismus), der ja ebenso mit seinen erstarrten Begriffen und Weltbildern
operiert. Die stillgestellte Aufklärung, die sich heute politisch in der glorreichen Demokratie
äußert, provoziert somit notwendig die heidnischen oder sonstigen Symptome, die selbst nur
auf die Ursache der Krankheit (Aufklärung, Zivilisation, Kultur, Menschenrechte, Humanität, westliche Welt etc.) reagieren, ohne freilich dabei ein wirkliches Gegenmittel zu sein.

oder psychischen Tod meinen kann. Das heißt, Wahrheit, Narrative, Sprache, Bilder, Töne, Zahlen, Informationen, Gefühle oder Affekte bilden als ‚Medien' nicht mehr das diskursive oder ästhetische *Spiel* – als „Konsens" bei Habermas oder „Dissens" bei Luhmann. Vielmehr den politischen *Ernst*, sodass sie im Raum der Öffentlichkeit *scharf gestellt* sind. Als Vorzeichen dieses *Scharfstellens der Medien* im öffentlichen Raum wären heute etwa zu nennen: bürgerkriegsähnliche Zustände in den USA (Erstürmung des Kapitols; Abtreibungsverbote; Waffenrecht, Klimaschutz); dramatische ökonomische Ungleichgewichte, wie sie etwa Thomas Piketty analysiert hat; zuspitzender Nationalismus; galoppierende Rüstungsausgaben; staatliche Piraterie; militärische Konflikte; Kündigung von internationalen Verträgen; Neigung zur Tribalisierung; posthumanistisch-technokratische Fantasielosigkeiten; Verlust des Horizonts an humanitärer Gemeinsamkeit; zunehmende Desinformationsbekämpfung; Krieg um die Köpfe; Munitionierung von Information; totalitäre Formierung der Gesellschaft und Aggression nach innen und außen; Kulturalismus; Freund-Feind-Denken; Kulturkrieg; Infantilisierung des Politischen oder geopolitische Konflikte und Kriege, die immer mehr atomar[4] zu werden drohen. Es handelt sich um eine feindselige, hysterisierte, emotionalisierte, moralisierte, konfliktbereite, auf *Kontext* und *Vermittlung verzichtende Öffentlichkeit*, bei der die Information und das Wissen immer mehr mit einer affektiven Ladung daherkommen, um dabei die Welt ontologisch-metaphysisch in ‚Gut' und ‚Böse' dualistisch aufzuteilen. Denn hier wird nicht mehr „herrschaftsfrei" im Sinne des „zwanglosen Zwangs des besseren Arguments" (Habermas) argumentiert, sondern emotionalisiert, pathologisiert, hysterisiert und polemisiert. Insofern ist gerade in der *durchmediatisierten Welt* die paradoxe Situation *eine Welt ohne Medien* eingetreten, weil alle Medien in ihrer Bewegung *ontologisiert* und von den liberal-demokratischen, illiberal-autoritären oder islamistisch-fundamentalistischen Imperativen bereits beschlagnahmt wurden. Wir navigieren heute jenseits der Argumente (*logoi*, Begriffe), Narrationen (*mythoi*), Deskriptionen, Meinungen (*doxai*) oder postmodernen Lebensformen, ja sogar noch jenseits des „agonalen" Prinzips (C. Mouffe) und haben inzwischen das Gebiet des Feindes erreicht. Wir tauschen nicht mehr Argumente, Meinungen, Be-

---

[4] Wer heute unterhalb der Atombombe argumentiert – wie etwa zuletzt die Autorinnen und Autoren des Aufrufs „Waffenstillstand jetzt!", die den Westen dazu auffordern, den Ukraine-Krieg durch Verhandlungen zu beenden –, ist bereits aus dem öffentlichen Diskurs raus; er kapituliert, so heißt es, vor dem Feind (heute dem russischen und mehr und mehr dem autoritär-östlich-chinesischen) und gibt damit die „Werte" der westlichen Welt auf. „Zeitenwende" heißt daher *katastrophisch* und in atomaren Kategorien denken – eine Zeit, die freilich, nach Benjamin, *immer schon in sich selbst gewendet* war, eben *katastrophisch* (Katastrophe: Um-wendung). Es ist die imperative Aufforderung, die durch die beiden ökonomisch-theologischen und staatlich-mythischen Generäle erfolgt, in metaphysischen, antagonistisch-polemischen Begriffen des ‚Guten gegen das Böse' zu denken und darin zu handeln.

schreibungen oder Geschichten aus, oder relativieren unsere Position im „Dissens",[5] bzw. tolerieren postmodern unsere Moralvorstellungen mit anderen, sondern bewerfen uns mit moralischen, metaphysischen Granaten. Eine individuelle und allgemeine Feindseligkeit aller gegen alle, die heute sowohl als allgemeines Geschäftsmodell (profitrational) als auch als allgemeines Gemeinschaftsgefühl (affektiv) global wie national oder geopolitisch als ein Seinsollendes auftritt und dabei den Krieg nach außen (*polemos*) wie den Bürgerkrieg nach innen (*stasis*) eröffnet. Damit haben sich Medien in ihrer ganzen Ökonomie[6] in sich selbst antihumanistisch *verkehrt* (*diabolē, katastrophēn*), um in ihrer *Aktualität* und *Potenzialität* nur noch hochtoxisch und feindselig wirken zu können.

Medien heute sind somit selbst zu den kulturellen, technischen, ökonomischen und politischen ‚Waffen' geworden, um darin ihr ‚Wesen' und ‚Unwesen' zu verbergen. Damit hat auch jene ‚technizistische Medientheorie' ihren metaphorischen Charakter verloren – der „Krieg als das Eigentliche der Medien" (Kittler) – und ist in den politischen, geopolitischen, finanz- und informationsökonomischen Raum überführt worden. Kittlers These von den Medien als „Heeresgerät" (Medien als zweckentfremdetes Kriegsgerät stellen eine Art Abfallprodukt dar, das solange in seiner Funktion verkannt wird, solange die primäre militärische Funktion ignoriert wird) ist somit nicht „technisch", sondern politisch (staatlich) und ökonomisch-gesellschaftlich-sozial (vorstaatlich) zu verstehen: Medientheorie als „Stasiologie" (Theorie des Bürgerkriegs) und „Polemologie" (Theorie des Kriegs). Ein *antagonistisch-polemisches Prinzip*, das alle *Medien* im öffentlichen Raum *scharf stellt*, sodass jenes „agonische" Kampfprinzip (C. Mouffe) nur die Vorstufe bildet, da es im Raum des *Spiels* verbleibt. Deswegen brauchen wir kein technisches, hermeneutisches, ästhetisches, phänomenologisches, anthropologisches oder ontologisches Medien-Apriori, das ihr Wesen

---

[5] „Mein Konsens ist Konsens nur in bezug auf Deinen Konsens, aber mein Konsens ist nicht Dein Konsens" (Luhmann 1984, S. 113).

[6] Diese integrale Medienökonomie beschreibt sowohl ihre ontische als auch ihre ontologische Sphäre als Ausstrahlung der Sollenhaftigkeit ihrer ursprünglichen Ideen. So bilden auch die neuen Finanz-, Informations-, Aufmerksamkeits-, Daten- und Affektökonomien (einschließlich der Traum-, Wunsch- oder Triebökonomien) und die staatlichen Rechtsmittelökonomien sowohl die ontische als auch die ontologische Sphäre der Medien: das ‚Werden' der Medienökonomie als ‚Sein'. Während beide Medienökonomien als ‚Wachen' und ‚Traum', als ‚profitrationale Werte' und ‚affektive Gefühlswerte' im archischen Gebot stehen: ‚Denke!', ‚Bilde!', ‚Fühle!', ‚Träume!' oder ‚Spüre!', in deiner jeweiligen liberalen oder illiberalen Totalität. Wir haben es hier mit einer ‚doppelten Buchführung' der Medien sowohl im *ontischen* (Geschichte als Rationalität und Affekt) als auch im *ontologischen* (Sein und Sei!) Bereich zu tun. Eine doppelte Erbschaft der Medien als eine zugleich irdische und himmlische Mathematik und Musik, die von Anfang an im Dienst der Imperative steht und die sich bis hin zu der neuen KI erstreckt. Es sind die *archischen Praktiken der Herrschaft*, die auf die *anarchischen Praktiken der Befreiung* hinweisen.

oder Unwesen erklärt, sondern eine *Stasiologie* und *Polemologie*, die das ganze *antagonistisch-polemische* Feld der Medien im öffentlichen Raum zu erschließen vermögen. Erst dieses *Scharfstellen der Medien* im öffentlichen Raum erlaubt es dann auch über dieses *antagonistisch-polemische Prinzip* hinauszugelangen. Die alte diskursive „Parmenideische Unterscheidung" ist somit in die Polis eingewandert und meint darin nicht mehr die *Leichtigkeit* des theoretischen Diskurses – der sich einmal politisch als „Konsensdemokratie" (Habermas) missverstand – oder des technischen und ästhetischen Spiels, sondern die *Schwere* und den *Ernst* der politischen Lage. Eine, die heute im *antagonistisch-polemischen* Feld des öffentlichen Raums zu verorten ist. Aber Medien sind nicht bloß ein Mittel der politischen und ökonomischen Macht, die in ihrer historischen Anreicherung zuletzt auch noch das Medium ganz aus dem Verkehr zieht. Vielmehr auch Medien des Widerstands und des Gegenbefehls, die jene ontische, ontologische und mythische Feindökonomie außer Kraft setzen. Eine ‚Ökonomie des Opfers', das jede Zirkularität und Eskalation der Feindökonomie zerstört und so den Medien ihre unverdorbene Reinheit wiedergibt. Erst die Entkopplung der Medien deaktiviert also ihre *feindselige Beziehung*, um sie so für eine neue, wahrhaft *humane und soziale Beziehung* wieder zu öffnen. Eine politische Operation, welche die archische, *antagonistisch-polemische Verkettung der Gewaltakte* unterbricht, um die Medien in ihrer *Mitte* neu, human umzustellen. Es sind die resistenten, genuinen Praktiken der politischen Befreiung, die gegen die polemischen *Kriegspraktiken* des neuen und alten Akteurs angehen, um die universelle und nationale Feindökonomie *unwirksam* zu machen. Damit aber auch die neue universelle ‚Gemeinschaft der Freunde' zu aktivieren, die immer auch den Respekt vor der Singularität des Einzelnen meinen. Dies ist jedenfalls der Preis, den wir heute für das ‚Gesetz' der liberal-demokratischen, illiberal-autoritären oder religiös-fundamentalistischen ‚Feindökonomie' zu zahlen haben, um den Ort der allgemeinen Feindschaft zu verlassen.

Literatur

Benjamin, Walter. 1991. *Über den Begriff der Geschichte*. In Ders., *Gesammelte Schriften*, Bd. I 2, Hrsg. von Rolf Tiedemann und Hermann Schweppenhäuser, Frankfurt/M.: Suhrkamp.
Horkheimer, Max und Adorno, Theodor W. 1995. *Dialektik der Aufklärung. Philosophische Fragmente*, Frankfurt/M.: Fischer.
Luhmann, Niklas. 1984. *Soziale Systeme*, Frankfurt/M.: Suhrkamp.

Köln, Deutschland   Stavros Arabatzis

Inhaltsverzeichnis

Medien in die *politische Sphäre* lokalisieren heißt, sie ihrem bloß *spielerischen*, theoretisch-diskursiven und technisch-ästhetischen Status berauben und ihren *ernsthaften* Kern herausschälen. Diese Arbeit unternimmt einen medientheoretischen Versuch – wie er zuletzt in meiner letzten Arbeit (*Medienpharmakologie*)[1] entwickelt wurde –, um ‚Medien' von ihrem ‚traditionell-spielerischen' Feld auf das Feld der politischen *Ernstes* zu verschieben. Solch ein Medienbegriff unterscheidet sich von den üblichen „Medientheorien" der Tradition, welche die Medien in ihrem sprachlichen, schriftlichen, ästhetischen, technischen, profitrationalen, instrumentellen, hermeneutischen oder mathematisch-informatischen Modellen zu begründen versuchen. Er untersucht auch nicht einzelne Medien, vielmehr weist auf ihren modernen und archaischen ‚Gesamthaushalt' (*oikonomia*) hin: das ‚archische Gesetz der Medienökonomie'. Dass Geld und Ware als Medien Zustände von Kapital sind, ist längst bekannt; dass aber auch Informationen, Texte, Techniken, Bilder, Töne, Kommunikationsformen, Praktiken, Denken, Kreativität,

---

[1] Arabatzis 2021. Darin wird die dekonstruktivistische Interpretation des *pharmakon*, wie sie Derrida in seinem Buch *Dissemination* praktiziert (Vgl. Derrida 1995), zurückgewiesen. Die „ursprüngliche Reversibilität" des *pharmakon* meint in Wirklichkeit das Mittel in seiner kryptotheologisch gewordenen Finanz-, Aufmerksamkeits-, Konsum-, Informations- und mythisch-staatlichen Rechtsmittelökonomie. Die mysteriöse *différance* ist daher nicht das kryptoontologisch-hermeneutische *Spiel*, vielmehr entpuppt sie sich als *Ernst* der ökonomischen und politischen Lage. Er ist der ‚mystische Grund' der vorstaatlichen, pseudotheologischen und nationalstaatlichen, neomythischen ‚Autorität' (Kapitale und A-Kapitale), die in der medial-prozessierenden *Mitte* archisch gebietet: ‚Dekonstruiere!', ‚Interpretiere!', ‚Wirke!', ‚Sei wahrnehmbar!', ‚Befolge die Regeln!', ‚Erbringe deine staatsbürgerlichen Solidarleistungen!', oder ‚Verherrliche die unzerredete höhere Macht der liberal-demokratischen oder die illiberal-autokratischen Autorität als ein stabiles Fundament!'

Reflexivität, Aufmerksamkeit Ausstellung, Erregung, hypertextuelle Strukturen, virtuelle Räume, epistemische Logiken, KI, Operativitäten, Verschaltungen, Übertragungen, Körper, Wille, Wünsche, Netzwerke oder Paranetze es sind – das lernen wir heute in der integralen vorstaatlichen Kapital- und staatlichen Rechtsmittelökonomie. Insofern ist der „Kapitalismus" immer schon mehr als nur das gesellschaftliche Verhältnis von „Kapital" und „Arbeit" gewesen; seine Durchschlagskraft geht viel weiter und zugleich auf archaische Stufen zurück, als etwa die instrumentellen Rationalitätsformen von „Profitrationalität", „Weltmarkt", „instrumenteller Vernunft" oder des „rechnenden Denkens" noch unterstellen. Er meint vielmehr das gesamte Arbeits-, Denk-, Kultur-, Wunsch-, Körper-, Ausdrucks- und virtuelle Leben der von ihm erfassten Menschen als Tun und Sein, Erscheinung und Wesen, Relation und Substanz, Praxis und Ontologie, Immanenz und Transzendenz. Daher korrigieren wir hier die Hegelsche Formel von „Sein – Nichts – Werden" durch die Formel: ‚Werden – Sein – Sei!' Das ‚erscheinende Wesen' der Medien äußert sich weder ‚positiv-dialektisch' (Hegel), noch ‚negativ-dialektisch' (Adorno), sondern im imperativen ‚Sei!' Es ist die archische *Befehlsform* eines Seinsollenden, die in der indikativen *Wirklichkeitsform* des Mediums (als Argument und Erzählung, Begriff und Bild, Wissen und Kunst, Erwachen und Traum) verkehrt erscheint. Ein ‚archisches Gesetz der Medienökonomie', das von Anfang an alle Medien bestimmt, lenkt, regelt und in ihrem Geschehen durch Befehl immer weiter dynamisch vorantreibt. Deswegen kennt das „Kapital" nicht nur das utilitaristische Profitmotiv, sondern auch den Antiutilitarismus, den „Gefühlswert" (M. Mauss), den Wahrnehmungs-, Affekt-, Wunsch-, Erregungs-, Bild-, Ton-, KI-, Daten- und Informationswert, worin heute die ganze Menschheit (das Trägermedium) in ihrem vorstaatlich-monarchischen Kapitalmedium und staatlich-polyarchischen Rechtsmedium aufgehoben ist. Eine vorstaatliche finanzielle-, informatische, gestalterische, digitale *Bewirtschaftung* und staatliche *Verrechtlichung* der Welt als die zwei komplementären, archischen Medienhaushalte: die pseudotheologische Ökonomie des Kapitalmittels und die neumythisch-staatliche Ökonomie der Rechtsmittel. Insofern sind auch „Ökonomie" und „Politik" Epiphänomene; sie sind nämlich selbst noch einmal durch eine *Geschichte der Medien* (einschließlich des Mediums ‚Denken' und ‚Leib') *als Organe der Herrschaft vermittelt*: die eine, immanent-transzendente Medienökonomie. Eine, die sich heute in ihrer Totalität (in der jeweiligen Verabsolutierung des Medialen) in eine liberal-demokratische, illiberal-autoritäre, geopolitisch-kulturelle oder fundamental-islamistische Medienökonomie aufgespalten hat, um darin als eine *antagonistisch-polemische Feindökonomie* aufzutreten.

Mit ‚Medien' ist somit die ganze Ökonomie der Medien als ein von Anfang an im *Dazwischen Wirkendes* gemeint: die Wirkung und Entfaltung in ihrer rationalen wie irrationalen, instrumentellen wie sensitiven, immanenten wie transzendenten

Ökonomie. In seiner Wirkung und Auswirkung bezeichnet daher das Medium kein ‚instrumentelles Mittel' für einen ‚Zweck' mehr. Vielmehr etwas, das in der *Mitte* seiner integralen Ökonomie[2] (auch als Denk- und Gefühlsökonomie) ‚vermittelt' und dabei eine *Relation* (kommunikativ-technisch-vermittelt) und *Beziehung* (analog-physisch-unmittelbar) herstellt. Denn ohne Medium, so eine These dieser Arbeit, kann nichts begriffen, gedacht, gefühlt, angeschaut, erlebt oder erfahren werden. Ein instrumentell-rationales wie poetisch-affektives, physisches wie metaphysisches *Mittel* in seiner historisch-gesellschaftlichen und menschlich-göttlichen Wirkung (als menschliches und göttliches Wirken zugleich), das von Anfang an in seiner Doppel*wirkung* auftritt: als Anlass für Streit, Konflikt und Krieg, und als Paradigma einer Versöhnung und Heilung dessen, was es von Anfang an in Feindschaft geteilt hat. Deswegen meint hier der Inbegriff ‚Medien' weder die ‚Wahrheit' noch die ‚Lüge', weder die analoge noch die digitale Welt, weder die argumentierende (*logos*) noch die erzählende Rede (*mythos*), weder das ontische Dasein noch das ontologische Sein, weder das Werden noch die Substanz, weder das Wissen noch die Meinung, weder das Denken noch den Leib. ‚Meinungen' werden weder dem ‚Wissen' gegenübergestellt, noch kann ‚Doxa' einfach mit „wohlfundierter Meinung",[3] oder mit „reflektierter öffentlicher Meinung"[4] (Habermas),

---

[2] Ich verwende hier den Ausdruck ‚Ökonomie' im Sinne des Gesamthaushalts und Gesetzes (*oikeios nomos*) der Medien. Dabei artikulieren drei Phasen die Bahn der Medien: etwas ist ihr Ursprung, ihr Anfang und darin die Herrschaft (*archē*) im Haus (*oikos*) des *despotes* (der Leiter des häuslichen Unternehmens), und etwas ist Ziel der Medien (Freiheit von Zwang und Krieg, Versöhnung, Herrschaftslosigkeit) – und *dazwischen* liegt ihre Bewegung (die sich freilich historisch-dynamisch auch immer mehr beschleunigt), die den einen Punkt (*oikos*) mit dem anderen (*polis*) verbindet. Diese Bewegung meint dann sowohl das Geschehen (Ist, Sein, Werden) als auch das *Seinsollende* darin: Sei!, der Anlass für Streit, Konflikt, Feindschaft und Krieg. Insofern widersprechen wir hier der These Adornos, „worin stets die Philosophen sich einig waren: daß es nicht sein soll." (Adorno 1990, S. 25). Denn sofern sie sich immer nur mit dem *Indikativ* der Medien beschäftigen (‚Ist, Sei, Werden', oder mit einem ‚erscheinenden Wesen' oder ‚Unwesen'), waren sie sich immer schon einig, *dass es sein soll*. Nur wenn dieser archische Imperativ in den Medien erkannt wird, gibt es in der Tat in der Sache etwas, das *nicht sein soll*: die *oikonomia* der Medien als altes und neues ‚Gesetz des *oikos*' (des Eigenen), das außer Kraft gesetzt werden muss, um von den Medien einen anderen, *herrschaftsfreien, an-ökonomischen* Gebrauch zu machen: das Paradigma der Heilung und Versöhnung dessen, was die *oikonomia* der Medien von Anfang an geteilt hat.

[3] Vgl. Bermes 2022.

[4] Habermas 2008, S. 171. Die Reflexion hat hier offenbar die deliberative Funktion die „bloße Meinung" zu reinigen und sie in eine vernünftige Meinung zu überführen: „Nur über die ganze Strecke des Legitimationsprozesses hinweg kann ‚Deliberation' die Filterfunktion erfüllen, welche die Vermutung begründet, dass die politische Willensbildung aus den trüben Fluten der politischen Kommunikation die vernünftigen Elemente der Meinungsbildung herausfischt." (Ebd., S. 165).

oder, poetologisch-spielerisch, mit „Gottmetapher" (Blumenberg) übersetzt werden. Eben, weil der Begriff ‚Doxa' vor allem den zeremoniellen, doxologischen Aspekt der jeweiligen Macht als Praxis der Verherrlichung (*doxazein*) meint, um darin im Imperativ aufzutreten: ‚Verherrliche die liberal-demokratische oder illiberal-autoritäre Macht!' Deswegen ist „alle Kultur nach Auschwitz, samt der dringlichen Kritik daran", nicht „Müll" (Adorno), sondern der liturgisch-zeremonielle und akklamatorisch-doxologische Aspekt der glorreichen Macht. Insofern ist die Funktion der Medien – weit über das, was man heute unter „Medien" versteht – eine physische und metaphysische, immanente und transzendente, menschliche und göttliche zugleich. Der vermittelnde Prozess der Arbeit und Tätigkeit (Ist, Prozess, Werden) erweist sich dabei medienökonomisch als ein produktionspoietischer Kreisprozess (und dynamischer Eskalationsprozess) der Entäußerung, Vergegenständlichung und Aneignung von menschlichen und göttlichen Wesenskräften zugleich. Es ist am Ende das menschlich-natürliche Wirken selbst, das sich unablässig selbst erzeugt, um sich etwa in den liberal-demokratischen oder illiberal-autoritären „Werten" ontologisch, mythisch und göttlich auszuzeichnen. Denn wenn man heute die „westlichen Werte", die Demokratie oder die Freiheit verabsolutiert, dann bewegt man sich im totalitären Horizont des illiberalen Autoritarismus oder des islamischen Fundamentalismus. Solche „liberalen Werte" fixieren zu wollen, ist nämlich bereits der Beginn des Totalitarismus, wo sich das Medium in seiner *Mitte* ontologisch versteift. Als immer schon wirkende und prozessierende sind sie daher ohne eine historische Vermittlung kaum eindeutig bestimmbar, als dass man sich *unmittelbar* auf sie ontologisch berufen kann. Die *Mitte* der Medien ist kein Fetisch, keine vergöttlichte Sphäre, die man als ein So-und-nicht-anders-Sein festnageln kann. Sie ist nicht einfach so und nicht anders, vielmehr wurde sie unter Bedingungen und steht damit immer in Relation und Kontexten. Dieses Werden und Gewordensein verschwindet und bildet darin ihre historisch-gesellschaftliche Textur, die ihrerseits auf den archäologischen Grund der Medialität verweist. Nur im Lesen des historisch-gesellschaftlichen Seienden als Text eines Werdens und Gewordenseins können wir somit auch den archäologischen Grund der Medien berühren. Aber nicht als ihren ‚reinen' Ursprung (Sein), sondern als ihren archisch kontaminierten Ursprung: ‚Sei!' Wer sich also heute zu den liberal-demokratischen Werten wie zu *Glaubenssätzen* verhält, der ist schon ins Kraftfeld der Ontologie, der Metaphysik, des Mythos und der Religion getreten. Denn Religion – sei sie nun christlich oder nicht – ist nichts anderes als der Versuch, *die Welt auf den imperativen Befehl zu gründen*. Damit bilden Befehl (Herrschaft) und Gehorsam (einmütige Mythenbildung und praktizierendes Ritual) eine bipolare Medienmaschine, die ebenso in der säkularisierten, liberal-demokratisch-kapitalistischen Welt arbeitet und darin die kontaminierte Nahrung (westliche Werte, Demokratie, Toleranz, Freiheit) für den liberalen Akteur liefert. Der säkularisierte Kapitalgott und die säkularisierten Nationalgötter stellen so einerseits die tägliche Nahrung dar (theologisch: „Unser tägliches Brot gib uns heute"; Matth. 6:11). Andererseits sind sie aber ihrerseits auf den akklamatorischen, liturgisch-zeremoniellen und doxologischen Aspekt des liberalen Akteurs angewiesen. Eben, weil die säkularisierten, pseudotheologischen und neomythischen Mächte ohne jenen doxologischen Aspekt ihre Herrschaft gar nicht erst entfalten könnten, und die heute als glorreiche Demokratie, Autokratie oder Theokratie verherrlicht werden.

Alle Mittel (technischer, sozialer, praktischer, geistiger, psychischer, kreativer, kommunikativer oder reflexiver Art) können somit nicht einfach in ein technologisches (Kittler/McLuhan/Flusser), profitrational-ökonomisches (materialistische Tradition), diskursives (Habermas), ästhetisches, epistemisches oder algorithmisches Regime konvertiert werden, um sie in Netzwerke, Profitmotiv, Operativität, Verschaltung, Übertragung oder Referenz metaphysisch aufgehen zu lassen. Medien gehen nicht in der „instrumentellen Vernunft" (Adorno/Horkheimer), im „rechnenden Denken" (Heidegger), in der Figur des „Boten" (Krämer), im performativen „Dazwischen" (Mersch) oder in „Information" und „Wissen" (J. Vogl) auf. Sie meinen auch nicht das ‚rhizomatische' Denken (Deleuze), das in seiner stetigen Flucht und Instabilität offenbar keine Einheit und Stabilität mehr aufweist. Denn nicht das nomadisch Vielfältig-Produktive und Widerständige hier und das stabile Sesshaft-Einheitliche dort, sondern das Produktiv-Vielfältige *ist selbst das Seehaft-Einheitliche*, und zwar in seiner doppelten Medienökonomie: das eine vorstaatlich-kulturell-gesellschaftliche Medium einer universellen Vermittlung (Kapitale) sowie die vielen Medien der staatlichen Rechtsmittelökonomie (A-Kapitale). Es sind Medien der vorstaatlichen, pseudotheologischen Finanz-, Aufmerksamkeits-, Informations-, Affekt-, Design-, Algorithmen-, Spiel- und Datenökonomie und Medien der mythisch-staatlichen Rechtsmittelökonomie, die aber darin immer auch im Imperativ auftreten: ‚Sei!' Eine *indirekte, technisch-digital-vermittelte* Medienökonomie, die sich umgekehrt auf das Leben der Menschen *direkt-physisch und unmittelbar* auswirkt.

Damit führt die Analyse des Mediensubjekts (als des glorreichen und wirkungsvollen Zentrums der Weltgeschichte) *nicht* auf die Frage nach dem ‚Ist' und ‚Dasein' (Relation, Erscheinung, Prozess, Geschehen) und ‚Sein' (Absolutes, Substanz, Wesen, Ewigkeit) der Medien, oder zu den postmodernen *Differenzialen ohne Identität*, sondern unabdingbar auf das imperative ‚Sei!' und ‚Wirke!' zurück. Ein Imperativ, der dann ebenso in der liberal-demokratisch-kapitalistischen Bewegung herrscht und darin sowohl das vorstaatlich-ökonomisch-kulturelle (Marktbewegung, Produktivität, Arbeit, Finanz- und Informationsökonomie) als auch das staatlich-politische Geschehen (Rechtsmittelökonomie) immer weiter vorantreibt. Mit seiner normativen Kraft hat er die *Mitte der Medien archisch besetzt* und fordert dazu auf, die Vermittlung, das Bezogensein auf die liberal-demokratisch-kapitalistische Welt als die Sache selbst anzunehmen. Damit ruft er freilich – durch Selbstzerspaltung des *einen* Prinzips – die anderen, illiberalen, autoritären, autokratischen, neofaschistischen oder islamistischen Gegenkräfte hervor. Das heißt, „Sein oder Nichtsein" ist hier keine poetisch-spielerische Frage mehr, sondern eine zutiefst *ernsthafte, politische, antagonistisch-polemische* Kategorie. Eine politische Verortung der Medien, wo der Verlust des Horizonts an Gemeinschaft inzwischen zu einem universellen Geschäftsmodell und feindseligen Gemeinschaftsgefühl geworden ist. Deswegen ist das fundamentale Kategorienpaar der abendländischen Politik nicht die abstrakt-anthropologische (Carl Schmitt), sondern die *konkrete* Feind/Freund-Unterscheidung, wie sie in der *Stasis* (der Bürgerkrieg nach innen) und im *Polemos* (Krieg nach außen) heute universell, national oder lokal auftritt. Der verabsolutierte Medienhaushalt (als liberaler oder illiberaler) meint also nicht die apriorische Reduktion auf ein Feind-Freund-Verhältnis, wie es aus einer abstrakten Anthropologie abgeleitet ist. Aber ebenso wenig die abstrakte Differenz „von nacktem Leben/politische Existenz".[5] Sondern das *konkrete*, historisch-gesellschaftlich-politische Feind/Freund-Verhältnis, wo nun der hypermoderne Mensch den archaischen Befehlen eines doppelten ‚Generals' (die Einheit des Kapitalmittels und die Vielheit des Nationalmittels) gehorcht, um dabei gegen einen *äußeren* oder *inneren* Feind vorzugehen. Die einzelnen Phänomene in ihrer jeweiligen Vereinzelung sind somit immer auch auf historische, gesellschaftliche, ökonomische, soziale und machtpolitische Kräfte zu *beziehen* (sie sind

---

[5] Agamben 2002, S. 18. Agamben hat hier die zweite, komplementäre Figur der Staatlichkeit und der Grenzen als historisch erledigt gesehen: „Heute, da die großen staatlichen Strukturen in einen Prozeß der Auflösung geraten sind und der Notstand, wie das Benjamin vorausahnte, zur Regel geworden ist, wird es Zeit, das Problem der Grenzen und der originären Struktur der Staatlichkeit erneut und in einer neuen Perspektive aufzuwerfen." (Ebd., S. 22). Was er hier mit Auflösung der Grenzen und der Staaten beschreibt, ist aber nur die eine Figur der „kapitalistischen Religion" (Benjamin), die als Monarchie des universellen Kapitalmittels ebenso der mythisch-staatlichen Polyarchie bedarf: der kaskadierenden staatlichen Rechtsmittel, welche die monomythische Kapitalmaschine in ihrer liberal-demokratischen oder illiberal-autokratischen Funktion stetig regulieren und nachregulieren müssen. Der „Staat" und die nationalen „Grenzen" bilden daher nur die andere, komplementär-regulierende, mythisch-staatliche Medienökonomie der Rechtsmittel, sodass sie sich keineswegs in ihrer „Auflösung", vielmehr gerade in ihrer machtvollen Konzentration befinden – heute auch als westlich-liberaler oder östlich-autokratischer Block. Eine verabsolutierte, liberal-demokratische Medienökonomie, die in sich selbst auch ihren eigenen, *inneren* (der feindselige Ort im Menschen und in der Menschheit selbst in ihrem Kapitalmittel) und *äußeren* (Autoritarismus, politisches Eurasien, Islamismus etc.) Feind hervorbringt. Wir haben es hier also mit einem Bürgerkrieg (nach innen) und Krieg (nach außen) zu tun, die durch eine *Stasiologie* (die Lehre vom Bürgerkrieg) und *Polemologie* (die Lehre vom Krieg) politisch noch zu entschlüsseln wären.

immer auch *vermittelt*), um erst aus dieser konkreten *Beziehung*, die immer auch die *Beziehung* der Moderne zur Archaik meint, den Menschen in seinem Sein oder Nichtsein zu bestimmen.

So sind Anthropologie, Philosophie und Theologie seit Jahrhunderten immer damit beschäftigt gewesen, zu fragen, was der Mensch nun sei. Dabei ist die Antwort, wie wir sie nun aus der Wirklichkeit konkret ablesen können, ganz schlicht und einfach: Der Mensch heute ist ein sozial-entleerter Hohlkörper, den man je nach Bedarf mit Propaganda, Ideologien, Indoktrination, Dogmen, Ängsten, Hass und Feindbildern abfüllen kann, um ihn anschließend in einen liberal-demokratischen, illiberal-autoritären oder religiös-islamistischen Kriegsrausch zu versetzen. Denn wer sich heute zu demokratischen Grundbegriffen wie zu Glaubenssätzen verhält, der ist schon zum fanatischen Anhänger seiner säkularisierten, liberal-demokratisch-kapitalistischen Region geworden. Sein Gegner (Totalitarismus, Faschismus, Islamismus) hat sich auf ihn abgefärbt und die Militanz des Widersachers ist auf ihn selbst übergegangen und noch militanter gemacht. Es ist der ‚unheilige Geist‘ der universellen Vermittlung (die ökonomisch-politische ‚Software‘, welche die ‚Hardware‘ des materiellen Körpers steuert), der heute vom Gehirn und Körper der Menschen Besitz ergriffen hat, um sich in Kriegen und Bürgerkriegen auszutoben. Insofern ist das ‚Wesen der Medien‘, das eine politische *Medientheorie*[6] zu entschlüsseln hätte, in der Tat der

---

[6] Eine *politische Medientheorie*, die bereits im ersten Medium (Pfeil, Bogen, Stein, Auge, Ohr, Klang, Schriftzeichen, Körper etc.) nicht nur eine Ritualisierung, Uniformierung und Disziplinierung bedeutet, sondern ebenso auf eine Kriegshandlung hinweist: auf die toxische Anwendung (*toxon*; Giftpfeil und Bogen) der Mittel. Es sind ‚Medien als Waffen‘, die sich sowohl im ‚Mythos der Worte‘ als auch im ‚Ritus der Handlungen‘ toxisch und feindselig äußern. Das griechische Alphabet weist nur auf eine spätere Anwendung der Mittel in der Form der „Schrift" hin, ändert aber nichts am ‚Waffencharakter der Mittel‘, der nicht erst durch den Einsatz von „Schriftzeichen" begann. Längst vorher hatte nämlich eine toxische Medienpraxis eingesetzt, und die sich umgekehrt, kontemplativ, in Sterndeutung, Vogel- und Eingeweideschau, Spurenlesen und genauem Hinsehen einübte. Etwas, für das später die Griechen das Wort *theoria* (wörtlich: Schau des Göttlichen) erfanden, das aber als Beobachtung (passiv) jener toxischen Medienpraxis (aktive Jagdpraxis) nur der ‚theoretische‘ Name dafür ist. Eine philosophische Haltung (*theoria*), die vor allem den *polemischen* und *stasiologischen* Ort der politischen Praxis zu beschreiben versucht, wo nämlich Heilmittel und Gift, „Bruder und Feind" (Platon, *Gesetze* IX, 969, c-d) im Bürgerkrieg ununterscheidbar werden. Auf diesen Waffencharakter der Medien (äußere und innere) weist später Wagner hin („Nur eine Waffe taugt –/die Wunde schließt/der Speer nur, der sie schlug"; *Parsifal*), um dabei freilich den politischen Waffencharakter der Medien (der „Speer" als Akt und Potenz zugleich) auch wieder poetologisch und mythisch zu verklären. Denn das Problem des Mediums liegt nicht nur im Akt, sondern auch in seiner Potenz selbst, wo nämlich Wirklichkeit und Möglichkeit ein Mediendispositiv bilden (als Tun und Sein), um darin zugleich im Imperativ (Sei!) feindselig aufzutreten.

„Krieg". Aber er meint nicht einfach, wie der Medientheoretiker Friedrich Kittler noch unterstellte, die militärische Abstammung der Medien, die er als Technik-geschichte rekonstruierte. Vielmehr das ‚archische Gesetz der Medienökonomie', das Bürgerkrieg (*stasis*) und Krieg (*polemos*) bedeutet. Eine liberal-demokratische Medienökonomie, die ihren inneren und äußeren Feind selbst hervorbringt, sodass sie nach einer *Stasiologie* (die Lehre vom Bürgerkrieg) und *Polemologie* (die Lehre vom Krieg) verlangt. Eben, weil das Medium in seiner *Mitte* von den imperativen Mächten konfisziert worden ist, um in seiner ontologischen, metaphysischen, my-thischen, theologischen, stillgestellten Verabsolutierung die *stasis* (Bürgerkrieg) in sich selbst sowie den *polemos* (Krieg) nach außen zu erzeugen.

Der neutestamentarische Satz: „Wer nicht für mich ist, ist wider mich" hat somit von jeher die logische, diskursive, ästhetische,[7] affektive, metaphysische, ontologische, mythische und theologische *Differenz im politischen Raum scharf gestellt*. Freilich, ohne dabei auf den wirklichen Feind zu reflektieren, der eben nicht abstrakt, theologisch-semantisch, metaphysisch oder anthropologisch, viel-mehr historisch-gesellschaftlich und politisch konkret auftritt, um dabei nicht nur den *äußeren*, sondern ebenso den *inneren* Feind zu markieren – insofern hat Fou-cault recht, wenn er das Subjekt so gründlich in Diskurse, Machtpraktiken und Dis-ziplinierungen zerstreut, bis sich dessen „Spur im Sand" verläuft (dabei hat er frei-lich auch übersehen, dass hinter der Zerstreuung umgekehrt auch eine doppelte *Versammlung* stattfindet, die darin eine Funktion der archischen Gebote ist: ‚Zer-streut und versammelt euch in den *Synthesen* eures liberal-demokratischen oder illiberal-autoritären Kapital- und Nationalmittels'). Es gehört nämlich zum Grund-bestand der Herrschaft, jede echte Differenz aus ihrer Totalität auszuschalten und

---

[7] Daher war es richtig, dass Platon die Kunst (Poiesis) *innerhalb* des Staates (*Politeia*) und nicht wie sein Schüler Aristoteles in einer besonderen Schrift über Kunst (*Peri Poietikes*; Über die Poetik) behandelte. Dass er damit richtig lag, beweist heute die ‚Poetik' der neuen Finanz- und Informationsökonomie, die freilich als moderne zugleich archäologisch, als ar-chischer Befehl noch politisch zu entschlüsseln wäre: „Nicht was war oder ist, sondern was vielleicht, möglicherweise oder wahrscheinlich eintreten wird, bestimmt den Gang der Er-eignisse. Der Finanzmarkt funktioniert als ein System von Antizipationen, die das öko-nomische Verhalten auf das Erraten dessen verpflichten, was der Markt selbst von der Zu-kunft denken mag. (…) Damit nehmen gegenwärtige Erwartungen nicht einfach das künftige Geschehen vorweg, vielmehr wird das künftige Geschehen von den Erwartungen an das künftige Geschehen mitgeformt und gewinnt als solches aktuelle Virulenz." (Vogl 2021, S. 53). Fast wörtlich heißt es in der *Poetik*: „Es ist nun nach dem hier Gesagten offensicht-lich, dass es nicht Aufgabe des Dichters ist, das, was wirklich geschehen ist (*genomena le-gein*), zu berichten, sondern das, was geschehen könnte (*an geneto*), das heißt das, was als wahrscheinliches (*pithanon*) oder Notwendiges (*anangeion*) möglich (*esti to dynaton*) ist" (Aristoteles 1978, 1451 b.).

jeden, der sich nicht mit ihr identifiziert, ins Lager der Feinde zu verweisen. Wenn das Wesen des Politischen, nach Carl Schmitt, geradezu durch die Kategorien von Feind und Freund charakterisiert ist, und wenn das Wesen der Medien nach Kittler der „Krieg" sein soll. Dann wäre dieses ‚Wesen' jedenfalls nicht mehr abstrakt als ein ontologisches, anthropologisches oder technisches ‚Urphänomen', oder als eine Grundausstattung des Menschen zu beschreiben. Vielmehr nach den historisch-gesellschaftlichen, sozialen und archaischen Gründen und Kontexten zu suchen, die dieses Feind-Freund-Verhältnis erst möglich gemacht haben und weiterhin machen. Denn das politische *Scharfstellen* der Sprache, der Bilder, der Töne, der Wahrheit, der Erzählung, der Klänge, der Information oder der Affekte, wie es heute wieder im „Krieg" gegen einen „Feind" geschieht (zunächst gegen das Virus und dann gegen Russland und demnächst gegen China), bildet kein historisches Ausnahmephänomen, vielmehr die *Regel* der Geschichte.

Medien politisch denken und anwenden heißt daher, sie nicht bloß äußerlich in Freund und Feind zu unterscheiden, bzw. zwischen schwarz und weiß zu wählen, vielmehr aus solchen *vorgeschriebenen*, feindseligen Unterscheidungen endlich herauszutreten, ohne dabei ‚pazifistisch' zu werden; denn der ‚Pazifismus' übersieht schlicht und einfach die ‚göttliche' und ‚mythische Gewalt', die heute von einer säkularisierten Kapitalgottheit (Kapitalgott) und einer säkularisierten A-Kapitale (Nationalgötter) ausgeübt wird. Es gilt die kontaminierte *Zweiheit* (Individuum/Gesellschaft, Privates/Öffentliches, Natur/Kultur, bloßes Leben/politische Existenz etc.) des Mediums zu begreifen, diese zugleich *unwirksam* zu machen, um von den Medien einen anderen, neuen und freundlichen Gebrauch zu machen. Deswegen brauchen wir sowohl eine *Polemologie* (die Lehre vom äußeren Krieg) als auch eine *Stasiologie* (die Lehre vom inneren Bürgerkrieg), um dieses antagonistisch-polemische Feld endlich zu verlassen. Es ist das archaische ‚Mediengesetz des *oikos*', das Gesetz der Feindökonomie; im *einen* vorstaatlichen ‚Haus' der Finanz-, Informations- und Affektökonomie (ihre Idole heißen heute, Information, Wissen, Narrativ, Text, Schrift, Algorithmus, Code, KI oder, anthropologisch-unmittelbar, menschlicher Körper) und in den *vielen* staatlichen ‚Nationalhäusern' (in ihrer Rechtsmittelökonomie). Daher verschwinden Medien nicht einfach virtuell in ihren neuen Finanz-, Informations-, Digital-, Aufmerksamkeits-, Spiel-, Affekt- und staatlichen Rechtsmittelökonomien. Vielmehr gehen sie uns, gerade als eine ‚unsichtbar wirkende Hand', umgekehrt *konkret* an die ‚Gurgel'.

Deswegen ist die neue Forderung nach einer Rückkehr zu Diskurs, Kommunikation und Verständnis, wie sie etwa heute von den Pseudoliberalen aufgestellt wird, anachronistisch; die naive Forderung die politische Feindseligkeit wieder durch „Diskurs" und „Konsens" zu beseitigen; wo etwa die Menschen nur noch an den runden ‚Tisch des Diskurses' zurückkehren müssten, um das soziale Schisma durch eine linguistische Konsensmaschine wieder aufzulösen; statt Auflösung und Dissoziation wieder Einheit in der Konsensdemokratie. Dabei wird freilich vergessen, oder ganz übersehen, dass heute nicht mehr die *Leichtigkeit* des theoretischen Diskurses und des ästhetischen *Spiels*, sondern die *Schwere* des politischen *Ernstfalls* herrscht. Ein politischer Ernstfall, der einmal in der „Parmenideischen Unterscheidung"[8] festgehalten wurde, wo nämlich ‚Wahrheit im Diskurs' (zwischen wahrem und falschem Wissen) und ‚Wahrheit in der Polis' (zwischen wahrer und falscher Gesellschaftsordnung; liberal oder autoritär, bzw. religiös gefasst) zwei unterschiedliche Bereiche bilden, die *nicht* miteinander verwechselt werden dürfen. Medien in ihrer indikativen Funktion (Ist, Sein, Werden, Prozess) verstehen bleibt daher eine Unmöglichkeit, weil sie nicht philosophisch-begrifflich, ästhetisch-sinnlich, theologisch-semantisch, hermeneutisch, phänomenologisch, symbolisch, systemtheoretisch, dialektisch, rhizomatisch oder dekonstruktivistisch zu erschließen sind. Vielmehr in ihrer jeweiligen feindlichen Totalität (liberale, illiberale oder religiöse) als politische Waffen (finanzökonomische, informatische, dogmatische, militärische, politische) gegen ihren Gegner metaphysisch eingesetzt werden.

Das *Spiel* im theoretischen Diskurs und in der ästhetischen Praxis ist daher vom *Ernst* im gesellschaftlich-politischen Raum streng zu unterscheiden, weil hier das ‚Gesetz' der Polis gilt und bei seiner Verletzung mit Ausschluss oder gar mit dem Tod gedroht wird. So navigieren wir heute (digital und analog) jenseits des *Spiels*, der Argumente (*logoi*, Begriffe), der Narrative (*mythen*, Erzählungen), der Meinungen (*doxai*), der postmodernen Moralitäten (Lyotard), ja sogar noch jenseits des „agonalen" (kämpferischen) Prinzips (C. Mouffe)[9] und haben inzwischen das

---

[8] Eine „Parmenideische Unterscheidung", die vom wissenschaftlichen Diskurs in den Raum der Polis hinüberwechselt. Sie lässt sich nämlich nicht bloß im intellektuellen Raum des theoretischen Diskurses verorten, vielmehr wandert das intellektuelle *Wahrheitsspiel* in den Raum der Polis ein und hat darin *ernsthafte* politische Konsequenzen. Denn das intellektuelle Spiel, im theoretisch-wissenschaftlichen Diskurs (wo etwas wahr und falsch sein kann), wird nur solange toleriert und akzeptiert, bis dies nicht in den *ersthaften* Raum der Polis eindringt und dort die Gesetze und die gesellschaftliche Ordnung verletzt – wie wir es in der Corona-Pandemie auch am eigenen Leibe erfahren mussten. So auch einmal Sokrates, der mit seinem Leben bezahlen musste, als er den intellektuell-spielerischen Diskursraum in die Polis brachte und dort ihre Gesetze und Götter verletzte. Platons Dialoge beschreiben daher kein *Spiel*, sondern den *Ernst* einer politischen Krise, wo ein gerechter Mensch (nämlich Sokrates, der zum Staatsfeind erklärt wurde) einfach umgebracht wird – eine Gewalttat, welche dann die Frage aufwirft, wie eine gerechte Welt möglich sei, in der eben nicht mehr getötet wird.
[9] In der Einleitung ihres Buchs *Agonistik* beschreibt Mouffe ihr Modell wie folgt: „Die hier dargelegten Überlegungen orientieren sich an der Kritik des Rationalismus und des Universalismus, die ich entwickelt habe, seit ich in *The Return of the Political* ein Demokratiemodell auszuarbeiten begann, das ich als ‚agonischen Pluralismus' bezeichne. Um die Di-

Gebiet des Feindes erreicht. Wir tauschen nicht mehr Argumente, Meinungen oder Geschichten aus, oder stellen, postmodern, die bunte Welt der vielfältigen moralischen Urteile oder Haltungen nebeneinander, sondern bewerfen uns mit metaphysischen (liberalen, illiberalen, religiösen) Granaten. Wir haben es nicht mehr mit einem diskursiven oder ästhetischen *Spiel*, vielmehr mit einer *antagonistisch-polemischen* ‚Medienökonomie der Feindschaft'[10] zu tun, die als liberal-demokratisches oder illiberal-autoritäres ‚Gesetz' nicht mehr zu erhalten, vielmehr durch eine ‚Medienökonomie des Opfers' (geopfert wird die Zirkularität und Eskalation der ökonomisch-politischen Feindschaft, die ihre Macht zerstört und damit den Medien ihre unverdorbene Reinheit in der Freundschaft wiedergibt) außer Kraft zu setzen wäre. Es ist der politische Preis – nicht der *spielerische* des philosophischen Diskurses oder der ästhetischen Praxis –, den man heute für die ‚Medienökonomie der Feindschaft' zahlen muss, um den absolut anderen nicht mehr liberal-demokratisch, illiberal-autoritär oder islamistisch-fundamentalistisch zu verletzen. Wenn es, nach Derrida, keine Demokratie ohne eine ‚Achtung vor der

mension der radikalen Negativität in die Sphäre des Politischen einzubeziehen, habe ich in jenem Buch zwischen dem ‚Politischen' und der ‚Politik' unterschieden. Während ich ‚das Politische' auf die ontologische Dimension des Antagonismus beziehe, bezeichne ich mit ‚Politik' das Ensemble von Praktiken und Institutionen, deren Ziel die Organisation der menschlichen Koexistenz ist. Diese Praktiken operieren jedoch stets auf einem konflikthaften Terrain, das vom ‚Politischen' geprägt ist. (…) In diesem Buch habe ich argumentiert, eine zentrale Aufgabe demokratischer Politik bestehe darin, für Institutionen zu sorgen, die die Möglichkeit eröffnen, dass Konflikte eine „agonistische" Form annehmen, bei der die Opponenten nicht Gegner sind, sondern Kontrahenten, zwischen denen ein konflikthafter Konsens besteht. Mithilfe dieses agonistischen Modells wollte ich aufzeigen, dass eine demokratische Ordnung selbst dann vorstellbar ist, wenn man von der These der Unauslöschlichkeit des Antagonismus ausgeht." (Mouffe 2014, S. 11 f.). Dieser „Agonismus" des „konflikthaften Konsenses", der sowohl den Antagonismus Schmitts (eine anthropo-theologische Invariante) als auch das liberale Modell der Diskursivisten und Ökonomisten überwinden möchte, beschreibt aber in Wirklichkeit nur das agonistische Spielfeld des Sports (der seit der Wiedereinführung der Olympischen Spiele 1896 die Kriegshandlungen sublimieren und das *Schlachtfeld* durch das *Spielfeld* ersetzen sollte). Damit übersieht sie den konkreten ‚Feind' (nicht bloß den agonischen Kontrahenten) im *antagonistisch-polemischen* Feld von Ökonomie und Politik, der inzwischen auch zum geopolitischen Feind (westlich-liberale Welt gegen eurasisch-autoritäre Welt) geworden ist, der durch das agonistische Modell Mouffes nicht mehr beschrieben werden kann. Mouffe verfehlt daher die konkrete Feindfigur des Antagonismus als den *Ernst* der politischen Lage, die keine „Agonistik", sondern eine *Stasiologie* und *Polemologie* verlangt.

[10] Der Medienwissenschaftler Pörksen spricht hingegen von einer destruktiven Medienkritik, die nur noch vernichten will: „Medienkritik ist unbedingt wichtig – das Problem ist die grundsätzlich gemeinte Verdammung. Wenn man also nicht mehr verbessern, sondern vernichten will." (Pörksen 2022). Er hat offenbar noch nie etwas von einer Dialektik oder Dekonstruktion der Medien gehört, wo gerade die „Verbesserung" (Heilmittel) immer auch die „Verschlechterung" und „Vernichtung" (Gift) bedeutet.

irreduziblen Singularität' und ohne eine ‚Gemeinschaft der Freunde' geben kann.
Dann gilt es die liberale Demokratie, die heute wieder mit dem Spruch auftritt
„Wer nicht für mich ist, ist gegen mich", als feindseliges Geschäftsmodell und Gemeinschaftsgefühl zu erkennen, wahrzunehmen und durch eine ‚Medienökonomie
des Opfers' zu verlassen. Denn das ‚Leben', die ‚Demokratie' oder die ‚Freiheit',
von denen heute soviel die Rede ist, haben nur dadurch einen ‚absoluten Wert' als
sie in jenen archischen Totalitäten des Nicht-Staates (das verabsolutierte Mittel im
ontologischen Regime einer Finanz-, Aufmerksamkeits-, Algorithmen- und
Informationsökonomie) und Staates (die mythischen Rechtsmittel des Nationalstaates) weder liberal noch autoritär aufgehen. Dass sie *anders, human wert* sind
als das bloße Leben innerhalb des *inhumanen*, liberal-demokratischen oder
illiberal-autoritären, pseudotheologischen Kapitals- und neomythisch-staatlichen
Rechtsmittels. Ein integrales Mittel, das heute in seiner jeweils liberalen, autokratischen oder islamistischen Verabsolutierung mit sich selbst identifiziert und
dabei jede wirkliche, soziale und humane Differenz ins Lager der Feinde verweist.
Genau deswegen gilt es aber das Medium *in sich selbst zu wenden*, sein feindseliges Wirken *unwirksam* zu machen, um es neu auf das Gravitationsfeld der
Freundschaft wahrhaft menschlich auszurichten. Nur dadurch, dass die echte politische Differenz um das Leben als „Physis" und „Würde der Person" *zugleich*
trauert – und nicht dualistisch als „Physis der Person" (Habermas) hier und „Würde
der Person" (Agamben) abstrakt aufteilt und dabei retten will –, wird es zu dem,
was es jenseits der *inhumanen Feindökonomie* ist. Das Leben als Person und Gemeinschaft ist sakral, heilig, unantastbar, unendlich achtungswürdig. Einzig im
Namen dessen, was es in ihm *anders, human wert* ist, als es in seiner bloßen Natürlichkeit und Historizität im Krieg und Bürgerkrieg menschenfeindlich *sein soll*.
Dieser ‚neuer Wert', der erst aus eine ‚Ökonomie des Opfers' *an-ökonomisch* entsteht, hat dann keinen ‚Wert' mehr. Er entspricht vielmehr jener „Würdigkeit"
Kants als Selbstzweck, jenseits des verabsolutierten Werts im Nicht-Staat (die
Menschheit in ihrem Kapitalbegriff) und Staat (die Menschheit in ihrem Nationalbegriff). Ein Wert des humanen Kerns, den man sich nie aneignen kann, und der
erst durch die *Entwertung* der Feindökonomie (liberal-demokratische oder
illiberal-autoritäre) entsteht.

Die Medien der ‚Vermittlung' sind somit nicht bloß Anlass für Streit, Konflikt,
Kampf, Vernichtung, Krieg und Bürgerkrieg, vielmehr auch das Paradigma einer
Versöhnung dessen, was sie von Anfang an geteilt haben. Damit fungieren sie als
eine Art ‚Detektor', der das ‚Gesetz der Feindökonomie' (die ‚Medienökonomie
des Leidens') in der *Mitte* verortet, dort dekontaminiert, um von ihnen einen neuen,
heilsamen Gebrauch zu machen. Wenn heute die „Feindseligkeit aller gegen alle
nicht nur zu einem erfolgreichen Geschäftsmodell", sondern auch „zu einem

überaus zukunftsfähigen Gemeinschaftsgefühl geworden ist".[11] Dann gilt es, anti-thetisch, durch einen Gegenbefehl dieses feindselige „Geschäftsmodell" und „Gemeinschaftsgefühl" politisch zu neutralisieren, außer Kraft zu setzen, um von den Medien (einschließlich des Körpers als Medienträger) einen neuen, *gewaltlosen* Gebrauch zu machen. Ein vom ‚Gesetz der Feindökonomie' befreiter, de-kontaminierter Gebrauch der ‚Medien', der immer auch den irreduzible Vorrang als den Kern des Humanen meint: das Zuvorkommen und Entgegenkommen der Idee des Anderen, wo nichts mehr befohlen, intendiert, bedeutet oder angeeignet wird. Es gilt jene wahrhaft aufklärerischen, humanen Mittel im Widerstand wieder ‚politisch' zu reaktivieren, welche die ‚geeinte Masse der Feindschaft' wieder zu einer ‚geeinten Masse der Freundschaft' umwandeln. Medien, wie sie hier im *politischen Raum* entfaltet werden, sind also uneindeutig: Sie sind einerseits Ursprung des Konflikts, der Vernichtung, der Vergiftung und des Krieges, andererseits aber auch das Paradigma der Versöhnung und Heilung dessen, was sie von Anfang an im Raum des Oikos und der Polis geteilt haben.

Literatur

Agamben, Giorgio. 2002. *Homo sacer. Die souveräne Macht und das nackte Leben*, dt. Frankfurt/M.: Suhrkamp.
Adorno, Theodor W. 1990. *Über Walter Benjamin*, Frankfurt/M.: Suhrkamp.
Arabatzis, Stavros. 2021. *Medienpharmakologie: Eine pharmazeutisch-politische Medientheorie*, Wiesbaden: Springer VS.
Aristoteles. 1978. *Über die Dichtkunst, Werke*, griechisch und deutsch, Hrsg. von Franz Susemihl, Aalen: Scientia.
Bermes, Christian. 2022. *Meinungskrise und Meinungsbildung. Eine Philosophie der Doxa*, Hamburg: Meiner.
Derrida, Jacques. 1995. *Platons Pharmazie*. In Ders., *Dissemination*, dt. Wien: Passagen.
Habermas, Jürgen. 2008. *Zur Vernunft der Öffentlichkeit*. In Ders., *Ach, Europa. Kleine Politische Schriften XI*, Frankfurt/M.: Suhrkamp.
Mouffe, Chantal. 2014. *Agonistik. Die Welt politisch denken*, dt. Berlin: Suhrkamp.
Pörksen, Bernhard. 2022. *Es ist ein ‚Lügenpresse light'-Milieu entstanden: Medienexperte Pörksen über die Wut auf Journalisten*. In https://www.rnd.de/medien/es-ist-ein-luegenpresse-light-milieu-entstanden-medienexperte-poerksen-ueber-die-wut-auf-TSDFUXBVIVB3NIMDB4DGEFTCZY.html [Zugriff: 26.01.2022]
Vogl, Joseph. 2021. *Kapital und Ressentiment. Eine kurze Theorie der Gegenwart*, München: C.H. Beck.

---

[11] Vogl 2021, S. 182.

Stasis und Polemos als politische Konzepte

2.1 Medien, ihr Anfang, ihre politische und ökonomische Geschichte

Das Medium, das in seinem *Dazwischen* (das *metaxy*, wie es Aristoteles in *Über die Seele* formuliert) etwas vermittelt, ist auch das Medium, das darin ebenso eine Schwelle der Ununterscheidbarkeit bildet. Es ist etwas, das etwas sichtbar macht und es zugleich verdunkelt. Ein Mittel, das – wie in einem Möbiusband – Drinnen und Draußen, Haus und Stadt, Heilmittel und Gift einander angleicht und darin ununterscheidbar macht. Die mediale *Mitte* ‚vermittelt‘ zwischen Sein und Nicht-sein, sie ist der Prozess, das Geschehen, die Zeit, das Werden. Aber im *Dazwischen* seiner Wirkung (praktische, theoretische, historische, gesellschaftliche, politische etc.) verbirgt das Medium (als *alogisches* und *logisches*) nicht nur das Sein (das ‚Werden als Sein‘), sondern ebenso den archischen Imperativ: ‚Sei!‘ Genau dieses politisch-ernste Gebot, das alle Praktiken (vorstaatlich-kulturelle und staatlich-rechtliche) bestimmt, unterscheidet sich dann von den *spielerischen* Praktiken des theoretischen Diskurses, der Erzählung oder der ästhetischen Praxis. Eine Gewalt, die den Medien von Anfang an zugrunde liegt – daher die Formulierung Platons im *Siebten Buch* der *Politeia*, dass der Erkennende, der einmal die Höhle verlassen hat und die Ideen draußen erblickt hat, bei seiner Rückkehr in die Höhle von ihren Einwohnern nicht nur auf deren Unverständnis stoßen, sondern von ihnen gar ermordet werden würde, wenn sie ihn ergreifen könnten.

Von hier aus schreibt dann das Medium seine eigene Geschichte fort, die aber auch umgekehrt bereits von den Imperativen ‚vorgeschrieben‘ ist, und wie sie dann für die gesamte Naturphilosophie, für die klassische Philosophie und Politik bedeutsam wird. Der Ursprung (*archē*) der Medien ist somit nicht mythischer (erzählende Rede), logischer (argumentierende Rede), ästhetischer, poietischer, indikativer (Ist, Sein, Prozess), sondern imperativer Art (Sei!). Hierbei geht es nicht nur um die *Beziehung* zwischen Drinnen und Draußen, Haus und Stadt, Subjekt und Objekt, Erscheinen und Verschwinden, zwischen einem Produzierenden und Produzierten, Konstituierenden und Konstituierten, Möglichen und Wirklichen. Vielmehr auch um die problematische *Mitte* der Medien, die als *Relation* von Anfang an im Gebot steht: ‚Wirke!', ‚Erzähle!', ‚Argumentiere!' Alle Medien (physikalische, biologische, logische, praktische, ästhetische, musikalische, mathematische etc.) bergen daher in ihrem *Dazwischen* ihre Doppelwirkung: modern und zugleich archaisch zu sein. Ein *Dazwischen* des Mediums, das sich in Zeit, Raum und Geschichte immer weiter entfaltet und an Wirkung immer mehr zunimmt.

Freilich ist diese archische, imperativ-besetzte Mitte der Medien durch die mythischen, theologischen und später begrifflichen und aufklärerischen Medien historisch immer auch verdunkelt als erhellt worden – und dies gegen den *Anspruch* des mythischen Denkens (denn der *mythos* ist ja selbst eine Art von Aufklärung) und anschließend des philosophischen und theologischen Denkens (*logos*). So auch in der Renaissance – die durch die Wiederaufnahme von aristotelischen Motiven charakterisiert ist –, wo die vormals himmlischen Mediensphären (idealistische wie theologische) bloß auf die Erde versetzt wurden, ohne darin (nun als neuzeitliche, optische, akustische, technische, ökonomische, politische, geistige, psychische und somatische Medien) die archaischen Mächte als solche anzutasten. Ob nun Medien philosophisch, künstlerisch, literarisch oder politisch wirken sollen; alle wollten sie in ihrer Immanenz (als Licht, Geld, Zahl, Technik, Kunst, Musik, Sprache oder Instrument) bloß anwenden und beziehen sich daher nur noch auf Medien sofern sie in ihrer bloßen immanent-indikativen Wirkung (Ist, Sein, Prozess) *tätig* sind. Überhaupt ist eine Spezifizierung des Medienbegriffs erst im 17. Jahrhundert zu vermerken, der mit der Entwicklung, Untersuchung und Verbreitung optischer und akustischer Medien einhergeht, d. h. mit *Techniken als Instrumente* (denn Technik beginnt nicht erst mit Manufaktur und Industrie, vielmehr hat der Mensch sie von Anfang an im ‚Rücken'), die der moderne Mensch immer mehr als instrumentelle, technische und epistemische Mittel begreift.

Allerdings gibt es in den politischen Theorien des 17. und 18. Jahrhunderts auch eine Gegenströmung, die Medien (obwohl das Wort als solches nicht vorkommt) vor allem als Affekte und Leidenschaften begreift. Die Ich-Leidenschaft erhält dadurch eine befruchtende Funktion als unersetzbares Stimulans für den Fortschritt. Diese Modelle neigen dazu, den technizistischen, utilitaristischen und rationalen Modellen der frühen Neuzeit einen expressiv-affektiv-psychischen Zugang in den objektiven, maschinellen und ökonomischen Prozessen wie in den subjektiven Leidenschaften zu ermöglichen. Während das erste Modell von einer instrumentellen Rationalität geleitet und auf Verwirklichung des eigenen Interesses ausgerichtet und zur Selbstbeschränkung fähig ist, reflektiert das zweite Modell den affektiven, romantisch-synthetischen[1] und irrationalen Untergrund der „instrumentellen Vernunft". Eine, die über Descartes zu Hegel führt und dabei Affekte und Leidenschaften aus den angeblich ‚reinen' Medien des ‚Denkens' und des ‚kalten Begriffs' auszusortieren versucht. Das Medium ist aber ein materiell-körperliches, oder ein immateriell-geistiges Mittel (*pharmakon*), das von Anfang an im *Dazwischen wirkt* und dabei seine Doppelwirkung als Heilmittel und Gift entfaltet. Das Wort Medien steht daher für die *Mitte*, für ein *im Dazwischen Wirkendes*. Daher bezeichnet es nicht einfach das Mittel zum Zweck. Es ist kein bloßes Instrument, sondern etwas, das sich bei seiner Unterscheidung in der *Mitte* hält, darin etwas *vermittelt*, aber in dieser *Vermittlung* auch hochproblematisch bleibt. Problematisch deswegen, weil hier alles davon abhängt, wie dieses Mittel, dieses *Vermittelnde* in der Mitte begriffen, wahrgenommen und angewandt wird: Ist es etwa ein Mittel, das zwischen einem „Stofflichen" und einer „Form" vermittelt (Aristoteles)? Ist sein Ursprung eher von „aisthetischer", „poietischer", praktischer oder aber von „noietischer" Art? Wie hängen Entstofflichung und Stofflichkeit, Begriff und Bild, Geistigkeit und Materialität, Logos und Mythos, Wahrheit und Lüge, Sprache und Leib oder Spiel und Ernst zusammen? Was passiert in der medialen

---

[1] Gegen das synthetische Weltbild wurde einmal romantisch die analytische Vernunft gesetzt: „Um das plausibel zu machen, möchte ich daran erinnern, daß im 18. Jahrhundert eine Auffassung von Vernunft herrschte, die sich als *analytisch* beschreiben läßt. Analytisch heißt (wörtlich übersetzt): auflösend, zersetzend. Es ist die Zeit der Zerstörung synthetischer Weltbilder und haltlos gewordener Totalitäten". (Frank 1989, S. 100). Dieses analytische Weltbild wird dann, materialistisch, auch ökonomisch-profitrational verstanden und in romantischer Tradition gegen Affekt, Herz und Gefühl gewendet: „Franz Baader verurteilte den ‚affekt-, herz- und gefühllosen Purismus' des ‚ökonomistischen Kalkulierens', der die Seele zur Sache, das zirkulierende ‚Metalgeld' zur allgemeinen ‚Ware (…) und zur einzigen spinozistischen Weltsubstanz, somit auch zum unsichtbaren Weltgott', mache". (Ebd., S. 40). *Analytische* und *synthetische* Medien sind aber nichts als *die zwei Seiten desselben Mediendispositivs*, die sich in der historischen Horizontale nach Rationalität (Vernunft) und Irrationalität (Gefühl) sowie in der Vertikale nach Immanenz (ontisch) und Transzendenz (ontologisch) unterscheiden, dabei aber, in der medialen *Mitte*, auch eine mythische (A-Kapitale) und theologische (Kapitale) Totalität bilden. Denn: „Mythen artikulieren ja basale Wertüberzeugungen, hinsichtlich deren eine Gruppe von Verschworenen einhellig denkt, ja mehr noch: über diese Gruppe ihre soziale Synthese vollzieht als eine ‚Einheit des Fühlens'" (Ebd., S. 104). Gerade diese „Einheit des Fühlens" bildet heute aber nicht mehr die romantische „Idee einer freien Kommunikationsgemeinschaft mit Universalitätsanspruch" die, „auf die Rationalität des Konsensus" (Ebd., S. 110) gründet, sondern, in der „consensus democracy" (Habermas), die Feindseligkeit aller gegen alle, die sowohl das *analytische Geschäftsmodell* als auch das *synthetische Gemeinschaftsgefühl* kennt.

Beziehung zwischen A und B, Ich und Du, Auge und Denken, Geist und Materie, Wissen und Meinung, Individuum und Gesellschaft, Privatheit und Politik? Und wie hängen Immanenz und Transzendenz, Schein und Wahrheit, Akzidens und Substanz, Politik und Politisches miteinander zusammen? Wie ist die noetische und ästhetische Wirkung des Medialen politisch zu fassen? Oder wie ist der Ort der Produktion (aktiv) und Wahrnehmung (passiv) individuell und kollektiv zu begreifen? Und bringen Medien nicht etwas hervor, ermöglichen es, um es sogleich zu begrenzen oder gar unmöglich zu machen? Dies heißt dann aber, ohne Medium sieht, begreift, fühlt und denkt man nichts; sie erfordern das Medium als „Vermittlung" (Hegel), das weder das „Sein" noch das „Nichts", sondern das „Werden", den Prozess und das Geschehen meint. Aber Begreifen, Wahrnehmen, Tun und Denken können ihre konkret-gesellschaftliche und politische Mitte ebenso verfehlen; indem sie etwa, wie bei Hegel, die *Mitte* am Schluss des ganzen Prozesses durch das vermittelnde Medium „Begriff" und „Geist" tilgen. So geht das Medium im Prozess der vermittelnden *Mediation* zugrunde, wo es dann einerseits die Bewegung meint, andererseits aber im Medium des abstrakten Begriffs als Resultat verschwindet. Im Resultat ist es „aufgehoben". Aber das *Resultat* ist nicht bloß der abstrakte „Begriff" oder der „Geist", sondern etwas Konkretes in seiner historisch-gesellschaftlichen, politischen, physischen wie metaphysischen Medienökonomie. Ein Mittel, das, mit Aristoteles, über seine Wirkung (*energeia*) und Potenz (*dynamis*) Auskunft gibt. Dem Medialen als abstrakten Begriff kommt zwar die Eigenart zu, darin „geistig" zu wirken, ohne aber seine *konkrete Wirkung* (als Heilmittel und Gift) in der integralen Medienökonomie zu begreifen, sie wahrzunehmen, zu spüren und sie zugleich als ein ‚Gesetz des Opfers' zu diagnostizieren; das Opfer, das durch die Anwendung des Mittels als Praktiken der Herrschaft produziert wird. Auch die Umkehrung dieser abstrakt-medialen Geist-Wirkung in eine existenzielle ‚Natur-Wirkung', wie sie etwa der mittlere Schelling gegen Hegel unternimmt, ändert dann kaum etwas an der Abstraktion des Mittels, das hier zwar „existenziell" und nicht bloß „begrifflich" wirken soll, dabei aber auch seinen konkreten, gesellschaftlichen und politischen Zusammenhang vergessen hat – daher hat Hegel hier recht, wenn er gegen Schelling schreibt, das dieses mythische, naturphilosophische oder theologische Medium „wie aus der Pistole kommt".

Gegen dieses gesellschaftliche Vergessen in der ‚Vermittlung' ging später die Kritische Theorie ökonomisch und sozial an, indem sie etwa in den Monopolen des modernen Industriekapitalismus das Ende des Markts und damit eine Stabilisierung des Mittels erreicht sah, wo sie die „industrielle Macht" zur Schau gestellt sah. Dergestalt, dass die Industriegesellschaft, so die Diagnose, nicht nur ökonomisch, sondern auch psychisch und mental ihr Endstadium erreichte. Die Gesellschaft schien ganz in der Warenwelt sich aufgelöst zu haben, um darin das

Wahrzeichen einer absolut „verdinglichten", warenproduzierten Gesellschaft abzugeben. Eine „reine Darstellung der gesellschaftlichen Macht", die nur noch „für sich selbst" Reklame machte. Ist aber dieses gesellschaftliche Endstadium einmal erreicht, dann stagniert die ganze Geschichte in der absoluten Verdinglichung, sodass sie offenbar nicht mehr steigerbar schien. Sie hatte sich in einem mythischen Kreis der ewigen Wiederkehr des Gleichen gleichsam verfangen.

Allerdings wurde diese These später nicht nur durch die Postmoderne, sondern auch durch den Hinweis auf die neoliberale Deregulierung und Auflösung der Monopole im neuen Markt wieder relativiert. Monopole, so die spätere Argumentation, bedeuteten nicht das Ende des Markts. Durch ihre Art zu wachsen, zu schrumpfen und zu zerfallen, transformieren sie sich vielmehr und geben so der ganzen Marktlandschaft ein neues Gesicht. Der neoliberale deregulierte Markt drang im Zeitalter multinationaler Großkonzerne in die sozialen Nervenzentren vor, die in der Industriegesellschaft noch vom freien Wettbewerb ausgenommen waren. Manch einer sah in der neoliberalen Deregulierung sogar naiv eine Dialektik am Werk. Denn die neoliberale Informatisierung bedeutete ja nicht nur: „Hier ist ein Elend, an das kein Gesetz, keine staatliche Hilfe heranreicht. Es bedeutet auch: Hier waltet keine Gängelung durch Vorschriften und Behörden, hier ist ein Freiraum für Nachbarschaftshilfe, Selbstorganisation, Kooperativen, wie sie sich Bürokraten vielleicht nie träumen lassen."[2]

Solche Sätze lesen sich heute wie aus der frühen Welt des Liberalismus, etwa bei John Locke, der aus seinen ökonomischen Evangelien den regulierenden Staat ganz verbannen wollte – was später Hayek neoliberal ergänzen sollte. Gerade die neoliberale Deregulierung sollte aber nicht nur den Markt erneut auf die Monopole der Finanz-, Informations- und Digitalökonomie zurückführen (BlackRock, Vanguard, Google, Facebook, Apple oder Amazon) und damit einen Neo-Feudalismus installieren. Vielmehr auch den ‚dialektischen Freiraum' – der angeblich in den Müllhalden der armseligen Welt dialektisch entsteht – als den Raum des pseudotheologischen Finanz-, Informations-, Daten- und mythisch-staatlichen Rechtsregimes offenbaren: die neoliberale Freiheit als uralte Knechtschaft, wo auch jene ‚informelle Dialektik der Freiheit' kollabiert. Ein gesellschaftliches Vergessen, das gerade in der Mitte der Medien sich ereignet und dabei auch den medialen Prozess von Subjektivierung und Desubjektivierung meint.

Die Monopole des modernen Industriekapitalismus, die im neoliberalen deregulierten Markt verschwanden, tauchen somit in den neuen Monopolen von BlackRock, Vanguard, Google, Amazon, Facebook oder YouTube wieder auf, um darin von der Pseudotheologie des *Kapitalmittels* sowie von der Neomythologie der

---

[2] Türcke 2006, S. 145.

national-staatlichen *Rechtsmittel* zu berichten. Es ist das komplementäre ‚Gesetz der integralen Medienökonomie', wo alle Medien (Geld, Daten, Wissenschaft, Bilder, Affekte, Körper, Rechtsmittel etc.) eine imperative Einheit (das vereinheitlichende Prinzip der „Kapitale" und das national-staatliche Prinzip der „A-Kapitale")[3] bilden, um darin zugleich ihren eigenen Feind selbst hervorzubringen. Eine globale liberal-demokratische *Bewirtschaftung* und staatliche *Verrechtlichung* der Welt, die in ihrer komplementären Einheit (Kapitale und A-Kapitale) in sich selbst immer mehr Gegenkräfte (heute autoritäre, islamistische oder geopolitische) mobilisiert und damit eine *Selbstzerspaltung* ihres eigenen liberal-demokratischen Prinzips produziert: „westliche Welt" (liberal-demokratisch) gegen „eurasische Welt" (illiberal-autokratisch) oder „islamistische Welt". So ist auch der Kapitalismus immer schon mehr gewesen als die Differenz von „Kapital" und „Arbeit", von „Tauschwert" und „Gebrauchswert", oder was die ökonomistische Denkfigur von „Weltmarkt" noch unterstellt. Er meint vielmehr das nicht-staatliche, instrumentell-poietisch-kulturelle Projekt des Menschen als eines der liberal-demokratischen oder illiberal-autoritären Finanz-, Arbeits-, Denk-, Wunsch-, Gefühls-, Informations-, Ausdrucks-, Rausch- und Rechtsmittelökonomie. Ein säkularisiertes, modernes und hypermodernes Projekt, das mythisch und theologisch kontaminiert ist, um in der vorstaatlichen Kapitale (Kapitalgott) und staatlichen A-Kapitale (National-

---

[3] Derrida möchte hingegen auf die beiden Imperative nicht verzichten: „Muß man wachsam darauf achten, daß keine vereinheitlichende Hegemonie (keine Kapitale) wieder entsteht, so darf man doch auch umgekehrt die Grenzen, das heißt die Ränder und die Randgebiete, nicht vervielfachen; dann dürfen die Unterschiede zwischen den Minderheiten, die unübersetzbaren Idiolekte, die nationalen Antagonismen, der Chauvinismus idiomatischer Wendungen nicht um ihrer selbst willen kultiviert werden. Die Verantwortung scheint heute darauf hinauszulaufen, daß man auf keinen der beiden widersprüchlichen Imperative verzichtet. Man muß demnach versuchen, politisch-institutionelle Gesten, Diskurse und Praktiken zu *erfinden*, die das Bündnis zwischen diesen beiden Imperativen, zwischen diesen beiden Versprechen, zwischen diesen beiden Verträgen markieren: das Bündnis zwischen der Kapitale und der A-Kapitale, dem anderen der Hauptstadt." (Derrida 1992, S. 35). Kapitale und A-Kapitale beschreiben aber als archische Totalitäten (ökonomisch-theologische und staatlich-mythische) sowohl das eine liberal-demokratische Prinzip von Einheit und Vielfalt (die Finanz-, Daten- und staatliche Rechtsmittelökonomie) als auch den *Antagonismus* zwischen einem liberal-demokratischen Prinzip und einem illiberal-autoritären oder islamisch-fundamentalistischen Gegenprinzip. Das liberal-demokratische „Bündnis zwischen den beiden Imperativen" (Kapital und A-Kapitale) erzeugt somit auf der anderen, antagonistisch-polemischen Seite ihren illiberal-autoritären oder islamistischen Gegner. Deswegen müssen wir den Satz von Derrida neu reformulieren: ‚Die Verantwortung scheint heute darauf hinauszulaufen, dass man auf die beiden *komplementären* (als Einheit von Kapitale und A-Kapitale) und *antagonistisch-polemischen* (der Krieg zwischen liberalen, illiberalen oder islamistischen) Totalitäten verzichtet.'

götter) eine ,Religion *ohne* Religion', eine atheistische Religion (Kapitalmittel) und ein neues Heidentum (nationalstaatlicher Rahmen) zu bilden. Damit ist alles ,Leben' von diesen beiden Hauptmedien kontaminiert: Mensch und Menschheit in ihrem Kapital- und Nationalmittel. Wenn aber Mensch und Menschheit von der Totalität ihrer eigenen vorstaatlichen Kapital- und staatlichen Nationalmittel eingeschlossen sind. Dann bedeutet auch der „Schutz des Lebens" – wie er etwa in der Coronapolitik betrieben wurde – notwendig immer auch ,Schutz des Kapitalmittels',[4] weil ohne dies (als Differenz zum bloßen ,Leben') heute Mensch und Menschheit überhaupt nicht gedacht und begriffen werden können. Deswegen wurde auch die „Wirtschaft" durch jene staatliche Coronapolitik nicht etwa „zerstört", wie Agamben noch meint, sondern geradezu ,revolutioniert': die Revolution des pseudotheologischen Kapitalmittels in der Form des Finanz- und Informationsmittels. Eine kapitalistische Vergesellschaftung als ontisch-ontologische *Bewirtschaftung* der Welt (das scheinewige Gesellschaftssystem), die freilich ohne eine ordnungspolitische Hand der jeweiligen Nationalstaaten gar nicht funktionieren würde. Damit sind aber auch die abstrakten Kategorien wie „Freiheit" und „Sicherheit" morsch geworden. Als neomythische, pseudoreligiöse und ontologische Begriffe sind sie weitgehend erstarrt und können daher nicht gegeneinander ausgespielt werden. (So hieß es noch vor Kurzem, die Dialektik zwischen „Freiheit" einerseits und „Sicherheit" andererseits sei das Zeichen unserer Coronazeit, wobei das Gewicht mehr auf die Seite der Sicherheit fiel; ,wir Menschen seien dazu bereit, immense Oper aufzubringen, um uns sicher zu fühlen'. Dies konnte freilich nur abstrakt behauptet werden, denn schon in der nächsten Krise, nämlich im Ukrainekrieg, war man sehr wohl dazu bereit, im Namen der

---

[4] An dieser Dialektik geht der auf den Staat konzentrierte Giorgio Agamben vorbei, wenn er etwa gegen die Coronapolitik des Staates schreibt: „die Wirtschaft" wird durch die Corona-politik „zerstört". Umgekehrt wird nämlich ein Schuh daraus: das *monarchische Kapital-mittel in seiner Bewirtschaftung der Welt (einschließlich von Mensch und Menschheit in ihrem Kapitalbegriff)* wurde hier durch eine staatlich-kaskadierende *Verrechtlichung der Welt geschützt* und als neue finanz- und informationsökonomische Welt noch einmal radika-lisiert; dass die Coronamaßnahmen die reale, analoge Wirtschaft mehr oder weniger zerstört haben, liegt eben in der „schöpferischen Zerstörung" (Schumpeter) des Kapitals selber, das sich auf erhöhter historischer Stufenleiter *informatisiert* und digitalisiert hat. Man sieht also: *Schutz des Lebens*, das einen „absoluten Wert" hat, und *Schutz des Kapitalwerts* (ebenso ein ,absoluter Wert' des verabsolutierenden Mediums) koinzidieren. Genau deswegen gilt es die tödliche *Zweiheit* des Mediums ,richtig' zu denken und kritisch zu negieren. Das mediale Problem liegt daher sowohl im Kapitalismus (die säkularisierte „göttliche Gewalt" des Kapitalmittels) als auch in der Politik (die säkularisierte „mythische Gewalt" in der Ge-waltenteilung des modernen Staates).

Fiktionen von „Freiheit" und „Demokratie" auch sich selbst als Opfer zu bringen und damit alle Sicherheit und alles Leben zu opfern).

Die Pseudotheologie des Kapitalmittels und die Neomythologie des staatlich-gesetzlichen Rechtsmittels braucht dann keine ideologischen Entstellungen mehr („falsches Bewusstsein"), weil der Überbau bereits in die Basisstrukturen der monarchischen Finanz-, Informations- und einer polyarchischen Rechtsmittelökonomie diffundiert ist. Tun und Sein fallen hier in der *Mitte* der Medien zusammen, um darin den Befehlen der liberalen oder illiberalen Imperative zu gehorchen: ‚Tue!', ‚Sei', ‚Informatisiere!', ‚Spreche die absolute Wahrheit des liberal-demokratischen oder illiberal-autoritären Systems aus!' Denn wie jeder Mythos und wie jede religiöse Weltanschauung – sei sie nun christlich oder nicht –, so wird auch die neue, säkularisierte, pseudoreligiöse Wertüberzeugung der „consensus democracy" oder der Autokratie durch den Akt der *sanctio* geschützt: die Heiligung, die zugleich als Sanktion, als Ahndung der Tabuverletzung funktioniert. Die mediale Machtfrage ist daher keine bloß epistemische (keine gedankliche Konstruktion als Epochenbegriff, der, nach Foucault, verallgemeinernde Aussagen über eine bestimmte historische Situation macht; ein diskursiv-herrschaftlicher Rahmen, der das Netz aus Institutionen, Personen, Diskursen und Praktiken beschreibt, dabei aber nicht die unmittelbare Gegebenheit bildet), keine poetisch-romantische oder „rhizomatische".[5] Vielmehr eine, die das ‚Gesetz der Medienökonomie' formuliert, wo nämlich das philosophische, poetische, ökonomische (profitrationale)

---

[5] Deleuze lehnt zwar mit Foucault das traditionelle Machtmodell der Macht ab, dabei wird aber die Macht nur in den instabilen Prozess übertragen: „Das Postulat des Eigentums, dem zufolge die Macht Eigentum einer Klasse wäre, die sie erobert hätte. Foucault zeigt, daß es sich anders verhält und daß die Macht nicht von dort ausgeht. Sie ist weniger Eigentum als vielmehr Strategie, und ihre Wirkungen können keiner Aneignung zugeschrieben werden, ‚sondern Dispositionen, Manövern, Taktiken, Techniken und Funktionsweisen'; sie ist ‚nicht so sehr etwas, was jemand besitzt, sondern vielmehr etwas, was sich entfaltet, nicht so sehr das erworbene oder bewahrte Privileg der herrschenden Klasse, sondern vielmehr die Gesamtwirkung ihrer strategischen Positionen'. Dieser neue Funktionalismus, diese funktionale Analyse leugnet gewiß nicht die Existenz der Klassen und ihrer Kämpfe, aber sie zeichnet ein ganz anderes Bild von ihnen (...) Kurz, die Macht besitzt keine Homogenität, sondern definiert sich durch Singularitäten, die einzelnen Punkte, durch die sie hindurchgeht." (Deleuze 1992, S. 39 f.). Damit beschreibt er exakt das spätere rhizomatische Netzwerk der kollaborativ-vernetzten Akteure, wo die Macht durch die einzelnen Punkte (Singularitäten) hindurchgeht, um dabei die liberal-demokratische oder illiberal-autoritäre Totalität als Gesamtwirkung zu bestätigen. Nein, die Macht ist sowohl „Eigentum" (der archischen Mächte) als auch „Strategie", welche die Medien in ihrer bloßen Wirkung einfängt, manipuliert und steuert.

und politische Medium in seiner modernen Immanenz ebenso auf seine archische, mythische und theologische Transzendenz zurückweist. Damit ist auch die *Zweiheit* des Mediums in seiner Unterscheidung zwischen ‚Wahrheit' und ‚Lüge', zwischen ‚Vernunft' und ‚Wahn' *selbst wahnhaft*, und nicht bloß in Neuzeit und Moderne *bloß wahnhaft unterschieden* worden. Eine Vernunft, Ökonomie, Wahrheit, Politik, Praxis und ein Denken, die als tödliche Gesamtökonomie der Medien wirken.

Lag also das Problem der Medien bei Aristoteles noch in der Vermittlung von Stofflichkeit und Form, so ging diese eher ästhetische und materielle Seite der Medialität zunehmend in eine Geistigkeit und schließlich in eine formale Sprache von Information, Algorithmierung, Digitalisierung und Interaktion gesamtökonomisch auf. Eine informatische und technologische Praxis, die das Medium nur noch als Übertragung, Speicherung, Sammlung, Verschaltung oder Verbreitung von Information kennt, dabei aber auch mit einer affektiven Ladung daherkommt. Diese Praxis ist aber auch eine der Informations-, Daten- und Affektökonomie, die immer zugleich von den Strategien der liberalen oder illiberalen Medienmacht eingefangen, ausgerichtet und manipuliert wird. Die mediale Relation und Beziehung hängt dann keineswegs von der jeweiligen Position des kybernetischen Beobachters ab,[6] weil sie selbst eine verabsolutierte Relation bildet, die im Dienst der archischen Imperative steht. Das Medium setzt hier nämlich durch ‚Reflexion' seine Bewegung selbst aus. Eine ‚Reflexion der Reflexion' (Hegel), die als Möglichkeit die „Proflexion"[7] als Rückkehr in den archischen (mytho-theologischen) Grund meint. Die

---

[6] So konnte Luhmann noch zwischen den verschiedenen Systemen seine Position je nach Belieben wechseln: „Im Bereich der Werbung ist also die Wirtschaft ebenso auf das System der Massenmedien angewiesen wie dieses auf sie; und es läßt sich, wie typisch für Fälle struktureller Kopplungen, keine sachlogische Asymmetrie, keine Hierarchie feststellen. Man kann nur, wie beim Thermostat, einen kybernetischen Zirkel feststellen, wo es dann vom Beobachter abhängt, ober er meint, die Heizung regele mit Hilfe des Thermostates die Temperatur des Raumes oder die Temperatur des Raumes regele mit Hilfe des Thermostates den Betrieb der Heizung." (Luhmann 1987, S. 295). Der kybernetische Zirkel passt hier schon deshalb nicht auf die Beziehung von „Wirtschaft" und „Massenmedien", weil er deren gemeinsame, eben nicht symmetrische Vorgeschichte beseitigt: die frühkapitalistischen Wirtschaftsbedingungen, den Konkurrenzdruck und die notwendigen permanenten Nachrichtenvorsprünge, die erst die Etablierung von Zeitungen und Presse hervorgebracht haben. Das Informationssystem hat fraglos eine zunehmend verstärkende Eigendynamik entwickelt und in der Datenökonomie sein vorläufiges Ende erreicht, aber darin ist es eben nur die Erscheinungsform von weit umfassenderen gesamtökonomischen Zwangsprozessen, die ihrerseits auf archische (mythische, theologische) Zusammenhänge zurückweisen.

[7] Vgl. Fischer 1985. Anders als Fischer sehen wir heute die Möglichkeit der „Proflexion" vor allem im ökonomisch-theologischen und mythisch-rechtlichen Mediendispositiv aufgehoben.

fortschreitende, kulturelle, zivilisatorische und humanistische Reflexion wirft uns auf unser je eigenes wirkliches Ich (die ontische Gestalt des allgemeinen Sozialisationszwangs) zurück. Während die Möglichkeit der „Proflexion" uns zugleich in den ontologischen Horizont unserer Medien einschließt. Es sind die zwei Seiten desselben Mediendispositivs (Wirklichkeit und Möglichkeit) als ontisches und ontologisches ‚Gesetz der Medienökonomie‘, das heute liberal-demokratisch oder illiberal-autoritär absolut gelten soll. Das ‚Gesetz der Medienökonomie‘ bedeutet somit, dass die *Eigengesetzlichkeit* der Informations-, Techno-, Kultur-, Design- und Datensphären immer auch eine *Fremdgesetzlichkeit* ist. Und zwar so, dass die säkularisierten Kategorien von ‚Ökonomie‘ und ‚Politik‘ selbst noch einmal durch eine ‚Geschichte der Medien‘ als *organa* (Mittel) der archischen Herrschaft ‚vermittelt‘ sind. Es gilt daher diese ‚Gesamtwirkung‘ der Medien als eine monarchisch-ökonomische *Bewirtschaftung* und polyarchisch-staatliche *Verrechtlichung*[8] der Welt zu begreifen. Als ein ‚Gesetz der Medienökonomie‘, das nicht liberal-demokratisch oder illiberal-autokratisch durch Lobpreisung, Huldigung und Dankensbezeugung zu erhalten – damit das Bedürfnis Gottes (Kapitale) oder der Götter (A-Kapitale) nach kultischer Verehrung rituell zu erfüllen –, vielmehr zu deaktivieren und außer Kraft zu setzen wäre, um so von den Medien einen anderen, neuen, humanen, anarchischen Gebrauch zu machen.

---

[8] Seit Eusebius (ein spätantiker christlicher Theologe und Geschichtsschreiber) wird immer wieder die These vom Verschwinden der *Polyarchie* vertreten. Wurde dies noch in der Kirchengeschichte als Anbruch des Weltreichs gedacht, der das Ende der Polyarchie und damit den Sieg des einzig wahren Gottes herbeiführen sollte, so wurde dies bei Negri und Hardt als Überwindung der Nationalstaaten durch ein globales kapitalistisches Imperium beschrieben, das dem Kommunismus zum Sieg verhelfen solle. Beim Sieg dieses ‚produktiven Kapitals‘ (der „Strom des kognitiven und gesellschaftlichen Kapitals"), der seine „dingliche" Struktur überwindet, gewinnen dann auch die Kategorien von Arbeit, Freiheit, Imagination, Kooperation und Zeit eine fast eschatologische Bedeutung: „Die kognitive Arbeit ist ‚Imagination plus Freiheit plus Kooperation‘, sie stellt sich außerhalb der messbaren Zeit des Kapitalisten, weil sie die Zeit beherrscht und nicht von ihr beherrscht ist. Die kognitive Arbeit ist ein Ereignis, *Kairós*, sie ist die Erfindung der Zeit, und deshalb ist es unmöglich sie zu messen. Als eine nicht messbare Arbeit aber ist sie in der Freiheit verankert." (Negri und Scelsi 2009, S. 152 und 164). Was hier beschrieben wird, ist in Wirklichkeit nur die ‚unmessbare Arbeit‘ der kapitalistischen Monarchie (die Ontologie der Finanz-, Kognitivarbeits-, Aufmerksamkeits-, Affekt-, Daten- und Informationsökonomie), wo die messbare Zeit (*Chronos*) in die Ewigkeit des Kapitalmittels (*Kairós*) aufgelöst wird (der ‚eine Gott in der Zeit‘). Während die mythische Polyarchie nur die andere, komplementäre, nationalstaatliche Figur (die säkularisierten Nationalgötter) bildet, die jene Kapitalgottheit liberal-demokratisch oder illiberal-autokratisch rechtlich stabilisiert.

2.2 Medien als feindselige Affektökonomie und „Gabe"

Nicht nur das Modell der instrumentellen Intelligenz („instrumentelle Vernunft",
„rechnendes Denken", „Technikapriori" etc.), sondern auch das zweite Modell der
Affekte bleibt eine Abstraktion, weil Triebe, Sinne und Leidenschaften (die Spür-,
Gehör-, Seh-, Geschmacks- oder Riech*organe*; jenseits der Sinnenhierarchie)
kaum mit den objektiven, historisch-gesellschaftlichen Prozessen und Verhält-
nissen vermittelt werden. Es sind Affekte und sensitive Relationen, die, als Treiben
und Wallen der Empfindungen, angeblich einen unmittelbaren, privilegierten Zugang zur Spontaneität und Freiheit, zum in sich Bewegenden und zur Kraft selber
haben. Eine Kraft, die sich in ihren äußeren Wirkungen, in den Objektivationen,
Perspektiven und Strukturen zeigt, darin gleichsam sich ausdrückt, gerinnt und er-
stirbt. Dies sind aber auch Affekte, die als innere, triebhaft-bewegende Medien
immer auch mit den begrifflichen, mathematischen und instrumentellen Medien
verschränkt bleiben und daher keine invariante Konstanten oder anthropologische
Ausstattungen sind. In der Geschichte dieser scheinbar invarianten Anthropologie
zeichnet sich somit auch eine affektive Leiden- und Leidenschaftsökonomie der
Menschen ab, die später politisch im Liberalismus von Hobbes über Locke bis hin
zur *Political Economy* eines Mandeville, Smith und Hayek reicht und dabei das
instrumentelle, rationale, technische und utilitaristische Paradigma der Ökonomie
mit einer Affektökonomie auflädt. Damit bleiben die Affekte nicht rein in ihrem
biologischen Zustand, vielmehr sind sie auch selber Organe (die *organa*, Mittel des
Sehens, Fühlens, Riechens oder Schmeckens), die ebenso vom Kampf ums Überleben gezeichnet sind und auf der jeweils erhöhten historischen Stufenleiter in der
Vergegenständlichung äußerlich festgebannt bleiben. Als ‚Organe von unten' sind
sie somit von den ‚Organen von oben' (Vernunft, Rationalität, Reflexion, Denken)
kontaminiert, und umgekehrt, die ‚Organe von oben' mit den ‚Organen von unten'.

So auch das liberale Denken, das angeblich rational-ökonomisch und „entzaubert" (Max Weber) auftritt. Wenn man nämlich die Ideen des klassischen liberalen Denkens noch einmal genau und aufmerksam liest, stellt man fest, dass die
„Ökonomie" keineswegs auf eine rechnende Vernunft, auf ein rational be-
rechnendes Subjekt sich reduzieren lässt, das einzig und allein von einem instrumentellen und ‚kalten Interesse' geleitet ist. Es scheint vielmehr im Gegenteil von
seiner *Affektstruktur* getrieben zu sein, welche die Profitrationalität mit den Leidenschaften und der Affektökonomie kurzschließt – insofern wäre dieser Strang der
Philosophie, der von Spinoza, Schopenhauer, Nietzsche bis hin zu den antiutilitaristischen „Gefühlswerten" eines M. Mauss reicht, mit der profitrationalen
Ökonomie, mit Technik, mit dem Maschinendenken und der KI zusammen-

zudenken. Sodass dann auch die poietische, „schöpferisch-erzeugende" (Nietzsche) und empfangend-genießende Medienökonomie (das aktive und passive Medium) mit den objektiven ökonomischen und politischen Prozessen vermittelt
bleibt. Dabei gehen die abstrakten Medien (Begriff, Zahl, Instrument, Digitalität,
Information) zu den Sinnen, zum Bild, zur Erzählung, zur Anschauung, zur Meta-
pher und Musik über. Während sich beide zugleich im Medium des Leibes psycho-
somatisch und neurophysiologisch (im Zentralnervensystem) materialisieren und
dabei in den rituellen Praktiken, Gebärden oder Gesängen sich ausdrücken; und
umgekehrt, die konkreten, unmittelbaren Medien gehen in die abstrakten, ent-
materialisierten und ver*un*dinglichten Medien über – insofern wären auch Maschinen und KI nicht bloß instrumentell-technisch (äußerlich, verdinglicht, reduk-
tionistisch) zu denken und dann dagegen romantisch, anthropologisch oder
ontologisch die Unmittelbarkeit des Leibes (Inneres) oder des Seins zu setzen. Das
Medium ist vielmehr immer ein instrumentelles und affektives zugleich, das in
seiner Mitte „löst und bindet geweihte Bande, segnet den Verfluchten", wie Shakes-
peare den Timon sagen lässt.

Die These vom Übergang von den vormals „warmen Leidenschaften" (Mythos,
Theologie, Romantik) zum „kalten Interesse" der Moderne, zur Rationalität, „Ent-
zauberung" (M. Weber), „instrumentellen Vernunft" (Adorno/Horkheimer) oder
zum „rechnenden Denken" (Heidegger), muss daher von jener irrational-affektiven
Innenseite, von der kapitalistischen ‚Gefühlsökonomie' (über die profitrationale
Wertökonomie hinaus) her korrigiert werden. Denn im verinnerlichten Spüren,
Vernehmen, Hören, im Wallen der Empfindungen und Triebe, im Blitzen der Im-
pulse und Pochen der Pulsationen habe ich zwar einen privilegierten Zugang zum
Ansichsein, zur Spontaneität und Kraft selber in mir. Aber diese anthropologische
Unmittelbarkeit[9] der Triebe und Affekte ist ebenso das Produkt eines Äußeren: die

---

[9] Eine Anthropologie, die vor allem in der *Medienpädagogik* überstrapaziert wird. Dergestalt,
dass in den mediatisierten Welten offenbar verschiedenen Medienkompetenzen entwickelt
werden sollen, die aber durch die Zerschlagung der medialen Einheit gerade verhindert werden. Medien werden in den jeweiligen Teilkompetenzen (Analysieren, Reflektieren, Dis-
kutieren, Information, Wissen, Kritisieren, Anwenden) aufgespalten und funktionalisiert.
Dabei werden nicht etwa die Probleme der Medien (analoge und digitale) erkannt, sondern
durch die *analytische Vernunft* erst recht geschaffen. Eine, die den epistemischen, ästhetischen, sozialen, kulturellen, historisch-gesellschaftlichen, mythischen und theologischen
Zusammenhang der Medien auflöst, zersetzt und in bloßen Fragmenten zerstreut. Und zwar
so, dass dieses *analytische Weltbild* anschließend durch eine anthropologische Ausstattung
des Menschen abstrakt-äußerlich wieder zusammengefügt wird. Unvermittelt verweisen sie
dann auf Plessners Begriff der exzentrischen Positionalität, der anthropologisch vom „Gesetz der vermittelten Unmittelbarkeit" spricht (Vgl. Plessner 1986, S. 31–55), und heute,
soziologisch, von einer „Resonanz", von „Medien der Weltbeziehung" (Vgl. Rosa 2016,

Wirkungen und Objektivationen eines Außenseins. Etwas, das sich dann im *Innensein* manifestiert, im Inneren sich formiert und jene unmittelbare Affekte prägt. Das heißt, nicht *wir* sind es, die nach Rationalität (Instrument, Maschine, Profit, Abstraktion) und Irrationalität (Affekte, Triebe, Unmittelbarkeit, Leib), nach Schein und Sein, nach Denken und Fühlen differenzieren. Vielmehr ist es die *absolute Indifferenz* selber, die in sich selbst in Instrument und Triebe, Maschine und Affekte, Abstraktion und Konkretion, Denken und Gefühl, KI und Leib differenziert. Eine Ununterscheidbarkeit der Medialität, die sowohl die Medien der Unmittelbarkeit (Natur) als auch die Medien der Vermittlung (Kultur) als Zusammenfallen der beiden Relata in der Mitte kennt.

Das eigentlich Interessante an der frühen, liberalen politischen Theorie ist es dann – was später für die digitale Informations- und Affektökonomie von Interesse sein sollte –, dass schon Mandeville oder Smith in den Affekten selbst ein komplementäres Mittel gesehen haben, das für die Ökonomie wesentlich ist. Wer regiert, so der liberale Leitgedanke, darf die Mittel nicht bloß rational-instrumentell betrachten. Vielmehr muss er auch fähig sein, vor allem die menschlichen Leidenschaften als Mittel zu nutzen und sie in den sozialen Räumen eine Richtung geben. Er muss die Affekte und Leidenschaften als Medien gekonnt instrumentalisieren, indem er sie zum Zweck der Zivilisation einsetzt und so die einen gegen die anderen ausspielt. Die Leidenschaften werden hier nicht etwa unterdrückt, wie bei Hobbes, sondern gerade auf produktiver Weise funktionalisiert. Wir leiten nämlich, so der protoliberale Gedanke, unsere „Vernunft" als ein nützliches, rationales und instrumentelles Mittel dorthin, wo wir „spüren", dass die „Leidenschaft sie hinzieht".[10] Das heißt, in jenen angeblich *reinen* Ausdrucksformen von Rationalität und Vernunft sind immer auch Affekte, Leidenschaften, Wille, Triebe, Gefühle und Wünsche mitanwesend und kontaminieren so ihre angebliche Reinheit. Eine Ökonomie der Leidenschaften, die freilich auch die paradoxe Logik des frühen Liberalismus beschreibt, nämlich, aus den *privaten Untugenden (unreines Mittel) die öffentliche Wohlfahrt (reines Mittel)* entstehen zu lassen. Die Antwort Mandevilles ist hier typisch für die heroische Phase des frühen modernen Kapitalismus: das *private Mittel als Gift* erweist sich zugleich als ein *öffentliches Heilmittel*, das Wohlstand und Fortschritt produziert. So auch bei Smith, der die Mittel nicht bloß

S. 151–164) sprechen. Das „Gesetz der vermittelten Unmittelbarkeit" und die „Medien als Weltbeziehung" beschreiben aber nur die eine ,gesellschaftliche und soziale Weltbeziehung' als ,Gesetz der Medienökonomie' (Finanz-, Daten- und Nationalmittelökonomie). Es ist das synthetische Weltbild, das dann auch politisch in seiner liberal-demokratischen Abdichtung einen inneren und äußeren Feind erzeugt.

[10] Vgl. Mandeville 1980.

instrumentell, materiell, technisch und rational denkt, vielmehr als etwas betrachtet, wo sie in ihrer entsprechenden Akkumulation sogar noch das Glück verschaffen. Und dies meint nicht bloß das banale Ziel der Mittel in ihrer technischen oder profitrationalen *Nützlichkeit*, und auch nicht den Besitz von Dingen, die das Leben bequemer oder sogar glücklicher machen können. Vielmehr das Erlangen eines sozialen Status, der vor den Augen des äußeren Zuschauers in Erscheinung tritt: „Der Zuschauer stellt sich nicht einmal vor, daß die Reichen und Großen wirklich glücklicher als die anderen seien, sondern er denkt, daß sie über mehr Mittel verfügen, sich das Glück zu verschaffen."[11]

Es ist nicht die Aktualität des Glücks als Ist-Zustand, sondern die Vorstellung von der Potenzialität der „Mittel", die das Glück jederzeit in die Aktualität bringen: das *potenzielle Mittel als Glücksmittel*, durch das man, wie einmal Columbus – nach Auskunft von Marx – über das Gold schrieb, „sogar Seelen in das Paradies gelangen lassen" kann. In solch einem liberal-potenziellen ‚Glückswert' wird das Mittel nicht bloß instrumentell-technisch, sondern vor allem aus der Potenz der Mittel (als Wahrnehmung, Aufmerksamkeit oder Leidenschaft) mit dem physisch-metaphysischen Glück in eine *Beziehung* gesetzt. Der Wettlauf nach Wohlstand und Glück schreibt sich hier offenbar vollkommen der Vorstellung und der „Logik des Zeichens"[12] ein, nach der das Objekt im wesentlichen zum *affekt-ökonomischen Mittel* einer sozialen Unterscheidung wird, die ihrerseits im „Glück" metaphysisch verankert wird. Das bedeutet, dass jene *rationale Interessensöko-nomie* (profitrationale Ökonomie) des utilitaristischen, technischen und ökono-misch-kommerziellen Menschen immer durch eine antiutilitaristische *Leiden-schaftsökonomie* („Gefühlswerte"; M. Mauss) geprägt ist. Die gesellschaftliche und soziale Relation ist daher nicht bloß rational, technisch und instrumentell, sondern auch mit Aufmerksamkeit, Affekt, Leidenschaft und Glück kontaminiert, sodass die irrationale Sphäre als sozial bedingte Gefühlsdynamik zum Fundament der rationalen Sphäre wird.

Der wirkliche Sinn von Subjektivierungs- und Objektivierungsprozessen lässt sich somit in der Moderne – auf den die frühe politische Theorie hinweist – nicht allein rational, technisch, instrumentell und profitökonomisch, sondern vor allem aus den Affekten, Leidenschaften, Empfindungen und Enthemmungen des indivi-duellen wie kollektiven Akteurs her begreifen. Es geht nicht um das kalte „öko-nomische Kalkulieren", um das „nüchterne Auge" (Marx), um die „analytische Vernunft" (als Gegensatz zur „synthetischen"), um die Selbstkontrolle, Selbst-unterdrückung und Opferung von Trieben (Freud) – ein instrumentelles Defizit, auf

---

[11] Smith 1977, S. 323.
[12] Vgl. Baudrillard 1982.

das eine Romantik („kaltes Herz"; Schiller/Tieck/Novalis)[13] und vor allem eine
kritische Tradition von Max Weber über Sigmund Freud, Norbert Elias bis hin zur
Kritischen Theorie oder Ontologie des „Ge-stells" (Heidegger) hingewiesen haben.
Von den ‚kalten' (Rationalität, „instrumentelle Vernunft", „rechnendes Denken")
zu den ‚warmen Medien', Affekten, Empfindungen und Leidenschaften überzugehen macht vielmehr das Wesen und Unwesen der modernen Subjektivität aus –
auf die dann die Postmoderne aufmerksam gemacht hat. Beim Prozess der Subjektivierung geht es also nicht um Selbstkontrolle und Unterdrückung der Affekte,
der Lust, des Genusses und der Triebe, wie etwa Horkheimer und Adorno aus der
Figur des Odysseus als „Urbild des bürgerlichen Individuums" herauslesen: „Der
Gefesselte wohnt einem Konzert bei, reglos lauschend wie später die Konzert-
besucher, und sein begeisterter Ruf nach Befreiung verhallt schon als Applaus. So
treten Kunstgenuß und Handarbeit im Abschied von der Vorwelt auseinander."[14]

Das moderne Subjekt ist nicht durch Selbst- und Triebunterdrückung, vielmehr
gerade durch eine enthemmte Aktion, durch eine poietisch-kollaborative Praxis und
Theorie charakterisiert. Eine enthemmte Praxis des individuellen und kollektiven Ak-
teurs, der in seiner instrumentell-poietischen Intelligenz, in seiner Wahrnehmungs-,
Aufmerksamkeits-, Affekt-, Trieb- und Designökonomie die bürgerliche, distanzierte
Betrachtung und Kontemplation ablöst. Damit aber erst recht in hierarchischen Ver-
hältnissen landet, wo er in seinem atheistischen Wirken das uralte theistische Wirken
nun immanent bestätigt und dynamisiert – eine Autonomie der Vernunft, die in eine
Heteronomie des wirklich Erhabenen (die Transzendenz des Kapitalgottes und der
Nationalgötter) übergeht. Sodass hier die freie Produktion (Arbeit, Sender, Tun, Praxis, Nähe) und freie Konsumtion (Zuhörer, Zuseher, Abstand, Theorie, Empfänger)
nur die zwei Seiten desselben (aktiv-passiven) Mediendispositivs bilden: die instrumentell-poietische Freiheit als uralte Knechtschaft. Denn nicht der Indikativ, sondern
der Imperativ ist hier am Werk: ‚Sei!', ‚Produziere!', ‚Bringe hervor!' Dies bedeutet
nicht mehr: „Alles *ist*, gehört zusammen und ist Eines" (Parmenides), sondern: ‚alles
soll (Imperativ) als Totalität Eines sein'. Mag Odysseus als Herr freier als seine Gefährten sein (und in gewisser Weise ist er es auch). Dennoch ist mit seinen „Gefährten"
immer noch in die *eine* Welt unterwegs und bildet darin nur das *eine Mediendispositiv*
der zwei dialektisch-komplementären Ausdrucksformen: Aktion und Passion, Arbeit
und Kontemplation, Überbau und Basis, Herr und Knecht, Heilmittel und Gift,
Menschliches und Übermenschliches. Beide beschreiben nur das *eine* Dispositiv der
Medienökonomie von Freiheit und Knechtschaft. Damit bilden auch der *bios theore-
tikos* (poietische Praxis) und der *bios praktikos* (gesellschaftliche Arbeit) nur das *eine*,

---

[13] Vgl. Frank 1989.
[14] Horkheimer und Adorno 1995, S. 41.

immanent-transzendente Mediendispositiv. Eines, das sich aber in seiner logisch-alogischen Totalität ebenso als Einheit politisch zerspaltet und in sich selbst eine antagonistisch-polemische Feindschaft einführt.

Es sind die liberalen, modernen, hypermodernen Subjektivierungsprozesse, die aber selbst vom archischen, imperativen Ort einer ursprünglichen Desubjektivierung hervorgebracht werden, sodass die hypermoderne, enthemmte Praxis und Selbstentfesselung des individuellen und kollektiven Akteurs auf die uralte Knechtschaft zurückweist: Kontingenz als Notwendigkeit. Die moderne, profitrationale Ökonomie ist somit immer mit der Wahrnehmungs-, Klang-, Affekt- und Triebökonomie kontaminiert und beschreibt darin den ganzen Medienhaushalt (*oikonomia ton meson*) in ihrer modernen und hypermodernen *Wirkung*. Diese integrale Medienökonomie meint nicht bloß die semantische, profitrationale, instrumentelle, maschinell-technische, mathematische, wissenschaftliche oder wirtschaftliche Abstraktion der Mittel. Vielmehr das historisch-gesellschaftliche, pseudotheologische und neomythische ‚Gesetz der Mittel', in ihrer *verkehrten Setzung*. Eine „radikale Verkehrtheit im menschlichen Herzen", von der Kant noch spricht, die „den Keim des Guten hindert, sich, wie er sonst wohl tun würde, zu entwickeln."[15] In dieser „radikalen Verkehrtheit" (*katastrophen*) bildet dann das mediale *Dazwischen* den Ort einer Gleichzeitigkeit sowohl des rationalen und irrationalen als auch des immanenten und transzendenten Mediums; der Ort einer Indifferenz, wo Vernunft und Gefühl, Begriff und Bild, Zahl und Musik immer schon ein Bündnis eingegangen sind, und von dem dann auch der Liberalismus spricht, um darin zugleich das Wissen mit dem Glauben kryptotheologisch zu verschlüsseln.

Insofern war die Kritik der Religion durch das ‚wissenschaftliche Mittel', wie sie auch Marx praktizierte, etwas verkürzt. Denn Ideologie als „falsches Bewusstsein" weist nicht ‚logisch' auf ein ‚richtiges Bewusstsein' hin. Vielmehr auf die gesellschaftlichen Praktiken von Rationalität und Leidenschaft, die als immanente immer schon auch ontologisch, mythisch und theologisch verankert sind. Und zwar so, dass hier *Tun* (ontisch) und *Sein* (ontologisch) ebenso das imperative *Sei!* bedeuten. Etwas, das dann auch der Liberalismus als archisches Prinzip (in der Komplementarität von Kapitalgott und Nationalgötter) von Anfang an in sich trägt. Damit geht der universal gedachte Gott des Christentums, der einmal allen, die an ihn glaubten, gleich nahe war, im liberalen Markt, in den *einen* Gott der Finanz-, Leidenschafts-, Wahrnehmungs-, Design-, Spiel- und Datenökonomie auf. Während die heidnischen Götter im säkularisierten Nationalstaat neu auferstehen: die Vielfalt der Nationalgötter und ihre nationale Leidenschaftsökonomie. Eine Göttlichkeit, die sich bekanntlich recht zuverlässig daran bemisst, wie weit näm-

---

[15] Kant 1968, S. 686 f.

lich Menschen bereit sind, Opfer für sie zu bringen; und göttlicher als der liberal-
demokratische Kapitalismus von heute in seiner nationalen Fassung kann keine
Idee sein – daher heute die Verabsolutierung der ‚westlich-ökonomisch-politischen
Ordnung‘, die jener ‚eurasisch-ökonomisch-politischen Ordnung‘ feindselig
gegenüber gestellt wird. Es ist das eine monarchisch verabsolutierende Universalmedium (in seiner Geld-, Aufmerksamkeits-, Algorithmus-, Affekt- oder Datenökonomie), das sich längst als eine operativ erfolgreichere Alternative zum jen-
seitigen Gott des Christentums bewährt hat, um dabei zugleich von den Rechtsmittel
der nationalstaatlichen Polyarchie umrahmt zu werden. Denn das ‚westliche‘ oder
‚eurasische‘ Medium der Finanz-, Wahrnehmungs-, Design-, Konsum- und Datenökonomie tut heute für den Zusammenhang der Welt viel mehr, als einmal ein
Schöpfer des Himmels und der Erde semantisch oder kultisch-religiös noch leisten
konnte. Bemisst sich also in der neuen Finanz-, Ausstellungs-, Daten- und Leidenschaftsökonomie das Opfer einzig daran, wie weit nämlich Menschen darin bereit
sind, Opfer (physische, somatische, psychische oder geistige) für diese pseudotheologische Fiktion zu erbringen. So auf der anderen Seite (staatlich-mythischen),
die Opferbereitschaft für die nationale Idee, wie sie sich auch im ersten und zweiten Weltkrieg manifestierte – und heute wieder als nationales Besäufnis das Leben
der Nationalbürger in ihren Demokratien und Autokratien hysterisiert. Eine
dionysisch-kriegerische Rauschökonomie, die heute liberal im Namen der Freiheit,
Demokratie und der „westlichen Werte" sich neomythisch, ontologisch und
pseudotheologisch verabsolutiert, um so gegen die anderen Autoritarismen und
Totalitarismen vorzugehen; wenn uns nichts mehr in Gedanken und Gefühlen verbindet, außer das feindselige Gemeinschaftsgefühl, so sind es eben die abstrakten
Begriffe wie „westliche Werte", Demokratie, Freiheit, Menschenrechte, oder die
toxischen Gefühle, Identitäten, Territorien, Grenzen, Familien oder das Blut, die
uns dennoch aus der Tiefe des Grauens und des Unsinns zusammenschweißen.

Sowohl die abstrakten Kategorien und ‚kalten Instrumente‘ als auch die ‚warmen Affekte‘ und nationalen Identitäten sind somit als verabsolutierte,
immanent-menschliche und transzendent-göttliche Medien kontaminiert und bedürfen daher einer kritischen Dekontamination. Als individuelle oder kollektive
Affekte können sie nicht einfach durch die neuen liberalen oder autokratischen
Evangelien als ‚öffentliche Heilmittel‘, als totalitäre Mittel einer westlichen Heilsordnung verkündet werden. Vielmehr sind noch die scheinbar ziellos fluktuieren-
den Leidenschaften, Triebe und Wünsche das Produkt einer objektiven,
historisch-gesellschaftlichen und darin archaischen Medienökonomie, die rational
wie irrational ist. Deswegen laufen alle Mediendiskurse Gefahr, ein bloß instrumentelles Bild von Medienökonomie abzugeben, das auf Rationalität, Technik,
Utilitarismus, Interesse, Effizienz, Kommunikation und Selbstkontrolle beruht.

Während so sowohl die emotionale wie die archaische Struktur von Individuum und Kollektiv im liberalen und illiberalen Kosmos überblendet bleibt. Vermittelte Instrumentalität (Abstraktion) und unmittelbare Leidenschaft (leibhaftige Impulse) bilden somit nur *die zwei Seiten desselben Mediendispositivs*: das unmittelbare, subjektive, leiblich-sensitive Medium und das vermittelnde, geistige, objektive, epistemische, technisch-informatische Medium.

Das Medium, das zwischen Subjekt und Objekt, zwischen Immanenz und Transzendenz, zwischen Mensch und Gott *vermittelt*, „versöhnt" daher nicht im Medium des „Geistes" die beiden Relata (Geist und Wirklichkeit, Erscheinung und Wesen, Mensch und Gott), um in der ‚wesentlichen Erscheinung' die ewige Liebe abzugeben: „Dies, daß es so ist, nun der *Geist* selbst oder, nach Weise der Empfindung ausgedrückt, die ewige *Liebe*. Der heilige Geist ist die ewige Liebe. Wenn man sagt: ‚Gott ist die Liebe', so ist es sehr groß, wahrhaft gesagt; aber es wäre sinnlos, dies nur so einfach als einfache Bestimmung aufzufassen, ohne es zu analysieren, was die Liebe ist. Denn die Liebe ist ein Unterscheiden zweier, die doch füreinander schlechthin nicht unterschieden sind. Das Gefühl und Bewußtsein dieser Identität ist die Liebe, dieses, außer mir zu sein: ich habe mein Selbstbewußtsein nicht in mir, sondern im Anderen, aber dieses Andere, in dem nur ich befriedigt bin, meinen Frieden mit mir habe – und ich bin nur, indem ich Frieden in mir habe; habe ich diesen nicht, so bin ich der Widerspruch, der auseinandergeht –, dieses Andere, indem es ebenso außer sich ist, hat sein Selbstbewußtsein ihres Außersichseins und ihrer Identität. Dies Anschauen, dies Fühlen, dies Wissen der Einheit – das ist die Liebe."[16]

Dieses *Mittlere*, das die Beziehung zwischen zweier herstellt, ist aber als konkrete Vermittlung nicht die „Liebe", die durch das Medium des Geistes geleistet wird, um das Ganze der Wirklichkeit versöhnt zu sehen. Vielmehr beschreibt es in seiner immanenten Ökonomie der *Dreieinigkeit* die Verabsolutierung des Medialen, wo die konkrete, historisch-gesellschaftliche Relation durch die Imperative beschlagnahmt wurde. Sensitives Medium (Fühlen, Affekt) und intellektives Medium (Geist, Abstraktion) bilden nur die zwei Seiten derselben Medienökonomie, wo Logos, Begriff, Geist, Zahl, Klang, Leib, Natur, Netzwerke, Operativität, Verschaltung, Übertragung oder Referenz als Medien sich in die gesellschaftliche Textur konkret einschreiben, darin verweben, um sich darin zugleich als ein metaphysisch-toxisches Mittel zu präsentieren. Der „Geist" ist nicht das abstrakte Medienapriori, das im sozialen und gesellschaftlichen Raum die beiden Relata miteinander idealistisch ‚versöhnt' und so die „Liebe" durch das Medium ‚Begriff'

---

[16] Hegel 1969, S. 221 f.

herstellt. Vielmehr meint die ontische, historisch-gesellschaftliche und transzendent-göttliche Medienökonomie jenes problematische Mittel, das von Anfang
an im *Dazwischen* angeblich heilsam wirkt, dabei aber auch gegen sich selbst
arbeitet. Eben, weil es von Anfang an bei seiner Setzung auch *verkehrt* arbeitet und
darin notwendig auch als Gift wirkt; das heilende, versöhnende Mittel erweist sich
im Prozess als ein zugleich toxisches Giftmittel. Das idealistische Mittel „Geist"
meint daher nicht die „Liebe", sondern im historisch-gesellschaftlichen Raum die
konkrete, feindselige Ökonomie als Rationalität und Irrationalität: die universelle
Feindschaft, den Hass und den politischen Unfrieden. Daher offenbart sich auch
die neue liberal-demokratische Kapitalordnung nicht mehr als eine „postpolitische
Gefühlsdemokratie" in ihren Tele-Evangelien, sondern gerade als eine politische:
„Wir sind stattdessen der immensen Bedrohung einer regelrechten GEFÜHLS-
DEMOKRATIE ausgesetzt; einer gleichzeitig und globalisierten kollektiven Erregung, für die eine Art postpolitischer Tele-Evangelismus das Modell abgeben
könnte."[17]

Diese „postpolitische Gefühlsdemokratie" ist inzwischen politisch-toxisch
geworden. Sie meint die wiederkehrende politische Feindschaft, wie sie sich
nun in Blöcken, in eine „westliche", „eurasische" oder „islamische Welt" aufgespalten hat. Anschauen, Fühlen und Wissen bilden so nicht das idealistisch-konstruierte „Werden" zwischen „Sein" und „Nichts", das als höchste
Aktivität des *Mittlers* (Tun) immer zugleich die höchste Ruhe (Sein) als Versöhnung sein soll. Vielmehr konkret die liberal-demokratische, illiberal-
autokratische oder islamistisch-fundamentalistische Ordnung, die sich in sich
selbst totalitär abgeschlossen hat, um darin ihre Befehle zu erteilen: ‚Sei in deiner feindseligen Gefühlsökonomie liberal oder illiberal wahrnehmbar!', ‚Wisse
von deiner absoluten Wahrheit!', ‚Schieße dich in deiner liberalen, illiberalen
oder islamistischen Totalität ein!' und ‚Führe dann Krieg gegen die anderen
Totalitäten!' In seiner Verabsolutierung und Feindschaft zeigt somit das Mittel
nicht die „Liebe", sondern seinen antagonistisch-polemischen Charakter. Ein
feindseliges Gemeinschaftsgefühl, das heute die feindselige Gefühlsökonomie
in der kapitalistischen Religion beschreibt, sodass jene „Religion der Freiheit"
(Hegel) nun konkret die Religion einer doppelten, finanzökonomischen und
politischen Knechtschaft meint; die eine ‚Religion der Transzendenz *ohne* Transzendenz', die von Anfang an mit Herrschaft im Bunde war und heute zur *Stütze*
des liberalen, autoritären oder islamischen Staates geworden ist.

---

[17] Virilio 2007, S. 45.

Auch die Mittel einer Gefühls- und Affektökonomie sind somit höchst ambivalent und meinen im historischen Prozess nicht nur die Dialektik von Heilmittel und Gift, von Freundschaft und Feindschaft, von Egoismus und Altruismus – zwischen diesen beiden versuchte einmal Tocqueville[18] zu navigieren, indem er die Freundschaft (*philia*) zwar als Heilmittel gegen die Krankheiten der Demokratie ansah (die ein emotional schwaches und apathisches Individuum hervorbringt), dabei aber auch das Gift nur auf die andere Seite des Erwerbs-Individualismus sah. Und zwar deswegen, weil diese Dialektik von Heilmittel und Gift selbst das strukturelle Problem bildet: das immanent-transzendente Mediendispositiv. Das heißt, die ‚Mangelhaftigkeit des Menschen' wird nicht anthropologisch durch eine *somatisch-affektive Beziehung* ergänzt, die zur instrumentellen Rationalität komplementär hinzugedacht wird. Vielmehr beschreiben beide Medien nur die eine toxische Seite des Mittels: das feindselige *Gemeinschaftsgefühl* im profitrationalen, finanz-, informationsökonomischen *Geschäftsmodell* selber – nicht die versöhnende, gemeinschaftliche und ‚affektive Gefühlsbindung' als soziales Band, wie es einmal der Antiutilitarismus im Sinn hatte. Gegen das Mittel als Instrument, Profitrationalität und Utilitarismus wurde hier nämlich eine antiutilitaristische „Gabe" mobilisiert, die offenbar die eigentliche soziale Beziehung (als Gegensatz zum Geschäftsmodell, zur Relation des Begriffs, der Ware und der Rationalität) herstellen sollte. Diese anthropologische oder ethnologische Gefühlsökonomie wollte so ein unmissverständliches Zeugnis für die Existenz eines Verlangens nach sozialer Bindung sein. Etwas, das nicht mehr als *Mittel* zur Verwirklichung des eigenen auf Profit ausgerichteten Ziels, sondern als *Zweck* an sich gelten sollte. Aber dieser „Gefühlswert"[19] ist eben auch nur ein Mittel im *Gesamthaushalt* der Mittel, der als solcher nicht weniger als der ‚geistige' oder ‚instrumentelle Wert' kontaminiert bleibt – nur deswegen konnte er in der Postmoderne als „Ausstellungswert" und heute in der Finanz-, Affekt-, Spiel- und Informationsökonomie als neurophysiologische und leibliche Ressource wieder mobilisiert werden. Eine Affektstruktur, die, nach Mauss und Bataille, nicht zugunsten der instrumentellen Mittel der Moderne beseitigt und der Logik der nützlichen, kommerziellen Medien geopfert

---

[18] Vgl. hierzu: Drescher 1968.

[19]

„Zum Glück ist noch nicht alles in Begriffen des Kaufs und des Verkaufs klassifiziert. Die Dinge haben neben ihrem materiellen auch einen Gefühlswert. Unsere Moral ist nicht ausschließlich eine kommerzielle." (Mauss, S. 157).

werden solle. Die Mittel bilden aber eine integrale Medienökonomie, die sowohl die Logik des *materiellen Tausches* als auch die Logik des *symbolischen Tausches*[20] kennt.

Wir haben es hier mit einer integralen *oikonomia* der Mittel zu tun, wo das Mittel in seiner endlichen und unendlichen Heilwirkung immer zugleich seine endliche und unendliche Giftwirkung erzeugt. Der Antiutilitarismus wolle hingegen das Nutzlose gegen das Nützliche ausspielen, um dies anschließend als eine verschwenderische „Gabe" zu präsentieren. Denn im Gegensatz zum *homo oeconomicus*, so die Idee hier, operiert das Paradigma der „Gabe" nach einer anderen Logik, nach der nämlich die Güter nicht in ihrer materiellen Nützlichkeit akkumuliert werden, vielmehr im Dienst des sozialen Bandes zirkulieren und dabei verausgabt werden. Eine „Gabe", die nicht mehr bloß als *Instrument* fungiert, vielmehr als *symbolischer Wert*, und der dann *Selbstzweck* der individuellen Handlung sein soll. Jenseits des nützlichen und „materiellen Wertes" sollte hier die „Gabe" den Verlust, die Selbsthingabe, die Spontaneität und die Abwesenheit von jeglicher Berechnung darstellen. Aber dieser „Gefühlswert", der das Netz persönlicher und sozialer Beziehungen konstituiert, ist als *symbolischer Tausch* ebenso eine Funktion des Marktes (der „Gefühlswert" der jeweiligen Marke) und des Nationalstaates (der „Gefühlswert" der lokalen, nationalen oder geopolitischen Identität). Auch er ist im Markt vom Kampf (*agonal*) um Wahrnehmung und Rang motiviert, sodass dadurch das soziale Netz nicht etwa hergestellt wird, vielmehr als solches in der *Mitte* der integralen Medien *korrodiert*. Denn das soziale Netz beschreibt hier

---

[20] Ein symbolischer Tausch, wo, nach Baudrillard, Realität und Schein in der Simulation aufgehen. Dass das Medium die Botschaft sei, ist dann für Baudrillard „der erste große Satz in dieser neuen Ära" (Baudrillard, S. 48.). Ähnlich Günther Anders, der das Wirkliche ins Phantomhaft verkehrt und dabei die Differenz von Schein und Sein auflöst, um zuletzt auch noch den Menschen als „antiquiert" (Anders 1987, S. 9) zu bezeichnen. Diese asymmetrische Mensch-Maschine-Konstruktion sowie die ontologische Figur von Schein/Sein erweisen sich aber zuletzt selber als ‚antiquiert', weil in den Medien von Anfang an eine *Symmetrie* herrscht; „Technik" und „Mensch" prägen sich nämlich von Anfang an auch gegenseitig und wachsen dabei historisch immer proportional. Allerdings auch so, dass in der *Mitte* der Medien (auf ihrer jeweils erhöhten historischen Stufenleiter) auch eine zunehmende Dynamisierung stattfindet. Das Problem liegt dann weniger darin, dass Realität und Simulacrum, Schein und Sein, Lüge und Wahrheit zusammenfallen – dies ist in ‚Wahrheit' die Vorwegnahme der Finanz-, Daten- und Informationsökonomie in ihrer Ontologie. Vielmehr darin, dass Schein und Sein ihren archischen Imperativ verbergen: ‚Sei!', ‚Scheine!' Deswegen gilt es den Menschen nicht einfach als ‚antiquiert', oder, wie heute, technokratisch und algorithmisch-informatisch abzutun, vielmehr jenes ‚Gesetz der antiquierten Medienökonomie' zu deaktivieren und außer Kraft zu setzen.

die Kreisfigur der Medienökonomie, wo der ‚Gebende' den ‚Nehmenden' immer wieder zu erwidern *verpflichtet*. Das gegebene Gut verlässt nicht den ökonomischen oder nationalen Kreislauf (als utilitaristischer und symbolischer zugleich). Vielmehr verpflichtet denjenigen, der es erhält, seinerseits im ökonomischen Prozess oder im nationalen Raum der Identität wiederum zu geben (daher heißt es hier: ‚Was tust du selbst für die Werte des Westens, der Demokratie, der Freiheit oder der Nation'), wodurch der Empfänger wiederum zum Gebenden und der Gebende umgekehrt zum Empfänger wird. Als ein scheinbar freier und selbstloser Akt erzeugt somit die „Gabe" nur den Kreislauf gegenseitiger Abhängigkeiten, wo die *Verpflichtung* in der „agonischen" Form der „Gabe" als *Freiheit* daherkommt, während sie darin in Wahrheit nur die ökonomischen Praktiken der Herrschaft bestätigt. Die „Gabe", die über die moderne Form des Nützlichen hinaus zu gehen meint, ergänzt somit und vollendet das Dispositiv der feindseligen Medienökonomie.

Man versteht daher den modernen Individualismus falsch, wenn man meint, ihn – in der Tradition eines Tocqueville – kalt und als substanzielle Abwesenheit von Leidenschaften zu charakterisieren. Solch ein individueller Narzissmus meint nämlich nicht den „Verlust von Emotionalität", die Apathie, die aus dem Verlust der Grenze zwischen dem Selbst und dem Anderen des Selbst resultiert. Vielmehr die dionysische Affekt- und Kriegsökonomie als Feindseligkeit aller gegen alle, die heute zu einem neuen Gemeinschaftsgefühl geworden ist. Der postmoderne Narzissmus verkündet daher nicht bloß das „Evangelium der Selbstverwirklichung",[21] wo das Objekt in den Affekten des Individuums verschwindet. Vielmehr bildet die individuelle ‚Leidenschaft der Unterscheidung' das objektive liberal-demokratische Marktgesetz: ‚Differenziert euch und seid zugleich im Markt und in der Nation gemeinsam wahrnehmbar!' Die Figur des Anderen, der einst im rationalen Geschäftsmodell der Moderne als Rivale identifiziert wurde, verschwindet nicht bloß im postmodernen Selbst der individuellen Affekte. Vielmehr bilden sie nur die andere Seite des vormals modern-rationalen Geschäftsmodells: *die Affektökonomie als feindseliges Gemeinschaftsgefühl*. Der Konflikt, der Kampf und die Feindschaft verwandeln sich nicht in eine postmoderne *Indifferenz*, welche die sozialen Beziehungen durch Kälte *entleert*. Vielmehr werden sie affektiv mit einem feindseligen Gemeinschaftsgefühl aufgeladen, das im demokratischen Charakter selbst hochtoxisch wirkt – so hat einmal auch die Kritische Theorie den „demokratischen Charakter" gegen den „autoritären Charakter" ausgespielt, bis er in der „Postdemokratie",[22] im Neoliberalismus und schließlich in der Coronakrise als ein liberal-staatlich-autoritärer Charakter wieder aus seiner Deckung kam, um seine eiserne Faust zu zeigen. Wir haben es hier also nicht mit

---

[21]Vgl. Rieff 1972.
[22]Vgl. Crouch 2008.

einer postmodernen Schwächung des sozialen Bands, vielmehr gerade umgekehrt, mit seiner Stärkung in den totalitären Gemeinschaften zu tun, sodass hier die beiden liberal-demokratischen und illiberal-autoritären Affektökonomien in einem gemeinsamen Feindesgebiet sich wiederfinden. In Gestalt dieser *antagonistisch-polemischen* Kräfte – nicht bloß ‚agonalen' (Mouffe) –, in denen sich die Form der Ökonomie und die Form des Staates komplementär ergänzen, gehen dann die liberal-demokratischen und illiberal-autoritären Ordnungen in die eine Position der Feindschaft über und bestimmen dabei das gesamte gesellschaftliche wie politische Leben. Denn was hier in seiner liberalen oder autoritären Medienökonomie erscheint, ist *gut, wahr* und *gerecht*, und was *gut, wahr* und *gerecht* ist, das *erscheint*, liberal-demokratisch, illiberal-autoritär oder islamistisch-fundamentalistisch.

Die Marxsche Analyse der politischen Ökonomie muss somit dahingehend ergänzt werden, dass der Kapitalismus (oder wie immer man diesen Prozess der Praktiken der Herrschaft nennen möchte) es nicht allein auf die ‚Ausbeutung' der Arbeitskraft abgesehen hat. Vielmehr auch auf die Ausbeutung der Affekte, des Körpers, der Nerven, der Sprache, des Geistes und des Denkens, also auf die Ausbeutung des Mediums (physisch-unmittelbar und geistig-technisch-vermittelt) überhaupt. In der Verkehrung des verabsolutierten Mediums findet nun diese Enteignung der sensitiven und intellektiven Organe (Medien) und damit die *Enteignung des Gemeinsamen* wie der *irreduziblen Singularität* statt. Allerdings heißt dies auch, dass uns in den Medien unsere eigene Medialität (Leib, Psyche, Sprache, Geist, Denken) auch *verkehrt* entgegentritt. Eine Verkehrung, wo das Medium sich dies zwar von Beginn an auch pervertiert zeigt, aber auch so, das es darin ebenso das nicht pervertierte Medium meint. Die Gewalt des Mediums in seiner Medienökonomie ist also deshalb so zerstörerisch, weil es in seiner Aktualität auch die Möglichkeit enthält (individuell wie gesellschaftlich) immer mehr enteignet zu werden. Aus demselben Grund (*archē*) schöpft es aber auch seine nicht pervertierte, *an-archische* Gegenkraft (der Gegenbefehl zum Befehl), die jenes kontaminierte Medium noch einmal in sich selbst wendet, dabei seinen toxischen Charakter neutralisiert, um von den Medien einen neuen, heilsamen Gebrauch zu machen.

Bei den frühen liberal-politischen Theorien sehen wir also eine Kontamination der Medien der ‚instrumentellen Medienökonomie' durch die Medien der ‚affektiven Leidenschaftsökonomie'. Deswegen sind Medien weder die ‚kalten Instrumente' noch die ‚warmen Affekte'. Auch geht es bei ihnen weder ums ontische ‚Werden' noch ums ontologische ‚Sein', und auch nicht um ein ‚Werden als Sein' – wo das historische Medium sich selbst dialektisch ruiniert und dabei in seiner negativen Ontologie zeigt (Adorno) –, oder um die Indifferenz von Realität und Fiktion. Vielmehr um die Mitte einer logisch-alogischen Ununterscheidbarkeit, die von Anfang an konfisziert ist und dabei im Gebot steht: ‚Sei!', ‚Wirke!', ‚Differen-

ziere und bilde darin deine Einheit!' Dies heißt dann aber auch, dass dasjenige, was
hier konkret *Widerstand* leistet, kein ‚Naturstoff' oder ‚Datengeist' (Natur und
Kultur sind ja beide von Anfang an kontaminiert) mehr ist. Vielmehr der *nicht auf-
gehende Rest* von Natur/Kultur, der in den dynamischen Finanz-, Daten-, Kultur-,
Episteme-, Algorithmen-, Affekt- und Realströmen (die Einheit des Sinnlichen und
Intelligiblen) als Kern des Humanen noch übrig bleibt. Die Kritik der Medienökonomie landet somit weder beim Marxismus (Praxis, Tun), noch beim Hegelianis-
mus (Begriff, Idee), die sich mit Positivismus, Fortschritt und Innovation sehr gut
vertragen. Vielmehr weist sie als *Gegenbefehl* über die Imperative des pseudotheologischen Kapitalmittels sowie des staatlich-mythischen Rechtsmittels hinaus; eine
Pseudoreligion, die in der westlich liberal-demokratischen Welt als eine „Wahrheit
und Freiheit"[23] erscheint, dabei aber auch von ihrer uralten Unwahrheit und
Knechtschaft signiert wird. Der Kapitalismus, der ‚eine Gott dieser Welt', ist somit
im Liberalismus und Neoliberalismus selbst religiös geworden – eine Religion allerdings, bei der ihre Anhänger keine jenseitige Heimat mehr kennen –, um in der
Immanenz seiner Struktur die elementaren Seinsbeziehungen zu prägen. „Geist"
ist nicht mehr das idealistische Medium, das Versöhnung stiftet, sondern das Medium des ‚unheiligen Geistes' (Kapital), das den ‚Gott-Sohn' mit dem ‚Gott-Vater'
unheilvoll miteinander in der Feindschaft verbindet. Und zwar so, dass in der dynamischen Mitte des Mediums (wo es die immanenten und transzendenten Beziehungen herstellt) zuletzt auch noch alles zu „verdampfen" (Marx) droht – sofern
hier nämlich das Medium (der Mensch selbst) in seiner historisch-gesellschaftlichen
Wirkung nicht sich selbst vorher in den Arm fällt. Wenn heute die neue Finanz-,
Ausstellungs-, Informations-, Algorithmus-, Wissens-, Affekt- und Datenökonomie als eine transzendente Welt real geworden ist, dann heißt dies keineswegs,
dass dabei etwa der Kritik der Boden entzogen wäre. Vielmehr richtet sie sich nur
noch *antithetisch* als *Gegenbefehl*, gegen jene *thetische*, immanent-transzendente
Medienökonomie des Befehls und der Feindschaft, um sie als ‚Gesetz der feindseligen Geschäfts- und Gefühlswerte' *unwirksam* zu machen. Eine Resistenz, die
das Mittel aus seiner verkehrten Setzung (*diabolē*) befreit, um es auf den

---

[23] „Die absolute Religion ist so die *Religion der Wahrheit und Freiheit*. Denn die Wahrheit ist,
sich im Gegenständlichen nicht verhalten als zu einem Fremden." (Hegel 1969, S. 203). Das
Fremde im Eigenen ist aber konkret der *nomos* des *oikos* und erweist sich darin nicht als eine
„Religion der Freiheit und Wahrheit", sondern als eine der Unfreiheit und Unwahrheit: die
moderne Freiheit als archaische Knechtschaft. Deswegen wäre diese Religion der Unfreiheit
und Herrschaft zu neutralisieren, um sie zu einer der Befreiung und des Herrschaftslosen
zu machen.

unantastbaren Kern[24] des Humanen neu auszurichten. Denken (auch ein *organon*, Mittel) das vorgibt, wahr, frei, gut, sozial, freundlich und heil zu sein – und das will ja das kritische Denken trotz der Problematik des liberalen oder illiberalen Wahrheitsmediums – muss *auch sich selbst als ein kontaminiertes Medium erkennen, wahrnehmen, spüren und diagnostizieren*, wenn es seinem Gegenstand gerecht sein will; im Unterschied zu den Medien einer angeblich entzauberten, säkularisierten Welt, die als *Praktiken der Herrschaft* den Gegenstand verfehlen, weil sie noch als Medien der Moderne immer noch archaisch kontaminiert bleiben. Genau deswegen gilt es aber die immanenten und transzendenten *Praktiken der Herrschaft* (als menschliches oder göttliches Wirken, das ebenso als Innesein der Affektökonomie wirkt) *unwirksam* zu machen, um sie in die neuen, anarchischen *Praktiken der Freiheit* zu überführen.

2.3   Performativität des Medialen und Konflikte in Natur und Gender

Die Zerstreuung, Komplexität, Ausdifferenzierung und *Dissemination* der Finanz-, Aufmerksamkeits-, Informations- und Datenökonomie ist immer zugleich eine ökonomische Konzentration und *Unifikation* (konzentrierte Zerstreuung). In ihrer Dynamik weist sie in der liberal-demokratischen Welt ebenso auf eine Geschlechter-Ausdifferenzierung, Identitäts- und Gender-Dissemination hin, die

---

[24] Diese Unantastbarkeit meint keine jenseitige Welt, vielmehr weist sie darauf hin, dass der Kern des Humanen nicht dialektisch oder sonst angeeignet werden kann, um so wieder in den Besitz des Menschen oder der Menschheit überzugehen; denn der Besitz zeigt ja gerade bereits die Menschheit in ihrem Kapital- und Nationalmedium. Hegel hingegen erblickt hier einen theologischen Rest, der noch historisch-immanent zu vermitteln wäre: „Eine andere Vorstellung ist die, daß das Erste der βυθός, der Abgrund, die Tiefe ist, αἰών, der Ewige, dessen Wohnung in unaussprechlicher Höhe ist, der über alle Berührung mit den endlichen Dingen erhaben, aus dem nichts entwickelt ist, das Prinzip, der Vater alles Daseins, Propator, nur in der Vermittlung Vater, προαρχή, vor dem Anfang." (Hegel 1969, S. 238). „Vor dem Anfang" ist eben das *an-archische* Medium, das am Anfang als ein zugleich aktives und passives Medium anfängt als wirklicher Prozess zu *wirken*, um darin das ‚Gesetz der Medienökonomie' zu bilden. Wenn es heute heißt, es ist einfacher, sich das Ende der Welt vorzustellen als das Ende des Kapitalismus, dann ist damit die Verzeitlichung des Absoluten im Kapitalgott (der Sieg des einzig wahren Gottes) und in den Nationalgöttern (der Sieg der einzig wahren Götter) gemeint, deren komplementäres Verhältnis inzwischen auch ein antagonistisch-polemisches Verhältnis bildet: liberale Einherrschaft und autokratische Vielherrschaft. Deswegen muss diese liberale Weltherrschaft und autokratische Vielherrschaft der Zweiheit in der Mitte *unwirksam* gemacht werden, um von den Mitteln einen neuen, *an-archischen* (herrschaftslosen) Gebrauch zu machen.

gerade in der *Mitte* der Medien sich ereignet. Dabei verflüssigt sie den vormals mehr oder weniger stabilen, symbolischen Ort der Identitäten und überführt sie in den instabilen Identitätsformen der liberal-demokratischen Staaten, sodass dieser Ort nicht mehr von den festen Identitätszeichen besetzt werden kann. Es handelt sich um eine Deregulierung, Auflösung und Dekomposition von Identitäten und Geschlechtern, die auf der anderen Seite eine Rekomposition von neuen Identitäten, Neogemeinschaften, tribalen Strukturen oder religiösen Gemeinschaften produzieren. Die Verflüssigung der traditionellen Identitäten, Formen und festen Gemeinschaften produziert somit auf der Rückseite dieses dynamischen, liberalen Prozesses die Rekomposition von neuen Identitäten und Gemeinschaften, die darin selbstreferenziell, modisch, hypermodern-dynamisch und zugleich archaisch-regressiv auftreten. Eine Selbstbestimmung, Revolutionierung und Verflüssigung der festen Identitäten und Gemeinschaften, die aber als fluider Identitätsprozess vom objektiven Prozess der globalen Deregulierung fremdbestimmt sind: die ‚Differenz an sich' als Absolutes. Die liberale *Mitte* der Medialität ist daher der Ort eines absoluten Wechsels und Übertragens, ‚das Übertragen seiner selbst', sodass dieser fluider Identitätsprozess als ‚absolute Differenz' selbst metaphysisch auftritt. Damit ist die *Mitte* als eine geschlechtliche Differenzielle weder das Ungreifbare und Unfassbare, noch das Identifizierbare und Fassbare (vormals die Festigkeit der alten bürgerlichen Identitäten). Es handelt sich vielmehr um eine geschlechtliche Destabilisierung, um einen Gender-Dekonstruktivismus, wie er bereits von den Vordenkern der „Rhizomatik" (Deleuze) und der Dekonstruktion (Derrida) theoretisch vorweggenommen wurde. Er verläuft nämlich parallel zur Entstehung der neoliberalen Finanz-, Aufmerksamkeits-, Mode-, Design-, Affekt-, Informations- und Datenökonomie, die als eine hypermoderne Instabilität ebenso von einer kaskadierenden liberal-staatlichen Rechtsmittelökonomie stabilisiert wird und deren Idealbild nun das flexible, verflüssigte und nicht mehr festgelegte Individuum ist. Ein emanzipatorischer *Anspruch* der fluiden Identitäten, den sie freilich nicht gerecht werden können, weil die instabilen Identitäten und emanzipatorischen Fluchtlinien ihrerseits von einer ontologisch verwurzelten, neoliberalen Finanz-, Aufmerksamkeits-, Affekt-, Mode-, Informations- und mythisch-staatlichen Rechtsmittelökonomie angetrieben werden.

Dieses ökonomisch-theologische Mediendispositiv, das von den neomythisch-staatlichen Rechtsmitteln reguliert und nachreguliert wird, ändert dann auch den aufklärerischen und emanzipatorischen Horizont, der von Kant, Marx bis Foucault eröffnet wurde. Denn jetzt kann man nämlich lernen, dass jeder neue Entwicklungsstand der Produktionsmittel ebenso neue Möglichkeiten der Repressionsmittel hervorbringt, weil der Prozess der *Subjektivierung* immer auch ein Prozess der *Desubjektivierung* ist, und damit alle immanente Dialektik der Emanzipation in einem ökonomisch-theologischen und staatlich-mythischen Horizont einfängt. Das Sub-

jekt, das sich nun gründlich in Diskurse, Machtpraktiken und Disziplinierungen zerstreut, bis sich dessen „Spur im Sand" (Foucault) verläuft, ist nämlich auch das
Subjekt auf dessen Rücken zugleich eine *Sammlung* stattfindet, sodass beide eine
Funktion der archischen Imperative darstellen: ‚Zerstreut und sammelt euch in den
Synthesen des liberal-demokratischen Kapitals (Marktidentität) und in den
kollektiv-staatlichen Identitäten (Nationalidentitäten)'. Das heißt, die fluide *Mitte*
der modischen Identitäten ist eine des ontologischen Kapitalmittels in seiner liberalen, illiberalen und national-rechtlichen Umrahmung. Die rasante Verflüssigung der
Identitäten ist das Ergebnis des imperativen Gebots: ‚Differenziert euch!' Damit
bilden das Subjekt der Unterwerfung und das Subjekt des Widerstands nur die eine
Figur der Macht. Die Unterwerfung des individuellen und sozialen Körpers unter
die imperative Normalisierungsmacht bringt daher kein autonomes und wider-
ständiges, sondern ein vollständig heteronomes Subjekt hervor; das scheinbar un-
berechenbare, ständig wechselnde, unbeherrschbare und widerstandsfähige Subjekt
ist in seinen performativen Praktiken Teil der einen, imperativen Macht. Macht-
monismus (Kapitalmittel) und Machtpluralismus (staatliche Rechtsmittel) bilden so
nur die eine komplementäre Figur. Es sind die beiden fremdbestimmten, ursprünglichen Mächte, die im selbstbestimmten, emanzipatorischen Subjekt sowohl im
Außen als auch im Innern wirken, aber darin auch unerkannt bleiben, sodass wir in
unserer Freiheit mit ihnen identifizieren – schon Durkheim hat nämlich gezeigt,
dass die Normen, Gesetze, Institutionen und Kräfte, die sich uns mit starker Macht
von „außen" aufdrängen, selbst nur bestehen können, wenn wir sie als solche aus
freien Stücken auch „anerkennen". Das heißt, der emanzipatorische und schein-
revolutionäre Gestus gegen die festen Identitäten, Normen und die Gesetzesherrschaft erweist sich zuletzt als einer von der liberal-demokratischen Herrschaft und
Macht zutiefst kontaminierter. Der liberale Widerstand gegen die feste Identität und
Autorität wirkt daher nicht emanzipatorisch, vielmehr gerade in jenen instabilen,
selbstreferenziellen Identitäten und Neogemeinschaften (die neuen Facebook-,
Twitter- oder Apple-Gemeinschaften) antiemanzipatorisch, weil die entsubstanzia-
lisierten Differenzen im Dienst der alten und neuen Imperative stehen. Das heißt, in
jenen ‚modischen' und instabilen Differenzen fressen die Imperative die Relationali-
tät auf, weil die stetig ausdifferenzierte Relation im Gebot der Imperative steht:
‚Differiere!', ‚Sei du selbst!', ‚Setze deine sexuelle Identität immer wieder neu!'
Wir sehen also, dass hier die liberal-demokratischen Modelle und die illiberal-autoritären Modelle in der *Mitte* der Medien auch koinzidieren, weil die Mitte von den
Imperativen bereits besetzt ist: moderne Freiheit als uralte Knechtschaft, Kontingenz als Notwendigkeit – insofern sind die Frontlinien zwischen dem ‚liberalen
Westen' (die Progressiven) und dem ‚autoritären eurasischen Osten' (die Konservativen, die Gender ablehnen) aufgebaut werden nicht so scharf markiert, wie hier
vielleicht die Konflikt- und Kriegsparteien unterstellen.

Freilich, in der neoliberalen, fluiden Mitte der Medialität (und der Mensch ist ja selbst auch nur ein Medium) geht es nicht einfach darum, das Geschlecht „frei zu wählen". Vielmehr beschreibt die sexuelle Identität, so etwa bei J. Butler, einen Prozess von Wiederholung und Aneignung, bei dem der ‚unverfügbare Rest' immer wieder neu definiert, aber keineswegs beseitigt wird; als ‚unverfügbarer Rest' besteht er lediglich im Aufschub seiner selbst. Aber durch diesen permanenten Wiederholungs-, Aneignungs- und Aufschubprozess wird eben der ‚unverfügbare Rest' (der auf die eigentliche Emanzipation hinweist) in den sich stetig wandelnden Identitäten auch beseitigt. Das fluide Identitätsgeschehen verbirgt somit selbst die Identität: die Identität der deregulierenden liberale Finanz-, Ausstellungs-, Empfindung-, Aufmerksamkeits-, Mode-, Körper-, Informations-, Sex- und Genderökonomie. Eine neoliberale Identität als verabsolutierte Differenz (‚Differenz an sich'), die in ihrer stetigen Unruhe sowohl die digitalen Neogemeinschaften (die instabilen Mischungen, Kreuzungen und Hybridisierungen: Wir-CNN-Konsumenten; Wir-Diverse; Wir-Facebook- oder Twitter-Nutzer; Wir-Coca-Cola-Trinker; Wir-Apple-Nutzer etc.) als auch die alten traditionellen Gemeinschaften (Wir-Heimat-Vertrauten; Wir-Regional-, Volks- und Nationalgeister; Wir-Deutsche; Wir-Franzosen etc.) hervorbringt. Damit aber auch den Widerstand der lokalen Kulturen, die sich gegen die kulturelle Aneignung[25] („cultural appropriation"), gegen das in-

---

[25] Es gibt kulturelle Muster, Kleider oder Gesten, so heißt es, denen ‚ursprünglich' etwas anhaftet und darin gehört – etwa eine spezielle Kleiderform, eine Frisur, eine Musik, Farb-Form-Kombination oder eine bestimmte Gesangsart. Und westliche Konzerne, Marken oder einzelne Menschen aus der dominanten westlich-kapitalistischen Kultur beuten dann diese traditionellen Kulturformen aus; sie übernehmen sie, bringen diese auf den Markt und formen sie derart um, dass sie in ihren Marken, Codes und Logos aufgehen (Modemacher drucken ihre Muster auf Kleider, Sänger nehmen Reggae-Platten auf). Dabei liegt hier das Problem nicht so sehr darin, dass kulturelle Aneignung in die profitgesteuerte, kapitalistische „Verwertungslogik" eingeschrieben und darin mit Eigentum verflochten wird (Inbesitznahme eines fremden Gutes: Diebstahl); der Vorwurf, dass fremde kulturelle Stile, Formen oder Ideen auf unrechtmäßige Weise angeeignet und zu Geld gemacht werden, sodass gemäß dieser Logik die Copyright-geschützte Form der Kultur verletzt würde. Vielmehr dass hier eine traditionelle Kultur (wie problematisch sie in ihrer Metaphysik auch immer sein mag) einfach in die Moderne, in den Weltmarkt, in das invasive koloniale Programm eines spekulativen Kapitalismus aufgelöst wird: in die permanente Unruhe, im Zwang des ständigen Wirtschaftswachstums, in der unablässigen Sucht nach Neuem, in der gigantischen Unterhaltungs-, Ablenkungs- und Zerstreuungsmaschinerie der westlichen Welt. Eine moderne Medienmaschine, die in ihrer Dynamik selbst so etwas wie den Gott und die Götter dieser Welt darstellt und damit jene relative Stabilität der kulturellen Formen in ihrer Bewegung auflöst. Bei der „kulturellen Aneignung" geht es also nicht bloß um die Omnipräsenz des ‚wirtschaftlichen Denkens', wo anschließend ‚Kultur in ihrer Positivität' von der ‚Negativität der profitrationalen Ökonomie' einfach abgezogen wird, um sie mit individuellen Regungen und Affekten anthropologisch

vasive kapitalistische Programm einer global operierenden kapitalistischen Religion wenden. Es sind die neuen und alten Gemeinschaften, die sich als liberal-demokratische, illiberal-autoritäre oder autochthon-kulturelle auf erhöhter historischer Stufenleiter wieder *synthetisieren*, um in ihrer Totalität feindselig, antagonistisch-polemisch aufzutreten. Wenn die neuen, fluiden Identitäten als ‚Differenz an sich' eine anti-hierarchische, rhizomatisch verfasste Weltgesellschaft herstellen *sollen* – „Bildet Rhizome!" (Deleuze) –, in der es keine traditionelle, örtlich stabilisierte Abstammung, Herkunft und Autochthonie geben soll, sondern nur noch kurzfristige, hybride Identitäten und digital-vernetzte ‚Netzbürger', welche die alten ‚Staatsbürger' auflösen. Dann hat diese Verabsolutierung und Konfiszierung der *Relation* sowohl das neoliberale *Gesetz der Identitätsökonomie* als auch seine Effekte, nämlich, die *Reaktivierung* der traditionell-stabilisierten Abstammungen und Herkünften verkannt. Denn die *verabsolutierte Relation* bringt in ihrer rhizomatischen Figur sowohl den liberal-hybriden Untreuen (die fluide Identität, der mobile, flexible, neoliberale Netzwerk-Akteur) als auch die traditionelle Figur des autochthonen Treuen (die traditionell feste Identität) hervor. Eben, weil letzterer *reaktiv* sich verhält und gegen die ‚Figur des Ungebundenen' (die liberal-demokratische, kosmopolitische Figur des Weltbürgers) seine eigene, feste ‚Figur

---

auszustatten. Es gibt hier nämlich kein individuelles Interesse, keinen besonderen Geschmack oder keine individuelle Moral, die hier etwa ohne die Gesamtökonomie der Medien zu haben wären. Alles individuelles Sein und Tun ist vielmehr immer auch ein allgemeines: das individuelle Allgemeine, sodass alle unsere Bewunderung, die wir für fremde Kulturen und Dinge empfinden, immer auch mit der Gesamtökonomie der Medien kontaminiert ist. Denn der Moment, wo die traditionellen kulturellen Formen (Formen ihrer Produktion und Reproduktion im Rahmen fassbarer Sitten, Gebräuche, Mentalitäten und symbolischen Ordnungen) in die Ordnung der unruhigen Moderne, in die Marken, in die westliche Aufmerksamkeitsökonomie übergehen, ist auch der Moment, wo die individuelle *Selbstbestimmung* immer auch in die *Fremdbestimmung übergeht*: in die Imperative der Kapitale und A-Kapitale. Was immer ein Individuum gestaltet, kocht, malt oder strickt, tut es demnach auch im Horizont der modernen Medienmaschine (und sie meint nicht bloß das kommerzielle Interesse). Dies heißt freilich auch umgekehrt, die Rasta-Frisur oder die Yoga-Stellung sind als kulturelle Formen und Praktiken, als eine endliche, von Menschen gemachte Welt nicht auf ewig metaphysisch geschützt. Vielmehr ihrerseits mit dem universellen Prinzip als ihr Fremdes kontaminiert, ohne dabei in die Imperative der Kapitale und A-Kapitale archisch aufzugehen. Kulturen (Tradition) und westliche Kultur (Moderne, Universalismus, kapitalistische Religion) bedürfen daher der politischen Differenz, die beide in eine wirklich humanisierte Kultur anarchisch auflöst. Daher, weder ist das universal-egalitäre Prinzip mit Moderne, Markt, Kolonialismus, kulturelle Besitznahme und Verabsolutierung des Medialen identisch, noch kann Kultur bloß aus sich heraus wirken. Auch eine ‚rein' in sich selbst kreisende Kultur braucht nämlich, wenigstens um ihrer *Selbsterkenntnis* und *Selbstwahrnehmung* willen, auch den historischen Seitenblick auf das, was sie nicht ist, nicht mehr ist, oder noch nicht ist.

des Gebundenen' (die Grenzfigur des Orts-, Regional-, Volks- oder National-
bürgers) *antagonistisch-polemisch* (nicht bloß „agonal" innerhalb des liberalen
Systems) entgegensetzt.

Wenn also in der liberal-demokratischen, marktradikalen Differenz-, Mode-
und Informationsgesellschaft von der alten, stabilen *Substanz* (ontologisch) einfach auf die neue, fluide *Relation* (ontisch) umgeschaltet wird, dann ist die Relation selbst die Substanz: die Differenz als ein ontisch-ontologisches
Mediendispositiv. Ein ‚Sein', das seinerseits in einem doppelten Imperativ auftritt: als neoliberales, deterritorialisierendes, pseudotheologisches Kapitalmittel
und als neoheidnisch-territorialisierendes Mittel – biblisch gesprochen: der deter-
ritorialisierende Nomade Moses, der außer Gottes ewig umherirrendem Wort
keine andere Erde haben will (in Wirklichkeit meint dieses „göttliche Wort" das
universelle Kapitalmedium einer real existierenden Pseudoreligion), und der
widerstehende Aron, der ein Volk und ein Territorium will (der säkularisierte
Nationalstaat). Das heißt, der fluide, selbstreferenzielle Identitätsprozess von
Wiederholung und Aneignung ist von Anfang an mit einem imperativen Außen
der neuen und alten Befehle kontaminiert, von einer objektiven, mythischen und
theologischen Fremdbestimmung verseucht. Daher kann der ‚unverfügbare Rest'
der Emanzipation nicht im *bloßen Geschehen* der fluiden Sex- und Genderidenti-
täten zirkulieren und darin ‚sex- und genderökonomisch' sich unendlich verschleißen lassen. Emanzipation findet also nicht dort statt, wo man die alten, kon-
servativ-fixen Identitäten in einem deliberativen Prozess von Wiederholung und
Aneignung einfach stetig verflüssigt. Eben, weil die fluiden Identitäten eine Funktion der liberalen, pseudotheologischen Kapital- und Marktökonomie sowie der
mythisch-staatlichen Rechtsmittelökonomie sind, die in jenen fluiden Identitäten
ihre feste, archaisch-toxische Identität verbergen. Der ‚unverfügbare Rest' von
Sex und Natur (bloßes Leben) und Kultur (Gender) geht daher nicht im permanenten Identitätsgeschehen auf, weil es vom ontologischen Unwesen der Markt-, Ge-
fühls-, Design-, Mode- und Sexökonomie sowie vom neomythischen Unwesen
der liberal-staatlichen Institutionen bestimmt ist. Es ist der Ort einer Relation, wo
die desubjektivierenden, liberal-demokratischen Dispositive ihre eigenen, fluiden
Sexsubjekte hervorbringen. Aber auch umgekehrt, auf der Seite der Physis, des
Konservativ-Festen, der anthropologischen oder ontologischen Unmittelbarkeit
(leibliches, sexuelles oder örtliches) gilt: Es gibt keine ursprüngliche Identität,
keinen ursprünglichen Menschen (Natur, Mann, Frau, Leib, Sinne, Materialität,
ontologische Substanz), der dann nach einer Weile anfängt zu schaffen, zu sprechen oder seine kulturelle und sexuelle Identität zu konstruieren. Statt also eine
vorgängige Identität, Menschennatur oder anthropologische Invariante zu setzen,
muss man immer davon ausgehen, dass es *immer schon* eine Verschränkung der

beiden *instabilen* und *stabilen* Medien (natürlich-materiell-leibliche, kulturell-künstlich-immaterielle) gab und weiterhin gibt. Die dualistische Unterscheidung von „Natur" und „Gender", die heute wieder politisch funktionalisiert wird (tolerante, liberale westliche Welt hier und intolerante, konservative östliche oder südliche Welt dort), atmet hingegen immer noch den Geist vergangener Jahrhunderte, als „Natur" oder der „Leib" noch etwas zu leisten hatten, was einmal im Zuständigkeitsbereich von Vernunft, Geist oder Subjekt lag, nämlich, der Theorie als ein unhintergehbarer Verankerungspunkt zu dienen. Das neoliberal-demokratische oder illiberal-konservative ‚Gesetz der Sexökonomie' ist somit immer schon kontaminiert, sodass liberal-demokratische Freiheit und archaische Knechtschaft in der Mitte eine Ununterscheidbarkeit bilden. In der liberal-demokratischen Welt löst sich zwar alle feste sexuelle Identität in einer stetig verändernden, performativen Selbstkonstruktion auf – insofern hat J. Butler recht. Aber diese performative, individuelle *Selbstbestimmung* ist eben immer auch eine objektiv-historische und ontologisch-archische *Fremdbestimmung*: der allgemeine Sozialisations- und Zwangszusammenhang, wo in der liberalen Konstruktion immer noch die alten Imperative walten. Ein sozialer Zwangszusammenhang, der als moderner seinerseits auf archaische, mythische und theologische Schichten zurückweist.

Die These von der Performativität des Medialen, dass etwas stetig sich „*ereignet*" und daher als solches Geschehen „nicht *ist*" (Mersch) sowie die hermeneutische These vom „Boten" (Krämer), der mit fremder Stimme spricht, greifen daher zu kurz. Eben, weil die Stetigkeit des „Ereignisses" zwar nicht ontologisch „ist", wohl aber im performativen Identitätsprozess *sein soll*: ‚Bilde immer wieder deine Identität neu!' Die Medien der Performativität gleichen daher einem Mediendispositiv, das etwas ermöglicht und zugleich verunmöglicht, sodass diese Emanzipation wieder blockiert und eingefangen wird; die eigene Identität könnte auch ganz anders sein, aber gerade in dieser liberalen Freiheit und Kontingenz bildet sie auch die Figur von Notwendigkeit und Knechtschaft. Es ist das modische Identitätsgeschehen von stetiger Formung und Entformung, das darin immer auch im Gebot steht: ‚Forme und Entforme dich in deiner Wiederholung und Differenz immer wieder neu!' Denn wenn alles, was ist, im instabilen Geschehen der Identität gegeben ist, wenn folglich kein Medien-Anderes oder Medien-Außen als nur diese performative Identität mehr existiert. Dann stellt sich die Frage, wie denn Identitäten und Differenzen selbst gegeben und als solche zu erkennen sind? Die Antwort lautet hier: Medien (und der Mensch ist selbst nur ein Medium) müssen einmal erst *gesetzt* werden, um zu *wirken* – deswegen heißt es auch christlich-theologisch: „Am Anfang schuf Gott Himmel und Erde". Und sie wirken dann nicht nur in ihrer historischen (ontischen) Dynamik und Differenz, vielmehr stellen sie darin auch eine säkularisierte Medienökonomie dar, die von Anfang an archisch bestimmt ist. Freilich, als eine *genuine Differenz*, die den *Anspruch* auf Emanzipation in sich trägt, ist sie nicht bloß *archisch* bestimmt, vielmehr weist sie darin ebenso auf eine *anarchische An-Ökonomie* hin, wo nämlich alle dynamische *Differenz* im ‚Gesetz des Hauses‘ (*oiko-nomia*) auch *unwirksam* gemacht werden kann, um so das ‚Haus der Herrschaft‘ auch freundlich, nämlich herrschaftslos zu gestalten. Die emanzipatorische Differenz ist also von Anfang an – freilich zuerst etwas fester, bis diese soziale Festigkeit in der Moderne „verdampft" (Marx) – von den *Praktiken der Herrschaft* immer auch kontaminiert gewesen, aber darin meint sie auch die *Praktiken der Befreiung*. Es ist daher ihre eigene, politische, liberal-demokratisch-kosmopolitische oder illiberal-autoritär-konservative Krankheit, die ihrerseits den anderen, wirklich emanzipatorischen und humanen Horizont und anarchischen Gebrauch der Körper eröffnet – und nicht bloß die konservativen, territorialen, autokratischen oder autochthonen Symptome als *Reaktion* auf die liberal-demokratische Krankheit hervorbringt. Damit sprengt die Performativität der Differenz ihre eigene ontisch-ontologische Identität und *bezieht* sich nun in ihrer *Mitte* auch auf ein anderes, nicht-liberales, an-ökonomisches Anderes, das in jener Sex- und Genderökonomie nicht aufgeht und als neuer Gebrauch der Körper nicht mehr von dieser besetzt und angeeignet werden kann. Die instabile Identität meint somit *nicht das Differenzial ohne Identität*; eine, die der *différanz* Derridas oder dem „Rhizom" Deleuzes nachempfunden ist. Vielmehr die kryptoontologische Medienökonomie der Körper, die in Zeit und Geschichte konkret im Gebot stehen: ‚Dekonstruiere!‘, ‚Interpretiere!‘, ‚Differenziere‘ oder ‚Bilde Rhizome!‘ (Deleuze) – ein Imperativ, der in der Medientheorie etwa bei Kittler, Shannon, Weaver oder Turing einerseits, und Lacan, Derrida oder Deleuze andererseits noch verdeckt bleibt. Es ist die angeblich nicht-feststellbare Mitte als bloße Differenz, die sich beständig umcodieren, neu vernetzen und „rhizomatisch" weiterspinnen lässt und dabei meint, sich von der Linearität (Geschichte) sowie vom zyklischen Kreis (Mythos) verabschieden zu können, um so jener hierarchischen Identität zu entgehen. Dekonstruktionen, Netzwerke, „Rhizome", oder das neue wunderliche Wurzel- und Netzwerk des dezentrierten Denkens und Neuvernetzens bilden aber nicht die ent-hierarchisierenden Ströme des differenzialen Fließens, oder den Ort einer partisanenhaften Politik. Vielmehr den Ort einer ontologisch gewordenen Finanz-, Ausstellungs-, Wissens-, Informations-, Sex- und Genderökonomie, die von einer kaskadierenden, mythisch-staatlichen Rechtsmittelökonomie *identitäts-rechtlich* und *dogmatisch-sprachlich* abgesichert wird. Denn wenn die „Sprache",,machtvoll handelt",[26] heißt dies nicht unbedingt umgekehrt, dass die stabile Macht-Sprache durch eine *instabile* Geschlechteridentität wieder verschwindet, oder darin weniger Macht ausgeübt wird. Die Macht hat sich vielmehr gerade in dieser performativen Geschlechtsverschiebung niedergelassen. Gewiss, für Butler ist das Geschlecht nicht ‚frei wählbar', vielmehr entsteht die instabile sexuelle Identität gerade aus Prozessen der Wiederholung und Aneignung, wo gerade die feste Substanz[27] in ihrer Verflüssigung in der Geschlechterkonstruktion vorliegt. Sodass sie in der Erscheinung als ‚unverfügbarer Rest' immer wieder neu definiert, aber keineswegs beseitigt wird. Aber in dieser stetigen, performativen Identitätsverschiebung liegt eben auch etwas anderes versteckt, das jener sexuellen Dynamik bereits vorausgeht und sie immer weiter vorantreibt: die neoliberal-ontologische Finanz-, Sex-, Ausstellungs-, Wahrnehmungs-, Mode- und Aufmerksamkeitsökonomie als Identität der Kapitale und des liberal-verabsolutierten Marktes: die Ontologie der Finanz-, Aufmerksamkeits- und Gefühlsökonomie. Ein neoliberaler, kosmopolitischer Markt der fluiden Identitäten, der dann die konservative oder gar die antimoderne *Reaktion* hervorruft, sodass heute eine „westlich-liberal-tolerante", „eurasisch-illiberal-konservative" oder „islamische Welt" antagonistisch-polemisch gegeneinander antreten.

Die Entwicklung des Gender-Dekonstruktivismus als Idealbild eines flexiblen, instabilen und nicht festgelegten Individuums, verläuft somit parallel zur Entstehung der neoliberalen Finanz-, Aufmerksamkeits-, Konsum-, Ausstellungs-, Mode-, Sex- und Informationsökonomie. Eine, die unter dem imperativen Gebot steht: ‚Sei beweglich!' ‚Sei wahrnehmbar!' ‚Bilde immer wieder neue Identitäten!' Hier geht es nämlich nicht um den Indikativ (‚ich will', ‚ich wünsche', ‚ich bilde' meine Identität immer wieder neu'), vielmehr um das Gebot der Imperative: ‚Setze deine Geschlechterdifferenz immer wieder neu!', ‚Sei multiple!', ‚Spiele mit deinem Geschlecht!' Das subjektive Bedürfnis nach der ständigen Identitäts-

---

[26] Butler 2016, S. 42.

[27] „Innerhalb des überlieferten Diskurses der Metaphysik der Substanz erweist sich also die Geschlechteridentität als performativ, d. h. sie selbst konstituiert die Identität, die sie angeblich ist. (…) Hinter den Äußerungen der Geschlechteridentität liegt keine geschlechtlich bestimmte Identität. Vielmehr wird diese Identität gerade performativ durch diese ‚Äußerungen' konstituiert, die angeblich ihr Resultat sind." (Butler 1997, S. 49). Diese subjektiven, performativen, widerstandsfähigen Äußerungen sind aber gerade das Ergebnis einer Desubjektivierung, wo die äußere Knechtschaft in eine innere Knechtschaft sich verwandelt. Die Konfrontation einer abstrakten unbestimmten Freiheitsidee mit der Gesetzesherrschaft geht fehl, weil die liberale Freiheit in der Bindung der selbst gegebenen Gesetze sich hält: in der totalisierenden Mitte als Ununterscheidbarkeit der beiden Momente, die performative Freiheit als uralte Knechtschaft.

verschiebung ist somit objektiv bedingt und macht damit jede Emanzipation innerhalb des neoliberalen, freiheitlichen, toleranten und kontingenten Kosmos zu einer
Pseudoemanzipation – daher einmal die Formulierung Adornos: „Keine Emanzipation der Frau ohne die Emanzipation der Gesellschaft", die viel weiter reicht und
über das bloß Anthropologische hinausweist.[28] Dabei liegt das Problem nicht so
sehr darin, dass fluide Identitäten nicht emanzipatorisch sein können; sie können
sehr wohl emanzipatorisch sein, nur ist diese Emanzipation auch Schein, weil sie
von jenen Imperativen zugleich entleert und in ihr Gegenteil verkehrt wird.

Eine Pseudoemanzipation an der auch Marx oder Foucault geglaubt haben, weil
sie noch keinen Begriff von einer Finanz-, Ausstellungs-, Aufmerksamkeits-,
Mode-, Sex- und Informationsökonomie hatten, wo nämlich alle Emanzipation
ontologisch, theologisch und mythisch sich einfängt und darin die liberal-
demokratisch-kapitalistische Nichtemanzipation meint. Jeder neuer Entwicklungsstand der Produktionsmittel enthält daher im selben Prozess sowohl die neue
Möglichkeiten der Emanzipation und der Befreiung als auch die neuen *Möglichkeiten der Repression und Knechtschaft.* Die versammelten Körper ‚sagen' hier
nämlich konkret: ‚Wir sind frei und zugleich nicht frei verfügbar', weil sie vom
Nicht-Staat (die Menschheit in ihrem Kapitalmedium; göttliche Gewalt) und Staat
(die Menschheit in ihren nationalen Rechtsmitteln; mythische Gewalt) bereits konfisziert wurden. Deswegen bleibt auch der dialektische, anthropologische oder ästhetische Blick an dieser Stelle blind. Denn es bedarf hier einer Archäologie der
Wahrnehmungs-, Finanz-, Affekt-, Trieb-, Aufmerksamkeits-, Mode-, Sex- und
Genderökonomie, wo jenes *instabile* Geschlechter-Differenzial zugleich die
Stabilität der uralten Imperative beschreibt. Jedenfalls ist dies der Preis, den heute
die instabilen Geschlechtsidentitäten, die von einer liberal-demokratisch-
kapitalistischen Sexökonomie vorangetrieben werden, für die Emanzipation von
Mensch und Menschheit noch zu zahlen haben, wenn sie eine *wirkliche Emanzipation* hervorbringen wollen: *das Miteinander des Verschiedenen.* Die Strategien der
sexuellen Vervielfältigung, der wiederholenden und zitierenden Praxis, der Subversion und der Geschlechter-Verwirrung entgehen zwar den festen Plätzen der
traditionellen und bürgerlichen Geschlechteridentität. Aber als Fluchtlinien der

---

[28] Gegen die falsche Emanzipation und gegen eine ‚anthropologische Verständigung' richtete
sich einmal eine Äußerung Horkheimers in einem Gespräch mit Adorno: „Für mich ist es
anstößig, daß man glaubt, daß, wenn die Menschen sich verstünden, etwas Wesentliches erreicht wäre. In Wirklichkeit sollte die ganze Natur davor erzittern. Im Gegenteil, es ist nur
gut, solange sie sich gegenseitig in Schach halten." (Horkheimer 1996, S. 50). Wenn man
allerdings ‚Mensch' und ‚Natur' als die zwei Seiten desselben Mediendispositivs zusam-
mendenkt, dann müsste der Mensch (als Mensch und Natur zugleich) inzwischen vor allem
vor sich selbst „erzittern".

Subjektivierung weisen sie selbst ebenso auf eine *Desubjektivierung* hin, die jene geschlechtliche Differenzierung erst hervorbringt. Spiele, Parodie, Ironie und Störung der ‚autoritären Geschlechtsidentität' weisen auf den objektiven *Ernst* der Imperative zurück, die jene liberalen *Geschlechterspiele* erst ermöglichen.

Damit verwandeln sich Körper und Sprachen, als performative Orte der Nichtrepräsentation, zu einer Kartografie der liberalen Ausstellungs-, Trieb-, Spiel-, Mode-, Affekt-, Sex- und Genderökonomie. Eine, in der Nicht-Staat (die Menschheit in ihrer Finanz-, Ausstellungs-, Sex- und Informationsökonomie) und Staat (die staatlichen Rechtsmittel) sich ausstellen, um sich als Rahmen jener modischen Identitäten zu präsentieren – daher die stetige, liberal-gesetzliche Regulierung, Nach- und Neuregulierung der sexuellen Identitäten jener instabilen Sexökonomie; was freilich auch die Gefahr mit sich bringt, dass illiberal-autoritäre Systeme an die Macht gelangen und mit jenen instabilen liberalen Geschlechteridentitäten ganz aufräumen (so inzwischen auch eine Gefahr in den USA). Liberaldemokratische und illiberal-autoritäre Systeme bilden somit ein hypermodernes und zugleich archaisches Sex- und Genderdispositiv. Es sind die zwei Seiten desselben Sex- und Genderökonomie: die progressive (*verdeckt*-autoritäre) und die konservative (*offen*-autoritäre). Daher: ‚Keine Emanzipation der Geschlechter in ihrer ganzen Vielfalt ohne eine Emanzipation der ganzen Gesellschaft.'

Von Anfang an sind somit ‚Kultur' und ‚Natur' von einem Riss durchzogen. Eine nicht zu heilende Kluft, in der die strikte Opposition zwischen Regression und Emanzipation, Knechtschaft und Freiheit, Struktur und Kreativität, Totalitarismus und Demokratie, Atheismus und Theismus, Freiheit und Unfreiheit, Liberalismus und Autokratie, Toleranz und Intoleranz, Kontingenz und Notwendigkeit unterlaufen wird. Natur und Kultur, Körper und Geist als Differenzen prägen sich von Beginn an immer gegenseitig. Daher erweist sich der Körper des Menschen nicht als eine anthropologische Konstante oder ontologische Substanz, sodass eine ‚äußere Technik' hier plötzlich „*invasiv*" wird. Dergestalt, dass dann heute ein Widerstand und eine „Verweigerung nötig" wären, „wenn man überhaupt noch eine bestimmte menschliche Lebensgestalt haben soll".[29] Technik und Konstruktion sind eben nicht nur „invasiv", sondern immer schon ko-konstitutiv und ko-konstruktiv. Auch „Natur" wird nicht plötzlich zu einem technischen Machwerk, das vormals Unzulängliche zu einem manipulierbaren Ereignis; was früher etwa noch Schicksal, Natur oder Faktizität hieß, wird nun herstellbar und designbar. Danach gerät offenbar das anthropologische Verhältnis zwischen dem, was wir von ‚Natur aus sind', und dem, was wir durch ‚Technik' aus uns machen können, in ein Ungleichgewicht. Es gibt aber keine ursprüngliche Natur des Menschen als vor-

---

[29] Böhme 2008, S. 9 und 108.

gängige anthropologische Invariante oder ontologische Substanz, wo es dann der Mensch nach einer Weile anfängt zu schaffen, zu konstruieren oder zu dekonstruieren. Statt eine anthropologische Natur-Invariante oder ontologische Seins-Substanz vorauszusetzen, muss man vielmehr davon ausgehen, dass es *immer schon* eine Verschränkung der beiden Medien (natürlich-materiell-unmittelbar-leibliche und künstlich-immateriell-geistig-vermittelt-konstruierte) gab und weiterhin gibt: die eine Natur-Kultur-Medienökonomie als eine innere und äußere, immanente und transzendente zugleich. Auch die neue Unterscheidung zwischen „Natur und Technik" oder „Natur und Gender"[30] atmet somit den Geist vergangener Jahrhunderte. Das vormals „Unzulängliche" wird eben nicht plötzlich zu einem „manipulierbaren Ereignis". Sehr wohl aber offenbart die *symmetrische Mediengestalt* von Natur/Kultur, auf der erhöhten historischen Stufenleiter, eine neue Durchschlagskraft, bei der in der Tat der alte traditionelle Begriff von Natur/Kultur nicht mehr greift. Die Unterscheidung von Natur und ‚Mache', von Schicksal und Herstellung geht jedenfalls weder in der Figur einer plötzlich ansetzenden „invasiven" Technik, noch in der historisch-mythischen oder theologischen Figur des ewigen Kreislaufs oder des Göttlichen auf. Die Technik fängt weder mit einer „invasiven" Technik an, noch fällt der Mensch als Medium einfach negativ-dialektisch auf seinen alten mythischen Status, auf sein ‚Tiersein' zurück – damit erweist sich auch die These Löwiths, wonach die menschliche Geschichtserfahrung eine „Erfahrung dauernden Scheiterns"[31] sei, als falsch; auch das „Scheitern" geht nämlich nicht ewig immer weiter, sondern bewegt sich, in der Dynamisierung der historischen Mittel, auf das absolute Scheitern zu. Denn die Mittel haben in ihrer dynamischen Mitte inzwischen eine derart feindselige, gewaltige und kriegerische Durchschlagskraft erreicht – darauf wollen offenbar die Anthropologien und Ontologien in ihrer Beunruhigung hinweisen –, die kaum noch mit den alten Wirkstoffen (Mitteln) vergleichbar ist; zwischen der Steinschleuder, dem schreibenden Reißzahn, zwischen den magischen Techniken und den Techniken der Atombombe bzw. den Techniken der neuen Finanz-, Wissens-, Daten- und Rechtsmittelökonomie besteht eben ein gewaltiger Unterschied. Eine instrumentell-poietische Intelligenz des Menschen als der neue *Un*welt-Schöpfer, wie er sich in der Neuzeit und nun in höchster Potenz in der Leistung seines sensibelsten Gehirnorgans (Medium) in seinem liberal-demokratischen Imperium (inzwischen auch auf dem Weg zu einem „eurasischen" und „islamischen"; als die drei, scheinbar in sich selbst abgeschlossenen Kulturen) offenbart; ein Gehirn, das sich inzwischen algorithmisch in KI erweitert und an Macht und Gewalt noch weiter gewonnen hat. Die

---

[30] Vgl. Türcke 2021.
[31] Löwith 1988, S. 205.

Mittel des Nicht-Staates (die Menschheit in ihrem Kapitalmittel) und die Mittel des liberalen, autoritären oder islamischen Staates (Rechtsmittel) bilden somit eine komplementäre Medienökonomie, die heute als Einheit und Vielheit hochtoxisch und zerstörerisch wirkt. Es ist das integrale ‚Gesetz der Medienökonomie‘ von Natur und Kultur, von Körper und Techniken als eine ‚Ökonomie des Opfers‘. Eben, weil in allen Sex- und Gender-Differenzen der alte imperative Befehl weiter ausgeführt wird: ‚Sei!‘, ‚Bilde deine individuelle und kollektive Identität immer wieder neu und bleibe dabei zugleich deiner alten Identität treu!‘ Damit wäre aber das *Gesetz* der menschlich-göttlichen Medienökonomie nicht mehr als ein ‚Gesetz der Not von Natur und Kultur‘ aufrecht zu erhalten, vielmehr zu *deaktivieren* und außer Kraft zu setzen.

Dieser dynamische ‚Körper‘ von Mensch und Menschheit wäre dann in jenem „unerklärlichen Felsgebirge" Kafkas zu verorten, wo alle ‚Differenz‘ in der liberal-demokratischen Ordnung kollabiert ist, um dabei die Reaktion der illiberal-autoritären oder islamistisch-fundamentalistischen Ordnung zu aktivieren. Mensch und Menschheit als Medienträger (als ‚natürliches‘ und ‚kulturelles‘ Medium) greifen sich also selbst an, um sich so auch selbst und damit alle Natur, alle Kultur und alle Götter abzuschaffen. Insofern geht es im Kollabieren der Differenz, die in der medialen *Mitte* beschlagnahmt wurde, nicht bloß um einen äußeren ‚Krieg gegen die Natur‘ oder um einen ‚Krieg der Geschlechter‘. Vielmehr auch um einen Bürgerkrieg, der *innerhalb* des einen Geschlechts, innerhalb des Menschheits-geschlechts stattfindet. In dieser ontischen (historisch-gesellschaftlichen) und ontologischen, menschlichen und göttlichen Ununterscheidbarkeit, wo Emanzipation und Regression, Freiheit und Zwang, Moderne und Archaik, Atheismus und Theismus, Theismus und Atheismus zusammenfallen, erscheint somit das glorreiche Zentrum des liberal-demokratisch-kapitalistischen Nicht-Staates (die Menschheit in ihrer ontologischen Finanz-, Ausstellungs-, Design-, Wissens- und Datenökonomie) und Staates (die neomythische Rechtsmittelökonomie) im Licht eines monarchischen und polyarchischen Grundes: die Rückkehr in den archischen Grund, aus dem einmal alle Kultur, Emanzipation, Aufklärung und Zivilisation hervorgingen. Zwischen „Tauschwert" und „Gebrauchswert" (Marx) schiebt sich nun in den ‚Körpern‘ der nicht staatliche, pseudotheologische Wert der Finanz-, Aufmerksamkeits-, Ausstellungs-, Spiel-, Wissens-, Sex-, Gender-, Mode-, Affekt- und Informationsökonomie und der neomythische Wert der staatlichen Rechts-mittelökonomie als *drittes Medium dazwischen*. Etwas, das sich nicht mehr auf die ersten zwei reduzieren lässt. Ein stetig sich emanzipierender und konstruierender ‚Körper‘, der als ein liberal-demokratisch-kapitalistischer zwar jeden Bezug auf Identität kündigt, dabei aber auch nur den einen Ort der integralen Sex- und Genderökonomie beschreibt, der eben fremdbestimmt ist. Womit hier dann zu brechen wäre, wäre einmal mehr das *Gesetz der integralen Körperökonomie*; als Natur und Kultur, Sex und Gender, Abstraktionswert und Gefühlswert, Information und Affekt, Wahrheit und Lüge, Philosophie und Kunst[32] zugleich. Und zwar durch eine andere, *antithetische Medienökonomie des Opfers* (geopfert wird hier nämlich das archische Mediengesetz, das den menschlichen Körper regiert), die jede Linearität (die historische Wirkung des Mittels), Zirkularität (die mythische und theologische Wirkung des Mittels) oder „Rhizomatik" (Deleuze; das Prinzip seiner Wirkung als Vielheit) des unmittelbaren und vermittelten Mediums zerstört, um den emanzipatorischen *Mitteln* ihre unverdorbene, wahrhaft emanzipatorische Wirkung wieder zurückzugeben. Der Widerstand des menschlichen Körpers als Gegenbefehl zum Befehl bezieht sich daher auf etwas, insofern das emanzipatorische Mittel kein Gegenstand von Identität, Akkumulation, Besitz, Aneignung und Herrschaft mehr sein kann – insofern enthält die Gendertheorie ein wahres Moment. Medien als *genuine emanzipatorische Differenz* deuten daher auf das wirkliche, humane Bedürfnis der Menschheit hin, das „Leiden" nicht sein *soll*.

Damit ist das „Ganze" als Differenz in der Tat nicht das „Wahre", sondern das *Unwahre*, der *absolute Gegensatz* zum wahrhaft Humanen, Schönen, Friedlichen, Guten, Heilen, Versöhnten und Gerechten: der eine, universelle, wahrhaft emanzipatorische Körper der Freunde, die darin auch die Differenz der Singularität wahrnehmen. Medien und Medienträger als wahrhaft emanzipatorische zeigen in ihrer *gereinigten* (nicht reinen) Differenz nicht auf das hin, was *ist* (Präsens) oder *sein* *könnte* (Konjunktiv). Vielmehr im Gegenbefehl des Widerstands auf das hin, was *nicht sein soll* (Imperativ) und negieren damit das ‚Gesetz der feindseligen Sex- und Genderökonomie'. Sie beschreiben den Wendepunkt im dynamischen, darin aber auch stasiologischen Medium selbst, das so den höchsten Preis für seine statisch-toxische Differenz zahlen muss, um den unversehrten Körper der Menschheit als eine emanzipatorische Differenz gerecht zu werden. Körper als Medien einer wirklich emanzipatorischen Differenz meinen die soziale und wahrhaft humane Praxis, welche die Praktiken der Herrschaft außer Kraft setzt, um so den

---

[32] Hierbei ist das Problem der Medienökonomie nicht nur von hermeneutischer, sondern ebenso von *deiktischer* Art, sodass das „Zeigen" keineswegs den Vorrang vor dem „Sagen" hat: „Das ist schließlich auch der Grund, weshalb die Kunst der Medientheorie mehr zu *zeigen* hat, als umgekehrt die Medientheorie der Kunst zu *sagen* hätte." (Mersch 2006, S. 228). Sprache und Zeigen gehören aber zusammen, wie hier Horkheimer an einer biblischen Erzählung festmacht: „Adam hat noch gar keine Sprache gehabt; denn er war allein. Sprache wurde es erst, als er auf den Baum deutete und ‚Baum' sagte, und wenn Eva es später wiederholte. Zur Sprache gehören zwei." (Horkheimer 1985, S. 504). „Auf den Baum deuten" und „Zeigen" beschreibt somit nur das andere, deiktisch-aisthetische Medium, auf das dann das logisch-schärfere Medium des „Sagens" folgt.

Körper der Menschheit auf das Gravitationsfeld des humanen Kerns neu auszurichten. Es ist das menschliche und göttliche Versprechen, das sich dem ‚Krieg der
Körper' global wie lokal verweigert. Eine emanzipatorische Differenz, die eine
Gemeinschaft der Freunde meint und dabei auch die Achtung vor der Singularität
bedeutet, sodass diese ‚Idee' des Körpers unbedingt unversehrt, sakral, heilig und
heil bleiben muss.

2.4 Medien als Kriegswaffen

Alle Medien sind von Anfang an (*en archē*) unrein, kontaminiert, sodass es keinen
Vorrang eines spezifischen Mediums (akustischer, optischer, pneumatischer oder
somatischer Art) geben kann, wie es etwa einmal McLuhan und Flusser fürs
akustische und visuelle Medium unterstellt haben. Während McLuhan eine magische „Welt des Ohres" stark macht, in der Denken und Handeln vom „magischen
Zwang der Wörter zum inneren Mitvollzug"[33] mitgerissen werden, sieht Flusser
diesen Urzustand vor der „Schrift" als eine „Welt der Bilder", deren Zentralorgan
der „schweifende Blick" sein soll: „Diese dem Bild eigene Raumzeit ist nichts
anderes als die Welt der Magie, eine Welt, in der sich alles wiederholt".[34] Apo-
diktisch und mythisch zugleich wird hier das eine oder andere Medium (Ohr oder
Auge) als magischer Zusammenhang vorausgesetzt, ohne dabei zu fragen, was es
denn zur Erfindung der späteren profanen Schriftzeichen gedrängt haben mag; also
diese magische Welt ohne Not zu verlassen. Auch bleibt die Frage ungeklärt,
warum es denn gerade diesen Organen (Ohr und Auge als *organa*, Mittel) der Vorrang gegenüber den anderen gegeben werden soll. Ihre Vorgeschichte wird einfach
festgelegt und dient einzig noch dem Nachweis, dass es mit der „Schrift" alles anders und jedenfalls nicht zum Guten sich gewendet wurde. Für den einen (McLuhan) reduzierte das „phonetische Alphabet den Gebrauch der Sinne": Es schaffte
eine „Kluft zwischen dem Auge und dem Ohr". Homogenität, Uniformität und
Wiederholung sind dann die Hauptkomponenten dieser „visuellen Welt", die anschließend durch die neue Denkform der „griechischen Logik und Geometrie"[35]
abgelöst wird. Für den anderen (Flusser) wird mit der Schrift der vormalige magische Kreisprozess der Bilder durchbrochen. Sie „zerfetzt Bilder", wodurch Linearität, Geschichtsbewusstsein, „logisches denken, kalkulieren, kritisieren, Wissen-

---

[33] McLuhan 1995, S. 21 und 30.
[34] Flusser 1994, S. 8.
[35] McLuhan, a. a. O., S. 73 f.

schaft treiben und philosophieren"[36] beginnen. Während der eine (McLuhan) sagt: Mit der Schrift nahm das Visuelle überhand, behauptet der andere (Flusser): Mit ihr begann der Bildersturm. Aber Mythen sind nicht bar jeder Logik und Kausalität, vielmehr stellen ihre Erzählungen selbst auch eine Form von „Aufklärung" dar; die freilich noch in einem ,kindlichen Stadium der Menschheit' sich befindet, sodass die spätere, ,erwachsene Menschheit' wieder zurück auf die Zeit ihrer Kindheit verweist. Das kontaminierte Mittel der ,Buchstaben', des ,Alphabets' oder der ,Schrift' hat somit nicht plötzlich das ,reine' Mittel der Magie oder des Mythos durch Logik, Linearität und Kausalität *verunreinigt*. Sodass es später, in der elektronischen und digitalen Epoche, jene starre und lineare Denkweise des Schriftzeitalters angeblich wieder von einer integralen und reicheren Logik der neuen Medien auf- und abgelöst wird. Das Problem des Mittels (*organon*) kann nicht dadurch gelöst werden, dass man eine magische Phase der Medien sich vorstellt, in der angeblich alle Medien harmonisch beisammen waren, bevor es dann zum Unglück durch das Medium „Schrift" kam. Ebenso wenig kann man die magischen und wissenschaftlichen Medien als Einheit einfach zusammendenken – wie es einmal Helmut Heißenbüttel von den „Medienforschern" verlangt hat, wonach sie in ihrer genuinen Praxis die Praktiken der „Schamanen" mit denen des „Wissensapparats und der Naturwissenschaft" zusammendenken sollten. Kein magisches, mythisches, logisches, aufklärerisches, technisches, wissenschaftliches, kulturelles, ökonomisches, politisches, sprachliches oder begriffliches Medium – einschließlich des Gehirnorgans (*organon*; Mittel) – ist nämlich von Anfang an ,rein'. Vielmehr in seiner anfänglichen Praxis und Theorie immer schon kontaminiert und daher ,unrein'. Es gibt kein ,reines' Mittel am Anfang und Ursprung, das später etwa durch das Medium „Schrift" verunreinigt wird, um dann noch später durch eine reichere Logik der elektronischen Medien wieder ,ursprünglich-harmonisch' aufzutreten.

Damit kann das Medium auch nicht einfach kybernetisch verabsolutiert werden, wie es dann etwa Wiener[37] gedacht hat, um McLuhans Begriff der „Botschaft" technisch zu umgehen – hier denken McLuhan und Wiener gegensätzlich; der eine denkt das Medium in der Verabsolutierung der Botschaft („das Medium ist die Botschaft"); der andere das Medium als ,Kanal', der ein ständiger Störfaktor ist und dessen Rauschen soweit wie möglich minimiert werden soll; bei McLuhan ist das Medium als Botschaft die Sache selbst, bei Wiener die technisch organisierte Information in ihrer störungsfreien Übertragung. So verabsolutieren beide nicht nur das Medium in seiner *Relation* (McLuhan geht es hierbei um eine Optimierung der

---

[36] Flusser 1992, S. 11.
[37] Vgl. Wiener 1963.

Medien, Wiener hingegen um die Minimierung ihres Rauschens, das durch die technische Übertragung entsteht). Vielmehr übersehen sie dabei, in ihrer semantischen (McLuhan) und technischen (Wiener) Abstraktion, dass Medien in ihrer *Relation* einerseits auf ihre historisch-gesellschaftliche Textur verweisen (und daher nicht einfach semantisch und technisch verabsolutiert werden können). Andererseits aber in ihrem Geschehen zugleich das ‚Werden als Sein‘ und darin das imperative ‚Sei!‘ verfehlen. Etwas, das dann durch eine konkrete (nicht abstrakte) Medienarchäologie erschlossen werden soll. Dieses archäologische Defizit in der Medientheorie gilt dann gleichermaßen für McLuhan, Flusser, Wiener und später auch für Kittler. War bei Hegel das Medium noch Begriff, Vernunft und Geist, heißt es nun bei Ihnen Technik, Übertragung, Schaltung, Botschaft oder Dialog, worin sich die alten metaphysischen Begriffe technizistisch umbesetzt werden. Ein technizistisches Bild, das aus sich sowohl die historisch-gesellschaftliche Textur als auch den archischen Ursprung des Mediums verfehlt. Das vielfältige Medium ist also in seiner Modernität und Zerstreuung sehr wohl auch als Einheit und Totalität zu denken. Aber dies meint eben nicht das abstrakte Mittel „Technik" oder die darin semantisch-übertragene „Botschaft", vielmehr das *Mittel* in seiner Verabsolutierung im Markt, in der Finanz-, Informations-, Daten-, Design-, Affekt- und staatlichen Rechtmittelökonomie. Es ist die konkrete historisch-gesellschaftliche, epochale Textur der Medien, die als eine immanente immer zugleich das transzendente ‚Gesetz der Medienökonomie‘ enthält.

Dieses ‚Gesetz der Medienökonomie‘ geht dann über die bloße Austauschbarkeit des Wahren und Falschen, des Linken und Rechten, des Guten und Bösen, des Heilmittels und Gifts, des Scheins und Wesens weit hinaus. Es beschreibt eine immanent-transzendente Medienökonomie, die von Anfang an im Dienst der imperativen Befehle steht. Etwas, das einmal noch ontologisch-abstrakt als „Simulakrum"[38] beschrieben wurde, wo Schein und Wesen sich verschränkten und dabei in eine Indifferenz übergingen. Eine Pseudokonkretion, die die historisch-gesellschaftliche Prägung des Mediums mythisch und ontologisch überblendet, ohne in seinem modernen und hypermodernen Charakter das imperative Gebot zu entdecken. Wohl können Medien in ihrer integralen Wirkung nicht mehr mit dem alten Marxschen Begriff der ‚Ideologie‘ beschrieben werden; der ja noch mit der Differenz von Basis (Materie, Wirklichkeit) und Überbau (Idee, Logos) operierte. Aber nur deswegen, weil jener Überbau, jene Ideologie und jenes ‚verzerrte Bewusstsein‘ nach unten diffundiert sind und in den Basisstrukturen einer kryptotheologischen Finanz-, Ausstellungs-, Informations- und mythisch-staatlichen Rechtsmittelökonomie sich aufgelöst haben. Diese Basisstrukturen bilden nicht die

---

[38] Baudrillard 1982, S. 8.

„wirkliche Bewegung" des „Kommunismus", der den „jetzigen Zustand aufhebt" (Marx), sondern die wirkliche und mögliche Bewegung einer instrumentell-poietischen Intelligenz, die mit ihren Medien dabei ist, mit dem jetzigen Zustand auch noch den vergangenen und zukünftigen Zustand von Mensch und Menschheit aufzuheben. Auch die Ontologie der Simulation erweist sich dann als eine imperative Kryptotheologie der Kapital-, Ausstellungs-, Affekt-, Aufmerksamkeits-, Design-, Daten-, Informations- und mythisch-staatliche Rechtsmittelökonomie, die im Gebot steht: ‚Sei!', ‚Wirke!', ‚Scheine!', ‚Wese!', ‚Simuliere!' Eine integrale Medienökonomie als „vollständige Bestellbarkeit des Anwesenden im Ganzen",[39] welche sowohl die kulturelle Sphäre des Nicht-Staates (Kultur, Religion) als auch die rechtliche Sphäre des Staates (Rechtsmittel) bildet. Diese komplementäre Medienökonomie meint nicht das technische „Ge-Stell" (ein technisches Medium, das später bei Kittler als technologisches Regime auftritt), sondern die Komplementarität der vorstaatlich ontotheologischen und staatlich-mythischen Medienökonomie – mag sie sich heute auch in ein geopolitisches, liberales, autokratisches oder islamistisches Regime verwandelt haben. Und zwar eine, die in Zeit und Raum immer mehr an Geschwindigkeit – die „Geschwindigkeit", so Virilio, bedeutet Fortsetzung der Jagd, der Mobilmachung und Vernichtung – zunimmt und dabei noch die dialektischen, mythisch-verewigten Kreisfiguren von Geschichte[40] sowie die ewige Figur der Theologie „verdampfen" lässt; denn hier geht

---

[39] Heidegger nennt dies, abstrakt-technisch, das Gestell: „Ge-Stell nennt das aus sich gesammelte universale Bestellen der vollständigen Bestellbarkeit im Ganzen. Der Kreisgang des Bestellens ereignet sich im Ge-Stell und als Ge-Stell." (Heidegger 1994, S. 32). Was er hier als „universelles Bestellen" und „Kreisgang des Bestellens" nennt, beschreibt im Grunde die zwei komplementären Gestalten des einen, universell-ontologischen Kapitalmittels (Geschichte als eine zugleich göttliche Gewalt) sowie die Vielheit der nationalstaatlichen Rechtsmittel (mythische Gewalt). Eine komplementäre liberale Einheit, die freilich in ihrer Totalität auch ihren feindlichen Gegner hervorbringt; heute, die multipolare Welt einer autokratischen (Eurasien) oder islamistischen Welt. Es sind die zwei archaischen Anfänge von Polytheismus (mythische Polyarchie) und Monotheismus (theologische Monarchie). Insofern ist das Ursprungsdenken Heideggers keine Antithese zur universalistischen These, wie Habermas hier mit Derrida festzuhalten versucht: „Diese Arbeit an der ‚Destruktion' wird angetrieben von dem Wunsch einer Rückkehr zu archaischen Anfängen, das ‚ursprüngliche' und aufschlussreicher sein sollen als Sokrates und Moses/Christus – als jene beiden Quellen des Westens, die Kierkegaard hochschätzt und Nietzsche bekämpft. Das veranlasst Heidegger, von ‚Göttern' zu sprechen statt von Gott in der Einzahl. Ich erinnere an den Titel des *Spiegel*-Interviews vom 31. Mai 1976: ‚Nur noch ein (!) Gott kann uns retten'. Adornos Kritik des ‚Ursprungsdenkens' bildet die Antithese zu diesem ‚anfänglichen Denken'." (Habermas 2008, S. 58).

[40] Dies gilt auch für die Werke der Kunst: „Mit der Krise des ‚lichten Werks' und der Rückkehr, der ewigen Wiederkehr des schwarzen Werks gerät so auch die klassische, substanzielle

es nicht mehr mythisch um den ewigen Kreislauf der Welt oder, theologisch, um die „Schöpfung" und „Erhaltung" der Welt, vielmehr um ihre vollständige Vernichtung und Entsorgung. Insofern bleiben auch Vernichtung, Zerstörung und Tod nicht immer gleich, weil das antagonistisch-polemische Kampffeld in Zeit und Geschichte zuletzt zu einem der absoluten Vernichtung zu werden droht. Eine Beschleunigung der Mittel, die in der neuen Finanz-, Ausstellungs-, Wissens-, Informations- und Rechtsmittelökonomie gleichsam *stasiologisch* auftreten und dabei einen Krieg – nicht nur den Krieg gegen einen äußeren Feind – gegen sich selbst führen. Diese historisch-gesellschaftliche Ekstase der Mittel endet somit nicht in einem leeren Zustand, vielmehr in einer *Stasis* (nach innen) und in einem *Polemos* (nach außen) der Mittel als Waffen. Sie meinen nicht mehr die ästhetische Kontemplation des Kunstwerks (wo das ‚Werden' der Gesellschaft als ein ‚negatives Sein' ausgestellt wird), sondern den existenziellen, äußeren Krieg (*polemos*) und inneren Bürgerkrieg (*oikeios polemos*).

Wenn Nietzsche das Medium poietisch-dualistisch aufspaltet und das Prinzip des Apollinischen (Form, Gesetz, Ordnung, Maß) mit dem Prinzip des Dionysischen (Maßloses, Rausch, Undarstellbares, Ekstatisches) artistisch-künstlerisch verbindet, so hat er ihrer beider Kontamination und Komplementarität in der Sache verkannt. Beide beschreiben nämlich nur die *eine* Form der integralen Medienökonomie als äußere und innere Kriegsökonomie, die auf den monarchischen und polyarchischen Ursprung des ‚Mittels als Waffe' verweist. Etwas, das später Derrida in der Paradoxie einer „ursprünglich-nichtursprünglichen" Praxis als doppelte Maskierung des Mediums zu beschreiben versucht; wo sich nämlich Heilmittel und Gift, Wahrheit und Lüge, Aufklärung und Mythos, Schein und Wesen, Gutes und Schlechtes gegenseitig kontaminieren. Ein Relationales soll aufhören in seiner Relation bloß zu sein, vielmehr kryptoontologisch und kryptotheologisch als ‚Wahrheit *ohne* Wahrheit' auftreten. Diese Kryptoontologie oder Kryptotheologie des Mediums hätte freilich nur dann eine gewisse Berechtigung, wenn hier das *Relative* (Medium, Information, Text, Schrift, Netzwerk, Übertragung, Operativität, Verschaltung, Code) *auf ein wirklich anderes Bezogenes* wäre, nämlich auf das konkrete, vorstaatliche Feld des Kapitals, des Marktes, der Gesellschaft und Kultur sowie auf das staatliche Feld der Politik. Heute spezifisch: auf die Tele-Evangelien der Finanz-, Aufmerksamkeits-, Wissens-, Affekt-, Design- und Datenökonomie (samt den parastaatlichen Strukturen darin) sowie auf die Institutionen des Staates. Erst diese *Beziehung* wäre dann ‚die Sache selbst', wo nämlich Relation und Absolutes, Werden und Sein, Erscheinung und Wesen in der Verabsolutierung des

---

Berühmtheit, die auf Hervorbringung oder konkreter Verwirklichung gründet, in die Krise". (Virilio 2007, S. 37).

Medialen ununterscheidbar werden. Und zwar so, dass in der verabsolutierten Relation (‚Werden als Sein‘) die alten Imperative in ihren stetigen Befehlen lesbar
werden: ‚Sei!‘, ‚Werde!‘, ‚Informiere‘, ‚Dekonstruiere!‘, ‚Mediatisiere!‘, oder
‚Bilde deine nationale oder geopolitische (unipolare oder multipolare) Identität!‘
In den semantischen, kommunikativen, technischen, symbolischen oder kybernetischen Medientheorien *sollen* hingegen Medien in ihrer jeweiligen Absonderung
(technische, semantische oder informatische) ganz ‚rein‘ – oder eben in der Paradoxie ‚rein *ohne* rein zu sein‘ – als individuelle oder kollektive *Selbstbestimmung*
wirken, ohne darin die objektive, ökonomisch-politische *Fremdbestimmung* wahrzunehmen. Was Derrida als eine Paradoxie des Mittel beschreibt, bildet somit in
Wirklichkeit nur den *stasiologisch-polemischen* Ort der Mittel, wo die Zweiheit
des Mittels selbst das Problem bildet; der Imperativ (‚Dekonstruiere!‘, ‚Interpretiere!‘) ist somit auch selbst das moderne, historisch-gesellschaftliche und zugleich ursprünglich-imperative (mythische und theologische) Problem. Das heißt,
nicht nur das, was sie modern semantisch, praktisch, technisch, epistemisch, ma-
thematisch, symbolisch oder informatisch *sind*, prozessual *bewirken* (Indikativ)
oder ‚bewirken *ohne* zu bewirken‘ (Derrida), sondern was sie von Anfang an *sollen*
und *müssen* (Imperativ) ist hier von Bedeutung, sodass sie sich in diesem Mediendispositiv mit sich selbst im Krieg befinden.

Das Problem der Medien liegt somit weder in der harmlosen Differenz zwischen
dem Apollinischen (Rationalität) und dem Dionysischen (Rausch), noch in der bloßen Relation, noch in der Indifferenz von Schein und Sein, noch im ‚Absoluten *ohne*
Absolutes‘. Vielmehr in der *Stasis* der Medien, weil sie in ihrer Bewegung von Anfang an von den Imperativen konfisziert wurden. Im Nicht-Staat (Kultur, Religion;
göttliche Gewalt) und Staat (Gesetz, Recht; mythische Gewalt) zeigen sich somit
die Medien in ihrem *stasiologisch-polemischen* Charakter – und damit anders als sie
noch von McLuhan („The Medium is the Massage"), Wiener („Kanal"), Flusser
(„Dialog"), Bush, Watson („Biokybernetik"), Venter, Virilio („Geschwindigkeit"),
Krämer („Bote"), Mersch („Kunst"), Deleuze („Rhizom"), Luhmann („soziale Systeme"), Adorno („instrumentelle Vernunft"), Heidegger („rechnendes Denken")
oder Derrida („*différance*") gedacht wurden. Denn sie sind nicht etwas, was *ist* (Indikativ), *sein könnte* (Konjunktiv), oder kryptoontologisch ‚Sein *ohne* Sein‘ sei.
Vielmehr etwas, was in seinem Imperativ (‚Sei!‘) antithetisch als Gegenbefehl zu
jenem Befehl *nicht sein soll*, nämlich, das Medium im ‚Gesetz seiner Feindökonomie‘. Von einem metaphysischen Rauschen frei können somit Medien nicht sein,
weil jene Metaphysik Teil ihrer Physik ist, um sich darin als anfänglicher Befehl zu
verschlüsseln. Eine hypermoderne Freiheit, Toleranz und Selbstbestimmung der
singulären und kollaborativen Mittel, die in ihrer Interaktion durch die ursprünglichen Imperative bestimmt sind: Freiheit als Knechtschaft, Kontingenz als Not-

wendigkeit, Verbesserung als Verschlechterung, Gesundheit als Krankheit, Gutes
als Schlechtes, Vitales als Mortales, Innerliches als Äußerliches, Heilmittel als Gift.
Medial denken heißt daher, das moderne Medium (in seiner liberalen oder autoritären Reinheit) nicht bloß als ein ‚unreines‘ oder ‚reines‘ zu begreifen. Vielmehr die
historisch-gesellschaftliche, moderne und hypermoderne Wirkung des Mediums
immer auch archisch kontaminiert sehen; wo nämlich ein „Ohr" (McLuhan), ein
„Bild" (Flusser), eine „Schrift", eine „Erzählung" (*mythos*), ein *logos*, ein „Wort"
(„Am Anfang war das Wort"), ein „Begriff"(Hegel), eine „Tat" („Am Anfang war
die Tat"; Goethe), ein „leibhafter Affekt" (Nietzsche), ein antiutilitaristischer „Gefühlswert" (M. Mauss) oder ein Gehirnorgan (*organon*) bereits ‚unrein‘ und toxisch
auftreten. Damit sind auch die Kategorien der Wahrheit, der Erzählung, des Ritus,
der Begehung (Praxis), der Sprache, der Information, der Gefühle oder der Affekte
‚unrein‘. Und gerade in ihrer Unreinheit *scharf gestellt*: das scheinbar friedliche
Medium führt mit sich immer auch den Krieg mit – worauf Kittler mit Heraklit zu
Recht hingewiesen hat, aber mit seinem technischen Apriori auch den konkreten,
historisch-gesellschaftlichen und archaischen Charakter des Mediums verfehlt hat.
Es gibt Medien, weil es von Anfang an (*en archē*) diese ‚Unreinheit‘ und Kontamination der Medien gibt, so das sie in ihrem Gebrauch als Waffen auftreten, aber
darin sich als Heilmittel ausgeben. In ihrem ‚Dazwischen‘ „sprechen" sie, wie Si-
bille Krämer hier über den „Boten"[41] formuliert, immer auch mit „fremder Stimme".
Und zwar ist diese nicht nur historisch-horizontal, sondern ebenso meta-
physisch-vertikal als ursprüngliches Gebot zu begreifen. Aber diese ontisch-ontologischen (nicht bloß ontischen), physisch-metaphysischen, menschlich-göttlichen
‚Medienstimmen‘ bleiben eben nicht etwa semantisch-abstrakt, oder werden einfach technisch verabsolutiert. Vielmehr beschreiben sie das konkrete *Bezogensein*
auf Ökonomie (göttliche Gewalt) und Staat (mythische Gewalt). Ein liberal-demokratisch-kapitalistisches Imperium (unipolare Welt), das sich in seiner Totalität auch
selbst *zerspaltet* und damit selbst seinen eigenen Feind hervorbringt. Heute: die
illiberal-autokratische, multipolar-euroasiatische oder die islamistische Welt.
    Es ist heute der konkrete Ort der Medialität, wo der vormals politisch-
faschistische Begriff der „Gleichschaltung" in der liberalen oder illiberalen Fi-
nanz- und Datenökonomie der postindustriellen, post-unipolaren liberalen Gesellschaft nun konkret geworden ist. Ein ökonomischer und politischer Begriff der
„Gleichschaltung", wie er nun im „gegenwärtigen Finanz- und Informationsregime" (J. Vogl) konkret auftritt und so jene politisch-faschistische Gleichschaltung, auf der erhöhten historischen Stufenleiter, informationsökonomisch,
liberal-demokratisch oder illiberal-autoritär verwirklicht. Es ist die Koinzidenz der

---

[41]Vgl. Krämer 2005, S. 15–25; 2018, S. 33–45.

kulturellen und staatlichen Medien als liberal-demokratische oder illiberal-
autoritäre, die aber in ihrer Einheit gerade nicht die Kommunikation oder die
„Liebe" (Hegel), sondern den Hass und die alte Feindschaft produzieren. Hier wird
nicht informiert oder kommuniziert, sondern kommandiert und Sprache als Waffe
eingesetzt. So auch in den neuen Formen der „ballistischen Schnellkommunikation"
(J. Vogl), wie sie die neuen Plattformen (Twitter, Facebook, Google etc.) organisieren – und die, nach J. Vogl, offenbar die autoritären Strukturen fördern. Dies sind
aber auch die ‚ballistischen Medien' der liberalen, glorreichen Demokratie, die
ebenso als absolute Wahrheit auftreten und darin auch das Wissen, das Argument,
die umständliche Logik der Begründung, die Rechtfertigung und die Humanität
meinen, indem sie nämlich moralisch rückwärts argumentieren: vom feststehenden
Imperativ her. Aber in diesen statischen Kategorien (Demokratie, Freiheit,
Menschenrechte, Rationalität) haben sie bereits die ‚Vermittlung' beschlagnahmt,
um die Medien für ihre Ontologie umzufunktionieren. Sie werden als ‚Waffen'
gegen die ‚Irrationalisten', ‚Autokraten', ‚Faschisten', ‚Islamisten' angewandt, die
ja nur ihre ‚Lügen' verbreiten. Nur deswegen kann heute die andere, illiberal-
autokratische Seite die liberal-demokratische, westliche Welt als ein „Imperium
der Lügen" bezeichnen – so etwa heute die russischen Medien.

Wir haben es hier also mit einer Zone der medialen Ununterscheidbarkeit zu tun,
in der die liberal-demokratischen Medien (Habermas, Chomsky, Vogl) und die
konservativ-autoritär-irrationalen Medien (Nietzsche, Schmitt und politisch heute
die russischen Medien) sich vermischt haben, um darin ontologisch im Imperativ
aufzutreten: ‚Seid liberal-demokratisch!', oder eben ‚Seid illiberal-autoritär, gegen
den Verfall und das Lügenimperium des Westens!' Das heißt, es sind auch die
liberal-demokratischen Wahrheitsaussagen, ‚die heute dadurch einen Sinn machen,
dass man sie *nicht mehr wirklich begründen muss*, oder sie einfach nicht mehr zu
begründen braucht'. Eben, weil sie in der liberalen, glorreichen Demokratie nur
noch ontologisch-fundamentalistisch auftreten; als „westliche Werte", Vernunft,
Argument, freier Markt, Diskurs, Freiheit, Toleranz, Fortschritt, Wissenschaft oder
Menschenrechte. Denn wirklich *begründen* – in aufklärerischer Tradition – hieße ja,
solche liberale, ontologisch-abgeschlossene, totalitäre finanz-, daten- und staatliche,
rechtsökonomische Sphären nicht einfach als ein unbedingt gültiges Fundament
ausgeben und sie als Tele-Evangelien verkünden – um sie dann gegen den irrationalen, faschistischen oder islamistischen Gegner als Waffen einzusetzen. Vielmehr sie in ihrem Werden, Gewordensein und Sein *vermittelt* und in Kontexte denken, historisch-gesellschaftlich, technisch, ökonomisch und politisch dechiffrieren,
darin aber auch die ursprünglichen Imperative aufdecken: der Krieg, der innerhalb
des Mediums geschieht. Denn Medium ist ein materielles oder immaterielles Mittel
(der Praxis oder Theorie) in seiner historisch-gesellschaftlichen Wirkung (aktiv),

die von Anfang an (als göttliche oder menschliche Wirkung) in Gang gesetzt wurde,
um sich dann historisch immer weiter zu entfalten. In seinem menschlichen und
historischen Wirken aber auch jenes anfängliche *Gebot zu wirken* beibehält:
‚Wirke!‘ Deswegen kann man in allen medialen Praktiken (die Praktiken der Herrschaft) nie die Wahrheit von der Lüge, das Heilmittel vom Gift, die Waffe vom
Spielzeug, den Willen von der Vorstellung, die Information vom Wissen, das Argument von der Erzählung, die Verbesserung von der Verschlechterung, das Gute vom
Schlechten, die Vernunft von der Leidenschaft, das Drinnen vom Draußen, das
Äußerliche vom Innerlichen, das Intellektive vom Sensitiven, das Vitale vom Mor-
talen, das Rationale vom Irrationalen, das Erste vom Zweiten unterscheiden. In dieser modernen, hypermodernen und zugleich ursprünglich-anfänglichen *Reversibilität* ist somit das Medium (Mittel) *das Selbe* genau deshalb, weil es seine Identität in
dieser *Doppelwirkung* hat, um sie dann im politischen Raum *scharf zu stellen*. Dies
ist nicht der Gesamthaushalt der Mittel in ihrer bloß spielerischen, diskursiven oder
ästhetischen Anwendung, sondern das Gesetz (*nomos*) ihrer politischen, feindseligen Ökonomie (*oikonomia*). Ein Gesetz, das weit über eine utilitaristische und
‚antiutilitaristische Logik‘[42] der Medien (Mittel) hinausgeht.

Genau dies ist dann der Grund, weshalb auch das *animal symbolicum* Cassirers
in den Raum der Finanz-, Wissens-, Affekt-, Design-, Ausstellungs-, Daten- und
Rechtsmittelökonomie abgestürzt ist, um das politische Kampffeld und nicht den
kulturellen Raum des „Symbolischen“ zu bestimmen: „Das Prinzip des Symbolischen mit seiner Universalität, seiner allgemeinen Gültigkeit und Anwendbar-
keit“.[43] Dies ist aber das Prinzip der Medienökonomie, die den Zugang zur menschlichen Welt *gewährt* und ihn dabei zugleich durch Waffen politisch *versperrt*. Wenn
Cassirer den Medienbegriff nicht vom Mittel, sondern von der Transzendenz her
versteht. Dann meint er in Wirklichkeit die immanent-transzendente Medienökonomie, die im Gebot steht: ‚Symbolisiere!‘ Eine liberal-demokratische Menschheit
in ihrem Kapital- und Nationalbegriff, der alle Kultur darin aufgelöst hat. Die ‚Relation als Falte‘ (wo etwas im Kapital- und Nationalbegriff gefaltet, entfaltet und
zusammengefaltet wird)[44] ist somit der verewigte Punkt einer komplementären

---

[42] So M. Mauss, der mit dem symbolischen Tausch jene utilitaristische Logik des materiellen
Tausches brechen möchte. Vgl. Mauss 1990; Vgl. Bataille 1985.

[43] Cassirer 1990, S. 51.

[44] Gegen eine spielerische „Fächer-Welt“, wie sie vor allem Deleuze vertritt, protestiert Badiou, indem er das Nebeneinander des schöpferischen Kontinuierlichen zurückweist: „In
einem Punkt hat Deleuze recht: Von diesem Nebeneinander können wir uns nicht lossagen,
ohne zugrunde zu gehen. Wenn wir uns allerdings gemütlich damit zufriedengeben, werden
wir genauso daran zugrunde gehen.“ Gegen die „Falte“ Deleuzes setzt Badiou mit Mallarmé
den „Sternpunkt“: „wer könnte denn glauben, dass dieser Mann es sich zur Aufgabe gemacht

Einheit (Kapitalmittel) und Vielfalt (Nationalmittel) – eine komplementäre Totalität, die sich heute geopolitisch in eine liberal-unipolar-westliche Welt und in eine
illiberal-multipolar-eurasische Welt aufspaltet. Die indikativen, liberalen oder illiberalen Medienmaschinen (Ist, Sein, Werden) meinen somit nicht bloß die Logik
des *materiellen Tausches*, sondern ebenso die Logik des *symbolischen Tausches*,
um beide in einem antagonistisch-polemischen Raum zu platzieren. Sie stehen
weder einfach zur Verfügung, wie Instrumente oder Apparate, die für Zwecke
bereitstehen oder etwas bewirken, noch beschreiben sie einen *antiutilitaristischen
symbolischen Tausch*, der in Wahrheit die „Gabe" ökonomisch mit einer „Gegengabe" kontaminiert, um darin das Medium im Prozess seiner Ökonomie unendlich
verschleißen zu lassen. Indem die indikativen Medienmaschinen mittelbar und unmittelbar in kulturelle Prozesse eingreifen, produzieren sie vielmehr Effekte, welche nichts anderes als die ‚Ökonomie des Opfers' bilden. Es ist das Medium als
Waffe, wo es diese von Anfang an gegen sich selbst richtet. Denn der Mensch ist
zwar „von Natur auf Kultivierung angelegt und angewiesen",[45] aber diese vorstaatliche „Kultivierung", die heute durch eine Kaskade von staatlichen Gesetzen und
Regeln reguliert wird, meint eben nicht die ‚Anstrengung' sich mit der „Natur" zu
„versöhnen". Vielmehr die ‚Anstrengung' – sofern hier die resistente, politische
Operation ausbleibt – zuletzt sich ganz von Kultur und Natur zu verabschieden.
Auch die jüdische Messiaserwartung, nach der *in* der Welt die Welt anders wird,
Geschichte eschatologisch *endet*, sich nicht teleologisch erfüllt, vielmehr *abbricht*,
gewinnt in der neuen Eschatologie der Finanz-, Code-, Algorithmen-, Design-, In-
formations-, KI-, Daten- und Rechtsregime des Übermenschen eine ganz neue Bedeutung. Diese meint nämlich nicht mehr das glückliche Ende der Geschichte,
sondern ihr absolutes Ende, das von der Dynamik des „Übermenschen" und seiner
Medien herbeigeführt wird: die *Teleo-Medialität*, wo sich die Medien in ihrer integralen Medienmaschine so sehr beschleunigt haben, dass sie darin, zusammen mit
der Welt (auf die sie ja von Anfang an auch heilsam wirken wollten), schließlich
‚verdampfen'. Monetarisierung, Algorithmierung, Informatisierung, ekstatischer
Konsum, Künstliche Intelligenz und absoluter Staat (liberaler oder autoritärer)

---

hat, ‚zu falten, zu entfalten, zusammenzufalten'? Der wesentliche ‚operative Akt' Mallarmés
ist der Einschnitt, die Trennung, das transzendentale Eintreten des reinen Punkts, die Idee,
die jeden Zufall ausschaltet, kurz: das Gegenteil der Falte". (Badiou 2015, S. 51 f.). Der
„reine Punkt, der jeden Zufall ausschaltet", ist aber konkret die ‚Idee der Kapitale', die von
den Rechtsmittel der A-Kapitale umrahmt wird. Der „reine Punkt" als das genaue „Gegenteil
der Falte" beschreibt eben nicht den Ort der ‚ontologischen Wahrheit', sondern, konkret, die
Kryptotheologie des ökonomisch-theologischen Kapitalmittels, die vom Polytheismus des
staatlichen Nationalmittels mythisch-rechtlich umrahmt wird.
[45] Plessner 1970, S. 236.

heißt daher: die Welt durch eine menschlich-übermenschliche Medienmaschine auflösen; ihre stetige Verbesserung ist immer auch die stetige Verschlechterung, zuletzt die absolute Vernichtung. Denn jeder Einzelne, einer wie der andere, ist heute zur selben Zeit ‚Macher' (immanentes, menschliches Wirken) und ‚Schöpfer' (transzendentes, übermenschliches Wirken) zugleich, Konsument und Empfänger des eigenen ‚göttlichen' Produkts und darin der massenmedialen Konditionierung und staatlichen Regulierung unterworfen. Die Diktatur der poietischen Praxis, des hypermodernen Modischen, Kurzfristigen und der Information verbindet sich so mit der pseudotheologischen Ewigkeit der liberal-demokratischen oder illiberal-autoritären Tele-Evangelien, wie sie heute von den glorreichen Demokratien oder von den glorreichen Autokratien maschinell-digital verkündet werden.

Damit fungieren auch die Medien der Kunst ebenso als Waffen, da sie in einer Medienökonomie intergriert ist. So ist auch die aristotelische Kategorie der *poiesis* nicht mehr auf das Gebiet der Kunst beschränkt, vielmehr in den Aktionen und Kollaborationen einer allgemeinen, instrumentell-poietischen Intelligenz gewandert. Denn nicht das, was „wirklich" ist, sondern das, was noch „möglich" oder „wahrscheinlich" (*kato to dynaton*) eintreten könnte – heute auch in der Form einer Wahrheit, die als statistische Wahrscheinlichkeit von der KI algorithmisch produziert wird –, bestimmt nun die medienökonomischen Praktiken der Herrschaft, die nun vom ‚Macher' und ‚Schöpfer' immer weiter vorangetrieben werden. So fungiert auch der neue, liberal-demokratische Finanz-, Daten-, Design- und Informationsmarkt als ein System von Antizipationen, die *proaktiv* in die Zukunft ausgreifen, um von den Möglichkeiten aus die Gegenwart als wirkliche Bewegung zu bestimmen. Damit löst sich jene bürgerliche Kunst in der heteronomen sozialen Praxis auf. Aber auch so, dass ihr liberal-ökonomischer und ‚spielerischer' Wahrheitsgehalt in den *antagonistisch-polemischen* Raum des Politischen übergeht, wo nämlich nicht etwa der Frieden und die Versöhnung, sondern die politische Feindschaft, der Hass und der Krieg herrschen. Und dies durch eine instrumentell-poietische Intelligenz hervorgebrachte Gesicht der Welt ist kein ‚tragisches' mehr, wie es einmal in der bürgerlichen Kunst ausgestellt wurde, sondern ein diabolisch-satanisches im politischen Raum. Zielen doch die liberal-demokratischen oder die illiberal-autokratischen ‚Kriegsmedien' alle darauf, die Wahrheit, die Erzählung, die Gefühle, die Triebe, den Körper, den Geist, die Psyche, die Kultur und das Humane einer gemeinsamen Welt in einem allegemeinen Kriegsrausch ganz zu vernichten; ein liberal-verabsolutiertes Gutes, das heute als Waffe gegen ihren illiberalen oder islamistischen Feind eingesetzt wird.

Insofern ist der Bürgerkrieg (*stasis*) und Krieg (*polemos*) in der Tat das Eigentliche der Medien. Aber nicht wie Friedrich Kittler ihn als das ‚Wesen der Technik' metaphorisch beschreibt (eine abstrakte Geschichtserzählung, wo die Unter-

haltungselektronik nur ihre harmlose Oberfläche bildet). Die technologische
Medienmaschine wird heute nicht einfach ihrer technisch-militärischen Abstammung und ihres militärischen Nutzens überführt – so etwa wenn Elon Must den
ursprünglich für zivile Zwecke entwickelten Satelliten-Internetdienst „Starlink" im
Ukrainekrieg zu einer militärischen Waffe umfunktioniert. Vielmehr weist das tech-
nisch-militärische Mittel seinerseits auf das pseudotheologische Kapitalmittel und
auf das neumythische Nationalmittel hin, das darin seinen archaisch-polemischen
Charakter offenbar macht. Die Medien (einschließlich der künstlerischen, wo Traum
und Erwachen im Imperativ auftreten) haben somit ihre Harmlosigkeit verloren, seit
die ‚Kriegsmedien' nicht nur ins eigene Wohnzimmer (durch Google, Amazon oder
Twitter) eingewandert sind, sondern zunehmend politisch-totalitär wurden und ökonomisch, national wie geopolitisch zunehmend das militärische Schlachtfeld bestimmen. Insofern sind Medien in ihrer Hardware und Software in der Tat, wie
Kittler bemerkte, ‚kriegsentscheidend'. Aber nicht als „technische", sondern als
ökonomische Mittel und politische Rechtsmittel einer liberalen, glorreichen Demokratie machen sie wirklich Geschichte. Während sie dabei in ihrer Wahrheit von der
„Lüge" der Autokraten, Faschisten oder Islamisten streng abgeschirmt werden.
Denn als metaphysische Totalität darf die liberal-demokratische „Wahrheit" nicht
von der „Lüge" der anderen kontaminiert werden; daher heute das Abschalten nicht
nur der russischen Medien – vormals waren es noch die arabisch-sprachigen Medien, wie *Aljazeera*, die kurz davor standen von den USA bombardiert zu werden –,
die, aus der Sicht der „westlichen Welt", nur noch ihre „Lügen" verbreiten und
daher abgeschaltet werden müssen. Die notwendige *Beziehung* der Medien ergibt
sich somit nicht aus dem Zusammenhang zwischen ‚Medientechnik' und ‚Krieg',
sondern aus der Totalität ihrer ökonomischen (poietischen, kulturellen, religiösen)
und politischen Mediensphäre, die als eine liberal-demokratische, illiberal-autoritäre oder islamisch-religiöse notwendig Krieg führen muss.

Wir sehen: Medien meinen nicht bloß die Strategien der Macht, welche die Menschen einfängt, manipuliert, ausrichtet, um sie dann in das jeweils ökonomische und
politische System einzuschließen. Vielmehr auch die buchstäbliche militärische Gewalt (in der kultischen und akklamatorischen Weihung ihrer Mittel), die politisch-öko-
nomisch eingesetzt wird, um als *metaphysische Wahrheit* das ‚Gesetz' der liberalen
oder illiberalen Medienwelt zu bilden. Gerade als hypermoderne weisen Medien
aber auch immer auf ihren archaischen Gewaltcharakter zurück. Medien sind von
Anfang an vorstaatlich-kulturelle und staatlich-politische Kriegsmittel, die darin se-
mantisch-dogmatisch auch ihre metaphysischen, ‚reinen Wahrheiten' verkünden und
praktisch-kultisch-rituell herstellen. Deswegen müssen heute diese unpolitischen
Medien wieder *repolitisiert* werden, ihre wirkliche und mögliche Bewegung *unwirksam* gemacht werden, sodass hier die eigentliche, nämlich politische Sprengkraft der
Kunst als Gegenbefehl *im öffentlichen Raum scharf gestellt wird* – damit findet auch

eine *Übertragung* des künstlerischen, dionysischen Elements in den politischen Raum statt, wie es einmal Benjamin im Surrealismus sah; „Die Kräfte des Rausches für die Revolution zu gewinnen, darum kreist der Sürrealismus".[46] Das Politische ist dann jener Gegenbefehl, der das ‚Geheimnis der Medienkriegsmaschine' in den Griff bekommt, indem sie das menschlich-göttliche Mediengesetz durch eine *antithetische Mediengewalt* deaktiviert, unwirksam macht. Sie meint nicht mehr die kontemplative ‚Bewahrung der Wahrheit', des ‚Göttlichen' oder ‚Utopischen' im bürgerlichen, heteronomen Kunstwerk, die distanzierte Theorie oder die Praktiken der Herrschaft. Vielmehr jene *antithetische Operation*, welche die vorstaatlich-kulturelle (religiöse) und staatlich-rechtliche (mythische) Medienmaschine in ihrer Wirkung neutralisiert, außer Kraft setzt, um von den Medien einen anderen, neuen Gebrauch zu machen. Das *anarchische* Medium, das im Gegenbefehl gegen das *archische* Medium Widerstand leistet, meint somit nicht das Medium ‚ohne Ursprung', sondern die *antithetische Gewalt*, welche die ursprünglich *toxische Gewalt* des Mediums *außer Kraft setzt*, um von den Medien einen anderen, herrschaftsfreien (*an-archē*) Gebrauch zu machen. Unsere politische Macht besteht daher darin, die Macht des Befehls, die alle Medienökonomie als Geschehen und Sein steuert, machtlos zu machen, damit wir ohne Befehl, Zwang und Krieg in einem befriedeten Haus der Menschheit leben können. Dieser antithetische Gestus, der die gewalttätige Medienkriegsmaschinerie ‚opfert', ist daher weder ein altruistischer (Allgemeinheit), noch ein egoistischer (Besonderheit), vielmehr ein *politisch-antithetischer* Akt, der die ganze Dynamik der feindseligen Medien zerstört, um den Mitteln (Medien) ihre unverdorbene, friedliche und ‚wahrhaft reine' Wirkung wieder zurückzugeben.

2.5   Medien des Spiels und der Feindschaft

Unter Medien versteht man meistens den engeren, journalistischen Blick auf Medien als Massenmedien, der sich freilich inzwischen auf Social Media und auf das Feld der Plattformen digital-informatisch erweitert hat. Während ein erweiterter Begriff alle Medien umfasst, also Klang, Bild, Wort, Schrift, Zahl, Luft, Wasser, Hand, Körper, Leib oder Gehirnorgan, und zwar als *Mittel* (*organa*) eines menschlichen oder göttlichen Wirkens. Es ist der Gesamthaushalt (griechisch: *oikonomia*) der Mittel, in ihrer kulturellen, religiösen, sozialen, wirtschaftlichen, gesellschaftlichen und politisch-rechtlichen *oikonomia*. Eine, die allerdings von Anfang an auch problematisch bleibt. Denn Medien sind einerseits Ursprung des Konflikts, des Streits, der Zersetzung, Vergiftung und Feindschaft (*polemios*), andererseits aber auch das

---

[46] Benjamin 1991, S. 307.

Paradigma der Freundschaft, Versöhnung, Entgiftung sowie des „guten Lebens" (*to eu zēn*). Dieser Inbegriff von Medien meint daher den besonderen Ort der ‚Vermittlung', wo Subjekt und Objekt, Drinnen und Draußen, Haus und Stadt, Nächster und Fremder, Freund und Feind, Gift und Heilmittel einander sich angleichen und dabei ununterscheidbar werden. Das Entscheidende hierbei ist die zweifache Verschiebung des Mediums, zwischen dem *unpolitischen* Raum der Familie, des Privaten und Individuellen und dem *politischen* Raum der Stadt, des Sozialen, der Öffentlichkeit und der Gesellschaft. In dasjenige also, was zum Individuellen, zum Haus, zur Familie, zum Eigenen und zum Privaten gehört, und in dasjenige, was zur Stadt, zur Allgemeinheit, zum Fremden, zur Polis und Öffentlichkeit gehört. Deswegen meinen Medien in ihrer ‚politischen', ‚kulturellen', ‚aufklärerischen' und ‚menschheitspädagogischen'[47] Bewegung weder bloß die Progression, den Fort-

---

[47] Insofern gilt es in der *Medienpädagogik* weder analytisch nach kognitiven, affektiven, moralischen oder sozialen Kompetenzen zu unterscheiden, noch sie in eine Systemtheorie aufzulösen: „In der Erziehung geht es um die Vermittlung. Es wäre falsch (oder zumindest einseitig), wenn man mit ‚Wissen' eine bestimmte Einstellung zur Welt, etwa eine kognitive im Unterschied zur normativen, eine rationale im Unterschied zu emotionalen, eine passive im Unterschied zu aktiven, willentlichen bezeichnen wollte. (…) Wissen soll hier ganz allgemein die Struktur bezeichnen, mit deren Hilfe psychische Systeme ihre Autopoiese fortsetzen, also im Ausgang von ihrem jeweils aktuellen Zustand nächste Gedanken finden, anschließen, aktualisieren können. So gefaßt ist der Wissensbegriff ein Begriff für Redundanz, für Nichtbeliebigkeit der operativen Anschlüsse im zeitlichen Vollzug der Autopoiese das Systems" (Luhmann 2006, S. 46). Wenn es in der „Erziehung um die Vermittlung geht", dann gilt es diese „Vermittlung" nicht als etwas bloß *äußerliches Gemeinsames* zu betrachten, sondern das *Vermittelte* selbst als etwas *Unmittelbares* und *Besonderes* zu begreifen. Dann aber die „Vermittlung" selbst archisch im Imperativ zu bestimmen. Eine Lehrerin, die einen Schüler abfragt oder Arbeitsblätter verteilt, informiert sich nicht, sie unterweist ihn, in ihrer Sprache und in ihrem Gestus gibt sie Anordnungen, sie kommandiert. Erziehung als System gefasst, meint dann, im liberal-demokratisch-kapitalistischen System, den starken erzieherischen und kulturellen Apparat (Schulen, Universitäten und Institutionen), der jenes Erziehungssystem symbolisch trägt. Wenn es dann das „Kind als Medium der Erziehung" aufgefasst wird, dann gilt es in dieser „Kindheit" ebenso die ‚Kindheit der Menschheit' in diesem Befehl zu entdecken und nicht ‚Erziehung' und ‚Unterricht' als ‚Wissensstrukturgerippe' oder als einen affektiven Körper zu beschreiben; ein System, das meint, mit zahllosen anderen organischen, anorganischen, psychischen oder sozialen Systemen (Diskurse als Dissensbeziehungen, Liebesverhältnisse als Kopplungen oder Geburten als Entkopplungen) etwas bloß äußerlich *gemeinsam* zu haben, während dabei das *Besondere* und *Singuläre* in jener Befehlsfunktion gerade verfehlt wird. In der *Medienpädagogik* geht es dann darum, die komplementäre *Zweiheit* von Kindsein und Erwachsensein, Kognitivem und Sinnlichem, Individuum und Gesellschaft, Vermittlung und Unmittelbarkeit, Modernität und Archaik als eine toxische Gesamtsphäre der Erziehung, Relation und Vermittlung zu begreifen. Die kulturelle und politische Frage ‚Wer erzieht wen?' verschwindet und lautet dann anschließend: ‚Wir, als die Guten und Bösen zugleich, wir erziehen uns selbst', indem wir die toxische *Zweiheit* begreifen und damit das ganze pädagogische Mediendispositiv, das im Gebot der archischen Imperative steht,

schritt und die Innovation, noch die Regression und Reaktion. Vielmehr jenes Da-
zwischen als Koexistieren der beiden Relata: die *Zweiheit* zwischen Individuum und
Gesellschaft, Mensch und Welt, Logos und Alogos, Sensualität und Intellektivität,
Denken und Anschauung, Kindsein und Erwachsensein, Aisthesis und Noesis,
Mensch und Maschine, Immanenz und Transzendenz, Mensch und Gott, Natur und
Kultur, Physis und Metaphysik, Modernität und Archaik etc.

Dies ist dann auch der Grund, warum in der Medientheorie Kategorien wie
„Verblödung" oder „Manipulation" viel zu kurz greifen. So lief einmal ein großer
Teil der Medienforschung darauf hinaus, dass Medien – gemeint waren hier vor
allem die Leitmedien – verblöden, da sie ökonomischen, ideologischen, politischen und historisch-spezifischen Verdummungsmächten ausgesetzt seien. Freilich
haben diese ‚Verdummungsmedien' in den jeweils verschiedenen Zeiten nicht
immer auf ein und dieselbe Weise verblödet. Jene Manipulationsthese sollte freilich einen Sachverhalt beschreiben, der vor allem aus der vormaligen ‚Einbahn-
straße' des passiven Konsumenten resultierte. Es waren jene Massenmedien, die in
ihrer öffentlichen Wirkung noch keine Rückkopplung und keine ‚demokratische
Interaktion' erlaubten. Der Manipulationstheoretiker H. M. Enzensberger hat diese
Verblödungsthese Anfang der achtziger Jahre schließlich auf die kurze Formel
gebracht: „Fernsehen verblödet".[48] Auf diese schlichte These liefen dann so gut
wie alle damaligen Medientheorien hinaus.

Einen vorläufigen Höhepunkt dieses Verblödungsparadigmas bildete dann Bernard
Stieglers *Logik der Sorge*. Danach treten die neuen Medien als Psychomacht die
Nachfolge von Foucaults Biomacht an, die vor allem äußerlich-institutionell angelegt
war (als ein Netz aus Institutionen, Personen, Diskursen und Praktiken). Nun aber erscheint die neue Psychomacht in der Informationsgesellschaft als eine vernetzte,
neurokapitalistische Wucherung psychotechnologischer Apparate, die den menschlichen Bewusstseinsapparat nun so ummodellieren, dass uns, so die These, ein antiauf-
klärerischer Niedergang in eine neue Unmündigkeit bevorstehe. Was die Medien uns
nehmen, ist nämlich die Fähigkeit zur *Sorge* (die Heidegger noch ontologisch formulierte). Damit werden die nachwachsenden Generationen bereits auf synaptogeneti-
scher Ebene derart umgemodelt, dass ihnen schließlich alle „Aufmerksamkeit und
Achtsamkeit"[49] abgeht. Sie erweisen sich zunehmend als unfähig, die Zeit-, Traditi-
ons- und Generationszusammenhänge zu verinnerlichen, welche ja die unabdingbare

---

außer Kraft setzen. Wenn nämlich heute alle *Gemeinschaft* in den *Praktiken der Herrschaft*
gründet (das kontaminierte Dasein von Kindsein und Erwachsensein). Dann gilt es die *Medien der Herrschaft* zugleich als *Praktiken der Befreiung* zu begreifen. Deswegen meint *Vermittlung* in der Erziehung: ein neues *Verhältnis* zum *anarchischen Nicht-Verhältnis* herstellen.
[48] Enzensberger 1988, S. 89.
[49] Stiegler 2008, S. 32.

Grundlage einer demokratisch-verantwortungsbewussten Gesellschaft bildet. Anders als im Falle von Manipulation und Zerstreuung helfen uns nämlich keine bewusstseinserweiternde Lektüren (eine Bewusstseinserweiterung, die wir einmal angeblich bei der Lektüre der Suhrkamp-Bücher gegen die Springer-Presse erfuhren) und keine Konzentrationsübungen mehr. Vielmehr letztlich nur noch konzertierte, staatlich gelenkte Eingriffe in Form einer öffentlichen „Schlacht für die Intelligenz", die als eine „psychische" und „soziale" immer auch eine kollektive Intelligenz sei. Und hierbei soll eben „die knappe Ressource nicht mehr" die „Information", sondern die „Aufmerksamkeit der Individuen"[50] sein. Diese linkskonservative Medienkritik geht freilich an einem gleichsam entscheidenden wie interessanten Punkt der Medien vorbei: Die Menschen, deren Psyche und Bewusstsein im Zeitalter der digitalen Medien durch Apparate der Psychotechnologie entmündigt werden, haben ja ihre Mündigkeit erst mit Hilfe anderer Psychotechniken und Technologien errungen. Die Aufklärung, die wir nun durch Technik und den neuen digitalen Medien verlieren, ist ja selbst einmal *durch Technik* und *Medien* erst in die Welt gekommen. Spezifisch: durch Bild, Klang, Wort, Schrift, später durch Buchdruck und den entsprechenden Lese- und Textverarbeitungspraktiken. Folgerichtig verweist Stiegler auf Kants Aufsatz *Was ist Aufklärung?*, der bekanntlich eine medienkritische Stellung einnimmt. Zieht Kant darin doch gleich zu Beginn auch die Möglichkeit in Betracht, dass auch die neue Buchkultur durchaus in der Lage sei, neue Formen selbst verschuldeter Unmündigkeit zu erzeugen, die aus der bloßen Passivität gegenüber den ‚neuen Medien' resultiert: „Es ist so bequem, unmündig zu sein. Habe ich ein Buch, das für mich Verstand hat, einen Seelsorger, der für mich Gewissen hat, einen Arzt, der für mich die Diät beurteilt, u.s.w.: so brauche ich mich ja nicht selbst zu bemühen. Ich habe nicht nötig zu denken, wenn ich nur bezahlen kann".[51]

Im ‚Mündigwerden' findet somit eine Verschaltung von *internen* psychischen Apparaten und *externen* Speicher- und Kommunikationstechnologien statt, die bestimmte Diskurs- und Verhaltenspraktiken entwickeln, die aber auch anders hätten ausfallen können. Wenn aber die Aufklärung, die wir nun durch Technik und digitale Medien offenbar zu verlieren drohen, selbst durch Technik und Medien in die

---

[50] Ebd., S. 144.
[51] Kant 1970, S. 53. „Bezahlen" (Geld) und „Denken" (Noiesis) sind freilich nicht bloß die zwei voneinander ganz unabhängige Medien, vielmehr beschreiben sie auch die *eine* Medienökonomie. Insofern sind auch Ökonomie (die Bewirtschaftung der Welt) und Politik (die Verrechtlichung der Welt) Oberflächenphänomene; sie sind nämlich selbst noch einmal durch die Geschichte der *Medien als Organe der Herrschaft* vermittelt. Dergestalt, dass das Medium in seiner *vermittelnden Mitte* nicht etwa die *versöhnte und heile Mitte* bildet – in der die „höchste Tätigkeit" und die „höchste Ruhe des Denkens" zugleich als „Liebe" (Hegel) anwesend sein soll –, sondern das toxische Gift absondert.

Welt gekommen ist, dann liegt aber das Problem viel tiefer, nämlich in der Medialität selbst. Eine mediale Vermittlung, die als moderne Technik oder Episteme
ebenso ihren alten medialen ‚Ursprung‘ verbirgt, sodass sie im modernen Fortschreiten ihren archischen Kern aus sich selbst ausblendet. Dieses *stasiologische*
Moment im Fortschreiten der Medien (die Ununterscheidbarkeit zwischen Dynamik und Statik, Modernität und Archaik, Haus und Stadt als ein polemisches Verhältnis) meint dann nicht mehr die kontemplativen, bewusstseinserweiternden
Lektüren, die jene Ideologie der Massenmedien und des falschen Bewusstseins noch soziologisch kritisieren konnten – eine soziologische oder dialektische
Pseudokritik, die als Widerspruch und Hindernis in Wahrheit nur den Treibstoff für
die integrale Medienmaschine liefert. Vielmehr die soziale Praxis und das soziale
Konsumverhalten, die hegemonial bestimmt sind: die moderne Autonomie als ursprüngliche Heteronomie. Insofern sind die modernen und hypermodernen Medien, durch ihren Rückgang in den archischen Grund, nicht mehr „manipulativ" als
„falsches Bewusstsein" oder als *Spiel* ästhetisch, technisch oder philosophisch zu
verstehen, sondern *stasiologisch* und *polemologisch* zu bestimmen. Eine gesellschaftliche, kulturelle, soziale, ökonomische, informatische und staatlich-
rechtliche Praxis, die als eine der *Herrschaft und Feindschaft* keine *Praxis der
Befreiung und Freundschaft* ist.

Wenn die kryptotheologische Finanz-, Aufmerksamkeits-, Design-, Affekt- und
Datenökonomie (säkularisiertes Kapitalmittel) sowie die mythische Rechtsmittelökonomie (säkularisiertes Nationalmittel) alle vormals idealistische oder ‚spielerische‘ Kultur im *politischen Ernstfall* gleichermaßen außer Kraft gesetzt hat, um sie
in ein *antagonistisch-polemisches Feld* zu überführen (liberal-demokratisches,
illiberal-autoritäres oder religiös-fundamentalistisches). Dann bilden darin Tun
und Sein, Praxis und Ontologie nur die eine ökonomisch-theologische und
staatlich-mythische *Medienökonomie, die im liberalen oder illiberalen Befehl steht
und daher die antagonistischen Kriegsmittel* beschreibt. Das heißt, auch jene staatlich gelenkten Eingriffe in Form einer öffentlichen „Schlacht für die Intelligenz",
beschreiben in Wirklichkeit nur das eine ‚Gesetz der Medienökonomie‘, wo die
vorstaatlich-kulturelle und die staatlich-gesetzliche Medienökonomie in der *Mitte*
zusammenfallen. Damit ist auch die andere ontologische Differenz eines angeblich
‚anfänglichen Gründungsgeschehens‘, das *vor* aller Geschichte gesetzt wird (das,
was Kultur als *das andere zur Rationalität* und *Abstraktion* aus sich selbst heraus
an Sinn und Bedeutung in die Welt bringt; eine kulturbegründende Ursprungs-
bedeutung, die angeblich *hinter* den *rationalistisch* verengten Begriffsbildungen
der Moderne steckt) Teil der integralen Medienökonomie. Eine, die dann in ihrer
komplementären und normativen Gesetzeskraft auch den politischen, inneren wie
äußeren Feind notwendig aus sich selbst hervorbringt: den illiberal-autoritären

oder religiös-fundamentalistischen. Wir haben es hier mit dem rationalen wie irrationalen, ontischen wie ontologischen ‚Gesamthaushalt der Medien' zu tun; das
Medium als instrumentelles wie poetisches, individuelles wie kollektives, mathe-
matisches wie musikalisches, informatisches wie epistemisches, menschliches wie
göttliches, immanentes wie transzendentes.

Was einst der Sprache der Metaphysik angehörte, wird also heute politisch
einerseits in die Sprache der Freiheit, der Demokratie, der liberalen oder illiberalen
Rechtsmittel, andererseits in die Sprache der finanz-, daten-, design- und
informationsökonomischen Mittel transferiert, wo schließlich sämtliche Kategorien, die einst die menschliche Welt charakterisierten, im liberal-demokratischen
oder illiberal-autoritären Totalitarismus kollabieren. Eine feindselige Medienökonomie, die sich physisch-unmittelbar und in den virtuellen Handlungsräumen,
hypertextuellen Strukturen, Netzwerken, kollektiven Operativitäten, Verschaltungen, KI, Übertragungen, Referenzen, epistemischen Eigenlogiken, Exis-
tenzen, in den privat wie staatlich kontrollierten Netzen und Paranetzen organisiert. Diese neue virtuelle Fülle veränderter Interaktionsweisen, Sozialformen und
Praktiken ist freilich weder sozial (Social Media), noch bloß ‚künstlich intelligent'
(eine instrumentelle Intelligenz des Menschen als „alter deus" und *Un*welt-
Schöpfer, wie er in Neuzeit und Moderne und nun in höchster Potenz in seiner
künstlichen Intelligenz auftritt), noch *anarchisch*. Vielmehr zutiefst *archisch* und
darin *stasiologisch* und *polemisch* bestimmt. Das Virtuelle ist kein freier Resonanz-
raum sozialer Phänomene, kein Ort der Konstruktion und Aushandlung neuer
Sozialitäten und Umgangsformen menschlicher und nicht-menschlicher Akteure,
die etwa durch staatliche Eingriffe auch noch gefördert werden. Vielmehr weisen
alle diese künstlichen Intelligenzen, virtuellen Handlungsräume, Prozesse und
staatlich-kaskadierenden Regulierungen auf den Prozess einer religiös gewordenen
Finanz-, Informations-, Kommunikations-, Daten- und mythisch-staatlichen
Rechtsmittelökonomie hin. Der virtuelle Handlungsraum, der hier vorstaatlich-
kulturell und staatlich-rechtlich eröffnet wird, ist nämlich immer auch der virtuelle
Handlungsraum, der von Anfang an bereits archisch bestimmt und darin geschlossen ist.

Gewiss, in den neuen Praktiken der Finanz-, Konsum-, Informations- und staatlichen Rechtsmittelökonomie ist die alte statische Gegenüberstellung von *Markt*
und *Staat*, von Wirtschaft und Politik auch aufgelöst worden; eine vormals dogmatische Gegenüberstellung, die freilich durch die Deregulierung und Liberalisierung
der Märkte seit den 1970er-Jahren in dieser Form nicht mehr existiert. Aber dies
bedeutet keineswegs auch den Rückzug der regulativ-staatlichen Autoritäten zugunsten einer vorstaatlichen Bewirtschaftung der Welt durch das pseudotheologische Kapitalmittel. Vielmehr ebenso auch das Gegenteil davon: die zunehmende

staatliche Regulierung und Re-Regulierung des Nicht-Staates als vorstaatlich-kulturelle Sphäre. Wenn nämlich die neoliberale politische Macht den kulturellen und sozialen Raum dereguliert, entsteht nicht etwa ein informeller Großraum, wo es dann keine zentrale ordnende Gewalt mehr gibt. Vielmehr nur eine weniger feste als die alte bürgerliche, mehr oder weniger fassbare Macht des traditionellen Staates. Die neoliberale Bewirtschaftung der Welt erzeugt nämlich in sich selbst einerseits die ungreifbare, göttliche Kapitalsphäre (der ‚eine Gott dieser Welt‘), andererseits aber auch die kaskadierende, staatlich-regulierende Sphäre (die ‚vielen Nationalgötter dieser Welt‘), die als *Verrechtlichung* der Kapitalwelt ständig damit beschäftigt ist, jene vorstaatliche Kapitalsphäre zu regulieren und nachzuregulieren. Wir haben es hier mit einer komplementären, monarchischen und polyarchischen Gewaltherrschaft zu tun, die sich im Nicht-Staat (die Menschheit in ihrem Kapitalbegriff) und Staat (die Menschheit in ihrem Nationalbegriff) organisiert; so konnte man inzwischen nachweisen, dass die Nachfrage nach staatlicher Regulierung, Regulierungsinstrumenten und Re-Regulierungen proportional zur informellen Ökonomisierung und Privatisierung von vormals staatlichen Aufgaben angestiegen ist. Es handelt sich um einen ständigen Regulierungsprozess, der sowohl innerhalb der vorstaatlichen Finanz-, Kultur- und Datenökonomie (die in sich selbst parastaatliche, polizeiliche Strukturen entwickelt; insofern haben wir hier mit einer finanzökonomischen *global governance* zu tun) als auch politisch durch die genuin staatlichen Strukturen geschieht. Eine staatliche Maschine, die jene kryptotheologische Kapitalmaschine (in Form des Marktes oder der Monopole, des liberal-demokratischen Westens und des autokratisch-konservativen Ostens) *machtvoll regulieren und nach-regulieren muss*, wenn sie in ihrer dynamischen Beschleunigung nicht gegen die Wand fahren soll. Denn nach wie vor rahmt ja der liberal-demokratische oder der illiberal-autoritäre Staat – inzwischen auch antagonistisch-geopolitisch als „westlich-liberaler“ und „eurasisch-autoritärer“ Staatsverbund gegeneinander aufgestellt – die globalkapitalistische Produktionsweise und gibt ihr eine nationalstaatliche oder geopolitische (liberal-westliche oder illiberal-autoritäre) Rechtsform. Und zwar gerade in einer Zeit, wo der Rahmen des Nationalstaats ganz *morsch* geworden und daher nicht mehr „substanziell“ (Hegel) ist. Aber genau dies ‚Morschwerden‘ der liberal-demokratischen Kapitale („unipolare Welt“), ihr Rückgang in den archaischen Grund, ist es dann auch, dass jene illiberal-autoritäre *Reaktion* hervorruft, die aber als eine illiberal-autoritäre, „multipolare Welt“ ihrerseits nur die Rückkehr zu ihrem polytheistischen Grund einer polyarchischen Gewalt bedeutet.

Damit erweist sich auch die „Arbeit am Mythos“ (Blumenberg) nicht als eine metaphorisch-hermeneutische, vielmehr als ein *antagonistisch-polemisches Selbst- und Weltverhältnis*: das feindliche Verhältnis zwischen einem liberal-demo-

kratischen Monomythos (unipolarer Globalismus) und einem illiberal-
autoritären Polymythos (multipolare Welt; das eine und einigende Prinzip der
vielen Götter). Das heißt, keine ästhetische oder mythische Entkonfligierung im
pluralistischen Pantheon, vielmehr bilden hier der Konflikt, der Streit, die *stasis*
und der *polemos* das eine *antagonistisch-polemische* Grundverhältnis. „Arbeit am
Mythos" heißt daher heute, nach der ausgewiesenen Unfreiheit des liberal-
demokratisch-kapitalistischen *Monomythos* (der den jüdisch-christlichen Monomythos beerbt hat) nicht die alte, angeblich verlorene Freiheit der *Polymythie* wieder entdecken. Vielmehr beschreiben beide, *Monomythie und Polymythie*, einerseits
das eine komplementäre Verhältnis aus Kapitale (Nicht-Staat) und A-Kapitale
(Staat), andererseits aber auch das antagonistisch-polemische *Verhältnis einer
metaphysischen Feindschaft*: liberal-demokratisches Regime (Vorrang der Wirtschaft vor der Politik) gegen illiberal-autokratisches Regime (Vorrang der Politik
vor der Wirtschaft). Ein antagonistisch-polemisches Verhältnis, das aus der *Selbstzerspaltung* des *einen* Prinzips (liberal-demokratisch-kapitalistischer Globalismus)
entsteht. Insofern müssen wir am Ende der europäischen Kultur sowohl Abschied
nehmen von der *Herrschaft* des jüdisch-christlichen Monomythos (der vormals in
der Kryptotheologie des Liberalismus noch die vielen Nationalgötter integrieren
konnte), als auch von der *Herrschaft* der vielen Götter (Polymythos), die heute
ebenso als absolutes Prinzip und *reaktive Totalität* auftreten. Der Ungehorsam des
Widerstands ist also sowohl gegen die Herrschaft des *Einen* als auch gegen die
Herrschaft des *Vielen* gerichtet. Deswegen ist der abstrakte, angeblich anarchisch
politische Widerstand nicht das ganz Andere zur archischen Herrschaft, gegen die
er sich richtet. Gegen die Gewalt angehen, heißt vielmehr, *die archische gewalttätige Herrschaft immer auch nachahmen und im Gegenbefehl widerspiegeln.* Der
entscheidende Unterschied liegt dann darin, dass die *gegenthetische, radikal egalitäre Gewalt* – eine Politik der revolutionären Gerechtigkeit, die das universell *gesetzte* Unrecht *aussetzt* – immer auch auf die anarchische (herrschaftsfreie, gewaltlose) Sphäre des Humanen *bezogen* bleibt (nicht diese *unmittelbar ist*) und dabei
nicht nur die Befreiung der Menschheit, sondern auch des ganzen Kosmos meint.
    Die Medien der Feindschaft stellen somit das Mysterium der geheiligten
Medienökonomie dar, wo der ‚heilige Geist' (der die beiden Relata von Immanenz
und Transzendenz miteinander versöhnen sollte) in den ‚unheiligen Geist' des säkularisierten Monotheismus (Kapitale) sich verwandelt hat, während der säkularisierte, polytheistische Geist (A-Kapitale) den rechtlichen Rahmen der liberalen
oder illiberalen staatlichen Mittel abgibt. Es ist das doppelte ‚Geheimnis der
Medienökonomie' als das innigste Geheimnis Gottes (der ‚eine Gott dieser Welt')
und der Götter (die ‚vielen Götter dieser Welt'). Gerade in dieser indifferenten
Mitte, wo Emanzipation und Regression, Moderne und Archaik ununterscheidbar
werden, mobilisieren aber die Medien ebenso den *Widerstand* als Gegenbefehl, um

gerade dadurch allen Befehl anarchisch außer Kraft zu setzen. Es das Medium, das sich gegen sich selbst richtet: *gegen die menschlichen und göttlichen Praktiken der Herrschaft*. Diese Resistenz als Gegenbefehl meint weder die alte, idealistische und bürgerliche Kontemplation, noch die „Fluchtbewegung",[52] vielmehr das kontemplative Moment in der Aktion (von Praxis und Theorie) selbst. Etwas, das einmal Spinoza die „Betrachtung des Vermögens" nannte – und damit an einer Formulierung von Aristoteles anschloss, wonach es für den „Zimmermann und den Schuster zwar ein Werk und eine Tätigkeit gibt", aber „für den Menschen selbst" nicht, weil er, so Aristoteles, „ohne Werk (*argon*) geboren wurde" (*Nikomachische Ethik*; 1097b). Die „Betrachtung des Vermögens", jenes „ohne Werk sein" wäre dann weniger dialektisch-historisch oder ‚rhizomatisch' zu begreifen, vielmehr als Negation der ganzen medialen Praxis in ihrer Fluchtbewegung. Eine, die heute nicht aus der Aktivität, sondern aus der Nichtaktivität des Finanz-, Aufmerksamkeits-, Affekts-, Rauschs-, Wissens-, Informations-, Daten- und Rechtsmittels und seines Vermögens entsteht, wo nämlich alle Mittel in ihrer *Wirkung und Möglichkeit unwirksam* gemacht werden. Es ist die Tätigkeit als eine soziale und politische widerständige Praxis, eine gleichsam in der Tätigkeit selbst *selbstinnewohnende Untätigkeit* als *antithetische Praxis*, die gerade darin besteht, jede Arbeit, Tätigkeit und Aktion im Nicht-Staat und Staat außer Kraft zu setzen. Das *Leben* (als *bios* und *zoē*, als kulturelles, biologisches und staatliches Leben), welches das *eigene Tätigkeitsvermögen kontemplativ betrachtet*, macht so alle menschlichen und göttlichen Praktiken im liberalen und illiberalen Kosmos der Herrschaft *unwirksam* und nimmt dabei die eigene *Unwirksamkeit als Unlebbarkeit* wahr: „das Leben lebt nicht" (Adorno). In dieser Untätigkeit ist dann das *selbstbestimmte Leben*, das wir zugleich als ein *fremdbestimmtes* leben, das Leben, das in uns hinein *gelebt wird*, also in uns als eine objektive und archische Fremdbestimmung *hineinlebt*. Es ist *bios* und *zoē* zugleich, wo unserer Leben zu handeln, zu denken, zu fühlen, wahr-

---

[52] „Der Befehl ist der Tod. *Aber der Befehl ist auch etwas anderes*, das untrennbar damit verbunden ist, nämlich so etwas wie ein Alarmruf oder eine Fluchtbewegung; sie ist vielmehr im Befehl als seine Kehrseite." „Aber wenn man den anderen Aspekt des Befehls betrachtet, also die Flucht und nicht den Tod, dann wird deutlich, daß die Variablen hier in einen neuen Zustand eintreten, nämlich in einen Zustand der kontinuierlichen Variation." (Deleuze und Guattari 2005, S. 149 und 151). Gerade dieser „Alarmruf", diese „Fluchtbewegung" und der „Zustand der kontinuierlichen Variation" verweisen aber nicht auf den „neuen", sondern, in der Unruhe des liberal-demokratisch-kapitalistischen Kosmos, auf den uralten Zustand, wo nämlich die alten und neuen, liberal-demokratisch-kapitalistischen Generäle weiter ihre Befehle erteilen. Aber so, dass diese selbst in einem unsteten Bedeutungsflackern, in einem Diffundierungs-und Disseminationsprozess auch unsichtbar gemacht werden. Befehlshaber und Täter verlieren, wie bei der Sprengung der Nord-Stream-Pipelines, ihre Identität und lösen sich schließlich in einem molekularen Gestöber, in einer ewigen Quantenfluktuation auf, um dort vergessen zu werden.

zunehmen, zu produzieren und zu konsumieren *ent-lebt* wird, sodass unsere *Lebbarkeit* gerade in der *Unlebbarkeit* besteht. Eine, die politisch gerade das Leben in der liberal-demokratisch-kapitalistischen Gesellschaft meint.

Je mehr also die liberal-demokratisch-kapitalistische Masse in ihrer absoluten Wahrheit, in ihrer ontologischen Freiheit und Demokratie in sich selbst totalitär abschließt, desto mehr produziert sie in ihrem eigenen Innern auch die kritische Masse, die dann eine Veränderung in den Eigenschaften des liberalen Körpers hervorruft. Die liberale Mobilisierung, Flexibilisierung, Toleranz und Differenzierung produziert so in sich selbst eine ebenso gleiche Totalität als *Reaktion*, die heute politisch als Autoritarismus, Faschismus, Nationalismus oder Islamismus auftritt. Denn jede liberale Information wird in ihrer Totalität zur Desinformation, jede Kommunikation zur Nichtkommunikation, jede Wahrheit zur Unwahrheit, jede Freiheit zur Knechtschaft. Wenn also das ‚liberale Gute' zunimmt, setzt die Ära des ‚absolut Bösen' ein. Eine Selbstzerspaltung des liberalen Prinzips, das eine antagonistische Ära ankündigt, wo *stasis* und *polemos* herrschen. Die Beschleunigung des liberal-demokratischen Systems ruft im Gegenzug eine antagonistische Kraft hervor, die den negativen Horizont des liberalen Systems bildet. Denn während überall in der liberalen Welt Demokratie, Freiheit und Toleranz zu den höchsten „Werten" erhoben werden – eine pseudoreligiöse Weltanschauung, welche die oberste Wertüberzeugung schützt und dabei den Konsensus ihrer Teilnehmer durch den Akt der *sanctio* (als Heiligung und Saktion zugleich) fundiert –, kehrt ins liberale Regime die Intoleranz und die *stasis* (στάσις als Gegenbegriff zur offenen δύναμις) ein, die den Bürgerkrieg meint.

Wir sehen: das vormalige mediale „Verblödungsparadigma" (Enzensberger) greift viel zu kurz. Die Aufklärung, die wir nun durch die neue Technik und den neuen digitalen Medien verlieren, ist zwar selbst durch die Medien erst in die Welt gekommen, aber ebenso *durch die eigenen Medien wieder abgeschafft*: ‚Rückkehr in den ursprünglich-archischen Grund', mit Hegel ‚Reflexion der Reflexion', politisch: Demokratie durch Demokratie abgeschafft. Der Mensch (Medium) hat sich somit gerade auf seiner erhöhten historischen Stufenleiter selbst zu einer sozialentleerten Hohlform gemacht, wo er nun durch sein eigenes, menschlichübermenschliches Dispositiv einer Fremdbestimmung mit Propaganda, blinden Affekten, Hass und Feindbildern abgefüllt wird, um sich dann auch in einen Kriegsrausch zu versetzen. Und dieser meint nicht etwa jenen des ersten und zweiten Weltkrieges, vielmehr den neuen Kriegsrausch, der allein auf der Höhe von Atombomben und Drohnen denkt, wie wir es heute in Zusammenhang mit dem Ukrainekrieg beobachten können; unterhalb dieser Atombomben und atomaren Strategien argumentieren heißt dagegen, Kapitulation vor dem Feind (hier dem russischen). Diese *stasiologische* und *polemische* Hohlform des Mediums „Mensch"

(als Anwender seiner Medien und ihr Träger zugleich) meint daher keine ,spieleri-
sche', philosophische oder ästhetische Kategorie mehr, wie sie vormals als eine
,Bewegung im Stillstand' (das Einstehen des Werdens im Sein) im Medium des
Begriffs oder der Kunst beschrieben wurde; der paradoxe Ort, wo die Genesis und
der dialektische Prozess zum Stehen kommen und darin die Negativität der Welt
chiffrieren. Vielmehr die Mitte der Medien als ein *antagonistisch-polemisches Verhältnis der Feindschaft denken und rituell vollziehen.* Hier gerinnt keine Dialektik
mehr zu einem allegorischen Totenschädel, das in seiner Bedeutung noch ästhetisch,
philosophisch oder theologisch zu dechiffrieren wäre. Vielmehr meint es die *stasis*
als den ontologisch-stehenden Punkt von Krieg und Bürgerkrieg, wo alle Emanzipation, auf erhöhter historischer Stufenleiter, auf ihren archischen Grund zurück-
gekehrt ist. Daher wären Medien heute nicht mehr hermeneutisch zu dechiffrieren
oder ästhetisch zu visualisieren, vielmehr politisch als *Stasiologie* (Theorie vom
Bürgerkrieg) und *Polemologie* (Theorie vom Krieg) zu begreifen. In der *stasis* geht
es eben nicht mehr um das diskursive oder ästhetische *Spiel*, sondern um den politischen *Ernstfall* in der konkreten, kulturellen, politischen und militärischen Lage.

Damit besteht die eigentlich menschliche Praxis allein darin, diesen antagonistisch-
polemischen Ort der Feindschaft zu verlassen. Eine *antithetischer Gegenbefehl,* der
dies feindselige Geschäftsmodell und Gemeinschaftsgefühl in der Mitte der Medien
unwirksam macht, um von den Medien einen anderen, nämlich freundlichen und
wahrhaft politischen Gebrauch zu machen. Diese resistente Praxis entkoppelt die
Medien (die Worte, Bilder, Klänge, Dinge oder Taten) aus ihrer Ökonomie der bloßen Aktion und Reaktion. Sie schneidet die Sprache, das Handeln und die Praxis der
Feindschaft (als feindseliges Geschäftsmodell und Gemeinschaftsgefühl) von jeder
Referenz ab. Und genau diese *Referenzlosigkeit* ist es dann, welche die mediale *Mitte*
wieder zu einer ,Gemeinschaft der Freunde' macht, die darin immer auch den Respekt vor der Singularität meinen. Die Deaktivierung der Referenz befreit somit
nicht nur die Menschheit ein bloßes Mittel zu sein, das sich im historischen Prozess
verabsolutiert hat, vielmehr auch das ganze Universum, das heute freilich eines der
pseudotheologischen Kapitale und der neomythischen A-Kapitale ist.

Literatur

Anders, Günther. 1987. *Die Antiquiertheit des Menschen*, Bd. II, München: C.H. Beck.
Badiou, Alain. 2015. *Das Abenteuer der französischen Philosophie seit den 1960ern*, dt.
 Wien: Passagen.
Bataille, Georg. 1985. *Die Aufhebung der Ökonomie: Der Begriff der Verausgabung. Der
 verfemte Teil. Kommunismus und Stalinismus. Die Ökonomie im Rahmen des Uni-
 versums*, dt. München: Matthes und Seitz.

Baudrillard, Jean. 1982. *Der symbolische Tausch und der Tod*, München: Matthes und Seitz.
Benjamin, Walter. 1991. *Der Sürrealismus*. In Ders., *Gesammelte Schriften*, Bd. II,1, Frankfurt/M.: Suhrkamp.
Böhme, Gernot. 2008. *Ethik leiblicher Existenz: Über unseren moralischen Umgang mit der eigenen Natur*, Frankfurt/M.: Suhrkamp.
Butler, Judith. 1997. *Körper von Gewicht – Die diskursiven Grenzen des Geschlechts*, dt. Frankfurt/M.: Suhrkamp.
Butler, Judith. 2016. *Anmerkungen zu einer performativen Theorie der Versammlung*, dt. Berlin: Suhrkamp.
Cassirer, Ernst. 1990. *Versuch über den Menschen. Einführung in eine Philosophie der Kultur*, Frankfurt/M.: Fischer.
Crouch, Colin. 2008. *Postdemokratie*, dt. Frankfurt/M.: Suhrkamp.
Deleuze, Gilles. 1992. *Foucault*, dt. Frankfurt/M.: Suhrkamp.
Deleuze, Gilles und Guattari, Fèlix. 2005. *Tausend Plateaus: Kapitalismus und Schizophrenie*, dt. Berlin: Merve.
Derrida, Jacques. 1992. *Das andere Kap. Die vertagte Demokratie. Zwei Essays zu Europa*, dt. Frankfurt/M.: Suhrkamp.
Drescher, Seymour. 1968. *Dilemmas of Democracy: Tocqueville and Modernization*, Pittsburgh: University of Pittsburgh Press.
Enzensberger, Hans Magnus. 1988. *Das Nullmedium oder Warum alle Klagen über das Fernsehen gegenstandslos sind*. In Ders., *Mittelmaß und Wahn*, Frankfurt/M.:Suhrkamp.
Fischer, Franz. 1985. *Proflexion – Logik der Menschlichkeit*, Wien/München: Löcker.
Flusser, Vilém. 1992. *Die Schrift*, dt. Frankfurt/M.: Fischer.
Flusser, Vilém. 1994. *Für eine Philosophie der Fotografie*, Göttingen: European Photography.
Frank, Manfred. 1989. *Kaltes Herz. Unendliche Fahrt. Neue Mythologie*, Frankfurt/M.: Suhrkamp.
Habermas, Jürgen. 2008. *Wie die ethische Frage zu beantworten ist: Derrida und die Religion*. In Ders., *Ach, Europa. Kleine Politische Schriften*, Frankfurt/M.: Suhrkamp.
Hegel, G.W.F. 1969. *Vorlesungen über die Philosophie der Religion II, Theorie Werkausgabe*, Bd. 17, Frankfurt/M.: Suhrkamp.
Heidegger, Martin. 1994. *Einblick in das was ist. Bremer Vorträge 1949*. In Ders., *Bremer und Freiburger Vorträge*, Hrsg. Petra Jaeger, Gesamtausgabe, Bd. 79, Frankfurt/M.: Vittorio Klostermann.
Horkheimer, Max. 1985. *Nachgelassene Schriften 1931–1949*. In Ders., *Gesammelte Schriften*, Hrsg. Gunzelin Schmid Noerr, Bd. 12, Frankfurt/M.: Fischer.
Horkheimer, Max und Adorno, Theodor W. 1995. *Dialektik der Aufklärung. Philosophische Fragmente*, Frankfurt/M.: Fischer.
Horkheimer, Max. 1996. *Nachträge, Verzeichnisse und Register*. In Ders., *Gesammelte Schriften*, Bd. 19, Hrsg. Gunzelin Schmid Noerr, Frankfurt/M.: Fischer.
Kant, Immanuel. 1968. *Die Religion innerhalb der Grenzen der bloßen Vernunft*. In Ders., *Werke in zehn Bänden*, Hrsg. Wilhelm Weischedel, Bd. 7, Darmstadt: Wissenschaftliche Buchgesellschaft.
Kant, Immanuel. 1970. *Beantwortung der Frage: Was ist Aufklärung?* In Ders., *Werke in zehn Bänden*, Bd. 9, Darmstadt: Wissenschaftliche Buchgesellschaft.

Krämer, Sybille. 2018. *Medialität und Heteronomie. Reflexionen über das Botenmodell als Ansatz einer Medienphilosophie*. In *Handbuch der Medienphilosophie*, Hrsg. G. Schweppenhäuser, Darmstadt: Wissenschaftliche Buchgesellschaft.

Krämer, Sybille. 2005. *Boten, Engel, Geld, Computerviren. Medien als Überträger*. In *Paragrana. Internationale Zeitschrift für Historische Anthropologie*, 14, Heft 2, S. 15–25.

Löwith, Karl. 1988. *Weltgeschichte und Heilsgeschehen: Die theologischen Voraussetzungen der Geschichtsphilosophie*, Sämtliche Schriften, Bd. 4, Stuttgart: Metzler.

Luhmann, Niklas. 1987. *Soziale Systeme. Grundriß einer allgemeinen Theorie*, Frankfurt/M.: Suhrkamp.

Luhmann, Niklas. 2006. *Das Kind als Medium der Erziehung*, Frankfurt/M.: Suhrkamp.

Mauss, Marcel. 1990. *Die Gabe*, dt. Frankfurt/M.: Suhrkamp.

Mandeville, Bernard. 1980. *The Fable of the Bees* (1723), dt.: *Die Bienenfabel oder Private Laster, öffentliche Vorteile*, Frankfurt/M.: Suhrkamp.

McLuhan, H. Marshall. 1995. *Die Gutenberg-Galaxis. Das Ende des Buchzeitalters*, dt. Bonn: Addison-Wesley.

Mersch, Dieter. 2006. *Medientheorien zur Einführung*, Hamburg: Junius.

Negri, Antonio und Scelsi, Raf Valvola. 2009. *Goodbye Mr. Socialism. Das Ungeheuer und die globale Linke*, dt. Berlin: Tiamat.

Plessner, Helmuth. 1970. *Philosophische Anthropologie*, Frankfurt/M.: S. Fischer.

Plessner, Helmuht. 1986. *Mit anderen Augen. Aspekte einer philosophischen Anthropologie*, Stuttgart: Reclam.

Rieff, Philip. 1972. *The Triumph of the Therapeutic: Uses of Faith After Freud*, Harmondsworth: Penguin.

Rosa, Hartmut. 2016. *Resonanz. Eine Soziologie der Weltbeziehung*, Berlin. Suhrkamp.

Smith, Adam. 1977. *The Theory of Moral Sentiments* (1759), dt.: *Theorie der ethischen Gefühle*, Hamburg: Meiner.

Stiegler, Bernard. 2008. *Die Logik der Sorge. Verlust der Aufklärung durch Technik und Medien*, Frankfurt/M.: Suhrkamp.

Türcke, Christoph. 2006. *„Informel" und Adorno*. In *Urgeschichte des 20. Jahrhunderts. An Walter Benjamins Passagen-Projekt weiterschreiben*, Hrsg. Peter Rautmann, Bremen: Hauschild.

Türcke, Christoph. 2021. *Natur und Gender. Kritik eines Machbarkeitswahns*, München: C.H Beck.

Virilio, Paul. 2007. *Panische Stadt*, dt. Wien: Passagen.

Wiener, Norbert. 1963. *Kybernetik. Regelung und Nachrichtenübertragung im Lebewesen und in der Maschine* (1948), dt. Düsseldorf und Wien: Econ-Verlag.

Das Scharfstellen der Medien im politischen Raum

3

3.1 Plattformen, Akklamationen und der antagonistisch-polemische Charakter der Medien

In den zahllosen Krisen der Gesellschaft stellen wir heute immer mehr ein mediales Phänomen fest, das man als Munitionierung von Information oder als „Medienkrieg" bezeichnet. So zuletzt Joseph Vogl in seinem Buch „Kapital und Ressentiment", das mit dem Satz schließt: „Auch wenn es keine Enden und keine puren Ausweglosigkeiten in der Geschichte gibt, muss man wohl konzedieren, dass die Feindseligkeit aller gegen alle nicht nur zu einem erfolgreichen Geschäftsmodell, sondern zu einem überaus zukunftsfähigen Gemeinschaftsgefühl geworden ist. Es ist nicht ausgeschlossen, dass es das Ferment einer neuen Vorkriegszeit liefern wird."[1]

Das klingt vielleicht dramatisch, ist aber nur das Resultat einer genauen Untersuchung, die sich auf Arbeiten der letzten Jahrzehnte stützt und dabei die verschiedenen Entwicklungen des Kapitals in der Moderne nachgeht,[2] um schließlich

---

[1] Vogl 2021, S. 182.

[2] Hinter dieser Untersuchung steckt eine Fülle von Arbeiten, die seit den siebziger Jahren erschienen sind (Spektakelgesellschaft, ästhetischer Kapitalismus, Gesellschaft der Singularitäten, Aufmerksamkeitsökonomie, erregte Gesellschaft) und vor allem die Verschiebung der ökonomischen Profitrationalität auf Bereiche der Ästhetik, der Kunst und Kultur beschreiben. Daher schreibt Vogl zu Recht: Es sind „Perspektiven herausgefordert, welche die Geschichte kapitalistischer Wirtschaftsformen nicht nur am Leitfaden von Rationalisierungsprozessen, sondern auch mit dem Blick auf die Ressourcen und auf die produktiven Kräfte von Nichtwissen, Phantasmen oder Irrationalitäten erfassen." (Vogl 2021, S. 158). Aber diese modernen „Irrationalitäten" weisen eben auch auf ihren archaischen Grund zurück.

mit dem oben zitierten schwarzen Bild einer „Vorkriegszeit" zu enden. Eine Beunruhigung, die daraus resultiert, dass wir uns mit dem „Kapital", den „Affekten"
und den „Medien" nicht nur auf einem literarischen oder philosophischen Holz-
weg, sondern auch im politischen Raum eines neuen Krieges (nach außen) und
Bürgerkrieges (nach innen) befinden. Insofern ist solch eine ‚Kunst des Schwarz-
malens' keine subjektive Fiktion des Autors, wie man sie etwa als Folge seines literarischen Fachgebiets vermuten würde, vielmehr resultiert sie aus den objektiven
historischen Entwicklungen der gesellschaftlichen Prozesse. Eine politische Situation, die sich inzwischen noch weiter verschärft hat, sodass sie einige zeit-
diagnostische Thesen, die Vogl in seinem Buch aufgestellt hat, wiederum revidiert.

So etwa seine Unterscheidung von „Information" und „Wissen", von „Schnellkommunikation" und „Langsamkommunikation", von Liberalismus und Populismus, von Argument und „Doxa" (Meinung). Auch sein Versuch die Brisanz seines
Schlusssatzes wieder ein wenig den Stachel zu nehmen – er nennt ihn „apo-
tropäisch", wo etwas ausgesprochen wird, um es dadurch (eben den Krieg) zu verhindern – scheint den *antagonistisch-polemischen* Charakter unserer Lage kaum
gerecht zu werden. Denn durch die Literarisierung des sozialen, gesellschaftlich-politischen Befundes (die Auflösung im ästhetischen *Spiel*) verschwindet ja
nicht der *Ernstfall* der politischen Lage. Vielmehr drängt er sich immer mehr als
Realität in den sozialen und politischen Vordergrund auf – und zwar nicht nur als
„Vorkriegszeit", sondern auch als eine Zeit von „Krieg" und „Bürgerkrieg". Eine
ökonomische, kommunikative, affektgeladene und feindselige Realität, die Vogl in
der neuen „Finanz- und Informationsökonomie" untersucht, um daraus die neue,
ressentimentgeladene Affektökonomie in den digitalen Plattformen dingfest zu
machen. So wenn er in den Privatunternehmen der Informationsökonomie den
„Herausgeber des Contents" ohne Haftung beschreibt. Denn, so Vogls Analyse der
Plattformen, ‚wer veröffentlicht (nämlich Google, Twitter, Facebook und co.), sei
nicht verantwortlich, wer aber Content verantwortet (nämlich die Autoren), veröffentlicht nicht': „Demnach sind Internetanbieter bzw. *provider* von nun an nicht
mehr als *publisher*, sondern als bloße *intermediaries*, d. h. als neutrale Vermittler,
Zwischenhändler oder Makler definiert und von jeder Verantwortung für ein-
gestellte, angebotene, veröffentlichte und zirkulierende Web-Inhalte befreit. (…)
Was zunächst als gesetzliche Maßnahme zur Förderung von Internettechnologien
konzipiert war, wurde zur Bedingung des Aufstiegs von Firmen wie Google oder
Facebook und hat sich mit der Einräumung von Haftungsprivilegien schließlich
zum Schutzwall monopolistischer Interessen transformiert."[3]

---

[3] Ebd., S. 97.

Dies trifft zwar weitgehend zu – oder hat zumindest in der Vergangenheit ge-
troffen –, bleibt aber auch eine finanz- und informationsökonomische Abstraktion
jener Plattformen, weil Google, Twitter oder Facebook eben keine ‚neutralen Vermittler' der Kommunikation, vielmehr zutiefst mit politischen, liberalen und
neoliberal-staatlichen Ideologien, Neomythologien und Pseudotheologien kontaminiert sind – das lernen wir heute in Bezug auf Russland, wo die Privatunternehmen ihre scheinbar neutrale Deckung verlassen. Gewiss, die Internetanbieter
behaupten selbst, sie seien keine Medien im herkömmlichen traditionellen Sinn,
vielmehr Marktplätze eines freien Meinungsaustauschs, auf denen die User selbst
bestimmen, was sie veröffentlichen, miteinander austauschen und kommunizieren;
sie seien angeblich nur neutrale Plattformen, die diese Möglichkeit zur Verfügung
stellen. Sie selbst, so ihr Einwand, würden, im Gegensatz zu den traditionellen
Medien, keine redaktionelle Arbeit leisten, für die sie dann selber haftbar gemacht
werden können. Daher fallen sie, so ihre Argumentation weiter, nicht unter die für
die Medien geltenden Gesetze und Haftungsregularien.

Wenn man hier davon absieht, dass diese ‚Neutralität' der Plattformen in Wirklichkeit nur eine ideelle Abstraktion ist und bleibt (weil sie nämlich von
ökonomisch-wirtschaftlichen, staatlich-rechtlichen und gesellschaftlichen Fakto-
ren abstrahieren). Dann würde diese Behauptung nur dann zutreffen, wenn sie in
der Tat keine redaktionelle Arbeit leisten würden, und – in dieser ideellen Abstraktion – der Austausch und die Diskussion auf ihre Plattformen in der Tat ‚frei' wäre.
Genau dies ist aber, wie auch die Flut der letzten Zensurmaßnahmen gezeigt hat,
überhaupt nicht der Fall. Hier fährt nämlich eine riesige, liberal-demokratische
Zensurmaschine (ähnlich wie die andere illiberal-autoritäre) über die veröffent-
lichten Texte, Bilder und Töne hinweg, die konsequent alles unterdrückt, löscht
oder mit einem Warnhinweis versieht – wenn sie nicht ganz abschaltet –, was dem
offiziellen liberal-demokratischen Diskurs widerspricht oder gar gefährlich werden könnte. Eine liberal-demokratische Zensurmaschine, die sich dann scharf von
Totalitarismus, Autoritarismus, Faschismus, Nationalismus oder Irrationalismus
abgrenzt, weil sie ja „demokratisch" legitimiert sei. In der Verabsolutierung der
Begriffe wie Demokratie, Freiheit, Rationalität, Toleranz, Vernunft, westliche
Werte, Markt, Wissenschaft, Technik, Liberalismus, Wahrheit oder ‚richtiges Denken' (daher auch der Begriff „Querdenker") werden diese Begriffe aber selbst
fundamentalistisch-totalitär und koinzidieren damit mit den anderen illiberal-
autoritären oder gar islamistischen.

So wurde einmal gegen Magie, Mythos (Erzählung) und Meinung (*doxa*)
bekanntlich die begründende Rede (*logos*) eingesetzt, welche die erzählende Rede
(*mythos*) als Lüge und Fiktion auflösen wollte. In den neuen ontologischen Begriffen wie „Demokratie", „Freiheit", „Vernunft" oder „liberaler Markt" hat aber

jenes aufklärerische Moment seine emanzipatorische Bewegung wieder verloren, weil es metaphysisch als ‚absoluter Wert' auftritt. Ein stasiologisch gewordener Wert, der nicht bloß im ästhetischen Werk oder philosophischen Begriff, sondern im politischen Raum liberal-demokratisch auftritt, um dann gegen Autokratie, Faschismus oder Irrationalismus vorzugehen. Eine rational-irrationale, ontologisierte *Mitte* der Medien, die in der liberal-demokratischen Gesellschaft immer zugleich mit einer zweiten *imperativen Ontologie* auftritt: ‚Glaubt an die höhere Macht des liberalen Marktes, an die Kapitalmonopole und an die glorreiche Demokratie!' – auf der anderen, illiberal-autoritären Seite wird hingegen eine metaphysische Feindschaft[4] konstruiert und die Monopolisten als Oligarchen (Herrschaft von wenigen) denunziert, sodass ihr Vermögen sehr wohl beschlagnahmt werden kann. Nur deswegen können dann die autoritären Regime ihrerseits, wie China und Russland, die „liberale Demokratie" als eine „Massenvernichtungswaffe" oder als ein „Lügenimperium" bezeichnen, das gegen sie den „totalen Krieg" führt (auch wenn dieser vorläufig noch auf eine nichtatomare Stufe stattfindet). Denn da, wo die Medien in ihrer vermittelnden *Beziehung* als *verabsolutierte Werte* liberal-demokratisch konfisziert werden, transformieren sie sich in der Tat zu jenen „Massenvernichtungswaffen". Waffen, die, je nach Bedarf, liberal-demokratisch, illiberal-autoritär oder islamistisch-fundamentalistisch eingesetzt werden können. So etwa heute in Afrika, wo sich die beiden Feinde (der liberal-demokratische Westen und der illiberal-autoritäre Osten) eine ‚modernistische Einheit' bilden, gegen die dann auch umgekehrt der ‚antimodernistische Islamismus' (Boko Haram, IS etc.) Krieg führt – einer, der freilich in den westlichen und östlichen Medien kaum Beachtung findet. Das heißt, gerade in der Verabsolutierung der Begriffe wie Demokratie, Rationalität, Vernunft, westliche Werte, Markt, Leben, Wissenschaft, Technik, Liberalismus oder Wahrheit haben wir es ebenso mit einer „ballistischen Kommunikationsform" zu tun, und nicht bloß auf der anderen, populistischen, illiberal-autoritären Seite, wie Joseph Vogl meint. Eine „ballistische Kommunikationsform", die gerade von den liberalen Medien praktiziert wird, um dabei die ‚Störenfriede' aus der metaphysischen Totalität des öffentlichen Raums zu entfernen[5] – wie zuletzt im Ukrainekrieg, wo die liberale, freie und tolerante Demokratie im Besitz ihrer ‚absoluten Wahrheit' ‚russische Künstler' aus den öffentlichen Ämtern oder aus dem Lehrplan entfernt.

Aber auch auf der anderen, privaten Seite (Facebook, Google, Twitter etc.) – nach Joseph Vogl die „ballistischen", die rechte Bewegungen zumindest befördert haben – haben diese Privatunternehmen, zusammen mit der liberal-demokratischen

---

[4] Siehe hierzu Arabatzis 2019.
[5] Hildebrandt 2022.

Politik, ein Verfahren entwickelt, um weltweit die „schädlichen Netzwerke" von ihren Plattformen zu verbannen. Der Sicherheitsmanager von Facebook Nathaniel Gleicher (früher Direktor für Cybersicherheitspolitik im US-Justizministerium) stellt fest, dass etwa die „Querdenker-Bewegung" aus Sicht des Internetkonzerns eine „koordinierte Schädigung der Gesellschaft" (Coordinated Social Harm) hervorrufe. „Hierzu zählen die Veröffentlichung von gesundheitsbezogenen Falschinformationen, Hassrede und Anstiftung zur Gewalt". So auch im neuen Medienkrieg gegen Russland. Hier agieren nämlich nicht bloß die *Privatunternehmen* in ihren „parastaatlichen Strukturen und Pseudogemeinschaften", die sich von den Gesetzen und Regulierungen des Staates weit entfernt haben. Vielmehr arbeiten sie mit der flachen und tiefen (Geheimdienste etc.) Struktur des liberaldemokratischen Staates *zusammen*, um eine „Schädigung der Gesellschaft", wie es heißt, zu verhindern. Facebook, Google und co. sind somit keine neutralen Finanz- und Informationsmittel, die in ihren parastaatlichen Strukturen und Neogemeinschaften *autopoietisch-totalitär* arbeiten, um darin eine ressentimentgeladene Affektökonomie zu generieren. Vielmehr sind sie die ökonomischen und staatlichen ‚Schädlingsbekämpfungsmittel', die vom ‚heiligen Geist' der liberaldemokratisch-kapitalistischen Gesellschaft den ‚unheiligen Geist' der Irrationalisten, Weltverschwörer und „Putin-Versteher" herausfiltern – genauso wie McDonald's oder Starbucks, die als westlich-liberale Privatunternehmen im politischen Konfliktfall über Nacht ihre Zelte abbrechen, wenn die westlich-liberale Politik ihren illiberal-autoritären Gegner zum absoluten, metaphysischen Feind erklärt hat; wobei hier die politischen und ökonomischen Interessen auch indifferent bleiben, weil der Moment, wo die politischen Interessen scheinbar den Vorrang zu gewinnen scheinen, auch der Moment ist, wo umgekehrt die ökonomischen Interessen darin sich voll durchsetzen; Politik und Ökonomie als eine Zone der Ununterscheidbarkeit. Facebook (Medium der „ballistischen" Schnellkommunikation) befördert also nicht bloß die populistischen Strömungen (Bolsenaro, Trump etc.). Vielmehr ist es auch das finanz-, informations- und affektökonomische Privatwerkzeug der glorreichen Demokratie, und umgekehrt: die glorreiche Demokratie das Werkzeug der ontologischen Finanz-, Informations- und Affektökonomie. Beide *Mittel* bilden den ‚unheiligen Geist' der glorreichen Demokratie, die aus sich selbst alles aussortiert, was in der liberalen Pseudotheologie des Kapitalmittels und in der Neomythologie der staatlichen Rechtsmittel nicht passt. Die „Schnellkommunikation" des digitalen Informationskapitalismus (ihr „gleichsam ballistischer Charakter"; J. Vogl) und die „Langsamkommunikation" (die mit „Wissen", umständlicher Bindung an Logiken der Begründung oder Rechtfertigung operiert) bilden somit ein *dialektisch-komplementäres* (wirtschaftlich-politisches) und zugleich *antagonistisch-polemisches* (liberal-demokratisches gegen illiberal-autoritäres) Mediendispositiv, sodass hier die „Ballistik" der *Verletzung* auf beiden Seiten auftritt. In diesem liberal-demokratischen und illiberal-autoritären Kosmos der abgeschlossenen *Wahrbilder und Wahnbilder* sagen dann Politiker, Experten, Wissenschaftler, Journalisten oder Künstler nicht mehr das, was „ist" und *zugleich* „nicht ist" – was man einmal Dialektik, Differenzierung, Werden, Gewordensein oder Aufschiebung des Urteils genannt hat. Vielmehr das, was in dieser liberalen oder illiberalen Totalität unbedingt *sein soll* und was unbedingt *nicht sein* soll. Sodass hier jede Information in ihrer Totalität zur Desinformation, jede Wahrheit zur Unwahrheit, jede Freundschaft zur Feindschaft, jedes Gute zum Bösen wird. Eben, weil hier alle historisch-gesellschaftliche Dynamik des Mediums, seine Relation und Beziehung, metaphysisch stillsteht (,Werden als Sein'), um darin sogleich ins imperative ,Sei!' der absoluten Feindschaft überzugehen. Das heißt, wenn in der liberal-demokratisch-kapitalistischen System die absolute Wahrheit, die Moral, das Recht und das Gute zunehmen, setzt umgekehrt auch die Ära des absolut Falschen, des Unrechts und absolut Bösen ein. Denn, wie Derrida hier zu Recht hervorhebt, in jenen Kategorien der Wahrheit, des Rechts oder des Guten ist immer schon eine Dekonstruktion am Werk, die jene Kategorien von innen her aushöhlt. Wo überall Demokratie, Freiheit oder Toleranz als die höchsten Werte erhoben werden, setzt umgekehrt die Ära der Unfreiheit, des Unrechts und des Bösen ein, weil sie von einer imperativen Sollenhaftigkeit kontaminiert sind.

Im neuen „Medienkrieg", der freilich von der liberalen Demokratie als solcher nicht erklärt wurde, kann man also die Differenz zwischen „ballistischer" Schnellkommunikation (Twitter, Google, Facebook) und nicht-ballistischer Langsamkommunikation (langwierige Verfahren und Prozesse der Argumentation und des Wissens) *nicht* mehr aufrecht erhalten, wie unten unterstellt wird: „Auch wenn es kaum mehr als disparate Indizien sind, dass etwa bei der letzten Amtseinführung eines brasilianischen Präsidenten dessen Anhänger ,WhatsApp! WhatsApp! Facebook! Facebook!' skandierten und der Chef der italienischen Lega manche seiner Auftritte mit der Parole ,Lang lebe Facebook!' begleitete (…) auch wenn man also hierin allenfalls sporadische Hinweise auf die gegenwärtige Verhakung von Finanz- und Informationskapitalismus einerseits und Konjunkturen des Ressentiments andererseits bemerken kann und ein direkter, empirisch nachweisbarer Zusammenhang zwischen Internetkommunikation und politischen Polarisierungen zumindest umstritten ist, lassen sich in den Transaktionen der Meinungsmärkte unter aktuellen Netzwerkbedingungen wohl einige Strukturelemente zur Förderung von Ressentimentbereitschaft erkennen."[6]

---

[6] Vogl, a. a. O., S. 171 f.

Wir haben es heute aber nicht nur mit dem illiberal-autoritären Skandieren „Whats-App! WhatsApp!" oder „Facebook! Facebook!", sondern ebenso mit dem Skandieren der glorreichen Demokratie zu tun: ‚Freiheit! Freiheit!', ‚Demokratie! Demokratie!', ‚Toleranz! Toleranz!', ‚Menschenrechte! Menschenrechte!' Auch das liberal-demokratisch-kapitalistische Modell kennt nämlich – und zwar von Anfang an und nicht erst in der postindustriellen Finanz- und Informationsökonomie – nicht nur das Profitmotiv und die Affektökonomie (eine, auf die einmal auch der frühe Liberalismus setzte; Locke, Mandeville, Smith), sondern ebenso den *doxologischen (verherrlichenden) Aspekt der Macht*. Die Anhänger des „brasilianischen Präsidenten" oder der „italienischen Lega", deren Anhänger „WhatsApp! Whats-App! Facebook! Facebook!" oder „Lang lebe Facebook" skandieren sowie die Anhänger des liberal-demokratischen Kapitalismus, die noch im Corona-Ausnahmezustand ‚Konsensdemokratie! Konsensdemokratie!' oder ‚Demokratischer Rechtstaat! Demokratischer Rechtsstaat!' gerufen haben, sind daher nur *die zwei Seiten desselben doxologischen Mediendispositivs*. Eine Verherrlichung, die im Dienste der liberalen oder eben der illiberalen Macht steht: ‚Verherrliche deine glorreiche liberale Demokratie oder konservative Autokratie!', ‚Verherrliche dein westliches Imperium!' (nach den Worten des russischen Präsidenten freilich das „Lügenimperium"), oder dein ‚eurasisches Imperium!' In dieser Verherrlichung des Liberalismus und Autoritarismus – die sich freilich beide im Besitz der absoluten Wahrheit wähnen – verschwimmen somit die ‚demokratischen' und ‚konservativen' Mediendispositive, sodass sie in ihrer Wahrheit und Lüge nicht mehr zu unterscheiden sind.

In den liberalen oder illiberalen Regimen haben wir es daher nicht bloß mit einem „Wissen" hier (die *epistemische* Welt der liberalen Demokratie) und einer „Meinung" dort (die *doxologische* Welt der Populisten oder Autokraten), sondern ebenso mit der Verherrlichung (*doxazein*) einer komplementären Macht zu tun, die heute in ihrer liberal-demokratischen, autoritär-neofaschistischen oder geopolitischen Form auftritt. Es sind somit auch die liberal-demokratischen Wahrheitsaussagen, ‚die dadurch einen Sinn machen, dass man sie nicht begründen muss oder sie nicht zu begründen braucht', weil sie in den verabsolutierten Begriffen (Demokratie, Freiheit, freier Markt oder Toleranz) ontologisch, metaphysisch, mythisch und pseudotheologisch auftreten. Damit wird aus dem, was „ist" und zugleich dialektisch-differenziell in seiner historisch-gesellschaftlichen Bewegung „nicht ist", was unbedingt „sein soll". Ein imperatives „Sollen", das sich im Medienprozess mit seinem indikativen „Ist" tarnt. Der daraus entstehende Konflikt entsteht dann nicht zwischen „Wissen" und „Obskurantismus", Argument und Meinung, Demokratie und Autokratie. Vielmehr meint er den kontaminierten Ort des Medialen selbst, wo alle Relation und Beziehung ontologisch beschlagnahmt wurden, um darin ebenso das Feindesgebiet zu markieren. Dergestalt, dass beide Wahr- und Wahnbilder (liberale wie illiberale) in einem antagonistisch-polemischen Feld zu verorten sind. Es ist der konfiszierte Ort der medialen Relation (technisch-vermittelt) und Beziehung (physisch-unmittelbar), wo sich ‚liberale Fundamentalisten' (nachdem nun ihre rearchaisierenden Konsensmaschinen nur noch rückwärts laufen und dabei dogmatisch sich verfestigt haben), Verschwörungstheoretiker, Autokraten oder Islamisten im *einen* Medienparadigma von Freund-Feind-Denken und -Handeln koinzidieren.

Jene ballistisch-verletzende Kommunikationsform beschreibt somit auch den kryptoautoritären Charakter der glorreichen Demokratie, die in ihren abstrakten Begriffen wie ‚Wahrheit', ‚westliche Werte', Markt, Diskurs, Freiheit, Toleranz, Fortschritt, Wissenschaft oder Menschenrechte sich ebenso *verabsolutiert*, um darin fundamentalistisch aufzutreten. Denn wirklich begründen hieße hier, solche marktwirtschaftliche und liberal-demokratisch-kapitalistischen „Werte" nicht einfach in ihrer imperativen Sollenhaftigkeit festschreiben und sie als ein unbedingt gültiges Fundament dogmatisch verkünden, sondern sie in ihrer ganzen Dialektik, in ihrem Kontext, in ihrem Werden, Gewordensein und Sein historisch-gesellschaftlich nachgehen. Darin aber auch ihren imperativen Ursprung aufdecken: ‚Sei!' Damit navigieren wir heute jenseits der Argumente (Logos, Begriff), der Erzählungen (Narrative), Meinungen (Doxa) oder Begehungen (kultisch zelebrierende und konsumistische Praxis), ja sogar noch jenseits des agonalen (kämpferischen) Prinzips (C. Mouffe) und haben inzwischen das toxische Gebiet der unbedingten, politischen Feindschaft erreicht. Wir tauschen nicht mehr Argumente, Meinungen oder Geschichten aus, sondern bewerfen uns nun auch geopolitisch mit metaphysischen Granaten. Es ist der Ort, wo auch die digitalen Medien zu den handfesten Kriegsmedien transformiert haben, und darin sowohl privatökonomisch – so zuletzt der von Elon Musk ursprünglich für zivile Zwecke entwickelte Satelliten-Internetdienst „Starlink", der sich zunehmend zu einer militärischen Waffe entwickelt hat – als auch staatlich und geopolitisch gegen ihren Feind gerichtet sind. Solche Kriegsmedien meinen nicht mehr jene literarisch-metaphorischen Waffen, die einmal romantisch-mythisch auf der Bühne im künstlerischen Spiel zelebriert wurden: „Nur eine Waffe taugt –/die Wunde schließt/der Speer nur, der sie schlug" (R. Wagner, *Parsifal*). Vielmehr handelt es sich hier um eine politisch-ökonomische Waffe, die sich liberal-metaphysisch als Heilmittel verewigt hat, um gegen ihren illiberal-metaphysischen Feind aufzutreten. Das archaische Mittel „Speer" transformiert so in der hypermodernen, instrumentell-poietischen Intelligenz zu einer ‚Atomwaffe', um dabei sowohl das moderne als auch das archaische Medium ganz aus der Welt zu schaffen – ein modernes und zugleich archaisches Medium, das aber von Anfang an nicht nur seine *toxische*, sondern ebenso seine *heilsame* Wirkung meint. Wir müssen also das Mittel als ein Medium denken, dessen aufklärerisches und kulturelles Potenzial sich zwar bei seiner Rückkehr in den Grund wieder *rearchaisiert* (retoxifiziert) hat. Dabei aber auch historisch-gesellschaftlich, technisch, wissenschaftlich, kulturell und staatlich unendlich dynamisiert hat. Freilich darin auch die Möglichkeit eröffnet, seinen feindseligen Charakter loszuwerden, als ein ‚gereinigtes' Mittel freundlich und human nützlich zu werden. Die feindselige Medienökonomie, die sich global wie national verbreitet hat, meint also auch die Chance eines repolitisierten Mediums, das seinen Zweck nicht im universellen Krieg, in der unbedingten Feindschaft (wo sich der Zweck, nämlich ein menschenwürdiges Leben, *in sich selbst verkehrt* hat) sieht, vielmehr auch das Mittel meint, welches die Praktiken des Kriegs außer Kraft setzt, um sie zu Praktiken der Freundschaft zu machen.

In der Geschichte des Abendlands hat sich somit eine Tendenz entwickelt, das wahrhaft politische Medium (Kultur, Zivilisation, Aufklärung, Recht, Humanität) zunehmend zu entpolitisieren, um dies wieder in das ursprüngliche Medium zu verwandeln, wo es nämlich von Anfang an toxisch auftritt (darin aber auch das Heilmittel meint). Eine Entpolitisierung und Rearchaisierung des Mediums, das sich heute in kryptotheologische, finanz- und datenökonomische Wechselbeziehungen (digital-vermittelte oder analog-physische Neogemeinschaften) sowie autochthone, heidnisch-mythische und symbolische Beziehungen (Blutsbande, Herkunft, Grenze, Heimat, Nation, geopolitische Identitäten) äußert. Wenn aber der „Medienkrieg" als ein antagonistisch-polemisches Verhältnis ins Innere des liberal-demokratischen, illiberal-autoritären oder islamistischen ‚Hauses' eingekehrt ist. Dann ist die liberale Forderung nach einer Rückkehr zur alten Kultur des Wissens, des Austausches von Argumenten, Meinungen oder Narrativen unmöglich geworden. Und zwar deswegen, weil es in der *antagonistisch-polemischen* Welt kein diskursiver Austausch von Argumenten oder Meinungen mehr *spielerisch* stattfindet. Eine „ballistische *post-truth logic*" – die sich inzwischen auch „Truth Social" nennt –, die zwar eine säkularisierte, kulturelle und post-dogmatische sein möchte, dabei aber im Nicht-Staat und Staat nur noch dogmatisch und normativ seinsollend auftritt. Gewiss, es gibt heute keine dualistische Gegenüberstellung von Markt und Staat mehr.[7] Dies heißt aber keineswegs, dass auch die staatlichen

---

[7] Insofern hat J. Vogl recht: „Die langwierige Verfertigung des gegenwärtigen Finanzregimes ist mit der dogmatischen Gegenüberstellung von Staat und Markt, Politik und Wirtschaft nicht fassbar, und die so genannte Liberalisierung von Märkten und insbesondere von Finanzmärkten seit den 1970er-Jahren lässt sich nicht einfach als Rückzug von regulativen Autoritäten begreifen. Vielmehr konnte man nachweisen, dass die Nachfrage nach Regulierungen, nach Regelungspraxis, nach Regulierungsinstrumenten und Regulierungsagenturen proportional zur Privatisierung von staatlichen Aufgaben und Unternehmen angestiegen ist." (Ebd., S. 20) Diese neuen Regulierungen sind zwar Formen einer finanzökonomischen, para-

Strukturen in den parastaatlichen Strukturen der Privatunternehmen einfach übersetzt wurden. Denn nach wie vor rahmt ja der Nationalstaat (die säkularisierten
Nationalgötter) die Finanz-, Informations-, Design- und Affektökonomie und gibt
ihr eine genuin rechtstaatliche Form – eine, die eben nicht mit den parastaatlichen
Strukturen der Privatunternehmen ganz identisch ist. Eine rechtstaatliche Form, die
als mythische Gewalt zuweilen auch ihre eiserne Faust zeigt. So hat sich auch diese
Staatsgewalt, wie in der Coronakrise, mit ihrer ganzen Gesetzeskraft (und nicht
bloß als parastaatliche Struktur) ganz nackt, altmythisch, archaisch und ohne jeglichen sozialen, kulturellen oder zivilisatorischen Deckmantel gezeigt. Genauso
wie auf der anderen Seite die ökonomisch-theologische Sphäre ihre alte wirtschaftliche Haut (die aus der Industriegesellschaft stammte), ihre alte industrielle Form
abstreifte, um ihre neue Form als Finanz-, Informations- und Datenökonomie
durchzusetzen. Eine Kapitalmacht, die nicht mehr in ihren industriellen Produkten
‚materiell-dinglich', sondern in ihren finanz-, informations- und datenökonomischen Medien ‚immateriell-undinglich' erscheint. Und zwar so, dass jene
himmlische Heilsordnung nun ihrerseits in die irdische, finanz-, design- und
informationskapitalistische Heilsordnung als ‚neue geheilige Daseinsform' überging. Eine ‚geheilige Daseinsform' (in West und Ost, in Nord und Süd), die freilich selbst immer noch einen rechtlichen, nationalstaatlichen Rahmen braucht, der
eine Säkularisierung der mythischen Götter darstellt.

Deswegen ist die seit Marx immer wiederkehrende Behauptung vom Verschwinden des Nationalstaats („alles Feste verdampft" durch die revolutionäre Bewegung des Kapitals) irreführend. Denn auch wenn die globalen Privatunternehmen (die sich freilich inzwischen geopolitisch neu einordnen) heute zunehmend
parastaatliche Strukturen entwickeln und digitale Neogemeinschaften ausbilden,
weisen sie darin doch immer noch auf die alten Nationalstaaten zurück, die mit
ihren Grenzen, Gesetzen und Regulierungen jener Monarchie der Finanz-, Infor-
mations- und Aufmerksamkeitsökonomie einen polyarchisch-rechtlichen Rahmen
geben. Gerade als völlig entleerte und entsubstanzialisierte müssen sie nämlich
jene liberale, finanz-, informations-, aufmerksamkeits- und datenökonomische
Kapitalmaschine, die alles aufzusaugen versteht, immer mehr staatlich Regulieren
und Nach-Regulieren, sodass die Grenzen, Regeln, Gesetze und Mauern immer

---

staatlichen „*global governance*", aber *nicht* mit den eigentlichen, nationalstaatlichen Rechtsstrukturen identisch, weil sie der vorstaatlichen Privatwirtschaft einen genuin rechtlichen
Rahmen geben (nicht nur einen parastaatlichen). Gerade die Liberalisierung von Märkten
und Finanzmärkten, die ein „globales Programm von Regelungen und Re-Regulierungen"
hervorgerufen hat, ist nämlich ohne eine genuin staatliche Autorität, die ja dahinter steht,
kaum denkbar, genauso wie die informellen Strukturen der Paramilitärs immer auf das echte
Militär verweisen.

mehr wachsen. Ein liberal-demokratisches Regime, das freilich in seinem Inneren auch eine kritische Masse als Reaktion erzeugt: heute, die multipolar-eurasische oder islamistische Welt, die gegen jene liberal unipolare Welt antagonistisch-polemisch angeht. Das illiberal-autoritäre Prinzip, als eines der Verherrlichung des Autochthonen, der Heimat, der Bodenständigkeit, der Grenze oder des geo-politischen Raumes, ist somit gegen das liberale Prinzip („consensus democracy"; Habermas) selbst gerichtet. Eines der vormals deliberativen, diskursiven, konsen-sualen und „feindlosen Demokratie",[8] die ihre illiberal-autoritären oder islamisti-schen ‚Feinde' selbst hervorbringt. So gesehen besteht die neoliberale, markt-radikale Reflexion (als ein komplementäres ökonomisch-theologisches und politisch-mythisches Unternehmen) vornehmlich darin, die erste, nämlich sozial-staatliche (wie sie etwa vormals in Nordeuropa firmierte), wieder zurückzunehmen. Sie ist, hegelisch gesprochen, *Reflexion der Reflexion*, Wiederherstellung einer ver-mittelten Unmittelbarkeit: Rearchaisierung, Rückgang in den archischen Grund, aus dem einmal alles Denken, alle Praxis, Aufklärung und später der Sozial- und Rechtsstaat (als mehr oder weniger ‚emanzipatorisches Medium') hervorgingen. Das ‚Teuflische' dieses Liberalismus, Autoritarismus, Islamismus oder der Geo-politik liegt dann darin, dass die Praktiken der instrumentell-poietischen Intelli-genz sich immer tiefer in ihrer Arbeit verstricken. Indem sie es *immer besser ma-chen*, machen sie es zugleich *immer schlechter*.[9] Dies heißt dann aber auch umgekehrt, man braucht hier eigentlich die ganze Kraft (als praktische, schöpferi-sche und theoretische), um alle diese Kampf- und Kriegsmittel *unwirksam* zu ma-chen, um letztlich nichts mehr zu tun, vielmehr das Medium in seinem *stasiologisch-polemischen* Zustand zu zeigen. Ich muss mich also mehr anstrengen, das zu *tun*, was ich *nicht tue*, sondern was ökonomisch und politisch heute global wie national getan wird. Nur so kann ich das, verabsolutierte Mittel in Ökonomie und Politik als ein polemisches Kriegsmittel neutralisieren, um von den Medien einen anderen, nicht mehr feindlichen, sondern freundlichen Gebrauch zu machen.

---

[8] Vgl. Beck 1995. Der Titel „Die feindlose Demokratie" müsste heute umformuliert werden und ‚Die feindliche Demokratie' heißen.

[9] Adorno beschreibt diesen Prozess nur auf der Seite der freilich problematischen Vernunft, ohne die Praxis insgesamt (auch die künstlerisch-ästhetische) in Frage zu stellen: „Das Teuf-lische ist, daß die Vernunft sich immer tiefer in ihrer Arbeit verstrickt. Indem sie es besser macht, macht sie es zugleich immer schlechter." (Adorno 1985, S. 602). Dagegen heißt es bei C. Türcke, der meint eine *Kritische Theorie der Schrift* geschrieben zu haben, un-dialektisch: „Man kann die menschliche Natur bloß verbessern, nicht richtigstellen". (Türcke 2005, S. 234).

3.2   Feindselige Kommunikation und Finsternis der aufgeklärten Medien

Die neue „ballistische" Kommunikation hat einmal Habermas in den neuen Medien, weniger militärisch als ‚zerstreute Kommunikation' charakterisiert, die deswegen ein ‚lektorierendes' Synthetisieren bedarf. Allerdings „fehlen" vorerst „im
virtuellen Raum die funktionalen Äquivalente für die Öffentlichkeitsstrukturen, die
die dezentralisierenden Botschaften wieder auffangen, selegieren und in redigierter
Form synthetisieren."[10] Dreizehn Jahre später scheint das Problem des Synthetisie-
rens in den digitalen Massenmedien sich noch weiter verschärft zu haben: „Der
Aufstieg der neuen Medien vollzieht sich im Schatten einer kommerziellen Ver-
wertung der einstweilen kaum regulierten Netzkommunikation. Diese droht einerseits den traditionellen Zeitungsverlagen und den Journalisten als der zuständigen
Berufsgruppe die wirtschaftliche Basis zu entziehen; andererseits scheint sich bei
exklusiven Nutzern sozialer Medien eine Weise der halböffentlichen, fragmentierten und in sich kreisenden Kommunikation zu verbreiten, die deren *Wahrnehmung
von politischer Öffentlichkeit* als solcher deformiert. Wenn diese Vermutung zu-
trifft, wird bei einem wachsenden Teil der Staatsbürger eine wichtige Voraus-
setzung für den mehr oder weniger deliberativen Modus der Meinungs- und
Willensbildung gefährdet."[11]

Es handelt sich um eine „Deformierung der Wahrnehmung von politischer
Öffentlichkeit", die er aus den „idealisierenden Voraussetzungen" konstruiert, die
in die Alltagspraxis einwandern, um darin die Qualität harter sozialer Tatsachen
anzunehmen. Daher spricht er, mit John Rawls, von einer „idealen Theorie", die
zwischen empirischer Untersuchung und normativer Theorie zu unterscheiden vermag. Die empirischen Untersuchungen sollen eben nicht isoliert betrachtet, sondern im Lichte normativer Erfordernisse interpretiert werden, um den Regeln
demokratischer Verfassungsstaaten zu genügen. Aus diesen idealisierten Sphären
her gesehen können dann Medien in ein Medium der „Vernunftmoral" und in ein
institutionelles Medium des „Vernunftrechts" aufgeteilt werden, wobei letzteres
von jenem vorgängigen Medium der „Vernunftmoral" inspiriert sei. Bei Nichtein-
haltung der liberal-demokratischen Diskursregeln hätte dann dies allerdings auch
politische Konsequenzen: „Trumps fatale Aufforderung hätte in der Wut der Bürger, die am 6. Januar 2021 das Kapitol gestürmt haben, kaum das erwünschte Echo
gefunden, wenn nicht die politischen Eliten seit Jahrzehnten die legitimen, von der

---

[10] Habermas 2008, S. 161 f.
[11] Ders., 2021, S. 471.

Verfassung gewährleisteten Erwartungen eines erheblichen Teils der Bürger enttäuscht hätten. Die Politische Theorie, die auf diese Art des Verfassungsstaates
zugeschnitten ist, muss mithin so angelegt sein, dass sie beidem gerecht wird: sowohl dem eigentümlich *idealisierenden Überschuss* einer moralisch gehaltvollen
Grundrechtsordnung, der den Bürgern das Bewusstsein gibt, an der Ausübung
demokratisch legitimierter Herrschaft beteiligt zu sein, wie auch den sozialen und
institutionellen Voraussetzungen, unter denen die notwendigen Idealisierungen,
die die Bürger mit ihren Praktiken verbinden, allein *glaubwürdig* bleiben."[12]

Die Formulierung „politische Eliten", die „seit Jahrzehnten die von der Verfassung gewährleisteten Erwartungen der Bürger enttäuscht haben", bleibt hier
idealistisch und abstrakt genug, weil Habermas in der konkreten Wirkung des Mediums (nicht das abstrakte Medium der Vernunft*moral* und des Vernunft*rechts*)
kaum einen Zusammenhang zwischen der ökonomischen *Bewirtschaftung der Welt*
und der politischen *Verrechtlichung der Welt* in der liberal-demokratisch-
kapitalistischen Gesellschaft sieht. Stattdessen blendet er diese Kontexte und
Widersprüche in seinem „government by consent" oder in der „öffentlichen Meinung" (*doxa*) aus, um anschließend die „Konsensdemokratie" zu verherrlichen –
ein Begriff der „doxa", der freilich nicht bloß mit „Meinung" zu übersetzen wäre,
weil sie auch das „doxazein", die Verherrlichung der Macht (hier die liberale)
meint. In der massenmedial gesteuerten Meinungsbildung spricht er von einem
„Plural von *öffentlichen Meinungen*" mit unterschiedlicher Gewichtung. Und dieses „Gewicht" hängt dann „nicht unwesentlich auch von der *aufklärenden Qualität*
des Beitrags ab, den die Massenmedien zu dieser Meinungsbildung leisten."[13]
Darin geht es vor allem um um den „*agonalen Charakter*" einer abstrakten, idealisierenden Argumentation. Denn „Wer argumentiert, widerspricht."[14] Allerdings
findet dieser Widerspruch nur im Raum des Diskursiven statt, der von den ökonomischen und politischen Gesetzen der harten Realität offenbar abgetrennt sei.
Wenn nämlich diese diskursiven Voraussetzungen für eine liberal-demokratische
Wahl nicht gegeben seien, dann entstehen, so die Argumentation, jene „populisti-
sche Bewegungen", denen es gelingt, das Potenzial der Nichtwählergruppen zu
mobilisieren: „Auch wenn sich dieser Populismus der ‚Abgehängten' nicht allein
mit wachsender sozialer Ungleichheit erklären lässt (…), so manifestiert sich darin
in jedem Fall eine kritische gesellschaftliche Desintegration und das Fehlen einer
erfolgreich gegensteuernden Politik. Das macht schließlich auf das prekäre Verhältnis zwischen dem *demokratischen Staat* und einer *kapitalistischen Wirtschaft*,

---

[12] Ebd., S. 474.
[13] Ebd., S. 477.
[14] Ebd., S. 478.

welche soziale Ungleichheiten tendenziell verstärkt, aufmerksam. Die sozialstaat-
liche Ausbalancierung der gegensätzlichen funktionalen Imperative ist (auf dieser
Ebene der Abstraktion) *die dritte Erfolgsbedingung* für ein demokratisches Regime, das diesen Namen verdient."[15]

Habermas unterscheidet zwar zwischen den beiden Imperativen, „kapitalistische Wirtschaft" und „demokratischer Staat", kann aber ihren historisch-
gesellschaftlich-epochalen und darin archaischen Charakter als ein komplementäres Zusammenwirken kaum erklären. Eine liberal-demokratisch-kapitalistische
Totalität, die jene „populistischen" Strömungen und Irrationalismen hervorbringt –
eine Komplementarität, die aufzeigt, warum unsere Demokratien nicht funktionieren. Denn wäre der liberale Staat wirklich frei, vernünftig und demokratisch, wie
er vorgibt, so würde der andere Pol der Irrationalität (Autoritarismus, Nationalismus, Faschismus, Islamismus etc.) erst gar nicht mehr auftauchen und als Reaktion
einfach wegfallen. Der liberale Staat, der die individuellen Rechte und die Kultur
voraus-setzt und auf die vorstaatliche *religio* zurückbindet, um sich so auf die andere Seite des *formalen Rechts* zurückzuziehen, lässt nämlich in seinem Rücken
zugleich eine kontingente, vorstaatliche Markt- und Kapitalmaschine arbeiten, die
er dann mit der mythischen Herrschaft eines säkularisierten, liberalen Rechts im
fortlaufenden Prozess ständig regulieren und nachregulieren muss. Die liberale
Politik einer ökonomischen Freiheit wird so selbst zum Ort einer *nicht liberalen
Politik der Unfreiheit*, weil sie dem Zufall der Wirtschaft und der kapitalistischen
Vergesellschaftung einfach überlassen wird; der ,*Anspruch* von Freiheit' geht
somit sowohl im Nicht-Staat als auch im Staat verloren und schlägt einfach in
Knechtschaft um. Eine polizeiliche Politik, wie sie schließlich im Marktradikalismus, in den Daten- und Informationsmonopolen einer vorstaatlichen Kapital-Mo-
narchie und mythisch-staatlichen Rechts-Polyarchie erstarrt. Denn nach wie vor
muss ja der Staat die liberal-kapitalistische Produktionsmaschine einen rechtlichen
Rahmen geben und ihr in ihrer ökonomischen Beschleunigung durch staatliche
Strukturen (nicht bloß parastaatliche) stabilisieren. Und zwar gerade in einer Zeit,
wo die Formen der Nationalstaaten keine „substanzielle" (Hegel) mehr sind, vielmehr vom verabsolutierten Kapitalmittel ganz ausgehöhlt wurden.

Die wirtschaftlichen und politischen Medien meinen daher heute sowohl die
Rearchaisierung der Kultur in der kryptotheologischen Finanz-, Affekt-, Wissens-
und Datenökonomie (göttliche Gewalt) als auch die Rearchaisierung des Nationalstaats, in seiner genuin rechtlichen Struktur (mythische Gewalt). In den Medien der
Finanz-, Aufmerksamkeits-, Wissens-, Designs- und Datenökonomie sowie in den
staatlichen Medien der Rechtsmittel findet dann keine „Ausbalancierung" der

---

[15] Ebd., S. 482 f.

Kräfte (auch keine von Vernunft*moral* und Vernunft*recht*) mehr statt. Vielmehr meint dies die Komplementarität der ökonomisch-theologischen (das *eine*, pseudo-religiöse Kapitalmedium) und staatlich-mythischen Medien (die Vielfalt der poly-archischen Rechtsmittel). Auch die „öffentliche Meinung" meint dann nicht das idealisierende, abstrakt-demokratische und *unpolitische* Mittel der Doxa (eine öf-fentliche Meinung, welche die glorreiche Demokratie verherrlicht), sondern das feindselige Medium der Realität, das im privaten wie öffentlichen Bereich to-xisch wirkt.

Freilich übersieht Habermas diese sozialen und politischen Auswirkungen der Medien nicht. Er kann sie aber in seinem idealisierenden Koordinatensystem kaum lokalisieren: „Seit dem neoliberalen Politikwechsel sind jedoch die westlichen Demokratien in eine Phase zunehmender innerer Destabilisierung eingetreten. (…) Im Inneren hat die soziale Ungleichheit in dem Maße zugenommen, wie der Hand-lungsspielraum der Nationalstaaten von Imperativen weltweit deregulierter Märkte eingeschränkt worden ist. In den betroffenen Subkulturen sind gleichzeitig die Ängste vor sozialem Abstieg und vor einer unbewältigten Komplexität der sozialen Veränderungen gewachsen."[16] Diese „Destabilisierung" ist aber gerade das Ergeb-nis des Marktradikalismus, einer pseudoreligiösen Finanz-, Ausstellungs-, De-sign-, Affekt- und Datenökonomie, die von der liberalen und neoliberalen Politik in Gang gesetzt wurde. Eine dynamische Kapitalmaschine, die ihrerseits durch eine Kaskade von staatlichen Gesetzen und Verordnungen stabilisiert wird. Haber-mas ist ja nicht blind. Auch er sieht die sozialen und politischen Kosten, die er aber in seiner „Konsensdemokratie" nicht unterbringen kann: „Aber sowohl die Spal-tungen innerhalb der EU wie der zögerliche, aber schließlich doch vollzogene Bre-xit sprechen eher für die Auszehrung des bestehenden demokratischen Regimes – und vielleicht sogar dafür, dass die Weltpolitik der großen Mächte zu einem Imperialismus neuer Art zurückkehren könnte."[17] – Inzwischen ist dieser „Imperialismus neuer Art" auch geopolitisch eingetreten, wo sich nun die Welt in einem liberal-demokratischen Westen, in einem eurasisch-autokratischen Osten und in einer islamistischen Welt mehr oder weniger in drei Lager aufteilt. So sprin-gen die Habermaschen Medien der „Aufklärung" (Öffentlichkeit, Technik, Öko-nomie, Information, Massenkommunikation, Digitalisierung, Moral, Recht, Poli-tik) hin und her, um dabei ständig das Thema zu wechseln: „Unser Thema ist die Frage, wie die Digitalisierung das Mediensystem verändert hat, das diese Massen-kommunikation steuert. Das technisch und organisatorisch hoch komplexe Medien-system verlangt ein professionalisiertes Personal, das für die Kommunikations-

---

[16] Ebd., S. 484.
[17] Ebd., S. 484.

flüsse, aus denen die Bürger öffentliche Meinungen kondensieren, die *Rolle von Torhütern* (wie es inzwischen heißt) spielt."[18]

Die neue „Rolle von Torhütern" spielen heute freilich nicht nur die klassischen Medien, sondern vor allem die Plattformen (Twitter, Facebook oder Google) der liberal-demokratischen Staaten, die darin die liberale, pseudoreligiöse Ordnung bewachen und dabei die ‚Wahrheit' (Wissen, Argument, Vernunft, Logik) von der illiberal-autoritären Doxa (Meinung, Lüge, Unwissen, Unvernunft) scharf trennen – wie wir es heute im geopolitischen Medienkrieg beobachten können, wo nun nach ‚westlicher Wahrheit' und ‚östlicher Lüge' scharf getrennt wird, und umgekehrt. Hierbei wird freilich vergessen, dass die liberal-demokratische Wahrheit ebenso mit Unwahrheit, Unwissen, Doxa und Lüge kontaminiert ist. Es ist der Medienprosument und der rhizomatisch-vernetzte Akteur, der heute von den Strategien der liberal-demokratischen oder illiberal-autoritären Macht dogmatisch eingefangen, ausgerichtet, manipuliert und durch eine toxische Affektökonomie in eine metaphysische Stellung der unbedingten Feindschaft gebracht wird. Etwas davon sieht freilich Habermas, so wenn er schreibt: „Heute sind die Zeichen politischer Regression mit bloßem Auge erkennbar."[19] Damit aber ist auch jene idealisierende, vormals deliberative Qualität der öffentlichen Debatte in den traditionellen Medien und in den neuen medialen Plattformen völlig morsch geworden. Jene angebliche egalitäre Utopie hat sich nämlich ganz in ihr Gegenteil verkehrt: „Dieses große emanzipatorische Versprechen wird heute von den wüsten Geräuschen in fragmentierten, in sich selbst kreisenden Echoräumen übertönt. (…) die ‚Lava' des einmal antiautoritären und egalitären Potentials, die im kalifornischen Gründergeist der frühen Jahre noch zu spüren war, ist im Silicon Valley alsbald zur libertären Grimasse weltbeherrschender Digitalkonzerne erstarrt. Und das weltweite Organisationspotential, das die neuen Medien bieten, dient rechtsradikalen Netzwerken ebenso wie den tapferen belarussischen Frauen in ihrem ausdauernden Protest gegen Lukaschenko."[20]

Damit unterscheidet Habermas nicht einfach zwischen einer „ballistischen Schnellkommunikation" (wie sie etwa bei Twitter oder Facebook auftritt und, nach J. Vogl, die autoritären Strukturen fördert) und einer „nichtballistischen Langsamkommunikation" des „Wissens" (epistemisch-prozessierendes, nicht autoritäres Denken). Vielmehr scheint das weltweite Organisationspotenzial der Medien nach beiden Seiten hin offen zu sein: nach der illiberal-autoritären wie nach der liberal-demokratischen. Was hier allerdings aus dieser Gleichung herausfällt, ist, schlicht

---

[18] Ebd., S. 485.
[19] Ebd., S. 486.
[20] Ebd., S. 488.

und einfach die Vermittlung durch den ökonomischen und politischen Gesamtprozess, der darin auch den totalitären Mediencharakter der liberalen glorreichen
Demokratie offenbart. Es handelt sich um eine ‚ballistisch-verletzende Kommunikation‘, die sich in der liberalen Demokratie sowohl in ihren klassischen als auch
in ihren neuen Medien der informatischen Plattformen äußert. Auch jenes vermeintlich ursprüngliche *demokratische Phänomen* wird nämlich von der machtvollen Finanz-, Aufmerksamkeits-, Wissens-, Informations- und Datenökonomie
und einer staatlichen Rechtsmittelökonomie in die Zange genommen, eingefangen,
ausgerichtet, manipuliert und in den jeweiligen liberalen oder illiberalen Evangelien als Wahrheit und Wahrsagen, als Wahrbild und Wahnbild pseudotheologisch
abgeschirmt. Damit prallt auch die vormals redaktionelle, idealistisch-auf-
klärerische und medientheoretische Hoffnung, auf die Habermas einmal gesetzt
hat, an der harten Realität der integralen Medienökonomie ab, die jene aufklärerische Perspektive in ihr Gegenteil, in die Finsternis des Arguments verkehrt
hat. Habermas will hier freilich immer noch mit Kant denken: „Die Selbst-
ermächtigung der Mediennutzer ist der eine Effekt; der andere ist der Preis, den
diese für die Entlassung aus der redaktionellen Vormundschaft der alten Medien
bezahlen, solange sie den Umgang mit den neuen Medien noch nicht hinreichend
gelernt haben. Wie der Buchdruck alle zu potentiellen Lesern gemacht hatte, so
macht die Digitalisierung heute alle zu potentiellen Autoren. Aber wie lange hat es
gedauert, bis alle lesen gelernt hatten?"[21]
      Folgerichtig schließt Habermas an Kants ebenfalls idealistische Vorstellung in
Was ist Aufklärung? an, die durch einen stetigen Abbau von Hindernissen den
aufklärerischen und emanzipatorischen Horizont eröffnet – in Wirklichkeit ist
aber dieser Horizont längst geschlossen (und war in Wahrheit auch in der Zeit
Kants schon geschlossen, weil auch sein Medium bereits archisch kontaminiert
war). Denn als eine medienkritische Schrift zieht Kant in der Tat noch gleich zu
Beginn auch die Möglichkeit in Betracht, dass die Buchkultur – die Habermas
hier neu digital-aufklärerisch denkt – sehr wohl in der Lage wäre, neue Formen
selbst verschuldeter Unmündigkeit zu erzeugen.[22] So auch bei Habermas. Denn
solange die neuen potenziellen Autoren ihre Autorenrolle nicht gelernt haben,
solange wird auch der politische Austausch in den ‚sozialen Medien‘ eine Schlag-
seite aufweisen, wo sie sich nämlich in ihren jeweiligen Diskursen gefangen
sind. Aber diese ‚dogmatische Abschottung‘ in den jeweils fragmentierten
Öffentlichkeiten ist auch Schein, weil die Fragmente auf ihrer Rückseite, nämlich in den liberal-demokratischen („consensus democracy") oder illiberal-autori-

---

[21] Ebd., 488 f.
[22] Kant 1970, S. 53.

tären (post-truth-democracy) Mediensphären, wieder politisch *synthetisiert* werden. Nur deswegen können sie sich heute im geopolitischen Medienkrieg gegenseitig als „westliche" oder „östliche Lügenimperien" bezeichnen.

Die Verabsolutierung der Medien im liberal-demokratischen oder illiberal-autoritären Medienregime meint somit nicht bloß die gegenseitige Verblendung oder Ideologisierung, vielmehr auch die praktisch-politische, antagonistisch-polemische *Feindlokalisierung*. So etwa wenn heute Russland – und zwar noch vor dem Ukrainekrieg – dem Privatunternehmen YouTube oder der Bundesregierung vorwarf, einen „Medienkrieg" gegen sie zu führen. Während auf der anderen Seite die Privatunternehmen des liberal-demokratischen Westens diesen Sachverhalt einfach umdrehen: „Schlimm, wenn einem die eigene Propaganda das Hirn vernebelt. Jahrelang hat der Kreml immer wieder behauptet, in Russland gebe es freie Medien und faire Wahlen, wohlwissend um die repressive Realität. Jetzt wirft Moskau der Bundesregierung vor, dafür gesorgt zu haben, dass YouTube die deutschsprachigen Kanäle des staatlichen russischen Propagandasenders ‚RT' gesperrt habe. Also genau das getan habe, was der Kreml in Wahrheit und all den eigenen Behauptungen zum Trotz ständig tut: sich in die Medienlandschaft einzumischen. Es ist ungeheuerlich und zeigt die vollkommene Entrücktheit der russischen Führung um Präsident Wladimir Putin, wenn das russische Außenministerium im Zusammenhang mit der YouTube-Löschung von einer ‚Operation Barbarossa' spricht."[23]

Wir sehen also, und zwar noch vor dem Ukrainekrieg, eine Munitionierung von Informationen und Affekten, einen Medienkrieg um die Köpfe, deren Synapsen sich dann entsprechend liberal-demokratisch (Freiheit, Demokratie, Menschenrechte, Markt) oder eben illiberal-autokratisch (autoritär gelenkter Staatskapitalismus) ausrichteten sollen, um sich darin totalitär zu verschalten. Insofern ist der faschistische Begriff der „Gleichschaltung" erst im digitalen Kapitalismus des liberal-demokratischen und illiberal-autoritären Staats zur voller Blüte gelangt; während der Faschismus des 20. Jahrhunderts noch nicht über die entsprechenden Mittel des digitalen Kapitalismus verfügte. So beschreibt die neue Medientotalität nicht mehr jene ‚analoge', faschistische Gleichschaltung des akklamierenden Volkes (die physisch anwesende Menschenmenge auf die es Carl Schmitt ankam), die selbst freilich auch technisch-vermittelt blieb: das „Radio" als „Maul des Führers" (Adorno). Vielmehr die neue, digital-vermittelte Gleichschaltung, die mikrophysisch und psychotechnisch von der liberalen, glorreichen Demokratie oder von einem illiberalen, glorreichen Autoritarismus organisiert wird – wobei es hier unwesentlich ist, ob die „Gleichschaltung", wie bei Schmitt, von einem autoritär-ge-

---

[23] Brüggmann 2022.

führten Staat und einer physisch anwesenden Menschenmenge oder aber, wie bei Habermas, von einer liberalen Finanz-, Kommunikations-, Informations- und Rechtsmittelökonomie organisiert wird. Denn selbst wenn die Bundesregierung recht hätte und ihre Behauptung von einer „Verschwörungstheorie" zutreffen würde (dass das US-Privatunternehmen ohne Einwirkung der deutschen Politik ja selbst entschieden hat). So ist doch das US-Unternehmen in seiner Finanz-, Daten- und Informationsökonomie (samt seinen parastaatlichen Strukturen) immer noch von der liberal-demokratischen Pseudotheologie und Mythologie abhängig, die als *unsichtbare Befehle* eines Seinsollenden (die den Konsensus ihrer Teilnehmer fundieren) alle privatwirtschaftliche und politische Aktion lenken und diktieren. Damit ist das liberal-verabsolutierte Mittel durch ein illiberales, autoritäres Mittel kontaminiert. Somit kann das liberale, scheinbar humane, anti-toxische *Wahrheitsmittel* der *Feindbekämpfung* ebenso von der anderen, nämlich illiberal-autoritären Seite eingesetzt werden und etwa ein Lukaschenko von einer „Schädigung der Gesellschaft" sprechen, und dann entsprechend die Konten seiner Gegner sperren lassen, oder sie ganz eliminieren.

Das Privatunternehmen YouTube taucht somit weder als „neutraler Vermittler", noch bloß als eine „ballistische Kommunikation" auf, sodass es sich angeblich der staatlichen Regulierung und Kontrolle entzieht, um dabei selbst privatrechtliche Strukturen zu bilden. Vielmehr, wie wir inzwischen auch durch den Ukrainekrieg massiv erfahren mussten, ist es Teil der liberal-demokratischen Orthodoxie, Liturgie und Pseudotheologie (nicht bloß der Ideologie, die noch mit einem „falschen" und „richtigen" Bewusstsein arbeitet), die alle liberalen Medienpraktiken einfängt, um sich dabei dogmatisch auf „westliche Werte", Freiheit oder auf eine absolute Wahrheit zu berufen. Der liberale Staat geht also nicht bloß in den parastaatlichen Strukturen des Finanz- und Informationskapitals auf, sondern gibt immer auch den rechtlich-mythischen Rahmen vor (durch eine rechtliche Kaskade von Gesetzen, Regulierungen und Reregulierungen), indem die privaten Plattformen agieren müssen. Eine liberale, komplementäre Kapital- und staatliche Rechtsmaschine, die in ihrer Totalität dann alle „schädlichen Netzwerke" (irrationale, illiberal-autokratische oder islamistische) aus sich selbst aussortiert. Nach J. Vogl gehen hingegen die ganzen nationalstaatlichen Rechtsmittelstrukturen zunehmend in die neuen Plattform-Souveränitäten (‚Facebook- oder Amazon-Nation') auf: „So lässt sich vielleicht von Plattform-Souveränitäten und einer Staatswerdung von Informationsmaschinen sprechen; und nicht zuletzt hat der pandemische Notstand seit dem Frühjahr 2020 sichtbar gemacht, wie sehr sich die Expansion von Plattformunternehmen (als wesentliche Seuchengewinner) und der damit verbundene Machttransfer seit geraumer Zeit schon auf öffentliche Dienstleistungen, auf eine

Verflechtung mit hoheitlichen und administrativen Aufgaben, aber auch auf die
Geschäfte mit *healthcare*, medizinischer Pflege und mit einem allgemeinen Prä-
ventionsbedarf erstreckte."[24]

Die „Plattform-Souveränitäten" und die „Staatswerdung von Informationsmaschinen" beschreiben aber nur das *eine monarchische Kapitalmedium* in seinen
pseudostaatlichen Strukturen und digitalen Neogemeinschaften – insofern stimmt
die These: das Kapital siegt dort, wo es selbst Staat wird. Aber dieses verabsolutierte
Kapitalmedium würde kaum über seine universelle (liberale oder illiberale) Durchschlagskraft verfügen, würde es nicht ständig von jenen genuin staatlichen Rechtsmitteln einer neomythischen Polyarchie reguliert und rereguliert werden; die
Kaskadierung von Regeln, Richtlinien und Gesetzen, die auf der jeweils erhöhten
historischen Stufenleiter des Kapitalmittels immer wieder Recht setzen müssen,
wenn die Kapitalmaschine weiter laufen soll. Gewiss, die Plattform-Souveränitäten
weisen immer mehr parastaatliche Strukturen auf, die aber selber immer noch stetig durch das genuine nationalstaatliche Recht umrahmt werden müssen.[25] Die
parastaatlichen Strukturen der Kapitale sind somit immer noch auf die national-
staatlichen Rechtsstrukturen (A-Kapitale) angewiesen, die jene Kapitalmaschine
eine rechtliche Fassung geben; genauso wie das Paramilitär immer noch auf das
echte Militär angewiesen bleibt. Die „Staatswerdung von Informationsmaschinen"
ist daher nicht mit der säkularisiert-mythischen Form des Staates und der Politik
identisch. Wie die globalkapitalistische Vergesellschaftung ohne die Nationalstaaten funktionieren soll, ist jedenfalls nicht absehbar; vor allem nicht in einer
Zeit, wo die Nationalstaaten sich zunehmend geopolitisch in liberal-demokratische
und illiberal-autokratische neu organisieren – wobei man heute nicht ganz weiß, ob
der neue „kalte Krieg" nicht doch vielleicht zu einem neuen „heißen Krieg" auf
atomarer Stufe sich entwickeln wird. Mögen Facebook oder Google die Privat-
wohnung durch ihre Datenkontrolle enteignet haben; sie selber haben eben, wie in
der Coronakrise, nicht den „Ausnahmezustand" ausgerufen (oder zumindest in-
direkt), der bekanntlich mit der Aufhebung von Grund- und Freiheitsrechten verbunden war. Die Enteignung der eigenen Wohnung (dass man etwa in der Pandemie keine Leute wie sonst empfangen konnte, die nächtliche Ausgangssperre oder
die Beschränkung von Reisefreiheit) ist somit nicht mit der Datenkontrolle von

---

[24] Ebd., S. 103.

[25] So muss auch Habermas in der Krise der Pandemie zugeben, dass die eigentlichen politischen Akteure immer noch die Nationalstaaten sind: „Trotz der koordinierenden Tätigkeit
internationaler Organisationen (wie insbesondere der Weltgesundheitsorganisation) haben
sich in der Corona-Pandemie die Nationalstaaten als die eigentlich handlungsfähigen Akteure bewährt." (Habermas 2021a).

Facebook oder Google ganz identisch. Vielmehr wären beide Totalitäten, Privatwirtschaft (die Monarchie der Finanz- und Datenökonomie) und Staat als eine
komplementäre Medienmaschine zu begreifen, die aber in ihrer liberal-demokratischen Totalität in sich selbst ebenso den illiberal-autoritären oder gar den islamistischen Feind produziert. Eine ökonomisch-politische Medienmaschine, die
sich freilich im liberal-demokratischen Staat antiautoritär inszeniert, bis letzterer,
wie in der Pandemie, seine Maske fallen ließ und seine eiserne Faust zeigte. Denn
der Moment, wo die wenigen politischen Rechte des Individuums liberal-demokratisch aufgehoben wurden, war auch der Moment, wo auch das liberale Recht
aufgehoben wurde. Dergestalt, dass hier Liberalismus und Autoritarismus in der
medialen Mitte koinzidieren – insofern hat Agamben recht, wenn er gegen Schmitt
einwendet, dass der „Ausnahmezustand" nicht an das „Recht" rückgekoppelt werden kann; entweder gilt nämlich das „Recht", oder eben nicht und ist daher aufgehoben. Wenn also die individuellen Rechte im „Ausnahmezustand" aufgehoben
sind (in Wahrheit ist dieser Ausnahmezustand die ‚Regel' der liberalen, marktradikalen Ökonomie und Politik), dann fällt der liberal-demokratische Kapitalismus mit dem illiberal-autoritären Kapitalismus zusammen. Aber auch so, dass
beide Totalitarismen (liberal-demokratische und illiberal-autoritäre) als ursprüngliche, widerstreitende Mächte sich ebenso *antagonistisch-polemisch* begegnen:
Demokratie gegen Autokratie, die Freunde der „westlich-liberalen Welt" gegen die
Feinde der „eurasisch-autokratischen Welt", und umgekehrt. Wir haben es hier mit
der *Beschlagnahme der Medien* durch ein liberal-demokratisches oder ein
illiberal-autoritäres Mediendispositiv zu tun, wo sich der Liberalismus in seiner
absoluten Wahrheit und Güte auftritt, um gegen die toxischen Netzwerke der
illiberal-autoritären Systeme vorzugehen – freilich, von der autoritären Seite her
gesehen ist dies nur das „westliche Lügenuniversum". Ein ‚autoritärer Charakter',
der sich nicht erst im illiberal-autoritären oder faschistischen Staat, sondern gerade
in der liberal-demokratischen Struktur des Staats selbst zeigt. Das heißt, die ‚Ministerien der Wahrheit' sind ebenso in der westlichen Welt installiert, wo die privaten Informationsmonopole und staatlichen Rechtsmittel dafür sorgen, dass der
Feind klar sichtbar bleib und dabei noch die grausamsten Kriege als humanitäre
Einsätze erscheinen, denen man ja auch nicht widersprechen kann. Denn sich hier
juristisch darüber zu beschweren, hätte so viel Erfolg, als wenn sich etwa Thomas
Mann oder Kurt Tucholsky nach der Bücherverbrennung bei der Reichsschrift-
tumskammer über die Nazi-Aktion beschwert hätten.

Nein, die Plattformen der Privatunternehmen sind weder „neutrale Vermittler",
noch organisieren sie sich außerhalb der Kontrolle des liberal-demokratischen Staates, vielmehr haben sie sich inzwischen selbst zu den ‚Hütern der liberalen absoluten
Wahrheit' avanciert. Denn, wie Vogl hier zu Recht feststellt: „der Kapitalismus ist

ontologisch verwurzelt und schickt sich an, die Struktur elementarer Seinsbeziehungen zu prägen."[26] Dennoch, der Staat als genuiner Rahmen der Rechtsmittel geht nicht einfach in den parastaatlichen Strukturen der Finanz- und Informationsökonomie auf. Vielmehr bilden hier liberaler Staat und liberale Ökonomie eine komplementäre Medienökonomie, wo Freiheit und Zwang zusammenfallen. War noch für Heidegger das „Geheimnis der Ökonomie" das innigste Geheimnis Gottes sowie die damit einhergehende Verweigerung von Welt als das „höchste Geheimnis des Seyns". So hat sich inzwischen der fundamentalontologische „Hüter" der Wahrheit in den Plattformen der privatwirtschaftlichen Informationsökonomie in die neofeudale Gestalt eines Mark Zuckerberg verwandelt.[27] Aber das Privatunternehmen (in seinen parastaatlichen Strukturen) wird immer noch vom liberal-demokratischen Staat rechtlich umrahmt. Dies beschreibt aber auch die Katastrophe des liberalen Systems (als *Bewirtschaftung* und *Verrechtlichung* der Welt), weil jede Information in ihrer Totalität und Sollenhaftigkeit zur Desinformation, jede Kommunikation zur Nichtkommunikation, jedes Recht zum Unrecht, jedes Gesetz zur Gesetzlosigkeit führt. Genau diese normative Sollenhaftigkeit des liberalen Systems ruft dann im Gegenzug die antagonistischen Kräfte herbei, die nun den finsteren, negativen Horizont des liberalen Systems bilden – darauf weisen heute die Totalitäten wie „unipolare" oder „multipolare" Welt hin. Und die „Rettung", die angeblich aus der „Gefahr der Technik" erwächst, beschreibt dann kein fundamentalontologisch-kontemplatives Verhalten mehr. Vielmehr bestätigt sie konkret nur die „Rettung" der kryptotheologischen Finanz-, Daten- und neumythisch-staatlichen Rechtsmittelökonomie, wie wir es in der Coronakrise und im Ukrainekrieg erfahren mussten; so waren dann auch in der Coronakrise vor allem die digitalen Plattformunternehmen die Seuchengewinner,

---

[26] Vogl 2021, S. 132.

[27] Eine Ontologie, die als Geschäftsidee von Facebook selbst formuliert wird, sodass die neuen Privatunternehmen in ihren parastaatlichen Strukturen das alte ontische (Heraklit) und ontologische (Parmenides) Problem nun konkret lösen. Darin aber auch das Problem des Anfangs (als Beginn und Herrschaft) bis heute verborgen. Gegen diese Medienontologie angehen heißt: Wir können weder auf die Geste der *Totalisierung des Gegners* (die archische, ökonomisch-theologische und staatlich-mythische Verwurzelung des Kapitals), noch auf die Geste der *Enttotalisierung des Gegners* verzichten: die *antithetische Gewalt des Gegenbefehls*, welche die gewaltsame Geste der ökonomisch-theologischen Monarchie und staatlich-mythischen Polyarchie außer Kraft setzt. Auf die neue finanz- und informationsökonomische *Geste der Totalisierung*, die das ganze Feld der Immanenz nivelliert (der digitale Kapitalismus als globales Rhizom der Vielheit, die jeden Bezug auf Identität kündigt) und darin als ein ontologisches Feld bestimmt, antwortet die *Geste der Enttotalisierung* mit einer *antithetischen Gewalt*, die von der *thetischen*, ökonomisch-theologischen und politisch-mythischen Gewalt befreit, um so auf den neuen, *anarchischen Zustand* der Menschheit überzuleiten.

während im Ukrainekrieg vor allem eine globale Kriegsindustrie, samt ihren Aktionären, profitierte. Eine *liberale Feindökonomie*, die ihren Gewinn in himmlische Sphären steigert und dabei die liberal-kapitalistische und national-staatliche Religion in ihrer „Gefahr" „rettet". Diese „Rettung" durch das liberal-verabsolutierte Heilmittel erweist sich aber als Gift, das allerdings liberal nur der andern, nämlich der illiberal-autokratischen Seite zugeschoben wird.

Was also einst der Sprache der Metaphysik angehörte, wird heute nicht nur in die ‚Sprache der Ökonomie', in die ‚Sprache der Politik', oder in die „Sprache der Technik",[28] sondern ebenso in die liberale ‚Sprache' der monarchischen Finanz-, Daten- und polyarchischen Rechtsmittelökonomie transferiert, um darin sämtliche Medien im einer komplementären Medienökonomie einzufangen. Alle Mittel (technischer, sozialer, praktischer, geistiger, psychischer, kreativer, kommunikativer oder reflexiver Art) werden nicht, wie vormals behauptet, in ein „technologisches Regime"[29] konvertiert, um sie in Netzwerke, Operativität, Verschaltung, Übertragung oder Referenz aufgehen zu lassen. Medien gehen weder bloß im „technischen Medienapriorismus" auf, noch können sie als Medien der Sozialität, der Praxis, des Denkens, der Kreativität, der Kommunikation oder der Reflexivität *rein* gehalten werden. Eben, weil sie von den *Mitteln einer kryptotheologischen Finanz-, Daten- und neomythischen Rechtsmittelökonomie* kontaminiert sind, um darin das integrale Mediendispositiv von *Wirklichkeit* und *Möglichkeit* abzugeben: „Nicht was war oder ist, sondern was vielleicht, möglicherweise oder wahrscheinlich eintreten wird, bestimmt den Gang der Ereignisse."[30] Fast wörtlich heißt es dann auch bei Aristoteles: „Es ist nun nach dem hier Gesagten offensichtlich, dass es nicht Aufgabe des Dichters ist, das was wirklich geschehen ist (*genomena legein*) zu berichten, sondern das, was geschehen könnte (*an geneto*), das heißt das,

---

[28] Mersch 2018, S. 27.
[29] So Mersch über Kittler: „Folgerecht hatte Kittler sowohl das strukturalistische Sprach- und Textapriori, das auf die eine oder andere Weise in alle Medienphilosophien des 20. Jhs. eingedrungen ist, als auch die klassische Apotheose des Mathematischen, wie sie bereits für Platons Akademie stilbildend war, als Apriori der ‚Maschine' reinkarniert, um daraus nichts anderes als einen ‚Medienapriorismus' (Krämer) in Gestalt eines Technikdeterminismus abzuleiten. Medienphilosophie, jedenfalls in dieser Ausprägung, bleibt der Vergangenheit, die sie durchquerte, um anderes und anders zu denken, weiterhin treu." (Mersch 2018, S. 27). Die Medien, die Mersch hier vom „technischen Medienapriorismus" getrennt sehen und *rein* halten möchte (Sozialität, Praxis, Denken, Kreativität, Kommunikation oder Reflexivität) sind zwar nicht von „Technik", sehr wohl aber von den Medien der Finanz-, Daten- und Rechtsmittelökonomie kontaminiert. „Der Vergangenheit treu bleiben" heißt eben auch, den archischen Punkt der hypermodernen Medienbewegung entdecken, sodass die modernen und hypermodernen Mittel immer auch auf ihren Ursprung zurückweisen.
[30] Vogl 2021, S. 53.

was als wahrscheinliches (*pithanon*) oder Notwendiges (*anangeion*) möglich ist
(*esti to dynaton*)".[31] Eine Poiesis und Kreativität, über die nun der Finanz- und
Informationsmarkt verfügt und noch jene Kunst und Poesie für die Ontologie des
Kapitals entdeckt hat: „Der Finanzmarkt funktioniert als ein System von Antizipationen, die das ökonomische Verhalten auf das Erraten dessen verpflichten,
was der Markt selbst von der Zukunft denken mag. (…) Damit nehmen gegenwärtige Erwartungen nicht einfach das künftige Geschehen vorweg, vielmehr wird
das künftige Geschehen von den Erwartungen and das künftige Geschehen mitgeformt und gewinnt als solches aktuelle Virulenz."[32]

Wir sehen: Nicht die Kunst, sondern der Finanzmarkt zeigt sich hier in seiner
ganzen Kreativität, Schönheit und Wahrheit, wo nun die Fantasie – wie einmal
alternativ formuliert wurde – in der Tat an die Macht gekommen ist: die Macht der
Kapitale (das ökonomisch-theologische Mediendispositiv) und A-Kapitale (das
staatlich-mythische Mediendispositiv). Es ist die Bewirtschaftung von Wirklich-
keiten und Möglichkeiten, die heute nicht mehr von Kunst und Ästhetik, sondern
von der vergöttlichten Sphäre der neuen Finanz-, Informations- und Rechtsmittelökonomie erschlossen werden. Ein finanz-, informations-, aufmerksamkeits-, af-
fekt- und rechtsmittelökonomisches „in die Hut nehmen" (Heidegger) der Wahrheit, die heute von den Privatunternehmen (in ihrer parastaatlichen Struktur) und
vom liberalen Staat beschlagnahmt wurde. Während sie dabei zugleich das
antagonistisch-polemische Prinzip freisetzt. Wenn aber das Ringen der antagonistischen Kräfte immer undurchsichtiger wird, weil das „Böse" sich zunehmend als
das „Gute" ausgibt. Dann gilt es diese *feindselige Zweiheit* selbst außer Kraft zu
setzen, weil das Gute eben nicht gut ist und das Böse Elemente des Guten enthält.
Es ist die politische Operation, die die Verkettung der Gewaltakte unterbricht,
damit das Medium (als ein aktives oder passives) gewaltlos sein kann.

3.3   Liberalismus, seine Totalität und sein imperatives Sollen

Durch die Hereinziehung der Medien in die liberale Finanz-, Aufmerksamkeits-,
Erregungs-, Hysterie- und Datenökonomie geht diese in eine transzendentale Position über, um sich in ihrem liberal-verabsolutierten Medium abzuschließen und
alles andere aus sich selbst auszuschließen. Eine individuelle wie allgemeine
Netzwerkarchitektur, die in der westlichen Welt nicht von der liberal-demokratischen

---

[31] Aristoteles 1978, 1451 b.

[32] J. Vogl 2021, S. 53.

Politik zu trennen ist und in den Monopolen der digitalen Plattformen (Google, Facebook, Amazon, Twitter etc.) und im liberalen Staat inzwischen sich totalitär abgeschlossen hat. Liberal gab sich auch die kapitalistische Gesellschaft des 19. Jahrhunderts aus, die die Freiheit des Subjekts formal verkündete und dabei das vorstaatliche Feld für die freien Konkurrenz öffnete, bis sie schließlich im 20. Jahrhundert zu erlöschen begann, als die großen Industriemonopole die freie Marktkonkurrenz zu überschatten begannen und später dem Faschismus voran halfen. So schien für Horkheimer und Adorno die Endzeit des Kapitalismus bereits eingeläutet, weil hier eine totalitäre Gewalt immer mehr das Marktgeschehen diktierte. Endzeit hieß für sie: Ende des Liberalismus in der bürgerlichen Gesellschaft der Industriemonopole.

Später sollte diese Endzeit des Liberalismus im Neoliberalismus wieder informell gelockert werden, um im Neoliberalismus im neuen Gewand als freier Markt wiederzukehren. Das starre Konzept der Kritischen Theorie, so hieß es in dieser neoliberalen Mythologie des „Informellen", hat sich sehr weit gelockert. Die kritischen Theoretiker, so die These, unterschätzten den Markt. Monopole bedeuten nicht sein Ende, vielmehr bahnte sich darin eine neue informationelle Wende des liberalen Kapitalismus an. In der Tat, durch die entsprechenden neoliberalen Deregulierungen, sollte der globalisierte Markt jene Industriemonopole zunächst auflösen und das Individuum selbst zum Unternehmer seiner selbst machen. Aber die informelle Welt des Neoliberalismus bedeutete weder das Wiederaufleben des alten Markt-Liberalismus, noch verschwand darin der archische Kern der Kapitale und A-Kapitale. Vielmehr sollte dies das Projekt eines neuen Marktradikalismus sein, der in der pseudotheologischen Bewirtschaftung und neomythisch-staatlichen Verrechtlichung der Welt alle menschlichen Ressourcen (nicht nur die Arbeitskraft) in den neuen, digitalisierten Monopol- und Netzwerkökonomien ausbeutete. Eine monarchische Bewirtschaftung der Welt, die ihrerseits durch eine Kaskade von staatlichen Regulierungen und Re-Regulierungen stabilisiert wurde. Dies neue, totalisierende Ende des Liberalismus meint dann nicht sein Ende in den „Industriemonopolen", wo einmal die „industrielle Macht"[33] zur Schau gestellt wurde und darin die Geschichte in ihrer ganzen Dynamik zu erlahmen schien. Vielmehr das Ende des Liberalismus in den neuen Monopolen der Finanz-, Affekt-, Wissens-, Informations- und Datenökonomie, die durch eine staatliche Rechtsgewalt stabilisiert wird. Damit diffundierte jene „industriellen Macht" aus dem Überbau in die Basisstrukturen der Produktion und Reproduktion des neuen ‚Prosumers' und unterlief in der Ontologie der Praxis (‚Tun als Sein')

---

[33] „Im Krieg wird weiter Reklame gemacht für Waren, die schon nicht mehr lieferbar sind, bloß um der Schaustellung der industriellen Macht willen." (Horkheimer und Adorno 1995, S. 171).

auch noch die Differenz zwischen dem ‚Wesen einer Sache' und ihrer repräsentative Erscheinung, wie sie einmal in den „Werbeagenturen" der Industriegesellschaft manifest wurde. Die vormaligen ideologischen Verzerrungen (Verdinglichung, Verzauberung, Phantasmagorie, Fetischismus) der ‚Sache' in der Waren-, Werbe- und Konsumwelt des modernen Industriekapitalismus konnten so von der Ontologie einer Finanz-, Aufmerksamkeits- und Datenökonomie sowie von der Mythologie der staatlichen Rechtsmittel noch einmal überboten werden. Die Differenz von Überbau und Basis, von „Tauschwert" und „Gebrauchswert", von Schein und Sein, von Abstraktion (instrumentelle Vernunft) und Konkretion (Sache) wurde so in der *Mitte* der Medien eingezogen und darin als Ununterscheidbarkeit des Mittels ausgestellt. Aber diese ontisch-ontologische, menschlich-göttliche Medienökonomie meint eben auch den problematischen Ort der Medien, wo sie von Anfang an von den imperativen Mächten konfisziert wurden, die nicht an den Stand eines Sollens der Welt erinnern, wo einmal Blumenberg am Ausgang der Höhle eine Drehtür einbaute, weil er meinte, das Wesentliche, der Gott, die Wahrheit, die Substanz, der Schatz liegen darin als eine ursprüngliche gute Mitgift. Daher lässt sich das ganze Problem der Medienökonomie weniger metaphorisch und in den ideologischen Regionen des Überbaus (als Differenz zwischen Idee und Materie, Abstraktion und Konkretion, Erscheinung und Wesen) als in den Basisstrukturen der säkularisierten Produktionsverhältnisse konkret lokalisieren; ein menschliches Wirken, indem jenes göttliche Wirken säkular aufgehoben ist. Diese Ununterscheidbarkeit des Mediums lässt sich weder mit der Differenz von Materie und Geist, Basis und Überbau, Natur und Geschichte, noch mit der Dialektik des Konkreten als Ort, als ‚zweite Heimat', oder als Ersatz und Stellvertreter einer allerersten Heimat erklären. Eben, weil Erstes und Zweites in der Mitte der Medien eine Indifferenz bilden; das erste Medium ist daher streng genommen immer schon ein zweites, und das zweite Medium immer schon ein erstes. Sodass hier das Problem des Mediums in seiner ontischen (als ein historisches rationales und affektives Mittel) und ontologischen (als Sein und Sei!) *Zweiheit* liegt, die von Anfang an monarchisch und polyarchisch bestimmt ist. Und zwar sowohl als ein komplementäres Verhältnis von Einheit (Gott) und Vielheit (Götter) als auch als ein antagonistisch-polemisches Verhältnis.

Diese Totalität der Herrschaftspraktiken bedeutet dann, dass hier sowohl die Differenz zwischen Wirklichkeit und Möglichkeit, als auch der ‚dialektische Überschuss' (wie er als dialektischer Begriff durch Reflexion seiner selbst auch ein Stück weit *über* sich selbst hinauswächst, oder in den Kunstwerken als „bessere Praxis" auftritt) notwendig scheitern muss: „Indem sie (die Kunstwerke) von der empirischen Welt, ihrem Anderen emphatisch sich trennen, bekunden sie, daß diese selbst anders werden soll".[34] Denn dieses imperative „anders werden soll" ist

---

[34] Adorno 1989, S. 264.

ja gerade Teil der fantastischen, hochspekulativen, ontologischen Finanz-, Informations- und Datenökonomie, die das poetische Medium in sich selbst aufgelöst hat, um es als Wirklichkeit und Möglichkeit zu präsentieren. Wirklichkeit und Möglichkeit sind hier Teil der einen integralen Medienökonomie, die in ihrer *Mitte* Einzigartigkeit und Allgemeinheit, Privatheit und Öffentlichkeit, Individualität und Gemeinsamkeit stillstellt und beide Pole so beschlagnahmt. In der *Mitte* des ontisch-ontologischen Mediendispositivs geht es eben nicht bloß um die Produktion gesellschaftlichen *Scheins* durch die „Warenform", die als ‚wesentliche Erscheinung', als historisch-mythische Form der ‚Vorgeschichte' negativ-dialektisch negiert wird, um sie anschließend durch eine emphatisch-wahre Geschichte zu überbieten. Das ‚Vermittelnde' (als Geld, Bild, Ton, Arbeit, Praxis, Information etc.) beschreibt vielmehr die *Produktion des Wirklichen* als ein ökonomisch-theologisches (Kapitale) und staatlich-mythisches (A-Kapitale) Mediendispositiv.

Was also einmal aus der „informellen" Gleichung des Neoliberalismus allzu vorschnell markt-dynamisch herausfiel, war nicht die Abwesenheit von staatlicher Gewalt. Vielmehr konnte sie im Posthistorismus ihre *deregulierende Gewalt* noch hinter dem Imperativ des neoliberalen Weltmarktes verstecken, wo angeblich die Einheit, der Staat und die politische Feindschaft allein der Vergangenheit angehörten – daher einmal der Titel: „Die feindlose Demokratie" (U. Beck). Genau das Gegenteil sollte aber der Fall sein. Denn staatlich *reguliert wurde hier nämlich nichts anderes als die radikal-ökonomische Deregulierung* selbst, wo sie sich liberal-demokratisch totalitär abschloss. „Informell" sollte hingegen – in völliger Naivität – soviel heißen wie: ‚Hier ist ein Elend, an das *kein Gesetz* und *keine staatliche Gewalt* mehr heranreicht'; das diffundierende Moment des „Informellen" als etwas dem Zugriff des Staates angeblich weitgehend entzogenes. Diese Verabsolutierung des informellen Marktmittels (das freilich in sich selbst immer mehr parastaatliche Strukturen aufweisen sollte), an das angeblich das Rechtsmittel der staatlichen Gewalt nicht mehr heranreichte, übersah die brachiale, regulierende und reregulierende, neomythische Gewalt, ohne die ja die anbahnende Finanz-, Ausstellungs-, Affekt-, Informations- und Datenökonomie nicht funktionieren konnte. Die *politische Herrschaft* hatte sich somit in jener neoliberalen kapitalistischen Welt nicht etwa *dereguliert*, sondern ganz im Gegenteil: sie war mit einem immer höher werdenden Aufwand an staatlicher Regulierung und Re-Regulierung des marktradikalen Geschehens beschäftigt. Aber je unfassbarer und ungreifbarer die marktradikale und liberal-politische Macht in den neuen Netzwerkarchitekturen wurde, desto mehr hatte sie auch ihren sozial-kulturellen und liberal-rechtlichen Deckmantel abgelegt, um sich, wie in der Coronakrise und schließlich im Ukrainekrieg, ganz ‚nackt' zu präsentieren; nun als eine ‚unipolar-westliche' und ‚multipolar-östliche' Welt. Gerade jene „informelle Welt", wo angeblich keine staatliche, ordnende Gewalt mehr herrschen sollte, sollte also nicht die ‚dialektische Utopie' einer solidarisierenden Gesellschaft abgeben – wo in der neoliberalen, informellen Negativität angeblich ‚dialektisch' auch das positive Moment einer solidarischen Gesellschaft anwesend sein sollte. Vielmehr die liberale Utopie einer Finanz-, Aufmerksamkeits-, Informations-, Design- und Rechtsmittelökonomie, um sie in ihrer absoluten Wahrheit und Güte zu präsentieren, und damit zugleich die andere, illiberal-autoritäre Wahrheit als Reaktion in Gang setzen, die, umgekehrt, gegen das liberale „Lügenimperium" ihrerseits einen Krieg führt.

Somit lässt sich die Dialektik des Liberalismus kurz beschreiben: Der Liberalismus des freien Marktes (die kapitalistische Gesellschaft des 19. Jahrhunderts mit der Freiheit ihres Subjekts) erstarrte zunächst in der „verwalteten Welt der Industriemonopole" (20. Jahrhundert) und löschte sich anschließend im „informellen Raum" des neoliberalen Marktradikalismus wieder auf. Aber nur, um anschließend erneut in den Monopolen der Finanz-, Aufmerksamkeits- und Datenökonomie (Google, Facebook, Twitter oder Amazon) überzugehen, die als Neo-Feudalismus nun ihrerseits von den staatlichen, kaskadierenden Rechtsmitteln abgesichert wird. Es handelt sich um einen zu seinem Ende angekommenen Liberalismus, der seine Ressourcen und seinen *pseudotheologischen Treibstoff* offenbar ganz verbraucht hat, um sich in seinen ontologischen Begriffen (Demokratie, Freiheit, Toleranz, freier Markt, Menschenrechte) fundamentalistisch zu werden: die absolute Freiheit als absolute Knechtschaft. Insofern ist der „demokratischer Charakter" *nicht* das andere zum „totalitären Charakter", wie es einmal Adorno und später Habermas noch unterstellen, vielmehr der *totalitäre Charakter selber*. Gerade das *informelle Moment der Abweichung* sollte nämlich nicht die Dialektik von Freiheit und Solidarität, sondern die monarchische und polyarchische *Regel* der kapitalistischen *Bewirtschaftung* und staatlichen *Verrechtlichung* der Welt abgeben. Die freie solidarische Weltgesellschaft, die vormals noch naiv „dereguliert" gedacht wurde, sollte in den ökonomischen und politischen Netzwerkarchitekturen die totale Regulation und Herrschaft sein. Eine archische Autorität der wirtschaftlichen, kulturellen, informationellen und staatlichen Mittel, die nun sowohl den *krypto-autoritären* Charakter der glorreichen Demokratie (Habermas), als auch den *offen-autoritären* Charakter der Autokratie (Schmitt) enthüllen. Der kapitalistische Sozialstaat, der einmal vom Neoliberalismus aufgelöst wurde, endete somit nicht im freien, deregulierenden Markt, sondern im liberal-demokratischen und illiberal-autoritären Totalitarismus. Dies ist aber auch das antagonistisch-polemische Verhältnis, das sich liberal-demokratisch und illiberal-autokratisch oder islamistisch-fundamentalistisch äußert. Auf diese ursprüngliche, archaische Position hat sich nun der liberale Staat zurückgezogen, um in den seinsollenden Begriffen von Freiheit, Moral, Demokratie und Wahrheit gegen die andere, illiberal-autoritäre Herrschaft antagonistisch-polemisch anzutreten. Wie einmal in den Tagen des nationalsozialistischen Lebensraums, so ist auch heute der Ort der Kapitale und A-Kapitale tödlich geworden.

3.4 Medien der Totalisierung und Enttotalisierung des liberalen oder illiberalen Netz- und Staatsbürgers

In den Medien haben wir es heute mit der Ontologie der Finanz- und Datenströme sowie mit der mythisch-politischen und rechtlichen Einbettung dieser Ströme zu tun. Das vormalige Mittel des Arguments, des Wissens, der Sprache oder des analogen Bildes geht hierbei in den digitalen Programmiersprachen der Informatik ein, oder wird in einen Algorithmus ‚in Form' gebracht, um anschließend als Information, Affekt, Wahrnehmung, Narration, Wahrheit oder Postwahrheit aufzutreten. Wahrheit ist hier nur eine statistische Wahrscheinlichkeit (vormals eine aristotelische Kategorie), die inzwischen von einer KI algorithmisch produziert wird; auf ein Wortstück folgt das Wortstück, das, aus dem Fundus des Internet herausgezogen, die allerhöchste Wahrscheinlichkeit besitzt – KI als Leichenfledderei, das „Ausplündern" von Toten (historisch-kulturelle Außen- und Langzeitspeicher, die immer auch auf die inneren Gedächtnisspeicher hinweisen, wie es einmal Platon in *Phaidros* festgehalten hat). Ein logisch-mathematisches, digital-informatisches, alogisch-affektives oder politisches Mittel, welches das Objekt klassifiziert, algorithmisiert, formatiert und seine ökonomische Bewirtschaftung und politische Verrechtlichung als Kapitale wie A-Kapitale global, national oder geopolitisch organisiert. Freilich diese kulturell-ökonomische (Nicht-Staat) und ‚politisch-ökonomische' (Staat) Klassifizierung, Identifizierung und Subsumierung der materiellen und immateriellen Dinge, einschließlich der Menschen, ist nicht ganz neu. Denn von Anfang an wurden sie immer schon unter den visuellen oder akustischen Mitteln des Mythos, des Logos, der Zahl und später des Begriffs subsumiert, was ja immer auch ein Absehen von ihrer Singularität und Alterität bedeutet. Der Unterschied zur neuen digitalen, informationellen und politischen Identifizierung, Schablonierung, Algorithmierung und Totalität liegt nun aber darin, dass die *Mittel* des Logos, Begriffs oder Bildes vormals *in der Reflexion ihrer selbst* auch ihre identifizierende, klassifizierende und subsumierende Seite problematisierten und dabei philosophisch, literarisch, künstlerisch oder politisch versucht haben, diese Verabsolutierung mehr oder weniger auch los zu werden. Sie haben dabei Wege gesucht, durch Reflexion ihrer selbst ihr defizitäres Medium (Logos, Begriff, Bild, Ton, Wort, Gesetz) in Philosophie, Literatur, Kunst oder Politik spürbar werden zu lassen und damit ein Stück weit über sich selbst hinauszugelangen. Aber diese ‚Reflexion der Reflexion' (Hegel), die über ihr eingeschränktes Mittel (als Begriff oder Bild) hinauszugelangen versuchte, ist in den neuen, politischen und ökonomischen Netzwerkarchitekturen einfach entfallen, die als finanz-, informations-, affektökonomische, oder als programmierte und algorithmisierte Sprachen nun ihre totalitäre Sphäre (als eine der Bewirtschaftung und Verrechtlichung der Welt) kaum noch reflektieren.

So wird in der neuen Totalität des politischen Systems (liberal oder illiberal verfasst), in den digitalen Welten des neuen ‚Netzbürgers' und ‚Staatsbürgers' nicht mehr das alte, analoge Medium „Radio zum universalen Maul des Führers".[35] Vielmehr treten hier Medien (als Hardware und Software) in ihrer jeweiligen Verabsolutierung im Dienst der globalen Finanz-, Informations-, Design- und Affektökonomie, im Dienst einer liberal-demokratischen oder illiberal-autoritären Rechtsmittelökonomie ein, um darin die jeweils neuen Wahrheiten oder Lügen pandemisch zu verbreiten – daher heute der Antagonismus von Demokratie und Autokratie, von Freiheit und Diktatur, oder von „westlichen" und „eurasischen" bzw. „islamischen" Werten. Die neuen politischen und digitalen Architekturen des Netz- und Staatsbürgers (digital-vermittelt und territorial-staatlich zugleich), der seinerseits im Dienst seiner Imperative steht, preisen daher nicht die „immergleichen Waren" an, wie sie vormals kritisch als Merkmal der „Industriegesellschaft" beschrieben wurden. Vielmehr geht hier die neue Finanz-, Informations-, Aufmerksamkeits-, Rausch-, Spiel-, Affekt- und Rechtsmittelökonomie in ihrem Befehlscharakter über jene *historisch-mythische Kreisfigur des Immergleichen* weit hinaus und holt dabei noch die Kategorie des Unendlichen, Gottes oder der Götter in die Praktiken des liberal-demokratischen oder illiberal-autoritären Netz- und Staatsbürgers herein. Und zwar so, dass ihr Verhältnis in sich verkehrt hat. Denn nicht der „Teufel hat hier wenig Zeit", wie es biblisch heißt, oder, neoheidnisch, der Mythos (als ewige Wiederkehr des Gleichen) setzt sich immer wieder in der Geschichte durch. Vielmehr: das Ewige, der Gott der Theologie oder die Götter der Mythologie haben selbst wenig Zeit, weil die instrumentell-poietische Intelligenz des Menschen und Übermenschen (samt seiner KI) in den Praktiken der Herrschaft beide zugleich (irdische und himmlische Welt) aus dem *Verkehr* (die vermittelnde Mitte der Medien) zu ziehen droht.

In der neuen digital-ökonomischen Bewirtschaftung und staatlichen (nationalen oder geopolitischen) Verrechtlichung der Welt erreicht somit die Informationsgesellschaft (die freilich in ihrer ‚technischen Gleichzeitigkeit' immer auch ihr ‚ungleichzeitiges', industrielles oder gar manufakturelles Moment in sich integriert) eine ganz neue Dimension. Es handelt sich um der unerhörten Verbreitung, Auflösung, Vernetzung, Zerstreuung, Verknüpfung und Verschaltung der Welt, die darin immer auch ihre Erfassung, Konzentration, Verdichtung und Sammlung bedeutet. Das heißt, die neue, liberale, finanz-, daten-, informations- und rechtsmittelökonomische *Dissemination* ist immer auch eine *Unifikation*, wo die Differenz zwischen privatem und öffentlichem Leben verschwindet, weil beide (Individuelles und Allgemeines) in der Mitte der Medien ununterscheidbar geworden sind; das private Leben dringt in das öffentliche Leben ein, und umgekehrt,

---

[35] Horkheimer und Adorno 1995, S. 168.

das öffentliche ins private, sodass wir in den digitalen (technisch-vermittelt) und analogen (physich-unmittelbar) Netzwerken mit einem ‚individuellen Allgemeinen‘ und mit einem ‚allgemeinen Individuellen‘ zu tun haben. Die viel gepriesene, neoliberale globale Netzkultur, die sich als ein leistungsfähigeres Netzwerk zur Synchronisierung von subjektiv besetzten Knotenpunkten im neoliberalen Datenverkehr offenbart hat, bewirkt somit in ihrer Totalität auch eine *Selbstzerspaltung ihres eigenen Prinzips*. Dergestalt, dass in der liberal-demokratischen Weltarchitektur notwendig ein Riss in ihrer Stabilität entsteht, wo nun jede Information zu einer Desinformation, jeder positive Affekt (Freundschaft, Liebe) zu einem negativen (Feindschaft, Hass), jede Wahrheit zu einer Lüge wird. Ein liberales Universalmedium, das sich in seiner finanz- und informationsökonomischen Struktur immer zugleich die totalitäre, seinsollende, privatwirtschaftliche wie staatliche Rechtsmittelstruktur meint. Dergestalt, dass heute keinem liberaldemokratischen Netzbürger (in seiner technisch-vermittelten, parastaatlichen Struktur) und Staatsbürger (in seiner privaten und physischen Unmittelbarkeit) etwa das Privileg eines Unbeobachtet-, Nichterfasst-, Gelenkt-, Ausgerichtet-, Manipuliert- und Privat-Seins mehr zugesteht; liberale Freiheit als eine monopolistische, neo-feudale (Google, Amazon, Twitter, Facebook etc.) und zugleich staatlichpolitische (nationale, geopolitische) Knechtschaft, hypermoderne Kontingenz als uralte Notwendigkeit.

Damit vermischt sich im Liberalismus auch jene feinmassige Mikrostruktur der „Kontrollmacht" (Foucault/Deleuze) mit der groben Makrostruktur der monarchischen Finanz-, Informations- und Datenmacht, während sie zugleich von einer kaskadierenden, liberal-staatlichen Macht umrahmt wird. Eine, die heute in der monströsen Gestalt eines Leviathan wieder aus ihrer liberal-demokratischen Deckung kommt, um sich politisch und ökonomisch ‚nackt‘ zu präsentieren. Es handelt sich um eine liberale Rechtsordnung, die sich von Anfang an in ihrer kulturellen (ökonomisch-gesellschaftlichen) *Voraus-Setzung* auch selbst *ausgesetzt* hat: der „Liberalismus negiert sich selbst", wie Christoph Menke hier die Dialektik des Liberalismus und der liberalen „Rechte" beschreibt: „Die Paradoxie der Form der subjektiven Rechte – in der die Ermächtigung des Subjekts in die Ermöglichung sozialer Herrschaft umschlägt – *gründet* in den Aporien der bürgerlichen Politik, in der Politisierung und Entpolitisierung Hand in Hand gehen: weil die Politisierung der Rechte die Entpolitisierung der Gesellschaft ist."[36] Im Liberalismus haben wir es also von Anfang an mit einer zweifachen Verschiebung in der *Mitte* der Medien zu tun, wo Politisierung und Entpolitisierung darin ununterscheidbar werden. Der Liberalismus ist zwar ein abstraktes, universelles Phänomen. Aber als ein ökonomisches und politisches Projekt bleibt er am Nationalstaat und an seinen forma-

---

[36] Menke 2015, S. 313.

len Rechten gebunden, sodass er in seiner politischen Vielfalt und Territorialität (auch wenn er inzwischen zum einem westlichen Block geworden ist, der sich vom östlichen abgrenzt) eine mythisch-staatliche Polyarchie (die säkularisierten Nationalgötter) darstellt. Insofern beschreibt die liberale *Verrechtlichung* der Welt (als westliche Welt der liberal-demokratischen Staaten) die eine Form der *Polyarchie*, während die liberale *Bewirtschaftung* der Welt die andere Form der *Monarchie* darstellt. Wenn sich also der Liberalismus selbst negiert, dann nicht nur in seinem formalrechtlichen Mittel der säkularisiert-mythischen Polyarchie (nationales Rechtsmittel), sondern auch in seiner anderen, vorstaatlichen Seite der Monarchie (globales Kapitalmittel). Da aber der liberale Staat mit seiner gesetzten Freiheit diese zugleich auch negiert (er *setzt sie voraus*, indem er sie zugleich *aussetzt*), wird ihm seine eigene totalitäre ‚Setzung' auch zum Verhängnis. Gerade die neoliberale Totalität (liberale Bewirtschaftung und Verrechtlichung der Welt) produziert nämlich in ihrem eigenen Innern ebenso eine ‚kritische Masse', die eine Veränderung in den Eigenschaften des liberal-verabsolutierten Körpers hervorruft, nämlich, die Produktion eines illiberal-autokratischen oder islamistischen Körpers. Die liberale Unruhe und Mobilisierung der Welt produziert somit eine ebenso gleiche Immobilität als ein *antagonistisch-polemisches Prinzip* (nicht bloß komplementäres, das den Nationalstaat in der Kapitale integriert), eine *stasis* und einen *polemos*, wo in der Mitte der Medien eine politische Feindschaft entsteht – insofern meint *stasis* nicht den dialektischen Stillstand im philosophischen Modell oder in den Allegorien der Kunst. Die Beschleunigung des liberalen Systems ruft, im Gegenzug, eine *antagonistisch-polemische Gegenkraft* hervor, die den negativen Horizont des Liberalismus bildet.

Damit ist auch die Differenz zwischen Arbeit und Kapital verwischt worden. In der Mitte der Medien geht nämlich Kapital in Arbeit und Arbeit in Kapital über, um sich darin als eine immanente Medienökonomie ebenso ontologisch zu transzendieren. So ist der neoliberale Kapitalismus pseudotheologisch (Bewirtschaftung der Welt) und neomythisch (Verrechtlichung der Welt) geworden und bestimmt darin die elementaren Praktiken des neuen Netz- und Staatsbürgers. Die alte Ideologie, die einmal als „falsches Bewusstsein" beschrieben wurde, fällt somit aus den oberen Regionen des Überbaus in die Basisstrukturen der neoliberalen Produktionsverhältnisse herab. Der Überbau, der aus der Arbeitsteilung und den eingeschränkten Perspektiven der je einzelnen Menschen sowie aus der Mittel-Zweck-Verkehrung einmal erklärt wurde, ist in die Basisstrukturen der neoliberalen finanz- und informatischen Produktionsverhältnisse herabgesunken, in denen das ‚Werden ins Sein' und das ‚Sein ins Werden' übergeht, um darin zugleich das imperative ‚Sei!' des marktradikalen oder neofeudalen, monopolistischen Systems abzugeben. Der Liberalismus verwirklicht sich somit als Totalität nicht allein in seinen formalen „Rechten" und verfehlt dabei seine Idee der Freiheit – indem er nämlich das Recht *setzt* und es zugleich *aussetzt* –, sondern im Markt, in seiner Finanzökonomie, in seinen Informations- und Datenmonopolen, in den abstrakten Ideen der Freiheit, der Demokratie oder in den Menschenrechten, die ausgestellt und verherrlicht werden. Eine pseudotheologische Kapitale, die mit dem liberalen, neoheidnischen Recht (nationalen oder geopolitischen) eine totalitäre Einheit bildet. Was hier nämlich *vorstaatlich* geschieht, das Markt-, Sozial- und Kulturgeschehen, erschöpft sich nicht in seiner *Kontingenz* (wo etwas geschieht oder eben nicht geschieht). Vielmehr meint darin auch das totalitäre, ökonomische Feld einer ,polizeilichen Notwendigkeit', wo die private Freiheit in die uralte Knechtschaft umschlägt. Es ist die Eschatologie – hier werden nicht „theologische Begriffe säkularisiert" (Schmitt), sondern eschatologische Begriffe säkularisiert – des liberal-säkularisierten Kapitalmittels (das unbegrenzte monarchische Kapitalmittel), das seinerseits von den liberalen, kaskadierend wachsenden, neoheidnischen, national-staatlichen Rechtsmitteln abgesichert wird.

Es ist das ökonomistisch-theologische Mediendispositiv, wo eine neue „Herrschaft durch Kontingenz" (Alex Demirović) marktradikal oder monopolistisch und neofeudal installiert wurde. Während die liberalen Rechtformen nur das andere, komplementäre Rechtsmitteldispositiv bilden. Die totalitäre Form der subjektiven Rechte *gründet* somit in den beiden *komplementären Mediendispositiven*, wo die Welt in ihrer universellen *Bewirtschaftung* und national-staatlichen *Verrechtlichung* zugleich als eine absolute Wahrheit und Güte ausgestellt wird. Dabei meint die liberale Bewirtschaftung der Welt nicht etwa das ,nüchterne' und ,entzauberte' Profitmotiv des „rationalen Kapitalismus" (Max Weber). Vielmehr die integrale Medienökonomie als monarchische Totalität, die immer zugleich von den polyarchischen Totalitäten nationalstaatlich oder geopolitisch (liberal oder illiberal) umrahmt wird. Es ist das liberale, totalitäre Regime, das sich in den Medien seiner *vorausgesetzten Finanz-, Ausstellungs-, Design- und Informationsökonomie* (samt den pseudostaatlichen Strukturen und digitalen Neogemeinschaften darin) verabsolutiert und dabei jeden Aspekt des menschlichen und außermenschlichen Lebens sich einverleibt hat. Denn kein Bereich bleibt in der liberal-demokratischen Totalität mehr übrig, der nicht schon vorstaatlich und staatlich erfasst worden ist; kein Aspekt, der nicht kontrolliert, überwacht, gelenkt oder politisch gesteuert wird.

Freilich tritt diese ursprüngliche Herrschaft im liberal-demokratischen Staat nicht als solche hierarchisch oder autoritär auf. Vielmehr bleibt sie informell, diffus, instabil und will nicht in eine lineare oder zyklische Einheit übersetzt werden. Es ist vielmehr die kollaborative Interaktion des liberalen Netzbürgers, der in seiner digital-vermittelten oder unmittelbar-physischen *Wirksamkeit* gerade nicht totalitär, vielmehr kritisch und rhizomatisch auftreten möchte. Was aber diesem angeblich kritischen, anti-hierarchischen und anti-totalitären Gestus so krypto-autoritär macht – und damit wieder mit der Totalität des digitalen liberal-demokratischen Kapitalismus zusammenfällt – ist gerade jene angeblich *ent-totalisierende, minimale Ausnahme (als eine der Differenz im liberalen System), die als Vielheit und Fluchtlinie selbst nur die Totalität der Kapitale und A-Kapitale bestätigt.* Die *Vermeidung der totalitären Geste der Verallgemeinerung, Nivellierung-Gleichmachung-Vereinheitlichung* (wie sie etwa vormals von Adorno/ Horkheimer, Heidegger oder Derrida vollzogen wurde; als „instrumentelle Vernunft", „rechnendes Denken" oder Dekonstruktion), soll freilich im Gestus der Fluchtlinie *nicht* jene einheitliche Geste der *Totalisierung des Gegners* (Kapitalismus, „kapitalistische Religion", System, Gestell, Staat etc.) abgeben, um ihn dann dialektisch, ontologisch, dekonstruktiv oder anthropologisch aufzulösen. Vielmehr mit einer rhizomatischen, immerwährenden, *deregulierenden Enttotalisierung des Gegners* daherkommen. Gerade dieses rhizomatische (oder auch, dialektisch, als „abstrakter Raum" hier und „konkreter Ort" dort beschriebene), dezentralisierende, deregulierende oder informelle *Mittel*, ist aber auch das Mittel, das von den Strategien der liberal-vorstaatlichen und liberal-staatlichen Macht wieder eingefangen, manipuliert und ausgerichtet wird. Sodass gerade die rhizomatische oder dialektische *Enttotalisierung des Gegners* (der in seiner Linearität, Repräsentation oder zyklischen Figur auftritt) nur seine *liberal-vorstaatlich-monarchische und liberal-staatlich-polyarchische Macht bestätigt:* die liberale Idee eines moralisch Sein-sollenden.

Auch der neue, progressive und weltweit agierende ‚Netzbürger' wird also noch in seinen parastaatlichen Strukturen den ‚alten Staatbürger' nicht ganz los, weil letzterer – es gibt ja keinen globalen Weltstaat als rechtliche Einheit – den ökonomischen, kulturellen und technischen Netzbürger (in seinen parastaatlichen Strukturen und Neogemeinschaften) reguliert, rereguliert und durch territoriale Grenzen und Gesetzen stabilisiert. Die neuen, liberal-konstruierten ‚Netz-Völker' und ‚Netz-Nationen' sind somit in ihrer ‚flüchtigen' und ‚flüchtenden' Identität nicht ganz identisch mit den alten, autochthonen Völkern und nationalen Identitäten. Eben, weil letztere immer noch auf die *unmittelbare,* subjektive Präsenz, Grenze, Mauer, Akklamation, Identität und Herrlichkeit des eigenen Volkes, der eigenen Nation, der eigenen Kultur oder der eigenen, liberal-demokratischen Sphäre setzen. Die ‚Wir-Facebook-' oder ‚Wir-Coca-Cola-Trinker-Gemeinschaft' ist nicht mit der territorialen ‚Wir-Deutsche-' oder ‚Wir-Franzosen-Gemeinschaft' ganz identisch. Wohl aber bilden beide die zwei komplementären Sphären des neuen Netz- und alten Staatsbürgers, die als eine liberal-demokratische Gesamtsphäre in sich selbst fundamentalistisch abschließt und alles andere aus sich ausschließt. Aber der Ort, wo die liberale Wahrheit, die narzisstische Moral, die Information, das Gefühl und das Gute immer mehr zunehmen, ist auch der Ort, wo umgekehrt auch die Ära der absoluten Lüge, der Desinformation und des absolut Bösen einsetzt – daher heute die Formulierung vom „Lügenimperium" des Westens. Es ist also kein Wunder, wenn heute mit der liberalen *Entgrenzung* des weltweit agierenden Netzbürgers (in seiner Finanz- und Informationsökonomie) die *territorialen Grenzen, Mauern* und *Schismen* in der weltweit gewordenen Polis immer mehr zunehmen. Gerade durch die Totalität der liberalen Freiheit und Demokratie *nehmen* nämlich die regressiven, autochthonen oder geopolitischen Identitäten, Grenzen und Mauern nicht etwa *ab*, vielmehr *immer mehr zu*. Eben, weil sie nur eine *Reaktion* auf jene liberal-demokratische Totalität sind und ihrerseits in sich selbst eine ‚Unmittelbarkeit ihres ontologischen Seins', eine Stabilität und Ruhe suchen, aber nicht finden können, weil sie durch die liberale Moderne selbst produziert sind.

Die zunehmende Auflösung des ‚konservativen Staatsbürgers' durch den liberal-demokratischen und ‚progressiven Netzbürger' (in seinen Neogemeinschaften) bedeutet daher nicht die Auflösung des ‚territorialen Staatsbürgers'. Vielmehr auch das Anwachsen der konservativen Kräfte im liberal-demokratischen System. Während nämlich überall Demokratie, Freiheit, Toleranz und liberale Wahrheit zu den ‚höchsten Werten' erhoben werden, wächst umgekehrt auch die Intoleranz. Die liberal-demokratische Welt der globalen und digitalen Neogemeinschaft löst daher nicht bloß die alten Völker und Identitäten in sich auf. Vielmehr kehren jene entkernte Souveränitäten und aufgelöste Identitäten ebenso zurück, um sich nicht mehr als ‚liberal-künstlich-vermittelte Beziehungen', sondern als scheinbar *echte, unmittelbare Beziehungen, nationale Bindungen oder geopolitische Kollektividentitäten* zu behaupten. Damit fällt die neoliberal-soziale, finanz- und informationsökonomische Frage des hypermodernen Netz- und Staatsbürgers (der gleichzeitig operierende Sender-Empfänger) mit der alten *genealogischen* Frage der Tradition zusammen. Der neoliberale Netzbürger (digital-vermittelt) und Staatsbürger (physisch-unmittelbar) in seiner digital-vermittelten und physisch-unmittelbaren Identität beschreibt nur das eine, toxische, liberal-demokratische Mittel, das in seiner metaphysischen Absonderung (als Freiheit, Information, Kommunikation, Toleranz oder Wahrheit) notwendig feindselig werden muss, weil es gegen alle wirkliche Differenz sich abdichtet. Freilich, im Haus des liberalen Netz- und Staatsbürgers (digital-vermittelt und physisch-unmittelbar) ist das Medium nicht nur ein Anlass für Streit, Konflikt, Kampf, Bürgerkrieg (nach innen) und Krieg (nach außen), vielmehr auch das Paradigma einer Versöhnung und Heilung dessen, was es von Anfang an als toxisches Mittel vergiftet.

Das *Medium* (auch der Mensch selbst als Medium) in seiner Vermittlung und Unmittelbarkeit inszeniert somit im liberal-demokratischen Kosmos *in sich selbst* einen ‚Bürgerkrieg', einen Krieg im eigenen Haus (*oikeios polemos*), wo Heilmittel und Gift, Bruder und Feind, Drinnen und Draußen, Haus und Stadt, Staatsbürger und Netzbürger einander sich angleichen und dabei im liberalen oder illiberalen Kosmos ununterscheidbar werden. Deswegen wären „Bürgerkriege" und

„Kriege" nicht einfach auf „Technik" zurückzuführen, wie einmal eine ‚technische Medientheorie' abstrakt unterstellte: „Schon 1945, im halbverkohlten Schreibmaschinenprotokoll der letzten OKW-Lagen, hieß der Krieg der Vater aller Dinge: Er habe (sehr frei nach Heraklit) die meisten technischen Erfindungen gemacht. Und spätestens seit 1973, als von Thomas Pychon Gravity's Rainbow herauskam, ist auch klargestellt, daß die wahren Kriege nicht um Leute oder Vaterländer gehen, sondern Kriege zwischen verschiedenen Medien, Nachrichtentechniken, Datenströmen sind."[37]

Was einst der Sprache der Metaphysik angehörte, kehrt hier in die Sprache der „Technik" wieder, die Medien in Netzwerke, Verschaltungen, Übertragungen und in die Sprache der Mathematik und Informatik transferiert. Die ontologischen Aussagen, die das Medium in „Technik" (Kittler), „Botschaft" (McLuhan) oder in der kybernetischen Information verabsolutieren, hätten aber nur dann ein gewisses Recht, wenn sie ihre Ontologie aus der historisch-gesellschaftlichen Textur sowie aus dem politisch liberalen Kosmos konkret ablesen würden. Denn eine Übertragung findet überall dort statt, wo ein *Relatives* auf *anderes, fremdes Bezogenes* bleibt, dabei aber nicht *schon* die Sache selbst *ist* (Indikativ), weil sie in der verabsolutierten Relation im imperativen Gebot steht: *Sei!* So gesehen ist auch die postmoderne Auflösung der Einheit in jenem „Prinzip der Vielheit" (Deleuze) – die alles bis ins kleinste diffundieren lässt – nur ein Modell der neuen Finanz-, Wahrnehmung-, Affekt-, Informations-, Design- und Rechtsmittelökonomie. Denn der Ort, wo das Medium in seinem liberal-demokratischen Differenzial als die Sache selbst auftritt (die Differenz an sich), ist hier weder historisch-gesellschaftlich (ontisch), noch in seiner Ontologie, Metaphysik, Neomythologie und Kryptotheologie konkret bestimmt. Das Medium, das von Anfang an in seiner Doppelwirkung auftritt, rastet hier in seiner *Mitte* ein, um darin gerade als flüchtige und flüchtende liberale Identität unendlich zu korrodieren. Das heißt, die *Dekomposition der alten mehr oder weniger stabilen Wahrheits- und Gefühlsökonomie* in der neuen, neoliberalen Finanz-, Aufmerksamkeits-, Konsum-, Affekt-, Informations- und Rechtsmittelökonomie, bedeutet auf der anderen Seite auch die *Re-Komposition der alten regressiven, lokalen, territorialen, autochthonen, nationalen, autoritären oder islamistischen Gefühlsökonomien*, die auf den symbolischen Ort der Macht, der Grenzen und territorialen Identitätszeichen (auch in der Form der Geopolitik) setzen. Es ist der blinde Fleck der alten und neuen Medien, auf dem sich dann ‚Medientheoretiker' wie McLuhan, Flusser, Bush, Wiener, Watson, Venter, Kittler, Habermas, Baudrillard, Deleuze oder Derrida als Vordenker der neoliberalen Finanz-, Aufmerksamkeits-, Konsum- und Informationsökonomie in ihrer ‚Diffe-

---

[37] Kittler 1986, S. 6.

renz' treffen. Ein liberales ‚Gesetz der Medienökonomie', das darin eine ‚Ökonomie des Leidens' darstellt, welche dann die andere Leidensökonomie der regressiven Reaktion provoziert.

Medien und ihre Praktiken „verstehen", bleibt somit eine „Unmöglichkeit" (Kittler). Aber nur deswegen, weil die jeweils *herrschenden Imperative* alle „Techniken", alles hermeneutische Verstehen und alle Praktiken des sozialen Gesamtakteurs fernsteuern, bestimmen und damit auch seine Fiktionen produzieren. Die Mittel von Kultur, Kunst, Zivilisation und Politik kollabieren nicht in „Technik" oder in „Information". Vielmehr in der pseudoreligiösen Finanz-, Aufmerksamkeits-, Informations- und mythisch-staatlichen Rechtsmittelökonomie, wo nämlich das Mittel (als liberales oder illiberales) in seiner Mitte einrastet und in seiner hypermodernen Beschleunigung stillsteht und dabei auch das Feld des illiberal-autoritären Feindes markiert. Es beschreibt die Totalität der ökonomischen und politischen Untat als den wirklichen Raum der Öffentlichkeit. Etwas, das, im Gegensatz zur ‚Tat' des theoretischen Diskurses oder der poetischen Fiktion, politisch-revolutionär *ungetan* werden muss, damit es seine ökonomisch- und politisch-toxische Wirkung verliert. Wir sehen also: In der Verflechtung der liberal-progressiven und illiberal-regressiven Kräfte bilden die liberalen Theoretiker der „Demokratie" und des „Rechtsstaats" – und damit auch die Theoretiker des „rhizomatischen" Widerstands, wie sie heute zugunsten einer neuen sozialen Steuerpolitik und einer resistenten Individualität auftreten – mit den konservativen Denkern des Autoritarismus nur das *eine* totalitäre und feindselige Mediendispositiv. Eines, das sich in seiner Totalität liberal-demokratisch und illiberal-autoritär aufspaltet, sodass die zwei abgeschlossenen Totalitarismen in einem *antagonistisch-polemischen Verhältnis* zueinander stehen. Sie sind nämlich nichts anderes als die *zwei antagonistisch-polemischen Seiten* (liberal-demokratisches und illiberal-autoritäres Paradigma) des *einen* feindseligen Medienparadigmas. Gerade deswegen gilt es aber beide Totalitarismen (als glorreiche Demokratie und glorreiche Autokratie) nicht mehr als absolute Sphären zu verherrlichen, vielmehr sie zu *enttotalisieren* und außer Kraft zu setzen.

3.5 Die „Zeitenwende" in der Coronapolitik und in den neuen Kriegen zusammendenken

Wir erleben eine „Zeitenwende", heißt es heute in der Politik. Dabei war diese in den Medien immer schon gegeben, sodass sie auch in ihrem modernen Fortschreiten immer schon in sich selbst gewendet zeigten, eben *katastrophisch*, wie es bereits Benjamin in seinem „Passagen-Werk" feststellte: „Dass es ‚so weiter' geht, ist die Katastrophe. Sie ist nicht das jeweils Bevorstehende sondern das jeweils Gegebene."[38] Freilich ist diese „Zeitenwende" im medialen Prozess auch immer verborgen geblieben und nach dem zweiten Weltkrieg durch einen liberalen Diskurs überblendet worden, bis dieser schließlich in den zahlreichen Krisen immer mehr Risse zeigte. So auch zuletzt in der Coronakrise und schließlich im Ukrainekrieg, wo nun der liberale Diskurs in der medialen *Mitte* ontologisch eingerastet ist, um in der verabsolutierten, liberal-demokratischen Kapitalordnung, durch Selbstzerspaltung des liberalen Prinzips, auch den illiberal-autoritären Feind zu erzeugen. Denn da wo alle Differenz, alle Bewegung, alle Vermittlung und aller Kontext aus der *Mitte* verschwinden, um darin absolut als „westliche Werte", Demokratie, Freiheit oder Menschenrechte aufzutreten, da ist auch der Ort, wo die rivalisierte, gewalttätige Gruppe oder der äußere Feind erscheint.

Jede politische, soziale, kulturelle, religiöse oder staatliche Form sei, so hieß es einmal in idealistischer oder materialistischer Tradition, historisch, kontingent, relativ. Der liberal-demokratische Kapitalismus hat es aber inzwischen geschafft, die Relation und Kontingenz als ein Absolutes hinzustellen. Eine säkularisierte liberalvergöttlichte Sphäre, die darin gebietet: ‚Verherrliche die liberal-demokratischkapitalistische Ordnung!' Ein liberal-verabsolutiertes Ganzes, wo jede Differenz, die diese liberale Ordnung als ein ontisch-ontologisches Prinzip – denn sonst würde diese Ordnung sich wieder in ihrer Mitte relativieren – stören könnte, notwendig als Feind oder zumindest als Gegner erscheinen muss. Die Relation in einem Absoluten stillzustellen heißt aber auch, alle Differenz und Ausnahme im liberal-demokratisch-kapitalistischen Staat integrieren. Denn „Ausnahmesituationen", so etwa Habermas in der Coronakrise, erfordern vom liberalen Staat, der in der Aporie zwischen „Rechtszwang und Solidarität" verstrickt sei, außergewöhnliche Maßnahmen: „Die derart für den Zeitraum der Pandemie gerechtfertigten Maßnahmen könnten wohl nur von Corona-Leugnern als Auswuchs einer Biopolitik verteufelt werden."[39] Im „‚Krieg' gegen das Virus", bei dem „dem Gegner" (das Virus) „keine Rechte zugeschrieben" werden können, geht es vielmehr um eine Mobilisierung der liberalen Demokratie, die in der Krise sehr wohl auf die Solidarität ihrer Bürger setzen kann: „Die asymmetrische Beanspruchung der Bürgersolidarität auf Kosten gleichmäßig gewährleisteter subjektiver Freiheiten kann durch die Herausforderungen einer Ausnahmesituation gerechtfertigt sein."[40] Damit kann er auf der anderen Seite des Widerstands gegen die totalitären Maßnahmen des Staates nur scheinliberale Proteste erkennen, die in Wahrheit einen

---

[38] Benjamin 1983, S. 592.
[39] Habermas 2021.
[40] Ebd.

rechtsradikalen Kern enthalten: „Wegen ihres rechtsradikalen Kerns sind die scheinliberal begründeten Proteste der Corona-Leugner gegen die vermeintlich konspirativen Maßnahmen einer angeblich autoritären Regierung nicht nur ein Symptom für verdrängte Ängste, sondern Anzeichen für das wachsende Potential eines ganz neuen, in libertären Formen auftretenden Extremismus der Mitte, der uns noch länger beschäftigen wird."[41]

Im liberalen Handeln steht dann eine andere Frage im Vordergrund, nämlich die, „ob der demokratische Rechtsstaat Politiken verfolgen darf, mit denen er vermeidbare Infektionszahlen und damit auch vermeidbare Todesfälle in Kauf nimmt." Die Antwort ist eindeutig: Nein. Denn Ausnahmesituationen erfordern auch Ausnahmehandlungen des liberalen Staates, der sich in der „Krise" – von der bereits der Staatsrechtler Böckenförde sprach: „Was macht der liberale Staat am Tag seiner Krise?" – auf die Solidarität seiner Bürger sehr wohl verlassen und im Dilemma dieses Zwangs auch einfordern kann. Der Staat ist nämlich „schon aus funktionalen Gründen genötigt, *Solidarleistungen*, die sonst nur angedacht werden können, *zwingend vorzuschreiben*."[42] Hier beschlagnahmt Habermas den Satz Böckenfördes („Der freiheitliche, säkularisierte Staat lebt von Voraussetzungen, die er selbst nicht garantieren kann") und sieht in der Corona-Krise jene *Voraussetzungen* in einer – freilich idealistisch verschwommenen – „Solidarität" der Bürger gegeben, um den liberalen Staat noch in seiner „Ausnahmesituation" zu retten: „Die Aporie zwischen Rechtszwang und Solidarität ergibt sich daraus, dass in der Pandemie eine in der Verfassung selbst angelegte Spannung zwischen den beiden tragenden Verfassungsprinzipien aufbricht – zwischen der Volkssouveränität einerseits und der Herrschaft der Gesetze, die subjektive Freiheiten gleichmäßig gewährleistet, andererseits. (…) Es ist nun wichtig zu sehen, dass diese beiden Momente mit der Gründung der Verfassung, also im Akt der ursprünglichen demokratischen Vergemeinschaftung, eine *fortwirkende* Verbindung eingehen; denn alle folgenden Generationen setzen diesen Gründungsakt fort, indem sie das Recht zur Auswanderung ausschlagen."[43]

Habermas legt also noch Hand auf diesen „ursprünglichen", *vorstaatlichen* politisch-kreativen Gründungsakt, sodass er diesen mit dem formalen Recht der „Verfassung" rückkoppelt – ein vorstaatliches Feld von dem sich Böckenförde heroisch zurückzog, um den liberalen Kräften der Gesellschaft (Ökonomie, Kultur, Religion) freies Spiel zu lassen. Ein „ursprünglich demokratischer Gründungsakt", der vormals noch als eine politisch-schöpferische, *produzierende* oder *konstituie-*

---

[41] Ebd.
[42] Ebd.
[43] Ebd.

rende Gewalt beschrieben wurde, und wo nun Habermas seinen deliberativen Begriff von „Solidarität" unterbringen will. Wenn man aber diesen Inbegriff von „Solidarität" etwas genauer untersucht, stellt man fest, dass dieser Begriff der „Solidarität" von einem abstrakten, idealistischen Raum her konstruiert ist, sodass er weder die vorstaatliche, ökonomische Gewalt (auch in der Form der parastaatlichen Strukturen), noch den liberal-demokratischen Gründungsakt als solche problematisiert. Der liberale Rechtsstaat soll hingegen, nach Habermas, immer auch auf die abstrakte, idealistisch-konstruierte „Solidarität" seiner Bürger rückversichert bleiben, die am Tag der Krise (Corona-Krise) aufgefordert sind ihren liberalen Staat (in seiner formalen Gesetzeskraft) zu retten, um so den „Krieg gegen das Virus" zu gewinnen.

Wir haben es hier also mit *zwei* Medien der liberalen Demokratie zu tun: das *konstituierte* (liberaler Staat) und *konstituierende* (das vorstaatlich-kulturell-ökonomische oder religiöse Feld eines ursprünglich liberal-demokratischen Gründungsaktes) Medium, wobei letzteres den liberalen Staat am Tag seiner Krise stützen soll. Mit diesem abstrakt ökonomischen und politisch völlig ausgehöhlten Begriff von „Solidarität" zielt er dann noch auf jene politisch *vorgängige, schöpferische Kraft*, die als eine *konstituierende* Gewalt (Volkssouveränität) jener *konstituierten* Gewalt (Herrschaft der Gesetze) immer vorausgeht, aber darin auch hochproblematisch bleibt. Problematisch deswegen, weil jener liberal-demokratische Gründungsakt ebenso eine ursprüngliche Gewalt enthält, die darin sowohl als archische Macht (die monarchische Macht des Kapitals und die polyarchische Macht des Staates) als auch als ‚kritische Masse' (die im Widerstand gegen die Macht gerichtet ist) ausgeblendet bleibt. Ausgeblendet bleibt nämlich aus der ‚liberalen Utopie' das Gebot: ‚Verherrliche die liberal-demokratisch-kapitalistische Ordnung!' Das heißt, die Relation und Kontingenz offenbaren sich hier als ein liberal-demokratisches Absolutes und darin Notwendiges. Wo aber das Medium sich liberal-demokratisch-kapitalistisch verabsolutiert hat und darin die Sollenhaftigkeit der liberalen Ideen meint, erzeugt es in sich selbst auch die „Krisen", weil hier Medien und ihr Medienträger (der Mensch) stillstehen und daher nur noch stationär behandelt werden. Genau diese *krisis* und *stasis* der Medien zeigt dann den Grund, warum unsere Demokratien als emanzipatorische, aufklärerische, kommunikative und humanistische Projekte nicht funktionieren.

Habermas sieht hingegen in der liberalen Coronapolitik der „Ausnahmesituation" zwei ‚Medien' am Werk: das *ursprünglich-asymmetrische Medium* der „Politik" (das er idealistisch-kommunikativ und pseudohumanistisch mit „Solidarität" der Bürger auflädt) und das *staatliche Medium des liberalen Rechts*, wobei letzteres an das erste immer „rückversichert" bleibt und am „Tag der Krise" dann den Vorrang hat: „In der Pandemie ist es der Vorrang des staatlichen Gesundheitsschutzes, der zum Nachdenken über das Verhältnis von Politik und Recht nötigt. Während das Recht das *Medium* zur Gewährleistung subjektiver Freiheiten ist, ist die Politik das *Mittel* der kollektiven Zielverwirklichung, das in der Ausnahmesituation Vorrang beansprucht."[44] Die zwei Medien (das „Recht" als „Medium" und die „Politik" als „Mittel") stabilisieren sich in der liberalen Demokratie gegenseitig, weil in jenen „Ausnahmesituationen", wie in der Corona-Krise, das erste liberal-demokratische, *ursprüngliche Mittel der Politik* als „Solidarität" der Bürger ausgezeichnet wird, um sich dadurch auf der anderen Seite der liberalen „Rechte" (liberale Verfassung) zu kristallisieren; und die wiederum auf die ersten, ‚ursprünglichen Mittel' der Politik ‚rückversichert' bleiben. Hat einmal Agamben Habermas vorgeworfen, „die politische Macht in die Hände der Experten und der *Medien*"[45] gegeben zu haben; da er die Mittel der Volkssouveränität in den kommunikativen Verfahren verflüssigt habe, um so den symbolische Ort der Macht (wie er in den Nationalstaaten organisiert wird) tendenziell aufzulösen. So mobilisiert nun Habermas jenes *ursprünglich-vorgängige Mittel der Politik* – das in der philosophischen und politischen Tradition in ein *produzierendes* oder *konstituierendes* Mittel vom *produzierten* und *konstituierten* Mittel unterschieden wird –, das ‚am Tag der liberalen Krise' (wo nämlich das liberale Recht im „Ausnahmezustand" ausfällt) als *solidarisches Heilmittel* der liberalen Politik fungieren soll. Er hat also nicht bloß „die politische Macht in die Hände der Experten und der *Medien*" gegeben. Vielmehr rekurriert er nun, über die vermittelt-verflüssigten Verfahren der universalistischen Kommunikation hinaus, noch auf jene „ursprüngliche", vorstaatlich-politische Kraft, die er idealisierend und pseudohumanistisch mit dem Begriff der „Solidarität" der Bürger auflädt, um die liberale Demokratie am Tag ihrer Krise in ihrem „Ursprung" rückzuversichern. Es sind die liberalen Heilmittel, die hier als ‚ursprüngliche' *Mittel* der „Solidarität" antiutilitaristisch auftreten, um von den autoritären Mitteln der „Corona-Leugner" und einer „Biopolitik" sich scharf abzugrenzen; die mit ihren autoritären Mitteln offenbar ‚unsolidarisch', ja sogar faschistisch und inhuman auftreten.

Freilich hat Habermas gegen die individualistische Sicht der „Corona-Leugner" insofern recht, als letztere in der Tat dualistisch denken: dass wir zuerst ‚frei' und individuell seien und uns dann durch Gesellschaft und Staat einschränken. Aber auch der deliberative, scheinbar anti-autoritäre Gestus erweist sich zuletzt selbst als ein zutiefst autoritärer, weil jene „Solidarität" der Bürger von der konkreten Textur der Gesellschaft sowie von der liberalen, kapitalistischen Politik abstrahiert ist: von der marktradikalen oder monopolistischen Finanz-, Aufmerksamkeits-, Spiel-, Affekt, Informations- und Datenökonomie (die Macht der Kapitale), die

---

[44] Ebd. (kursive Hervorhebung von mir).
[45] Agamben 2010, S. 307.

ihrerseits von der neoliberalen, staatlichen Rechtsmittelökonomie (die Macht des
Staates) reguliert und reguliert wird. Die Hypertrophie der Finanz-, Informati-
ons- und Datenökonomie geht somit mit der Hypertrophie des liberalen Staates
und seiner kaskadierenden Rechtsmittel einher, weil jene Finanz- und Datenökonomie auf der jeweils erhöhten historischen Stufenleiter reguliert und reguliert
werden muss, soll die pseudotheologische Kapitalmaschine weiter laufen. Insofern
gehören in der Tat die individuelle und die objektive Sicht auf Gesellschaft und
Staat zusammen. Darin bilden sie aber auch das individuelle Allgemeine der
liberal-demokratisch-kapitalistischen Ordnung, und eben nicht die liberale, „kollektive Freiheit" (nicht bloß individuelle), wo wir uns dann, wie in der Corona-
Krise, *einschränken* und zugleich *solidarisch ermächtigen* sollen. Ermächtigung
und Einschränkung beschreiben vielmehr nur das eine kryptoautoritäre Mediendispositiv (die Finanz-, Informations- und Rechtsmittelökonomie) als den einen Prozess von Subjektivierung und Desubjektivierung – insofern ist die Rückkopplung
des *staatlichen Rechtsmittels* auf die *vorstaatlich produzierende Struktur* der Mittel
richtig. Aber nicht Einzigartigkeit, Individualität und Nicht-Staat hier und Allgemeinheit, Gesellschaft und Staat dort als die zwei Medien. Vielmehr gilt es die
Zweiheit des Mittels (das „Recht als Medium" zur Gewährleistung subjektiver
Freiheiten, und „Politik als Mittel der kollektiven Zielverwirklichung", das dann in
den Ausnahmesituationen den Vorrang besitzt) dialektisch-komplementär zu begreifen. Es gilt die *Zweiheit* nicht als abstrakte, konsensdemokratische „Solidarität", vielmehr als eine *toxische Mitte* der beiden liberal-demokratisch-
kapitalistischen Mittel (vorstaatliches Mittel und staatliches Rechtsmittel) zu
-begreifen, um anschließend das andere, *nicht-liberale, nicht-toxische Verhältnis*
des Mediums herzustellen. Die *toxische, gewalttätige Mitte* der beiden Mittel (das
„Medium" des Nicht-Staates und das „Mittel" des Staates) wird hingegen – so
auch beim Verfassungsrechtler Christoph Möller – einfach umdeklariert und, wie
in der Pandemie, als ein Gemeinschaftsprojekt zur Bewältigung der Krise ausgegeben: „Man hätte jedenfalls die Möglichkeit gehabt, die Bewältigung der Krise
als ein Gemeinschaftsprojekt zu verstehen, bei dem wir auch unsere Freiheit ausüben, indem wir uns einschränken. Das heißt nicht, dass der individuelle Freiheits-
verlust unwichtig ist. Man muss die Intuition, sich körperlich frei bewegen zu wollen, nicht wegrationalisieren. Trotzdem kann man sagen, dass es ein kollektives
Projekt und kein autoritäres Unterfangen war. Schließlich haben wir über die Maßnahmen permanent diskutiert und nachgesteuert. Das ist ganz anders gelaufen als
in China."[46] Gerade diese abstrakte Diskussion und liberale Nachsteuerung verdeckt aber auch die Kontamination der beiden *Mittel* in ihrer liberal-demokratisch-

---

[46] Möller 2021.

kapitalistischen Gesamtökonomie – und nicht bloß die abstrakte individuelle Freiheit der „Corona-Leugner" –, wo nämlich eine Diskurspolizei darüber wacht, dass das Medium der „kollektiven Freiheit" (Möllers) als ein *solidarisches, gemeinschaftliches Heilmittel* auftritt, das zur Bewältigung der Krise eingesetzt wird. Was sich hier liberal, diskursiv, demokratisch und antiautoritär ausgibt erweist sich somit zutiefst autoritär, weil aus dem liberalen Diskurs alle wirklichen Widersprüche, aller Dissens, alles Politische und alle Machtverhältnisse (vor allem die der Finanz- und Informationsökonomie) ausgeblendet bleiben.

Etwas, das einmal J. Rancière in seinem Buch „Unvernehmen" gegen die politische Deliberation formulierte. Denn hier geht es eben nicht bloß um politische Meinungsverschiedenheiten, um gewöhnliche Missverständnisse, vielmehr um Machtungleichheiten in den konsensdemokratischen Öffentlichkeiten. Zu Recht schreibt daher Rancière gegen jene „Konsensdemokratie", dass gerade die Missverständnisse – und nicht etwa der herrschaftsfreie Diskus und die dialogische Verständigung – der eigentliche Beginn demokratischer Politik seien: „Unter Unvernehmen wird man einen bestimmten Typus einer Sprechsituation verstehen: jene, bei der einer der Gesprächspartner gleichzeitig vernimmt und auch nicht vernimmt, was der andere sagt."[47] Rancière zeigt, dass das „Unvernehmen" ein notwendiges machtbasiertes Missverständnis zwischen Arm und Reich ist und daher beide nicht am gleichen Tisch Platz nehmen können. Dies diskursive ‚Taubsein' läuft dann darauf hinaus, dass der Andere („Arme") nicht anerkannt, akzeptiert und darum auch nicht verstanden werden kann. Anders als der systemtheoretische „Dissens" (Luhmann) entwickelt Rancière ein politisches Gegenmodell als Alternative zu den gängigen Modellen der deliberativen Politik, die ja nur zur anhaltenden Krise der Öffentlichkeit und der liberalen Demokratie beitragen. Das „Unvernehmen" ist hingegen, nach Rancière, kein hermeneutisches Missverständnis, es beschreibt keine linguistische oder liberal-rechtliche Diskursmaschine. Vielmehr basiert es auf *Machtunterschiede*, die in der idealisierenden „Konsensdemokratie" erst gar nicht zur ‚Sprache' kommen dürfen, weil sie nämlich vorher von der Diskurspolizei abgewürgt wurden. Es fehlt hier schlicht und einfach die *Beziehung* zum Objekt, Anderen, Fremden, die *Beziehung* zum Finanz-, Daten-, Informations- und staatlich-mythischen Rechtsmittelregime, das in der „Konsensdemokratie" als Macht des Kapitals und Macht des Staates einfach ausgeblendet bleibt. Im liberal-diskursiven Spiel der Kommunikations- und Rechtsmittel bleibt der „Anteil der Anteillosen" ausgeschlossen, sodass das *Fehlen dieser Beziehung* der eigentliche Grund für jenes „Unvernehmen" ist. Dies bildet nämlich genau jenen „Widerspruch der zwei Welten, die in einer einzigen beherbergt sind: die

---

[47] Rancière 2002, S. 9.

Welt, wo sie sind, und jene, wo sie nicht sind, die Welt, wo es etwas gibt ‚zwischen' ihnen und jenen, die sie nicht als sprechende und zählbare Wesen kennen, und die Welt, wo es nichts gibt."[48] Daher bleibt, so Rancière weiter, das Politische ausgeblendet: „Die Politik hört auf zu sein, wo dieser Abstand keinen Ort hat, wo das Ganze der Gemeinschaft restlos in die Summe seiner Teile aufgeht."[49]

Politik, so können wir hier nun ergänzen, hört da auf politisch zu sein, wo das Ganze der Gemeinschaft im vorstaatlichen Kapital- und staatlichen Rechtsmittel restlos in die Summe seiner Teile aufgeht, um darin als Freiheit, Demokratie oder „westliche Werte" kryptotheologisch und neomythisch aufzutreten. Also in der liberal-demokratisch-kapitalistischen Ordnung einfach verschwindet, um in der ‚Krise', wie in der Coronakrise, die vorstaatliche, wahrhaft humane Differenz als liberale „Solidarität" auszugeben – eine Solidarität, die in in der liberal-demokratisch-kapitalistischen Ordnung mit Füßen getreten wird. Hier geht es eben nicht mehr um den abstrakten, idealistischen Diskurs einer „Konsensdemokratie", die das Gespräch zwischen Gesellschaft und Politik aufrecht erhalten möchte, oder um die liberalen Rechtmittel, die im Nicht-Staat (Kultur) rückgekoppelt werden, um sie als „kollektive Freiheit" auszugeben. Vielmehr um die totalitäre *Einschließung* durch die liberal-demokratisch-kapitalistischen Macht, die darin immer auch die *Ausschließung* des „Anteils der Anteillosen" bedeutet. Etwas, das freilich weder die pseudoindividuelle Freiheit der „Corona-Leugner" (die freilich nicht die Krankheit leugnen, sondern den Begriff einer politisierten Pandemie), noch den liberal-demokratisch-kapitalistischen Totalitarismus meint. Vielmehr die wirkliche, konkrete Solidarität und Freiheit, die heute von den beiden ‚Medien' der glorreichen Demokratie beschlagnahmt wurden.

Somit beschreibt der „Anteil der Anteillosen" einerseits die doppelte Figur der *Peripherie* (die Ausgeschlossenen, Beherrschten, Arbeitslosen, Unterdrückten, Fremden, am Rand der Gesellschaft befindlichen; vormals noch als Lumpenproletariat, Dritte Welt, Frauen, Kinder oder Studenten gedacht) und das *Zentrum* (Eingeschlossene, Bürger, Intellektuelle, Privilegierte, Bemittelte). Andererseits aber auch die ‚Dialektik' von Peripherie und Zentrum, wo nämlich *in der Peripherie* die hegemoniale Macht des Zentrums brutal und ohne die sozialen Dämpfer auftritt, sich dort ausdrückt und darin handgreiflich wird; heute etwa in den Slums und unwirtlichen Orte dieser Welt. Gewiss, der kryptotheologische Kapitalismus ist in seiner liberal-demokratischen, illiberal-autokratischen oder islamistischen Form der Motor der universellen Krisen, der zur Spaltung der Gesellschaft in rivalisierte und gewalttätige Gruppen führt. Und darin lassen sich sehr wohl noch die „Klassenkämpfe" sowie Peripherie (Anteil der Anteillosen) und Zentrum (Eingeschlossene,

---

[48] Ebd., S. 38.
[49] Ebd. S. 132.

Bürger, Intellektuelle, Privilegierte, Bemittelte) verorten. Die „Herren der Menschheit" (Adam Smith) verwüsten in der Tat den Planeten. Und diese „Herren" sind
zwar heute die Konzerne, die Politik, die „Medien" und die Superreichen, aber sie
wären eben nicht ohne jene Massen, die diese Macht durch ihre Praxis verherrlichen, ohne den akklamatorischen, doxologischen, liturgisch-rituellen Aspekt der
Macht. Insofern ist noch der in der Peripherie lebende und Ausgeschlossene selbst
Teil der kryptotheologischen Kapitalmacht, die er verherrlicht: die ‚Menschheit in
ihrem liberal-demokratischen oder illiberal-autokratischen Kapitalmedium', das
seinerseits von seinen neomythisch-nationalen Rechtsmedien stabilisiert wird.

Das Kapital und die Nationalstaaten sind also der liberal-demokratische oder der
illiberal-autokratische ‚Gott' und die ‚Götter dieser Welt'. Der neoliberal *entsicherte*
Kapitalismus ist immer auch ein von seinen national-staatlichen Rechtsmitteln *ge-
sicherter*, der global, national oder regional ins Verderben führt. Die „Herren der
Menschheit", die die Wirtschaft, die Politik und die „Medien" kontrollieren, sind
zwar die säkularisierten Architekten dieser Welt, die enorme Profite für die Mächtigen garantieren und dabei die Welt in rivalisierende, gewalttätige Gruppen aufteilen,
die Kriege, wirtschaftlichen Niedergang, Ungleichheit und Klimakollaps (eine Mit-
weltzerstörung, die schon im Kapital- und Arbeisbegriff drin steckt:„Die Ertrags-
fähigkeit des Bodens ist durch die Anwendung von Kapital, Arbeit und Wissenschaft ins Unendliche zu steigern."; F. Engels) bescheren. Aber sie wären eben nicht
ohne die Anhänger des neuen finanz-, informationsökonomischen und nationalen
Kultus. Das Medium ist daher nicht *nur* das Mittel, das zwischen *Bemittelten* und
Mittellosen trennt, sondern auch das Mittel, in welchem die liberal-demokratische
oder illiberal-autokratische Macht zur völligen Beschlagnahme des gesellschaftlichen und politischen Lebens gelangt. Sosehr wir es also als eine Unverschämtheit
ansehen müssen, dass es die Mächtigen, die Monopolisten und die Politik die ‚Herren dieser Welt' sind, die wir für die Krisen verantwortlich machen können, sosehr
müssen wir andererseits darauf bestechen, dass auch wir (über die Dialektik von
arm und reich, von Machthaber und Unterworfene, von Herr und Knecht hinaus) es
sind, die aufhören müssen, den Planeten, alle sozialen Bänder und uns selbst durch
ökonomische, kulturelle, politische und militärische Eskalationen zu zerstören.

Die protoliberale These Adam Smiths, wie er sie Ende des 18. Jahrhunderts aufgestellt hat, dass die „Kaufleute" und „Fabrikanten" Englands die Hauptarchitekten der Regierungspolitik seien, muss also stark erweitert und damals wie heute
als ein historisch-gesellschaftlicher Gesamtprozess begriffen werden. Und zwar
nicht als „eine *wirkliche* Bewegung, welche den jetzigen Zustand aufhebt" (Marx).
Vielmehr ist dies die „wirkliche Bewegung" als menschliches und übermenschliches Wirken, das dabei ist sowohl den jetzigen, als auch den vergangenen und
zukünftigen Zustand des Planeten sowie der Menschheit insgesamt katastrophisch
„aufzuheben". Mögen die „Herrschenden" sicherzustellen, dass sie vor den

Verheerungen des Marktes und des Staates geschützt sind; auch sie sind eben nicht von den Verheerungen des Planetarischen, des Asozialen und dem inhumanen Allgemeinen geschützt, vielmehr ihnen ebenso unterworfen. Die grundlegende Verfassung der modernen Geschichte hat sich somit im liberal-demokratisch-kapitalistischen und illiberal-autoritär-kapitalistischen Block zu einem Krieg und Bürgerkrieg in dramatischer Weise entfaltet. Deswegen können wir die finanz- und informationsökonomischen Medien der liberalen oder illiberalen Gesellschaft nicht einfach von den politischen Medien (Rechtsmittel) trennen, die jene stabilisieren helfen. Diejenigen, die die wirtschaftliche Macht ausüben, sind weiterhin die Hauptarchitekten staatlicher Politik. Ebenso wenig können wir Kapitalismus von den Medien trennen. Insofern meinen Medien nicht bloß die großen Medienunternehmen, die eine Information, ein Produkt oder einen Affekt an einen Markt (Leser, Zuschauer, Kunde) verkaufen und gleichzeitig enge Verbindungen zur Regierung unterhalten. Vielmehr meinen Medien, das Wirken einer instrumentell-poietische Intelligenz, die im Namen der Kapitale und A-Kapitale agiert. Das sind die „Masters of the Universe", die über die Zeit ein rhizomatisch-engmaschiges und weitreichendes soziales Netzwerk entwickelten, um ihr Streben nach der grausamen Maxime: ‚alles im Dienst des liberalen Kapitalgottes und der Nationalgötter' ungehindert fortsetzen zu können. Dass der Teufel nicht mehr zu fürchten und auf Gott nicht mehr zu hoffen sei, hat sich heute zur liberalen Wertüberzeugung verfestigt, dass Freiheit, Demokratie und „westliche Werte" das absolut Gute, Schöne und Wahre sein sollen – und die anderen sind eben die Bösen, Hässlichen und Falschen. Ein Akt der liberalen *sanctio*, der Heiligung, die immer zugleich als Sanktion, als Ahndung der Tabuverletzung fungiert. Dass aber Ludwig von Mises, der ein begeisterter Anhänger des Faschismus war, tiefer in die Welt des Menschlichen geblickt haben soll, und in seiner Nachfolge Hayek, als etwa Platon, Kant, Hegel, Nietzsche, Adorno, Benjamin oder Derrida, könnte selbst dann nicht wahr sein, wenn irgend etwas von dieser neoliberalen Pseudoreligion zutreffen sollte. Freilich, die neoliberalen und marktradikalen Folterkammern sorgten täglich dafür, dass Störungen bei der Durchsetzung ihres Zerstörungsprojekts auch schnell unterdrückt werden. Es ist ihnen gelungen, die Wirtschaften, die Kulturen, das Soziale und alles Humane dieser Welt innerhalb weniger Jahrhunderte zum Einsturz zu bringen. Dazu verhalf ihnen leider auch eine materialistische Kapitalismuskritik, die kaum an der Wurzel des Kapitals, am Begriff der Praxis, der Arbeit und Selbsterzeugung ging, die jene göttlichen Sphären und jenes göttliche Wirken bloß durch das menschliche Wirken umbesetzt hat. Ein monarchischer Kapitalgott, der einmal nicht etwa das rational Andere zur Mythologie des historischen Faschismus war, vielmehr gerade vom letzteren gestützt wurde, um dabei alles wahrhaft Soziale und Humane abzuwehren; so bedient auch heute der Gott dieser Welt (Kapital) vornehmlich die sogenannten Linken zur Durchsetzung seiner absoluten

Macht, während es in früheren Zeiten dazu noch rechte Kräfte genutzt habe. Dass heute das Klassenproblem wieder auf erhöhter historischer Stufenleiter wieder massiv in den Vordergrund tritt, darf jedenfalls nicht wieder zur Illusion verleiten, die Armen, Abgehängten und Ausgeschlossenen würden die Revolution herbeiführen. Denn das Ziel – nämlich eine wirklich humane Welt – liegt in Wahrheit den Ausgeschlossenen, Mittellosen, am Rand der Gesellschaft befindlichen keineswegs näher als etwa den scheinbar aufgeklärten Bürgern und Intellektuellen, die nahe am Zentrum bequem sitzen. Eben, weil der Knecht von heute auch der Herr von morgen ist – insofern hat Schopenhauer recht: „Der Quäler und der Gequälte sind Eines."[50] Daher greifen jene metaphysischen Figuren der Revolution (vormals die Proletarier, später die Dritte Welt oder die Frauen und heute die Ökologisten oder Klimaaktivisten) ins Leere. Solange hier nämlich das hegemoniale, liberal-demokratisch-kapitalistische Mediendispositiv, das heute die illiberal-autoritäre oder islamistische Reaktion hervorbringt, nicht als *Zentrum und Peripherie zugleich* deaktiviert worden ist: das imperative ‚Gesetz der Medienökonomie', wie es heute auch politisch mit Macht in der Coronakrise auftritt.

Eine rearchaisierte, ins bloße Leben abgedriftete Welt, gegen die heute vor allem Agamben in der Coronakrise angeht. So etwa, wenn er auf einen „menschlichen und politischen Ruin" hinweist, wo „eine skrupellose und entschlossene Tyrannei" sich mit einer durch „pseudoreligiösen Terror beherrschten Masse"[51] verbunden hat, um noch jene liberal-verfassungsmäßigen Freiheiten zu opfern. Während Agamben die „Wärme in den menschlichen Beziehungen" durch den Corona-Ausnahmezustand „geopfert" sieht, rekurriert Habermas antiutilitaristisch mit Kant auf die „Würde des Menschen", auf die „Solidarität" der Bürger, die aber in Wirklichkeit durch die Finanz- und Informationsökonomie sowie einer neoliberalen Politik längst durchlöchert wurden. Während Habermas lakonisch konstatiert: „Man kann nicht die Würde einer Person schützen wollen und deren Physis versehren lassen",[52] heißt es bei Agamben genau umgekehrt: „Bare life — and the danger of losing it — is not something that unites people, but blinds and separates them."[53] Agamben dreht hier also den Satz von Habermas einfach um: ‚Man kann nicht die Physis der Person schützen wollen und deren *Würde versehren* lassen'. Der eine will die „Physis der Person" retten, um so die abstrakte, hohle, idealistisch konstruierte „Würde der Person" zu schützen (Habermas); der andere sieht gerade in der Verabsolutierung der Physis („nacktes Leben") geradezu den Verlust der Würde der Person, des Humanen und Sozialen (Agamben) überhaupt. Physis (Natur, nacktes Leben) und Humanes

---

[50] Schopenhauer 1991, S. 459.
[51] Vgl. Agamben 2021.
[52] Habermas 2021.
[53] Agamben 2021.

(Kultur, Würde der Person) sind aber in der *Mitte* der beiden *Medien* („Natur" und „Würde") miteinander verschränkt. Auch Agamben geht somit an dieser Dialektik vorbei, wenn er gegen die Coronapolitik des Staates betont, dass „die Wirtschaft" durch die Coronapolitik „zerstört" wurde. Dialektisch und ökonomisch-spezifisch zugleich müsste man hier aber umgekehrt argumentieren: das universelle *Kapitalmittel* als *Bewirtschaftung der Welt* (Welt, Mensch und Menschheit in ihrem Kapitalbegriff) wurde gerade in der Coronakrise durch eine *kaskadierende staatliche Verrechtlichung geschützt*, die sich als finanz-, informations-, gefühls- und datenökonomische Welt noch einmal radikalisierte; die Coronamaßnahmen haben nämlich nur die reale, ‚analoge' Wirtschaft mehr oder weniger zerstört; eine „schöpferische Zerstörung" (Schumpeter) des Kapitals, das sich auf erhöhter historischer Stufenleiter nun als Finanz- und Datenökonomie informatisiert hat. Man sieht: *Schutz des Lebens*, das freilich zu Recht als ein „absoluter Wert" angesehen wird, und *Schutz des Kapitalwerts* (der ebenso ‚absolut' auftritt; das verabsolutierende Medium) koinzidieren in der *Mitte* der Medien. Genau deswegen gilt es aber das Medium nicht dualistisch (hier Kapitalismus und Wirtschaft, dort Staat und Politik), sondern seine toxische *Zweiheit* ‚richtig' zu denken und anschließend kritisch-politisch zu negieren. Das Problem liegt eben sowohl im Kapital (die säkularisierte ‚göttliche Gewalt' des Kapitalmittels) als auch in der Politik (die säkularisierte ‚mythische Gewalt' in der Gewaltenteilung des modernen Staates). Beide Medien (das physisch-biologische und human-kulturelle) sind nämlich in ihrem „Ursprung" (auch als liberal-demokratischer) ‚unrein', sodass die ‚Rettung' des einen notwendig immer auch die ‚Rettung' des anderen bedeutet, und umgekehrt, die Vernichtung des einen die Vernichtung des anderen. Das heißt, wer das unmittelbare Leben als ein zugleich kulturell vermitteltes schützen möchte, ohne ihre *beider Beziehung* zu begreifen und wahrzunehmen, wird beides verlieren: das unmittelbare Leben (Physis der Person) und das vermittelte Leben (Würde der Person). Eben, weil das Leben weder idealistisch-liberal-demokratisch, noch anthropologisch oder metaphysisch konstruiert ist. Vielmehr konkret das moderne und hypermoderne Leben in der liberalen, pseudotheologischen Finanz-, Aufmerksamkeits-, Technik-, Affekt-, Informations-, Daten- und mythisch-staatlichen Rechtsmittelökonomie meint. Daher gilt es nicht die „Physis" (Habermas) gegen die „Würde" (Agamben) auszuspielen, sondern ihre *Zweiheit* richtig zu denken. Ihre *Indifferenz als eine toxische Medienmitte* zu begreifen, um anschließend, durch sie hindurch, ein anderes, *nicht-toxisches Verhältnis* herzustellen. Wenn nämlich in der *Mitte* der beiden Medien (Nicht-Staat und Staat) heute nicht mehr die „Solidarität" und die „Liebe" (Hegel), sondern der Hass, die Feindschaft, der Krieg und der ‚unheilige Geist' (menschlich-göttlich) sind, die sich darin eingenistet haben. Dann gilt es diese konfiszierte Mitte zu deaktivieren, sie in ihrer toxischen Wirkung *unwirksam* zu machen. Dabei ist die Mitte weder das „wahre Ganze" (Hegel), noch das „unwahre Ganze" (Adorno). Vielmehr das feindselige Geschäftsmodell und Gemeinschaftsgefühl im liberal-demokratischen und illiberal-autokratischen Kosmos. Es das theologische Mysterium der kapitalistischen Dreifaltigkeit, wo der ‚Heilige Geist' (Vermittlung) mit ‚Gott-Vater' (Transzendenz) und ‚Gott-Sohn' (Immanenz) schließlich zusammenfallen; ‚Tun' und ‚Sein' als die eine souveräne göttliche Macht. Ein ökonomisch-theologisches Mediendispositiv (der ‚eine Gott in der Zeit'), das seinerseits von der mythischen Gewalt des liberalen oder illiberalen Staates (die ‚vielen Nationalgötter in der Zeit') rechtlich abgesichert wird. Wir haben es hier mit dem *komplementären Medienhaushalt* zu tun, wo alle Kategorien (Freiheit, Physis, Leben, Würde, Gerechtigkeit) in sich selbst *verkehrt* haben (Freiheit in Knechtschaft, Kontingenz in Notwendigkeit, Recht in Unrecht, Gesundheit in Krankheit, Liebe in Hass, Frieden in Krieg, Freund in Feind), um darin in Zeit und Raum antagonistisch-polemisch zu wirken.

Damit ist auch das Freund/Feind-Schema eines Carl Schmitt hinfällig geworden, das ja als ein konservatives gegen das liberale Modell auftritt. Wenn er nämlich das Wesen des Politischen durch die Kategorien von Freund und Feind definiert. Dann hat er mit seiner apriorischen Reduktion zugleich versäumt die *Zweiheit* des Mediums konkret aus der historisch-gesellschaftlichen Textur abzulesen, die freilich ihrerseits ursprünglich-herrschaftlich signiert ist: der mystische Grund der beiden (theologischen und mythischen) Autoritäten. Denn Freundschaft heißt hier nicht bloß zwischen Freund und Feind, Heilmittel und Gift zu wählen, sondern aus solch einer anthropologisch-invarianten Entgegensetzung herauszutreten. Es gilt also die *Zweiheit* des Mediums als eine *feindselige Mitte* konkret zu diagnostizieren, um dadurch das freundliche Mittel wiederzufinden, das eine ‚wirklich solidarische Beziehung' zwischen Menschen und Dingen herstellt. Denn feindselig und polemisch ist heute allein das ‚Gesetz der Medienökonomie', das dann sowohl die *Krise des Physischen* (Leben der Person) als auch die *Krise des Humanen* (Würde der Person) bewirkt. Das heißt, das *Leben* hat nicht nur einen ‚absoluten Wert' innerhalb des Nicht-Staates (die Menschheit in ihrem pseudotheologischen Kapitalmittel) und Staates (die Menschheit in ihren säkularisierten, neomythischen Rechtsmittel). Vielmehr auch einen ‚absoluten Wert' als asymmetrischen Kern des Humanen, weil es hier ‚anders wert' ist als das bloße Leben in ‚Natur' (physische Person) und ‚Kultur' (die Würde der Person, die heute mit Füßen getreten wird). Nur dadurch, dass es um das Leben in ‚Natur' und ‚Kultur' trauert, damit das ‚Gesetz der Medienökonomie' opfert, wird es zu dem, was es wirklich human und in seiner ‚Würde unantastbar' ist. Allein dieses Leben als Natur/Kultur ist dann sakral, heilig, unendlich achtungswürdig. Etwas, was geborgen, heilig, sakral, gesund, unbedingt immun bleiben muss. Ein Leben, das Achtung, Zurückhaltung, Scheu und Verhaltenheit verlangt. Dieser Preis hat dann keinen Preis mehr. Er entspricht vielmehr jener „Würdigkeit" Kants: das Leben als Selbstzweck, als absoluter Wert jenseits des Markt- oder Nationalpreises als materieller oder symbolischer Wert.

Somit ist auch der Dualismus von „Welt" und „Leben", wie ihn einmal H. Arendt konstruierte, hinfällig geworden; für Arendt ist „die Moderne" durch die „Priorität des Lebens" und nicht durch die „Welt" als „höchstes Gut des Menschen" definiert.[54] Auch diese Dualität von Leben (Sterblichkeit, absolute Gegenwart, Moderne) und Unsterblichkeit (die Vorstellung früherer Zeitalter; spirituelle Bedeutung, dauerhafte Institutionen) geht am vermittelten Leben vorbei, weil beide Medien (sterblich/unsterblich) miteinander kontaminiert sind. Im Leben der Gegenwart (modernes, säkularisiertes Medium) wirkt nämlich jene Unsterblichkeit (die Transzendenz Gottes oder der Götter als souveräne Mächte) pseudotheologisch und neomythisch weiter. Deswegen heißt es heute: „Es ist einfacher, sich das Ende der Welt vorzustellen als das Ende des Kapitalismus" – wodurch uns allerdings, nach dieser Vorstellung, nur noch eine negative Apokalypse übrig bleibt. Es ist die Unsterblichkeit der Finanz-, Aufmerksamkeits-, Informations- und Datenökonomie sowie die Unsterblichkeit der neuen Nationalgötter. Denn sie haben sich längst als eine operativ erfolgreiche Alternative zum alten Gott der Theologie sowie zu den alten Göttern der Mythologie bewährt. Sie tun nämlich inzwischen für den *Zusammenhang* des Lebens viel mehr, als einmal ein Gott der Theologie oder die Götter der Mythologie noch semantisch und kultisch leisten konnten. Leben heute (in seiner unmittelbaren und vermittelten Medialität) ist von den ökonomisch-theologischen und politisch-mythischen Mächten konfisziert worden, sodass es in der *Mitte* der Medien als ein ‚todkrankes' nicht mehr lebt: „Das Leben lebt nicht", wie einmal Adorno mit Kürnberger formulierte.

Wir haben es hier mit einem ‚Extremismus der Mitte' zu tun, wo sich der illiberal-autoritäre Geist mit dem liberal-demokratischen trifft. Und in dieser Verortung wird nicht etwa die „Solidarität", sondern die ökonomisch-politische Unsolidarität und Feindschaft erzeugt. Daher heute die autoritäre Brachialgewalt, mit der noch Linksliberale wie Habermas oder Chomsky auftreten; so hat sich letzterer in einem Interview für die „Isolation" von Personen ausgesprochen, die sich gegen das Coronavirus nicht impfen lassen wollten, und „darauf bestanden, dass sie vom Rest der Gesellschaft isoliert werden müssten". Auf die Frage des Moderators: „Wie können wir denn diesen Menschen (den Ungeimpften) den Zugang zu Nahrung sichern?", antwortete er: „Nun, das ist eigentlich deren Problem." Wir sehen: Die liberal-demokratisch-kapitalistische *Relation* hat sie sich noch als eine kritische in der *Mitte verabsolutiert* und ist darin pseudotheologisch eingerastet, sodass sie als *stasis* die illiberal-autoritäre oder islamistische *Reaktion* notwendig hervorrufen muss, die auf jene liberale Regression (eine Freiheit, die in archaischer Knechtschaft umschlägt) ebenso regressiv reagiert.

Einen ähnlichen links-liberalen, verabsolutierten Standpunkt finden wir dann heute auch bei Žižek, der, in Zusammenhang mit dem Ukrainekrieg, die Wahrheit

---

[54] Vgl. Arendt 1981.

in kleine Stücke zerschlägt, um sie dann entsprechend nach gut und böse aufzuteilen: „Natürlich findet sich hier auch ein Stück Wahrheit (gemeint ist, dass die
NATO Russland langsam eingekreist habe; v. V.). Dies aber als die *ganze* Wahrheit
zu bezeichnen wäre gleichbedeutend damit, Hitler dabei zu unterstützen, dem
ungerechten Versailler Vertrag die Schuld zu geben."[55] Und in einem anderen Beitrag erklärt er uns, wie ein „echter Linker" heute sich zu verhalten hätte: „Rechts
wie links begegnen uns heute Pazifisten, die die Ukraine zu Zugeständnissen an
Russland auffordern. Für einen echten Linken ist das jedoch inakzeptabel. Denn in
der Ukraine verteidigt Europa sein protestantisches Erbe gegen die autoritäre
Orthodoxie."[56] Auch wenn man die Position des Pazifismus nicht unbedingt teilen
mag – denn gegen die archische Gewalt des Kapitalgottes und der Nationalgötter
hilft in der Tat nur eine Gegengewalt (Gegenbefehl), die jene Befehlsgewalt außer
Kraft setzt, um in eine wirklich *anarchische* (gewaltlose) Position überzugehen.
Žižek überspringt hier aber die Vermittlung, die Relation, den historisch-
gesellschaftlichen Kontext, um den Feind (vormals Hitler, jetzt Putin und Russland) psychologisch und ahistorisch zu identifizieren und ihn anschließend mit der
Nato zu bekämpfen („wie need a stronger Nato", so Žižek in *The Guardian*). Differenz, Relation und historischer Kontext sind hier offenbar für ihn unwichtig,
wenn es um Identifikation und Vernichtung des Feindes durch die Nato geht. Hätte
er aber die Sache vermittelt, in eine Relation gesetzt, in einem historischen Kontext
betrachtet, so hätte er zumindest zugeben müssen, dass die Nato kein Liebesbünd-
nis, und auch kein Verteidigungsbündnis, wie sie angibt, vielmehr immer mehr zu
einem Angriffsbündnis geworden ist. Damit wird auch in der Ukraine nicht das
„protestantische Erbe Europas verteidigt", weil dies bereits in der „kapitalistischen
Religion"[57] und in der mythisch-nationalen Religion kryptotheologisch und

---

[55] Žižek 2022.

[56] Žižek 2022b.

[57] Der Kapitalismus, so Benjamin, ist nicht nur ein „religiös bedingtes Gebilde", wie Weber
noch meinte, sondern eine „essentiell religiöse Erscheinung". „Das Christentum zur
Reformationszeit hat nicht das Aufkommen des Kapitalismus begünstigt, sondern es hat sich
in den Kapitalismus umgewandelt". (Benjamin 1991, S. 100 ff.). Hier besteht nämlich keine
Sphäre reformierter Heilsordnung oberhalb der von ihr aus geheiligten neuen Daseinsform
disziplinierter Werktätigkeit fort, vielmehr ist die religiöse Sphäre selbst in die weltliche
übergegangen, wie andererseits die weltliche selber religiös wurde. Allerdings arbeitet hier
Benjamin noch mit dem abstrakten Modell der Rationalität und des Utilitarismus, das er nun
religiös färbt – „Der Utilitarismus gewinnt unter diesem Gesichtspunkt seine religiöse Fär-
bung" (Ebd., S. 100). Der Kapitalismus, als „Zelebrierung eines Kultes", kennt aber auch das
antiutilitaristische Modell der „Gefühlswerte" (M. Mauss) und darin auch die „spezielle
Dogmatik", die Benjamin abweist, nämlich, die liberal-demokratische. Sodass der liberale
Kapitalismus, als eine komplementäre Totalität, sowohl die Mythenbildung (Polymythie: liberal-staatliches, nationales Recht, Identitäten) und das universelle Dogma (Monomythie: Markt, Freiheit, Demokratie, Menschenrechte, westliche Werte) als auch das praktizierte

neoheidnisch aufgegangen ist: in die eine liberal-demokratische Orthodoxie, die mit der illiberal-autoritären Orthodoxie koinzidiert. Daher sieht die Sache auf der anderen, illiberal-autokratischen Seite nicht viel anders aus, die ihr Heil erneut in einem Territorium, in einem Neoheidentum der säkularisierten Nationalgötter sucht. In dem Wunsch nach Echtheit, Autochthonie, nach einem politischen Groß-raum, nach einer Rückkehr zu den ursprünglichen Quellen, die angeblich stabiler, freundlicher und aufschlussreicher sein sollen als die universellen Quellen des Westens (Sokrates und Moses/Christus). Auf liberaler und „linker" Seite wird offenbar kaum wahrgenommen, dass der neuheidnische Rückfall eben nur eine *Reaktion* auf die Verrechtlichung der globalkapitalistischen Kriminalität ist, die heute Finanz- und Informationsökonomie heißt – womit das alte romantische Motto „Seid umschlungen Millionen" in der globalisierten Welt in seiner vollendet pervertierten Gestalt erscheint. Es ist die Reaktion auf die globalen, kulturellen, wirtschaftlichen, politischen, kognitiven wie affektiven Vergiftungen, die eine Per-vertierung des humanistischen, universellen Projekts darstellen: Globalismus als Vergiftung der beiden Quellen des Westens (Sokrates und Moses/Christus).

Auch Žižek ist also kaum in der Lage, die Relation, die Vermittlung und die Beziehung sowohl historisch-gesellschaftlich als auch ontologisch, mythisch und kryptotheologisch als ein Seinsollendes dingfest zu machen, sodass er spätes-tens mit dem Ukrainekrieg abgestützt ist – sein späterer Versuch, die Welt nicht mehr mit Marx zu „verändern", sondern sie wieder mit Hegel zu „interpretieren" verfehlt dann sowohl das Medium der Praxis als auch das Medium der Theorie, weil das, was in der Theorie geschieht, dasselbe ist, das draußen die liberal-demokratische oder die illiberal-autoritäre Gesellschaft antagonistisch zerreißt. Es ist die liberal-demokratisch-kapitalistische Gesellschaft selbst, die in der Ver-absolutierung des Medialen (wie sie etwa in den metaphysischen Begriffen „west-liche Werte", Freiheit oder Demokratie auftritt) archisch regrediert (mit Hegel, ‚Reflexion der Reflexion', Rückkehr in den archischen Grund), um in sich selber den illiberal-autoritären oder islamistischen Feind zu produzieren. Daher hat Agamben recht, wenn er schreibt: „Der Kampf gegen einen Feind, dessen Struktur einem unbekannt bleibt, endet früher oder später damit, daß man sich mit ihm identifiziert."[58] – heute eben Chomsky und Žižek, die bis vor Kurzem als weit links galten. Gegen die zerstückelte Wahrheit, die nach ‚gut' (liberal-demokratischer Westen) und ‚böse' (autoritär-faschistisches Russland) unterscheidet, muss man daher nicht nur an den historisch-gesellschaftlichen Kontext des Liberalismus und

---

Ritual (glorreiche Demokratie) kennt. Die Leistung des liberalen Mythos (nationale Identi-tät, Rechtsstaat, Rechtsmittel) und der liberalen Pseudotheologie (Markt, Kapitalmittel) liegt somit im normativen Bereich. In diesem wird ein Existierendes auf eine Sphäre des Heili-gen (Freiheit, Demokratie, westliche Werte etc.) *bezogen* und durch diesen *Bezug* begründet.

[58] Agamben 2002, S. 22.

Autoritarismus, sondern auch an einer Formulierung Adornos erinnern, der in einem Brief an Benjamin schrieb: „Es gibt in Gottes Namen nur die eine Wahrheit (...). Schließlich steht auch in Nietzsches Genealogie der Moral mehr von der Einen Wahrheit als in Bucharins ABC."[59]

Auch in der Politik gibt es nämlich weder die eine, ‚reine' Wahrheit, noch die ‚reine' Unwahrheit. Vielmehr die Wahrheit der Lüge und die Lüge der Wahrheit, wobei beide im Befehl auftreten: ‚Sage die Wahrheit!', ‚Erzähle!', ‚Akklamiere!', ‚Begehe deinen liberalen oder illiberalen Kult!' Es gibt auch kein „Stück Wahrheit", die sich dann als ‚Stückwerk' von der „ganzen Wahrheit" unterscheiden ließe. Eben, weil sie heute konkret von der ‚absoluten Wahrheit' des liberal-demokratischen, illiberal-autoritären oder islamistisch-fundamentalistischen Kosmos bereits konfisziert wurde. Ein dialektischer Denker, der ja Žižek zu sein beansprucht, hätte hier also die Beschlagnahme der Wahrheit von beiden Seiten (liberal-demokratische und illiberal-autoritäre Orthodoxie) zu kritisieren, anstatt, undialektisch und unphilosophisch, einfach den Standpunkt des absolut ‚Guten' (westlicher Freund) gegen das absolut ‚Böse' (russischer Feind) einzunehmen. Die Frage muss daher lauten: Was ist das für ein liberal-demokratisch-kapitalistisches System, das ständig immer neue Irrationalisten, Faschismen, Nationalismen, Kulturalismen, Territorien oder Islamisten hervorbringt? Warum erzeugt die ‚geheiligte Wahrheit' des liberal-demokratischen Kapitalismus die Unwahrheit des Autoritarismus, Faschismus, Islamismus, oder eben die neue postulierte „Vierte politische Theorie" (Alexander Dugin), die angeblich nach Liberalismus, Faschismus und Kommunismus am ehesten geeignet sei, das Überleben der Menschheit im Zeitalter der Globalisierung zu sichern? Warum bringt die Verabsolutierung des pseudotheologischen Kapital- und neomythischen Nationalmittels in seiner absoluten Wahrheit, Moral und Güte den unbedingten Feind hervor? Die Antwort

---

[59] Adorno 1990, S. 161. Freilich auch diese „Eine Wahrheit" bleibt noch problematisch genug und kontaminiert damit auch die dialektische Wahrheit Adornos. So etwa wenn er das „Archaische" zwar als das „Neueste selber" dechiffriert, aber in der „ἀρχή" (Ebd., S. 129) nur eine historisch-mythische Figur (Moderne als Archaik) sieht, die anschließend durch „das menschlich verheißende Andere der Geschichte" (so heißt es später in der Negativen Dialektik) dialektisch wieder gesprengt wird. Dieses dialektische Moment, das die alte ‚Vorgeschichte' auf eine ‚emphatische Geschichte' neu ausrichtet, ist aber selbst kontaminiert, weil die archē (das Archaische als das Neueste selber) nicht das ‚Werden als Sein' (Indikativ), sondern das imperative, archische Gebot meint (‚Sei!'). Etwas, das dann anti-thetisch im politischen Gegenbefehl und an-archisch zugleich außer Kraft zu setzen wäre. Das Anarchische ist dabei nicht bloß im Sinne des Unmittelbaren zu verstehen, vielmehr in der Mitte (‚Vermittlung') als archischer Widerstand und Gegenbefehl zum Befehl, aber darin auch als eine ‚anarchische Gabe' gewaltlos zu denken. Regression aufs Älteste des imperativen Gebots (‚Sei!') heißt daher immer auch die ‚Aufhebung' des archischen ‚Gesetzes der Medienökonomie' (Geschichte, Mythos, Theologie) um des Anarchischen (Herrschaftsfreien) willen.

müsste hier lauten: Weil jene liberalen, fundamentalistisch-verfestigten Begriffe in ihrer Ontologie und Orthodoxie (Freiheit, Demokratie, Toleranz, „westliche Werte", ‚richtiges Denken, Meinen und Glauben') auch selbst das Gift sind, die freilich als universelle, gute, freie und gerechte Mittel für den Zweck selbst daherkommen. Wahrheit heute ist aber konkret der Wahn des Ganzen (des liberaldemokratischen, illiberal-autoritären, nationalistischen, faschistischen oder islamistischen Kosmos), die unbedingte Feindschaft, und damit der absolute Gegensatz zum Frieden, zur Freiheit, Sicherheit, Freundschaft, Gewaltlosigkeit, Versöhnung und Gerechtigkeit. Das Medium als Gegenbefehl und ‚anarchische Gabe' begreifen heißt daher, es auch als Motiv seines Untergangs und seiner „Aufhebung" begreifen (das ‚Gesetz der Medienökonomie', das *oikos*, des Eigenen als eine Ökonomie des Opfers), anstatt es in seiner bloßen Regression aufs Älteste liberaldemokratisch oder illiberal-autoritär zu verherrlichen.

3.6   Das Mittel als Ort der mono- und polytheistischen Medienökonomie

Das Medienproblem wurde einmal im Zusammenhang mit Säkularisierung, mit der „Legitimität der Neuzeit" (Blumenberg) sowie mit dem Mono- und Polytheismus diskutiert: „Monomythie – aus dem Monotheismus kommend – bedeutet für jeden einzelnen und alle Menschen zusammen; sie dürfen nur eine einzige Geschichte haben und erzählen (…). Polymythie – aus dem Polytheismus kommend – bedeutet für alle Menschen und jeden einzelnen: jeder darf viele verschiedene Geschichten haben und ist – divide et impera bzw. divide et fuge – ihnen gegenüber frei und ein einzelner durch Gewaltenteilung als Geschichtenteilung. Polymythie ist bekömmlich, Monomythie ist schlimm. (…) Ich wiederhole noch einmal: die bisherigen Versuche einer polytheistisch politischen Theologie gingen fehl, weil sie nicht konsequent polytheistisch, vor allem aber, weil sie nicht aufgeklärt polytheistisch waren. Aber gibt es überhaupt Phänomene eines politisch aufgeklärten Polytheismus? Es gibt mindestens ein solches Phänomen: die *Gewaltenteilung*. Die politische Gewaltenteilung ist aufgeklärter – ‚säkularisierter' – Polytheismus: seine Entzauberungsgestalt. Die Gewaltenteilung beginnt nicht erst bei Montesquieu, Locke, Aristoteles, sondern schon im Polytheismus: als Gewaltenteilung im Absoluten durch Pluralismus der Götter. Der Monotheismus macht ihnen – den vielen Göttern – den Himmel streitig und wies sie dadurch aus ihm aus im Effekt auf die Erde, in die Diesseitswelt; dort – entzaubert – richten sie sich modern ein als die zu Institutionen entgöttlichten Götter Legislative, Exekutive, Jurisdiktion; als institutionalisierter Streit der Organisationen zur politischen Willensbildung;

als Föderalismus, als Vielfalt der Interessensvertretungen; als Konkurrenz der wirtschaftlichen Mächte am Markt; als akademisch institutionalisierter Dissens der Theorien; als Divergenz der maßgebenden Werte. Von dieser Gewaltenteilung lebt das Individuum. Es entstand gegen den Monotheismus: Gottes Allmacht (…). Aber wenn man Mythen schlicht als Geschichten versteht, kann man sehen: es gibt eine spezifisch moderne – aufgeklärte – Polymythie, die sich ebenfalls gegen den Monotheismus der einen einzigen Alleingeschichte spezifisch neuzeitlich entwickelt. Ihre Gestalten sind mindestens: die Geschichtswissenschaften (der historische Sinn der narrativen Historie) und das spezifisch moderne ästhetische Genus Roman. Beide setzen ‚neutralisierte Leser‘ voraus bzw. entwickeln sich mit ihm. Ihre Aufgeklärtheit liegt in der Entmischung von facta und ficta. (…) In dieser Weise wird die Polymythie neuzeitlich entzaubert durch ihren Schritt aus dem Kult in die Bibliothek. Dort sind die Geschichtswerke und Romane präsent als die Polymythen der modernen Welt".[60]

Monomythie und Polymythie kommen aber nicht in dieser säkularisierten Abstraktion vor, sie beschreiben nicht bloß die säkularisierten Institutionen als moderne Gewaltenteilung. Vielmehr manifestieren sie sich im konkreten, gesellschaftlichen und staatlichen Gewebe, wo sie in der modernen säkularisierten Welt, in der menschlichen Praxis die alten souveränen Mächte praktisch wie theoretisch *weiterwirken*. Die Gewaltenteilung im Absoluten durch einen Pluralismus der Götter beschreibt nicht bloß den modernen Staat und seine Gewaltenteilung (Legislative, Judikative, Exekutive), vielmehr auch die säkularisierten Nationalgötter (das politische Rechtsmittel in seiner national-staatlichen Vielfalt). Während die Allmacht des einen Gottes, in der modernen Vergesellschaftung die Allmacht des säkularisierten Kapitalgottes meint. Somit ging jene „Monomythie" in die neue Finanz-, Ausstellungs-, Informations-, Design- und Datenökonomie über, während die „Polymythie" die andere Seite der säkularisierten Medienökonomie bildet. Es ist die neue Art von Gewaltenteilung *in* der Komplementarität des Absoluten selber: der säkularisierte Kapitalgott (pseudotheologische Gewalt), der durch den Pluralismus der Götter (die säkularisierten Nationalgötter als mythische Gewalt) stabilisiert wird – eine pseudotheologische (Kapitale) und neumythische (A-Kapitale) Gewalt, die sich heute auch geopolitisch in den drei Ordnungswelten liberal-demokratisch, autokratisch-eurasisch und islamisch-religiös aufgespalten hat.

„Monomythie" und „Polymythie" sind somit, konkret, die beiden komplementären Totalitäten, welche die kulturelle, gesellschaftliche *Bewirtschaftung* und die mythisch-staatliche *Verrechtlichung* der Welt umfassen, um darin das eine, *komplementäre* ‚Gesetz der Medienökonomie‘ zu bilden. Eines, das in sei-

---

[60] Marquard 1983, S. 82 ff.

ner totalitären, liberal-demokratischen Medienökonomie ebenso die andere, *antagonistisch-polemische Feindökonomie* produziert. Dies heißt, das moderne, idealistisch-säkularisierte Medium neutralisiert nicht einfach die alten Mächte, sondern lässt sie auch in der modernen liberalen Freiheit weiterwirken: moderne Kontingenz als monomythische und polymythische Notwendigkeit, neue Freiheit als uralte Knechtschaft. In der modernen, säkularisierten Neutralisierung der alten göttlichen Mächte, die angeblich durch den säkularisierten Prozess „verdampfen" (Marx), geschieht nämlich auf ihrer Rückseite auch das Gegenteil: ihre Kondensation, Wiederverzauberung und Wiederherstellung. Es ist die *einwertige Monomythie und mehrwertige Polymythie als eine identitätsökonomische, liberal-demokratische oder illiberal-autokratische Unifikation.* Die säkularisierten, *vielen* Geschichten gehen somit einerseits in die *eine* Geschichte der *pseudotheologischen Finanz-, Aufmerksamkeits-, Affekt-, Design- und Datenökonomie* auf. Andererseits in die *vielen* Geschichten der Nationalstaaten über – oder in die vielen Geschichten der geopolitischen Ordnungen –, die mit ihren neumythischen Rechtsmitteln (liberal-demokratische, illiberal-autoritäre oder islamistische) jene *eine*, monarchische Medienökonomie regulieren und re-regulieren. Dies sind keine Geschichten, die im *Indikativ* (wie einmal auch die Postmoderne dachte) *erzählt werden*, sondern Geschichten, die *erzählt werden müssen*: ‚Erzähle deine *eine* oder *vielen* Geschichten!' Dieser Imperativ bildet dann in der liberal-demokratisch-kapitalistischen Welt die neue, pseudoreligiöse Weltanschauung. Sie schützt die oberste Wertüberzeugung („westliche Werte", Freiheit, Demokratie, Markt, Toleranz, Menschenrechte etc.), die den Konsensus ihrer Teilnehmer fundiert, durch den Akt der *sanctio*, der Heiligung, die immer zugleich als Sanktion, als Ahndung der Tabuverletzung funktioniert. Insofern lässt sich jeder Mythos und jede Religion – sei sie nun christlich oder nicht, sei sie sakral oder säkular getarnt – als der Versuch definieren, die *Mitte* des Mediums (die ‚Vermittlung', wo alle menschliche Tätigkeit als wirkliche Bewegung wirkt) auf den imperativen Befehl zu gründen. Ein komplementärer Imperativ des einen Gottes (Kapitalgott) und der vielen Götter (Nationalgötter), die als eine liberal-demokratisch-kapitalistische Sphäre eine Verehrung, Doxologie (Verherrlichung) und Lobpreisung verlangen, damit jene in ihrer blendenden Gestalt miteinander versöhnt erscheinen können. Eine liberal-demokratisch-kapitalistische Totalität, die aber gerade darin, durch *Selbstzerspaltung des einen Prinzips*, auch die Gegenbewegung der illiberal-autoritären oder islamistische Kräfte hervorruft, die sich in ihrer Mitte ihrerseits verabsolutieren und verherrlichen. Entscheidend ist hier, dass diese säkularisiert-göttlichen, liberalen oder illiberalen Sphären (als Kapitalgott und Nationalgötter) in ihren imperativen Befehlen im Indikativ (Ist, Sein, Prozess, Geschehen, Arbeit) verdeckt bleiben müssen, sodass sie für den liberalen oder illiberalen Menschen so etwas wie Nahrungsmittel und selber Nahrung sind. Der eine, säkularisierte Gott und die vielen säkularisierten Götter sind somit sowohl menschliches Produkt als auch göttliche Speise – daher der theologische Satz aus dem Matthäusevangelium: „Unser tägliches Brot gib uns heute." Hier werden Arbeit, Tätigkeit und schöpferisches Hervorbringen nicht bloß säkular, produktionsästhetisch im Kreisprozess der Entäußerung, Vergegenständlichung und Aneignung von Wesenskräften vorgestellt. Diese säkularisierte, praxistheoretische Denkfigur verführt nämlich dazu, die aufeinander bezogenen Momente von Arbeit und Natur, von Immanenz und Transzendenz, von Mensch und Gott, in der Totalität eines selbstbezüglichen Reproduktionsprozesses aufgehen zu lassen. Dergestalt, dass der Mensch und dessen Wesen schließlich in nichts anderem besteht als in einer Praxis, durch die er sich unablässig selbst erzeugt und dabei als Produkt konsumiert. Ein säkularisiertes menschliches Wirken, das sich allein in den ökonomischen, technischen, ästhetischen, epistemischen, kulturellen und politischen Landnahmen erschöpft, während es darin jenes anfängliche, göttliche Wirken in seinem säkularisierten Projekt vergessen hat.

Die säkularisierte, rhizomatische, semantische, epistemische, technische, ästhetische oder politische *Dissemination* (wo jeder seine eigene Geschichte erzählt, oder in seiner performativen Praxis seine Identität immer wieder neu setzt) beschreibt somit immer auch die *Unifikation*, wo nämlich die absolute Freiheit des modernen, kreativen Individuums in die absolute Herrschaft der alten Imperative zurückschlägt. Die moderne, liberale und performative *Selbstbestimmung* ist daher immer auch eine archaische *Fremdbestimmung*: die monomythische Finanz-, Aufmerksamkeits-, Ausstellungs-, Design- und Datenökonomie, die von einer polymythisch-staatlichen Rechtsmittelökonomie umrahmt wird. Indem die säkularisierte Moderne die *eine* Macht der Monomythie und die *vielen* Mächte der Polymythie aus ihrer neuen, aufklärerischen, modernen, neutralisierenden, fortschreitenden, differenzierenden, innovativen und befreienden Welt verbannt hat, ist sie nämlich nicht nur nicht jenen alten imperativen Mächten entkommen. Vielmehr hat sie dabei nichts anderes gemacht als in ihren neuesten Medien (als erzählende, begehende, tönende, sensitive, affektive, argumentierende, epistemische, digitale oder informationelle) die uralte, monarchische und polyarchische Medienherrschaft zu bestätigen: *Rückkehr in den archischen Grund eines Gebotes* (‚Sei!'), aus dem einmal alle Medien der ‚Aufklärung' und Emanzipation hervorgingen, um darin angeblich neutralisierend, kulturell, humanistisch, zivilisatorisch und heilsam zu wirken.

In der Säkularisierung von Monomythie und Polymythie hat sich somit im Gegenzug auch eine remythisierende und rereligioisierende Gegenbewegung gezeigt, sodass der säkularisierte Gott und die säkularisierten Götter schließlich in den Basisstrukturen der postindustriellen, liberal-demokratisch- oder illiberal-autoritär-kapitalistischen Welt eingedrungen sind und sich dort aufgelöst haben. Damit gehört der alte, neutralisierende Schematismus („säkularisierter Monotheismus und säkularisierter Polytheismus")[61] weniger den abstrakten Regionen des theologischen und mythischen Überbaus. Vielmehr den konkreten, monarchischen und polyarchischen Basisstrukturen neuester Arbeits-, Ausstellungs-, Konsumtions-, Produktions- und staatlicher Rechtsverhältnisse. Nicht in jenen semantischen, mono- und polytheistischen Abstraktionen, sondern in den rearchaisierten, konkreten Gewalten ist nun jeder einzelne mit Haut und Haaren der *einen* Geschichte sowie den *vielen* Geschichten ausgeliefert. Hier verkünden nämlich die säkularisierten, liberal-demokratisch-kapitalistischen Evangelien: ‚Ich bin deine einzige, archisch-komplementäre Geschichte, und du *sollst* keine anderen Geschichten

---

[61] „Gibt es (...) nur säkularisierten Monotheismus? Oder gibt es auch säkularisierten Polytheismus? Oder, falls das Wort ‚Säkularisierung' anstößig ist: gibt es auch entzauberten, aufgeklärten Polytheismus?" (Marquard 1983, S. 77). Diese Frage beantwortet Marquard anschließend selbst, und zwar indem er ein ‚mehr an Säkularisation' und Neutralisierung von Theologie (Religion) fordert. Deshalb wendet er gegen Blumenberg ein: „Problematisch an Blumenbergs Säkularisierungskritik ist also nicht ihre Intention: die Verteidigung der ‚Legitimität der Neuzeit' d. h. ihre Rechtfertigungsbedürftigkeit. Problematisch an ihr ist nur, daß er durch seinen Angriff zuviel verteidigen wollte: nämlich mit der Neuzeit zugleich die Geschichtsphilosophie. (...) in der Geschichtsphilosophie mißlingt die Neuzeit ... es ist bei der Geschichtsphilosophie das Schlimme weder die Säkularisation noch das Operieren mit dem Begriff Säkularisation, sondern vielmehr dieses: daß in ihn die Säkularisation nicht oder zu wenig stattfand, daß sie in ihr nicht gelang ... Die Geschichtsphilosophie ist die Gegenneuzeit (...), die Neuzeit ist insgesamt das ‚Zeitalter der Neutralisierungen'. (...) Die heutige politische Eschatologie (...) will damit ein Ende machen: das Ende der Neuzeit im Namen des Endes der Geschichte. Sie ist (...) ‚säkularisierter' (zu wenig säkularisierter) Monotheismus und insofern ein Monomythos im Unterschied zu den Polymythen. Mythen sind Geschichten. Monomythie – aus dem Monotheismus kommend – bedeutet für jeden einzelnen und alle Menschen zusammen; sie dürfen nur eine einzige Geschichte haben und erzählen (ich bin deine einzige Geschichte, du sollst keine anderen Geschichten haben neben mir): hier ist der einzelne unfrei, mit Haut und Haaren dieser einen Alleingeschichte ausgeliefert. Polymythie – aus dem Polytheismus kommend – bedeutet für alle Menschen und jeden einzelnen: jeder darf viele verschiedene Geschichten haben und ist (...) ihnen gegenüber frei und ein einzelner durch Gewaltenteilung als Geschichtenteilung. Polymythie ist bekömmlich, Monomythie ist schlimm." (Ebd., S. 80 ff.). Diese *eine* und die *vielen* Geschichten haben sich heute im gegenwärtigen säkularisiert-theologischen Finanz-, Affekt-, Wissens-, Spiel-, Ausstellungs-, Design-, Daten-, Erzähl- und neomythischen Rechtsregime (staatliche Rechtsbegriffe) aufgelöst. Aber darin werden nicht die *eine* oder die *vielen* Geschichten *erzählt*, vielmehr *müssen* sie im archischen Imperativ erzählt werden: ‚Erzähle deine *eine* oder deine *vielen* Geschichten!' Entscheidend hier sind also nicht die *eine* oder die *vielen* Geschichten, die erzählt werden, sondern der Befehl darin.

neben mir haben'; die etwa der *monomythischen Kapitale* und *polymythischen A-Kapitale* stören könnten – darauf reagieren heute die anderen, ebenso totalitären, illiberal-autokratischen oder religiös-islamistischen Geschichten antagonistisch-polemisch. So ist der Einzelne in seiner hypermodernen Freiheit absolut frei und zugleich absolut unfrei, mit Haut und Haaren der *einen* und den *vielen* Geschichten ausgeliefert. Monomythie und Polymythie – aus dem Monotheismus und Polytheismus kommend – bedeuten somit im Liberalismus: jeder *muss* eine einzige (Kapitale) und zugleich viele Geschichten (A-Kapitale) haben und diese auch *absolut setzen*. Eine komplementäre, liberal-demokratische Kapitalwelt, die in sich selbst freilich auch eine Selbstzerspaltung und einen Antagonismus der Gegengeschichten produziert: die andere ‚multipolar-autoritäre' oder ‚islamische' Welt, die gegen die eine, liberal-demokratische Welt polemisch angeht.

Wir haben es hier also mit einer säkularisierten liberal-demokratischen kapitalistischen Pseudoreligion (eine ‚Religion *ohne* Religion',[62] da sie keine jenseitige Heimat mehr kennt) zu tun, die zwar in sich selbst immer mehr auch parastaatliche Strukturen aufweist, dabei aber immer noch der genuinen, staatlichen Strukturen bedarf, welche die Kapitalmaschine nationalrechtlich regulieren und nachregulieren. Insofern könnte

---

[62] Deswegen muss Benjamins Formulierung von einer „kapitalistischen Religion" hier präzisiert werden. Sie wurde und wird nämlich bloß als ein universelles Programm der „Abstraktion" beschrieben, wo es dann nur noch darum geht, den „asymmetrischen", „lokalegoistischen" Ort oder die „Ortsgeister" (Sloterdijk) wiederzufinden, die angeblich wieder Entlastung vom „abstrakten Universalismus" gewähren: „Die gleiche Wir-sie-Differenz nistet im Herzen der großen solidargemeinschaftlichen Strukturen, besonders der Rentensysteme, bei denen mit legitimer Eifersucht darüber zu wachen ist, Anspruchsberechtigungen an eine entsprechende Leistung der Beteiligten zu knüpfen." (Sloterdijk 2005, S. 410 f.) Ähnlich die These von C. Türcke, der die „kapitalistische Religion" als den „abstrakten Raum" beschreibt, um davon den „konkreten Ort", oder, neurophysiologisch-anthropologisch, den „Erregungsüberschuß" abzusetzen: „Der Kapitalismus *ist* Religion und als profaner Effizienzzusammenhang doch bloß *wie* Religion." „Das Heilige ist Chiffre für einen uneinholbaren Erregungsüberschuß." (Türcke 2002, S. 171 und 233). Der „konkrete Ort" und der anthropologische „Erregungsüberschuß", die die „kapitalistische Religion" dialektisch negieren, kehren hier als ‚Heimatgeister' wieder zurück (die angeblich eine „höhere Form von Globalisierung" abgeben könnten) und den abstrakten Kapitalismus auch „ablösen" könnten. Da gibt es zum Beispiel den großen Gedanken Immanuel Kants von der Weltgesellschaft als einem Völkerbund. Wie wäre es, diesen Bund nicht länger nationalstaatlich zu fassen, sondern als einen Bund von Heimaten" (Türcke 2006, S. 79 f.). Hier wie dort verkommt das universell-egalitäre Medium zu einem lokalegoistischen Medium der ‚Ortsgeister', oder zu einem regionalen ‚Heimatgeist', anstatt dass es im inhumanen ‚Weltgeist' (und ‚Weltpraxis') des Ganzen die humanen Zellen einer irreduziblen Singularität und einer universellen Gemeinschaft der Freunde wieder zu finden, die unter diesen Orts- und Heimatgeistern begraben liegen.

man dialektisch formulieren: Der Kapitalismus, als eine säkularisierte, monarchische Macht, *ist* der Staat (indem er nämlich zunehmend pseudostaatliche Strukturen aufweist) und doch *nicht* der Staat, weil die parastaatlichen Strukturen nicht mit den genuin staatlichen Strukturen der national-rechtlichen, neumythischen Polyarchie identisch sind – wie die Paramilitärs, die fürs Militär Dienstleistungen erbringen, nicht selber das Militär sind. Denn mit der Einbettung aller Sozialverhältnisse in den Gesetzen der ‚marktkonformen Demokratie' oder der neuen Finanz- und Informationsmonopole (das Ökosystem des liberal-demokratischen und illiberal-autoritären Kapitalismus) findet keineswegs auch das Absterben des Staates als polyarchische Rechtsform statt. Vielmehr muss der Nationalstaat, gerade als ausgehöhlter und völlig entleerter, umgekehrt, immer stärker werden, weil ja die Dynamik des säkularisierten Kapitalgottes, auf der jeweils erhöhten Stufenleiter der Geschichte, durch eine Kaskade von Verordnungen, Anweisungen und Gesetzen reguliert und nachreguliert werden muss. Die *eine* (monotheistische) und die *vielen* (polytheistischen) Geschichten haben sich somit im pseudotheologischen Finanz-, Wissens-, Affekt-, Design-, Aufmerksamkeits-, Erzähl-, Informations- und neumythisch-staatlichen Rechtsmittelregime aufgelöst. Aber darin werden *nicht* die *eine* oder die *vielen* Geschichten *erzählt*. Vielmehr herrscht in diesen liberalen oder illiberalen Erzählungen immer noch der alte Imperativ: ‚Erzähle deine *eine* und deine *vielen* Geschichten, in deiner liberalen Demokratie oder illiberalen Autokratie!'

Einheit und Vielheit, in ihrer immanenten (säkularisierten) und transzendenten (theistischen) Form, sind somit mehrdeutig. In den gegenwärtigen Basisstrukturen der modernen Gesellschaft tauchen sie dann nicht nur *komplementär* (in ihrer jeweils liberalen oder illiberalen Form einer *monarchischen Bewirtschaftung* und *polyarchischen Verrechtlichung* der Welt), sondern ebenso in ihrer *antagonistisch-polemischen* Form auf. So meint auch die mediale Mitte weder die *eine*, ‚unbekömmliche', monomythische Geschichte, noch die *vielen* „bekömmlichen" (Marquard) Geschichten der säkularisierten Polymythie. Vielmehr bilden hier liberal-demokratische und illiberal-autoritäre Geschichten nur die eine, ‚unbekömmliche Geschichte der Feindschaft', wo nun alle *Beziehungen* der Menschen global, lokal, national oder geopolitisch im Konsensus ihrer Teilhaber vergiftet vorliegen. Gerade darin fordert aber die mediale *Mitte* auch ihre Dekontamination, ihre Entgiftung durch ein antitoxisches Mittel. Das Mittel in seiner liberal-demokratischen oder illiberal-autokratischen *Einheit* und *Vielheit* vernichtet und vergiftet somit nicht ausschließlich; es kann auch durch einen medialen *Gegenbefehl* zu einem wahrhaft Gegenmittel und Heilmittel werden – sofern es freilich seine toxische Medienökonomie deaktiviert und unwirksam macht. In diesem *antithetischen*, politischen Gestus ist freilich das Gegenmittel nicht bloß das unvermittelt-anarchische, ‚gewaltlose' und ‚reine Mittel'. Vielmehr wird es im genuinen Widerstand von seiner toxischen Wirkung ‚gereinigt' (von seiner immanenten und transzendenten, monomythischen und polymythischen Wirkung), um so wieder heilsam und human zu wirken.

Genau dies ist dann auch der Preis, den heute theoretische oder „rhizomatische" Kurzentwürfe („Kurze Theorie der Gegenwart"; J. Vogl) zu zahlen haben, wenn sie nämlich glauben, auf eine archäologische Absicherung ihrer Mittel (spezifisch: die Mittel der neuen Finanz- und Informationsökonomie) verzichten zu können; auf eine Archäologie des liberal-demokratischen *Heil(s)mittels*, das nicht erst in den Formen der „ballistischen" Schnellkommunikation (Plattformen) seinen toxischen, monotheistischen und polytheistischen Charakter entfaltet. Denn indem das rhizomatische Denken als Resistenz der *Vielheit* gegen die *Einheit* („ontologische Verwurzelung des Kapitals"; Vogl) auftritt, um als „Prinzip der Vielheit" *jeden Bezug auf Identität zu kündigen* (sei es des liberal-demokratischen oder illiberal-autoritären Kapitalismus), wird es nämlich selbst zu einem Prinzip: die ‚Differenz an sich selbst'. Ein allseitiges, ‚partisanenhaftes' Differenzmittel, das im Privatbereich sowie im Staat angeblich immer wieder auch kleine Lücken entdeckt, während sie in Wirklichkeit nur das eine Prinzip der Monomythie und Polymythie bilden: die Identität der monomythischen Finanz-, Informations-, Wissens-, Datenökonomie und die Identität der polymythischen Rechtsmittelökonomie – worauf dann die anderen, ebenso verabsolutierten Identitäten polemisch reagieren. Insofern triumphiert der Kapitalismus nicht – wie es einmal Fernand Braudel formulierte – wenn er *selber Staat wird* (der eine Kapitalgott dieser Welt, indem die Polymythie der Nationen aufgehoben ist). Vielmehr hängen die parastaatlichen Strukturen der neuen Finanz- und Informationsökonomie immer noch von den genuinen, neomythischen, politisch-rechtlichen Strukturen der Nationalstaaten ab – oder eben von den geopolitischen Strukturen, die sich inzwischen in den liberal-demokratischen oder illiberal-autoritären Weltblöcken immer mehr durchsetzen. Damit beschreibt auch die Figur der „Verhakung von Finanz- und Informationskapitalismus einerseits" mit den „Konjunkturen des Ressentiments andererseits" in Wirklichkeit nur die Form der glorreichen Demokratie. Dergestalt, dass sie auf der anderen Seite die regressiven, illiberal-autoritären oder islamistischen Gegenbewegungen selbst hervorbringt; die andere „ontologische Verwurzelung des Kapitals" im illiberalen Autoritarismus, Nationalismus oder Faschismus, die als ein polytheistisches Neuheidentum auf die autochthone Grenze, auf die nationale Identität, auf die eigene Gemeinschaft oder auf den geopolitischen Block setzen; der territoriale, symbolische Ort der Macht, der erneut von den alten, regressiven Identitätszeichen des akklamierenden Volkes (sei es digital oder analog) besetzt wird. Denn die liberal-demokratische oder illiberal-autoritäre Identität heißt hier: ‚Heil liberaler Markt!', ‚Heil Informationsmonopole!', ‚Heil Demokratie!', ‚Heil

Freiheit!', ,Heil Menschenrechte!', oder eben antagonistisch-polemisch: ,Heil Nation!', ,Heil Grenze!', ,Heil Heimat!', ,Heil autokratisches Territorium!' oder ,Heil multipolares System!'

3.7   Parmenideische Unterscheidung: Diskursiv-ästhetisches *Spiel* und tödlich-politischer *Ernst*

Schlüsse und Anfänge sind nicht deswegen problematisch, weil sie die historische Bewegung der Medien, ihr Werden und Gewordensein auf einen Ursprung, auf einen Grund, auf eine Substanz, auf einen Gott, auf ein Wesen oder auf ein Absolutes zurückbiegen, und umgekehrt das Absolute im historischen Prozess auflösen. Vielmehr weil Medien in ihrer ontischen, historisch-gesellschaftlichen, modernen und atheistischen Bewegung nicht nur ihr metaphysisches, ontologisches und theistisches Sein, sondern darin auch ihren imperativen Anfang verbergen: das ,Sei!' So auch in der Hegelschen Dialektik, die in ihrem Medium „Begriff" zwischen einem Unendlichen und einem Endlichen vermittelt, um die historische Dynamik in der Einheit des absoluten Geistes stillzustellen; sie denkt das *Absolute* als ein Vermitteltes, das in der medialen Mitte schließlich stillsteht. Eine durch das Medium „Denken" inszenierte Säkularisation der vormaligen metaphysischen Gottheit als Totalität des Geistes, wo allerdings das Absolute nun vom endlichen, menschlichen Medienmodell abhängig bleibt. Die Totalität des Geistes, welche die Gottheit säkularisiert, besetzt in der ,Vermittlung' die Mitte, ohne zu merken, dass damit das theologische Medium (die Transzendenz Gottes als souveräne Macht) einfach in das säkularisierte, menschliche Medium (Begriff) transportiert und darin nur ,übersetzt' wurde. Eine himmlische Macht, die in ihrer säkularisierten ,Vermittlung' (profan als Totalität des versöhnenden Geistes, theologisch als heiliger Geist einer ewigen Liebe) als solche nicht angetastet bleibt. Das Medium des endlichen, menschlichen Wirkens (der ,Macher' der Welt in der „Arbeit des Begriffs") transportiert so das göttliche Medium des Wirkens (der ,Schöpfer' der Welt) in eine menschliche Medienökonomie, die darin mit dem Geist des Absoluten ausgezeichnet wird. Aber in der *Mitte* der Medien findet keine idealistisch-begriffliche „Versöhnung" durch die Totalität des Geistes statt. Vielmehr zeigt sich darin gerade das Unversöhnte, in seiner herrschaftlichen Gestalt, um darin, in der Selbsterspaltung des einen Prinzips, dann auch noch das antagonistische Feld der Feindschaft, des Hasses und des Krieges im eigenen Haus (*oikeios polemos*) zu bedeuten.

So schleppt die diskursive oder die ästhetische Dialektik des historischen Prozesses seit Heraklit immer wieder das Problem mit sich herum, dass sie alles nur in

Bewegung denkt und sich dabei nicht nur über ihr statisches Sein (‚Werden als Sein'), sondern auch über die archischen Gesetze im Raum des *oikos* (Haus) und der *polis* (Stadt) betrügt, über das archisch regierte Zuhause eines flüchtenden Un-Zuhauses. Daher meint der politische Raum – nicht der spielerische Raum des Diskursiven oder Ästhetischen – nicht die Dialektik von ‚Werden als Sein', die ‚Dauer im Werden' (Goethe), die ewige Wiederkehr des Gleichen (Nietzsche), oder die ‚wesentliche Erscheinung' (Adorno), wo die ontische und ontologische Welt philosophisch oder ästhetisch negativ erschlossen wird. Vielmehr gilt es hier zwischen dem dialektischen, diskursiven oder ästhetischen *Spiel* einerseits und dem *Ernst* im Raum der Öffentlichkeit und des Politischen andererseits scharf zu unterscheiden. Ein politischer Raum, wo eben kein *Spiel* stattfindet, sondern die konkreten *Gesetze* und die jeweiligen ‚Götter' herrschen.

Genau dies war einmal der Einwand von Parmenides, der zwischen dem theoretischen Spiel (Diskurs) und dem geltenden Ernst in der Polis (der politische Raum der Gesetze) scharf unterschied. Sein Einwand, der bis heute gültig bleibt, war zunächst der, dass man im ‚theoretischen Spiel' nicht gleichzeitig sagen kann, dass „Sein ist" und zugleich „Nichtsein ist";[63] hier macht man nämlich, so Parmenides, einen logischen Denkfehler, wenn man gleichzeitig sagt, der Gegenstand ist blau und zugleich nicht blau. Die Parmenideische Unterscheidung beschreibt somit zunächst den Raum des intellektuellen Diskurses, wo etwas „wahr" oder eben „falsch" sein kann. Denn im theoretisch-argumentativen Verfahren kann man sehr wohl – modern formuliert, im „herrschaftsfreien Diskurs" (Habermas) – einen Denkfehler machen, ohne dass dies allerdings auch existenzielle Folgen nach sich ziehen müsste: ‚Sie liegen mit ihrer Aussage logisch falsch, das macht aber nichts, weil wir uns hier in einem intellektuellen Diskursraum befinden, so dass sie weiter am Diskurs teilnehmen können'. Diese Parmenideische Unterscheidung lässt sich aber nicht nur im intellektuellen Raum des theoretischen Diskurses verorten; sie

---

[63] „Der eine Weg ist, dass IST ist (*estin te*) und dass Nichtsein nicht ist (*ouk esti me einai*), das ist der Weg der Überzeugung, denn diese folgt der Wahrheit (*aleithei*). Der andere aber, dass NICHT IST und dass Nichtsein erforderlich ist, dieser Weg ist, so sage ich dir, gänzlich unerkundbar; denn weder erkennen könntest du das Nichtseiende noch aussprechen." „Die Entscheidung (*krisis*) aber hierüber liegt im folgendem: IST oder NICHT IST!" Ein Sein, das in sich selbst ruht und daher keiner Bewegung bedarf: „Aber unbeweglich, unveränderlich (*akineton*) liegt es in den Grenzen gewaltiger Bande, ohne Ursprung (*anarchon*), ohne Aufhören; denn Entstehen (*genesis*) und Vergehen (*olethros*) wurden weit in die Ferne verschlagen" (Parmenides 1964, Fr. 2 und 7, 8 (übers. vom Verf.)). Was hier Parmenides mit seiner Ontologie verfehlt, ist nicht nur das ‚Sein im Werden' selbst, womit er sich wieder mit Heraklit treffen würde, sondern auch das imperative ‚Sei!', sodass am Ursprung nicht das ontologische *anarchon* (das Herrschaftslose), sondern der *archon* (der Hausherr, der Herrscher und *despotes* des Hauses) am Werk ist.

kann auch nicht im theologischen Paradox aufgelöst werden, wonach die Widersprüche auf die Bedingtheit der menschlichen Vernunft zurückzuführen seien und damit geradezu die Unbedingtheit Gottes beweisen würden. Vielmehr wandert dieses intellektuelle *Wahrheitsspiel* ebenso in den Raum der Polis ein, um darin *ernste*, politische Folgen zu haben. Denn das intellektuelle Spiel im theoretischen Diskursraum wird nur solange toleriert und akzeptiert, bis dies *nicht* in den Raum der Polis eindringt und dort ihre Gesetze und Götter verletzt – so musste einmal auch Sokrates mit seinem Leben bezahlen als er den intellektuellen Diskursraum in die Polis brachte und dort ihre Gesetze und Götter verletzte.[64]

Wir haben es hier also mit dem öffentlichen Raum des politischen *Ernstes* zu tun, der auch in unserer liberal-demokratisch-kapitalistischen Polis von einer Diskurspolizei streng überwacht wird. Auch hier meint nämlich der politische Raum nicht einfach den intellektuellen Diskursraum der Theorie (wo etwas „wahr" oder eben „unwahr" sein kann, darin aber dennoch als „unwahr" toleriert werden kann), vielmehr den Ort der Polis, wo jenes ‚sokratische Gespräch' die Polis infiziert, dort ihre Gesetze, ihre Rechtsordnung kontaminiert und das feste Gebäude von Kultur, Religion und Staat einer Erosion aussetzt wird.[65] Ein *ernster* Raum des Politischen also, wo die Gesetze, Sitten, Rituale und Götter herrschen und die deswegen auch nicht in Frage gestellt werden dürfen, soll nämlich die Ordnung der Polis als solche bewahrt werden. Und diese Ordnung wird eben dann verletzt, wenn etwa der theoretische Diskursraum der Philosophie in den Raum der Polis eindringt und dort das Leben und die Lebensformen in ihrer gesetzlichen Einheit zersetzt. Wir stehen hier also vor einem politischen Warnschild, das beide Bereiche scharf trennt. Denn schnell kann hier das Urteil gefällt werden und die *Tat* – die im diskursiven oder ästhetischen Raum noch toleriert wird – durch Strafe wieder *ungetan* werden, wenn etwa die Rechtsordnung der Polis bedroht wird. Denn jede kulturelle, politische oder religiöse Weltanschauung – sei sie nun liberal, illiberal, säkular oder sakral – schützt die oberste Wertüberzeugung (in der liberalen Welt sind dies dann die „westlichen

---

[64] So hieß es in der Klageschrift: „Sokrates handelt rechtswidrig, indem er an die Götter des Staats nicht glaubt, vielmehr anderes, neues Dämonisches einführt; er handelt ferner rechtswidrig, indem er die Jugend verführt. Beantragte Strafe: Tod." (Meyer 1981, S. 227). Daher beschreiben die Dialoge Platons kein *Spiel*, sondern den Ernst einer *politischen Krise*, wo ein gerechter Mensch (nämlich Sokrates, der zum Staatsfeind erklärt wurde) einfach umgebracht wird – eine Gewalttat, welche dann die Frage aufwirft, wie eine gerechte Welt möglich sei, in der eben nicht mehr getötet wird.

[65] Heinrich Maier schreibt über die sokratische Verletzung der athenischen Rechtsordnung: „Das Recht ist ein hohes sittliches Gut, aber nicht das höchste; denn es ist nur ein Mittel im Dienst der Verwirklichung sozial-sittlicher Zwecke. Und der Zweck steht höher als das Mittel, das nur von jenem seinen Wert erhält. So kann es auch Fälle geben, wo die Durchbrechung bestehender Rechtsordnungen für menschliche Individuen zur sittlichen Pflicht wird." (Maier 1913, S. 497).

Werte", die Werte der Finanz- und Informationsökonomie, der Markt, die Demokratie, Freiheit oder die Menschenrechte), die den Konsens ihrer Teilnehmer durch den Akt der *sanctio* fundiert: der Heiligung, die zugleich als Sanktion, Ahndung und Tabuverletzung funktioniert. Und diese Ordnung wird immer dann bedroht, wenn man etwa den liberal-demokratischen Diskursraum im politischen Aktivismus verlässt, um die öffentliche Ordnung zu korrumpieren – genau das, was einmal Sokrates vorgeworfen wurde und wogegen dann die Dialoge Platons sich wenden; daher beschreiben seine Dialoge kein *Spiel*, sondern den *Ernst* einer politischen Lage, wo nämlich, nach Platon, ein gerechter Mensch (Sokrates) einfach umgebracht wird.

Insofern hat Alain Badiou politisch recht, wenn er in seinem Buch „Versuch, die Jugend zu verderben"[66] mit der provokativen These auftritt, dass seit Sokrates die Funktion der Philosophie darin bestehe, „die Jugend zu korrumpieren". Das heißt, sie von der vorherrschenden, liberal-demokratischen Ordnung abzubringen und sie durch ein konträres, emanzipatorisch-politisches Denken zu „korrumpieren"; damit sie dem jeweils geltenden Herrschaftssystem zu entfremden. Aber solch eine „Korruption" des ‚politischen Körpers' kann die jeweils herrschende Ordnung nicht tolerieren, weil sie gerade, wie in der liberal-demokratischen Ordnung, auf Konsens und ‚Einvernehmen' angewiesen ist und daher notwendig *unpolitisch* bleiben muss; denn *politisch* würde ja heute heißen, gegen die archaisch-regressiven Tendenzen der liberal-demokratischen oder illiberal-autoritären Finanz-, Daten- und Rechtsmittelökonomie aktivistisch Widerstand zu leisten; gegen die archaischen Eigentumsrechte, gegen Kapital, Markt, Informationsmonopole und Staat angehen. Das heißt, die wahrhaft kritische, philosophisch-*politische* Differenz führt in der liberalen „Konsensdemokratie" wieder das politische Element als „Dissens" und „Unvernehmen" (Rancière) ein, das mit dem politischen Aktivismus kurzgeschlossen wird. Denn „Die Politik existiert dort, wo die Rechnung/Zählung der Anteile und Teile der Gesellschaft von der Einschreibung eines Anteils der Anteillosen gestört wird."[67]

Es handelt sich hier also um das politisch-kritische Moment der „Anteillosen", das durch eine politische Philosophie wieder in den Raum der Polis eingeführt wird, sodass ihre ontische und ontologische Ordnung dadurch gestört wird. Störung des politischen Ganzen durch ein politisch-aktivistisches Anderes heißt also, Infragestellung und Zersetzung der geltenden, herrschenden Ordnung, wo nämlich zuletzt das „Ganze" nicht bloß im Raum der Theorie als ein „Unwahres" (Adorno) *erscheint*, sondern im öffentlichen Raum der Politik auch emanzipatorisch, *antagonistisch-polemisch auftritt* – ein antagonistisch-polemisches Element als ‚Gegenbefehl' zum geltenden Befehl, das nicht notwendig mit dem regressiven Element des Autoritären oder Irrationalen zusammenfallen muss. Eine politische

---

[66] Badiou 2016.
[67] Rancière 2002, S. 132.

Ungleichheit, Gegnerschaft und Feindschaft, die innerhalb eines gegebenen ‚Regimes der Gleichheit' situiert ist, und die als solche nicht bloß theoretisch bleibt, sondern zuletzt auch das politisch-aktivistische Moment als *Abschaffung des liberalen oder illiberalen Regimes* meint. Etwas, auf das jene „Korrumpierung der Jugend" hinweist, die von der liberal-demokratischen oder illiberal-autoritären Ordnung weggebracht wird; eine moderne Ordnung, die ihrerseits auf das uralte, starre und herrschaftliche Prinzip hinweist. Hier geht es also nicht bloß um die Differenz zwischen einem philosophischen Wissen über die Herrschaft. Vielmehr um die Einführung eines „korrumpierenden Wissens" in den metaphysisch-geschlossenen Horizont der liberalen oder illiberalen Polis, wo nämlich das unpolitische, theoretische Wissen plötzlich ‚politisch' wird und dabei die ‚polizeiliche Ordnung' der Finanz-, Austellungs- und Informationsökonomie (die göttliche Gewalt des Kapitalmittels) und des liberalen oder illiberalen Staates (die mythische Gewalt des Nationalmittels) stört, oder gar aufhebt. Diese ‚Störung' findet also nicht mehr im theoretischen Diskurs statt – und sei er noch so radikal-negativ und kritisch gedacht. Denn wenn die Parmenideische Unterscheidung in die Polis eindringt, dann findet sie nicht mehr im *Spiel* der Philosophie, der Kunst, des Theaters, der Musik oder der Kultur statt, die das politische Leben entpolitisieren und *entspannen*. Vielmehr in der *Hochspannung* des Politischen statt, das existenziell ist, weil es darin immer um Leben und Tod geht. Denn während das ‚Tun' im theoretischen Diskurs oder im ästhetischen Raum der Kultur keine Folgen hat, muss dies im politischen Raum durch *Strafe* wieder ‚ungetan' werden, wenn die politische Ordnung erhalten bleiben soll. Das heißt, der Intellektuelle kann sehr wohl radikal sein, ohne dabei wirklich auch *politisch aktiv* zu sein – heute heißt dies ein „Aktivist"[68] sein –, sofern er nämlich in seinem *intellektuellen Spiel* verbleibt und nicht in den *ersten* Raum der Polis eindringt und dort ihre Gesetze und Regeln verletzt.

Wir haben es hier also mit einer Immunisierung des theoretischen Diskurses oder des ästhetischen Denkens gegenüber dem *Politischen* (nicht bloß der Politik) zu tun, das einmal Günther Anders an der Person Adornos festgemacht hat: „Es ist mir nämlich unbegreiflich, wie es möglich ist, auf der einen Seite als philosophischer Autor im prägnantesten Sinne ein Avantgardist zu sein; auf der anderen Seite aber eine offizielle Stellung zu bekleiden, um sich von demjenigen, denen

---

[68] Wir ‚gendern' hier bewusst nicht, weil Medien (siehe oben den Abschnitt über „Natur" und „Gender") nicht bloß eine anthropologische Frage bilden, vielmehr Umwelt, Tier, Pflanzen, Dinge und Kosmos miteinbeziehen. Daher die Formulierung Horkheimers in einem Gespräch mit Adorno: „Für mich ist es anstößig, daß man glaubt, wenn die Menschen sich verstünden, etwas Wesentliches erreicht wäre. In Wirklichkeit sollte die ganze Natur davor erzittern. Im Gegenteil, es ist nur gut, solange sich gegenseitig in Schach halten." (Horkheimer 1996, S. 50).

man durch das, was man schreibt, die Achtung versagt, ehren zu lassen. (…) Etwas von dieser Kreuzung haben Sie aber in meinen Augen an sich. Solche Doppel-existenz muss sich, glaube ich, rächen. (…) So war in manchen Augenblicken, in denen die politischen potatoes besonders heiß wurden (atomare Situation, Not-standsgesetz etc) das Stummbleiben Ihrer Stimme einfach beklemmend. (…) Es ist schwer, sich des Eindrucks zu erwehren, dass Sie sich, anerkannt als offiziell zu-gelassener Papst der Radikalität, in der ominösen und jämmerlichen Deutschen Bundesrepublik doch irgendwie häuslich eingerichtet haben."[69]

Der „Papst der Radikalität" war eben in seiner liberalen bürgerlichen Behausung nicht radikal genug, weil er sich in seiner theoretisch-spielerischen Unterscheidung von ‚wahr' und ‚falsch', von ‚schlechter gesellschaftlicher Praxis' und „besserer Pra-xis" (was die Kunst als „Nutzloses" ist und sein soll) „häuslich eingerichtet" hat. Denn auch das „Nutzlose" der autonomen Kunst hat nämlich sehr wohl eine gesellschaft-liche heteronome Funktion, die eben gerade in ihrer „Funktions- und Nutzlosigkeit"[70] liegt. Etwas, das die liberal-demokratische Gesellschaft selbst von der autonomen Kunst auch erwartet. So speist sich das Autonomiemodell der Kunst noch von der alten Differenz zwischen „Tauschwert", Abstraktion, „Entzauberung" (Max Weber), „instrumentelle Vernunft", „Kulturindustrie", kapitalistische Aufmerksamkeit oder „rechnendes Denken" einerseits, und „Gebrauchswert", Konkretion, bessere Praxis, Leib, Ästhetik, Glücksversprechen oder Utopie andererseits. Nur deswegen kann in der autonomen Kunst eine *poetische Kritik der instrumentellen Rationalität* statt-finden. Genau diese Differenz ist aber in der pseudotheologischen Finanz-, Informati-ons-, Ausstellungs-, Aufmerksamkeits-, Affekt- und neumythisch-staatlichen Rechts-mittelökonomie aufgehoben, die sowohl das „Nützliche" (Utilitarismus) als auch das „Nutzlose" (Antiutilitarismus) kennt; damit auch das soziologische Modell einer individualistisch-singularistischen „Aufmerksamkeitsökonomie" (Reckwitz) hinter sich lässt. Die moderne, bürgerliche Kunst, die das Individuum stark macht (und dabei

---

[69] Anders 2003, S. 276.

[70] „Soweit von Kunstwerken eine gesellschaftliche Funktion sich prädizieren läßt, ist es ihre Funktionslosigkeit. (…) Fürs Herrschaftslose steht ein nur, was" dem Tausch „nicht sich fügt; für den verkümmerten Gebrauchswert das Nutzlose. Kunstwerke sind die Statthalter der nicht länger vom Tausch verunstalteten Dinge" (Adorno 1989, S. 336 f.). Wenn sich aber *zwischen* „Tauschwert" und „Gebrauchswert" der ‚nutzlose Ausstellungs-, Bild-, Design-, Ton- oder Gefühlswert' geschoben hat, der als solcher der Sphäre des vormals nützlichen Gebrauchs entzogen ist und als eine antiutilitaristische Kultpraxis den liturgisch-zeremoniel-len und doxologischen Aspekt der metaphysischen Macht (Kapitalgott und Nationalgötter) bildet. Dann ist auch das „Nutzlose" Teil der einen, komplementären, pseudotheologischen Finanz-, Informations-, Affekt- und neumythisch-staatlichen Rechtsmittelökonomie: das Nutzlose selbst als das Nützliche im politischen Raum.

die Gewalt des individuellen Allgemeinen, die ökonomische und politische *Hetero-nomie* darin vergisst), bringt schließlich jenen illiberal-autoritären Widerstand als ein antagonistisch-polemisches Prinzip hervor, das sich heute im kollektiven Kulturalismus gegen die Autonomie der Kunst machtvoll ausdrückt. Liberalismus und Autoritarismus, Individuum und Kollektiv, autonome Kunst und Kulturalismus beschreiben somit nur die eine liberal-demokratische und illiberal-autoritäre Ökonomie (Ausstellungs-, Aufmerksamkeitsökonomie) von Kunst und Kultur. Es ist die gesamte Sphäre des Medialen, die sowohl Bestimmtheit als auch Unbestimmtheit kennt. Das „Nutzlose" der autonomen Kunst ist somit Teil der einen komplementären, Finanz-, Informations-, Affekt- und staatlichen Rechtsmittelökonomie. Die *Auto-nomie* der Kunst (ihre Nutzlosigkeit, Vieldeutigkeit, Unbestimmtheit oder Komplexitätssteigerung) geht dabei zur *Heteronomie* über, um von den Strategien der ökonomischen und politischen Macht (in ihrer monarchischen und polyarchischen Form) eingefangen, manipuliert, ausgerichtet und als Bedürfnis des Einzelnen und der Gemeinschaft ausgegeben zu werden. Insofern ist gerade das Nutzlose der Kunst (nicht bloß das Nützliche der Kulturindustrie, des Kulturalismus, der Unterhaltungsmusik oder des Designs) der glorreiche Aspekt der Macht, ihre Lobpreisung, Huldigung und Dankensbezeugung als liberales oder illiberales Bedürfnis des ‚einen Gottes' (theologisch-kapitalistisch) und der ‚vielen Götter' (mythisch-staatlich) nach kultischer Verehrung; heute sind sie in ihrer Totalität liberal-demokratisch, illiberal-autoritär oder islamistisch-fundamentalistisch organisiert.

Wir sehen: die bürgerliche, autonome Kunst hat nur eine Vogelscheuche aufgestellt, die sie dann mit ihrer Kritik selbst philosophisch und ästhetisch dialektisch zerstört hat.[71] Denn Unbestimmtheit, Nutzlosigkeit, Komplexitätssteigerung oder Mehrdeutigkeit sind keineswegs neutral, vielmehr Teil der gesamtgesellschaftlichen Praxis und Theorie, die sich in einer kultischen Finanz-, Kultur-, Informations- und Rechtsmittelökonomie retheologisiert und remythisiert hat. Als solche sind sie eben von der Gesellschaft geradezu erwünscht und in die Bestimmtheit der liberalen oder illiberalen Politik eingewebt, und umgekehrt. In der medialen Mitte verschwindet die Differenz von Kunst und Politik, sodass beide Sphären am Ort der hegemonialen

---

[71] Kunst wird „zum Gesellschaftlichen durch ihre Gegenposition zur Gesellschaft, und jene Position bezieht sie erst als autonome. (…) Das Asoziale der Kunst ist bestimmte Negation der bestimmten Gesellschaft." (Adorno 1989, S. 335). Gerade dieses „Asoziale der Kunst" ist aber Teil des Sozialen selber, das gesellschaftlich von der Kunst auch verlangt wird, sodass sie in ihrer *apolitischen*, distanzierten *Kritik* die eine komplementäre Medienmaschine immer weiter vorantreibt; indem sie nämlich darin den liturgisch-zeremoniellen, glorreichen Aspekt der Macht (die Transzendenz Gottes und der Götter als souveräne Mächte) bildet. Daher nicht die Dialektik des Sozial/Asozialen, vielmehr gilt es die kontaminierte *Zweiheit* des *Nützlichen und Nutzlosen* außer Kraft zu setzen.

Gesamtsphäre der Medien in ihrer Sollenhaftigkeit zu verorten sind. Auch die Autonomie der Kunst ist eben keine verewigte Invariante im Raum des bürgerlichen Spiels, vielmehr wäre hier die Frage zu stellen: Was zeichnet die genuine künstlerische Praxis überhaupt aus? Sie kann jedenfalls nicht in Propaganda, Doxologie (Verherrlichung), Zeremonie und Liturgie liegen, die als der glorreiche Aspekt der liberal-demokratischen Macht auf der Ebene der Macht operiert. Die Auszeichnung der künstlerischen Praxis kann daher nur im Abbau der politischen Hegemonie und Macht liegen; worin dann auch die soziale, künstlerische, philosophische und politische Praxis koinzidieren. Ein Abbau und eine Absetzung der politischen Macht, die aber nicht im *Kontinuum der Zeit* irgendwann erfolgen soll, sondern im *Hier und Jetzt* konkret-politisch als antithetische Praxis und Gegenbefehl zum politischen Befehl erfolgen soll. Was die künstlerische und philosophische Praxis auszeichnet, ist daher die *Resistenz gegen die Macht* (sei sie nun liberal-demokratisch oder illiberal-autokratisch verfasst) sowie eine *herrschaftsfreie Tätigkeit oder Kontemplation*, die von Propaganda und Doxologie grundsätzlich verschieden sind. Diese Resistenz meint nicht die Kritik innerhalb der autonomen Kunst, die ja von der Gesellschaft und Politik geradezu erwünscht wird. Vielmehr das *politische Scharfstellen* der Bilder, Töne, Gesten, Worte oder Begriffe als Medien des *Gegenbefehls* – sonst bleibt die Explosivkraft der Kunst ohne Zünder und dient damit, im Kontinuum der Zeit, weiter der liberal-demokratisch-kapitalistischen oder illiberal-autoritär-kulturalistisch-kapitalistischen Macht; deswegen hat einmal Platon die Kunst im Bereich der Politeia lokalisiert und keine extra Schrift, wie Aristoteles, über Poetik verfasst; was uns am platonischen Höhlengleichnis archaisch erscheint ist ja der rohe Vollzug der Entrohung, wo *Gewaltsamkeit* am Anfang und am Ende der ganzen Geschichte steht, damit aber auch auf den *politischen Ernstfall* und nicht auf das *Spiel der Kunst* hinweist: auf das politische Paradigma des Konflikts und damit zugleich auf das Paradigma der Versöhnung.

Wir haben es hier also mit dem neuralgischen Punkt von Philosophie, Kunst und Theologie zu tun, der einmal in der Konstellation Adorno/Benjamin (autonome Kunst/profane Politik), Benjamin/Schmitt (allegorischer Ausnahmezustand in der Literatur/Ausnahmezustand im Politischen) und Scholem/Taubes (Messianischer Minimalismus/Eschatologie) berührt wurde. Der Ernst der Parmenideischen Unterscheidung weist jedenfalls über die säkularisierte Form von Philosophie, Kunst, „Ökonomie" und „Politik" hinaus: auf mythisch-theologische und antagonistisch-polemische Weltzusammenhänge. Etwas, das in seinem Ursprung auch als „Mosaische Unterscheidung"[72] beschrieben wurde, wo einmal der mythische Polytheismus durch einen Monotheismus überboten wurde. Gegen die moderne Auffassung des Polytheismus, die in der polytheistischen Vielheit eine libe-

---

[72] Vgl. hierzu: Assmann 2003.

rale „Toleranz" erkennen möchte („Monotheismus ist schlimm, Polytheismus ist
bekömmlich"; Odo Marquard), um dabei vom „Absoluten zu entlasten", sieht etwa
Jan Assmann eine falsche Rezeption am Werk, weil in der heidnischen Welt offenbar nicht weniger Gewalt und Intoleranz herrschte. Analog zur Parmenideischen
Unterscheidung begreift er vielmehr den Monotheismus als einen geistesgeschicht-
lichen Fortschritt, der das mythische Denken aus dem wissenschaftlichen Denken
absonderte. Aber auch diese „Mosaische Unterscheidung" bleibt immer noch abstrakt genug, weil sie jene Einheit (Monotheismus) und Vielfalt (Polytheismus)
nicht konkret, nämlich historisch-gesellschaftlich vermittelt denkt, um dann Geschichte und Gesellschaft in ihrer Kontamination mit Monomythie und Polymythie
zu begreifen. Mythologie (Vielfalt) und Theologie (Einheit) lassen sich eben nicht
bloß als abstrakte Mächte metaphysisch beschreiben. Vielmehr müssen sie auch
konkret aus der jeweiligen Zeit als *fremdbestimmte* und *feindliche Kräfte* gelesen
werden. Heute: die Kräfte der kryptotheologischen Finanz-, Ausstellungs-, De-
sign-, Affekt-, Daten- und mythisch-staatlichen Rechtsmittelökonomie. Auch in
jener „Mosaischen Unterscheidung" bleibt daher der politische Begriff der „Feindschaft" (Schmitt) abstrakt, und damit der andere Begriff der „Freundschaft". Kategorien, die erst aus dem historisch-gesellschaftlichen und politischen Raum als
eine ontisch-ontologische Krankheit und menschlich-göttliche Feindschaft
erst konkret zu entziffern wären. In der bloßen anthropologischen, ontologischen
oder theologischen Bestimmung des „Feindes" bleiben sie hingegen unbestimmt
und tauchen dann in Formulierungen wie diese auf: „Wenn du deine Identität durch
ein Feindbild aufrecht erhalten kannst, dann ist deine Identität eine Krankheit."[73]
        Identität, Krankheit und Feindbild meinen aber nicht die apriorische Reduktion
auf ein abstraktes Feind-Freund-Verhältnis als anthropologisches Urphänomen.
Vielmehr die Verabsolutierung des Medialen als eine historisch-gesellschaftliche,
ontotheologische (Kapitalmittel) und staatlich-mythische (Rechtsmittel) Epochen-
totalität: die allgemeine Fremdbestimmung, die sich als eine liberal-demokratische
und individuelle Selbstbestimmung äußert. Es ist die *feindselige Zweiheit des Mediums* (Individuum/Gesellschaft, Natur/Kultur, Nicht-Staat/Staat, etc.) als der au-
thentische Feind in seiner komplementären Figur der Zweiheit (Ökonomie und
Politik in ihrer *oikonomia* der Mittel), wo das Mittel als ,Freund' sich ausgibt und
darin seine desintegrative Kraft entfaltet. Der Feind, als ein anthropologisches oder
metaphysisches Urphänomen, ist also durch und durch historisch-gesellschaftlich
produziert und nur in dieser konkreten Gestalt verweist er zugleich auf seinen mythischen und theologischen Ursprung zurück.

---

[73] Assmann 2022.

Alle politischen Versuche kreisen somit um eine Resistenz, um eine ‚Ausnahme von der politischen Regel'. Es ist die mediale Explosivkraft im ‚Gesetz der Medien-ökonomie' selber, die aber in Kunst, Philosophie oder Theologie auch neutralisiert, *entspannt* wird (Adorno, Scholem), oder aber im Raum des Politischen *scharf gestellt wird* (Benjamin, Schmitt, Taubes). Freilich, beide Versuche mussten notwendig scheitern, weil sowohl die künstlerische und diskursive *Entspannung* als auch die politische *Spannung* die *Verortung des wirklichen Feindes* im politischen Feld verfehlt haben. Er beschreibt heute die komplementäre Heilsökonomie der liberal-demokratischen oder illiberal-autokratischen Mittel, die darin sowohl das Nützliche als auch das Nutzlose, das Bestimmte und Unbestimmte, das Wirkende und Nichtwirkende, das Eindeutige und Vieldeutige, das Funktionale und Funktionslose in den Dienst der Imperative gestellt haben. Auch die Kunst ist also als eine ‚soziale' oder metaphysische Praxis nicht der *autonome*, vielmehr der *heteronome* Ort des pseudotheologischen Finanz-, Ausstellungs-, Kreativitäts-, Affekt-, Informations-, Kommunikations- und neomythisch-staatlichen Rechtsmittels; das Fortleben der Theologie und des Mythos in nachtheologischer und nachmythischer Zeit. Kunst im Raum der politischen Realität verorten hieße dann, nicht bis zum Sankt-Nimmerleins-Tag Werk auf Werk anreichern, oder Aktion auf Aktion auftürmen – das ist eine ästhetizistische wie historistische Vorstellung. Vielmehr ihren hochexplosiven, politischen Kern (der ja antithetisch zur Herrschaft steht und die anarchischen Praktiken der Befreiung meint) im Raum des Politischen lokalisieren. Dort auch das *dia-bolische* (das verkehrt gesetzte) und *kata-strophische* (gegen sich gewendete) Mittel in seiner *Zweiheit* (nützlich/nutzlos) *deaktivieren, unwirksam* machen, um so von den Mitteln einen anderen, neuen, anarchischen Gebrauch zu machen. Sich im Raum der Polis einfach „häuslich einrichten" heißt hingegen, im unpolitischen Haus der vorstaatlichen Kapitale (die Menschheit in ihrem Kapitalmedium, der heute immer mehr parastaatliche Strukturen aufweist) und des Staates (die Menschheit in ihren territorialen, nationalen Grenzen und mythischen Rechtsmittel) verbleiben und dabei die Praktiken der Befreiung in Philosophie, Kunst oder Religion unendlich aufschieben. Ein unendlicher Aufschub, wo dann auch die autonome Negativität der Kunst und die negative Dialektik mit der ‚theologischen Unmerklichkeit' der messianischen Ankunft[74] koinzidieren.

---

[74] Etwas, das Hans Blumenberg als „messianischen Minimalismus" charakterisiert hat. Einer, der im Kontinuum der Zeit alle „Gewalt" abzuwehren versucht: „Keiner kann wissen, ob schon geschehen ist, was geschehen soll; aber keiner kann auch jemals die Rolle usurpieren mit der Folge, sie zur Merklichkeit zu entstellen. Es mag gut sein, nicht wissen zu dürfen, wieweit es schon gekommen ist, wenn an der Welt der Schöpfung (*zimzum*) nur so wenig zu

Insofern hatte Lukács recht, als er Adorno und der Kritischen Theorie insgesamt vorwarf im „Grand Hotel Abgrund" zu wohnen. Die Radikalität der Theorie wollte nämlich bei jener Parmenideischen Unterscheidung des kritischen Diskurses stehen bleiben, und eben nicht in den politischen Raum der Polis eintreten, wie es einmal Sokrates unternahm als er ihre Gesetze verletzte. Denn im *ernsten* Raum der Polis – nicht im *spielerischen* Raum des theoretischen Diskurses – herrscht eine Diskurs-, Ritten- und Kultpolizei, die ständig darüber wacht, dass Wahrheit und Lüge, Argument und Erzählung, Schein und Sein, Heilmittel und Gift, Gesundes und Verderbliches streng getrennt bleiben. So auch heute. Was nämlich im Raum der liberal-demokratischen oder illiberal-autoritären Polis *erscheint*, ist *wahr, schön, moralisch, gut* und *heilig*, und was *wahr, schön, moralisch* und *gut* ist, das *soll* auch *erscheinen* und *dogmatisch verkündet* werden. Bewirtschaftung, Darstellung und Verrechtlichung der Welt fallen hier in der *Mitte* der Medialität zusammen, wo alle Medien von den Imperativen konfisziert werden. Damit bestätigen aber die liberal-demokratischen und die illiberal-autoritären Systeme nur den alten neutestamentarischen Satz: „Wer nicht für mich ist, ist gegen mich". Im diskursiven Spiel gilt dies freilich nicht in gleicher Weise. Denn solange man sich in der Parmenideische Unterscheidung von ‚wahr' und ‚falsch' *spielerisch* verbleibt droht keine Gefahr; erst wenn man in den *ernsthaften* Raum der Polis eindringt und dort das geltende Gesetz der Polis verletzt begibt man sich in Gefahr. Denn indem Moment, wo der kritische Diskurs aktivistisch in die Polis eindringt, wird jene diskursive Unterscheidung *scharf gestellt* und bekommt damit einen *antagonistisch-polemischen Charakter*. Im politischen Raum – nicht im diskursiven, wo das „Ganze das Wahre" (Hegel) oder das „Ganze das Unwahre" (Adorno) ist – erscheint ein wirklich *politischer Feind* (nicht der theoretische Widerspruch oder das Spiel im agonalen Kampf), der jenes liberale oder illiberale „Ganze" in Frage stellt. Dies „Anschauen, dies Fühlen, dies Wissen der Einheit" wird in den Raum des Politischen transferiert und meint darin freilich *nicht* mehr die Einheit und „Liebe"

---

tun ist, um sie in die messianische Verfassung (*tikkun*) zu transformieren. Gewalt verliert ihre Chance. Sie ist immer ein Zuviel, weil ihre Wurzel in einem Dualismus liegt, welche Namen er seiner Polarität auch immer geben mag." (Blumenberg 1993, S. 276). Dieses unendlich Kleine des messianischen Aufschubs, das hier mit Gershom Scholem – nicht mit Jacob Taubes – gelesen wird, ist aber konkret der ‚eine, unsichtbare Gott der Kapitale', der von den ‚vielen Göttern der A-Kapitale' umrahmt wird. Eine komplementäre Herrschaft, die sich im politischen Raum immer mehr explosiv verdichtet. Deswegen gilt es hier das ‚monarchische und polyarchische Gesetz der Medienökonomie' durch eine *antithetische Gewalt* außer Kraft zu setzen, um den anarchischen Medien ihre unverdorbene Reinheit wiederzugeben. Solche Medien sind dann die *gereinigten* Mittel (nicht reinen), die als Heilmittel herrschaftslos um den Kern des Humanen sich versammeln.

(Hegel). Vielmehr die Selbstzerspaltung des einen totalitären Prinzips, wo nämlich das „Ganze" durch eine *politische Differenz* polemisch markiert wird.

In seinem säkularisierten, verabsolutierten Medium „Geist" irrte daher Hegel, wenn er die säkularisierte, christlich-theologische Einheit als bloßes „Spiel" und versöhnende Einheit beschrieb: „Gott ist die Liebe, d. i. dies Unterscheiden und die Nichtigkeit dieses Unterschieds, ein Spiel dieses Unterscheidens, mit dem es kein Ernst ist, das ebenso als aufgehoben gesetzt ist, d. h. die ewige, einfache Idee. Diese ewige Idee ist denn in der christlichen Religion ausgesprochen als das, was die heilige *Dreieinigkeit* heißt; das ist Gott selbst, der ewig *dreieinige*."[75] Dreieinigkeit beschreibt aber konkret die moderne Gesellschaft in der glänzenden Inkarnation ihres kulturell-theologischen und mythisch-staatlichen Lebensprinzips: das doppelte ‚Geheimnis' als höchstes Mysterium der menschlich-göttlichen ‚Medienökonomie'. Etwas ist im Geschehen der Medien ‚nicht da' und zugleich ‚immer schon da', von Anfang bis zum Ende vorhanden; allein die instrumentell-poietische Intelligenz des Menschen erkennt es nicht als den allgemeinen Zwangszusammenhang, nimmt ihn als Gewalt, Herrschaft und Krieg nicht wahr. Daher muss sich das Medium in der Zeit unendlich entfalten. Diese Entfaltung heißt *Geschichte* als Wirkung der menschlichen Medialität, die sich aber in der *Mitte* auch zunehmend dynamisiert und darin nicht etwa die „Rettung", sondern die Eschato-Mediologie, die Aufhebung des Mediums überhaupt meint. Hier geht es nicht um das ontologische „Wesen" der „Technik", die, nach Heidegger, selbst nicht technisch bestimmbar sei, und dann durch ein „strenges Denken" zu erschließen wäre. Auch ‚Denken' ist nämlich auch nur ein Medium (*organon*), das in der *Mitte* auf die ganze, ontische wie ontologische, menschliche wie göttliche Medienökonomie verweist, um darin auch von einer ursprünglichen Herrschaft (nicht Reinheit und Heimat) zu berichten. Ein archaisches, polemisches Mittel, das in der modernen Ontologie verdeckt bleibt. Insofern ist auch der „Krieg" nicht das *letzte*, sondern das *ursprüngliche* und *erste toxische* Mittel, das Heidegger vergeblich bei den Vorsokratikern und später in den kontemplativen Werken der Kunst gesucht hat. Eine Verkehrung der Mittel, die von Anfang an im menschlich-göttlichen Wirken nicht etwa gleich bleiben, vielmehr diese *Mitte* zuletzt auch selbst zu *vernichten* drohen. Deswegen ist auch die Aussage Adornos an dieser Stelle falsch, der in einem Gespräch mit Horkheimer den Satz formuliert: „Von den Menschen ist nicht mehr zu erwarten als ein mehr oder minder abgeschliffenes amerikanisches System."[76] Auch dieses Bild von einer „abgeschliffenen Kultur" ist nämlich viel zu harmlos gedacht. Er trägt kaum die eskalierende, kulturelle, technischen, poietische, politi-

---

[75] Hegel 1969, S. 222.
[76] Adorno 1996, S. 41.

sche und affektive Ladung in sich, die in der Mitte schließlich alle Medien zur Explosion bringen kann – und damit das statisch-mythische Modell von Geschichte nicht mehr kennt. In der Hypertrophie der Mittel im 21. Jahrhundert erleben wir nämlich auch die Ankunft eines neuen, übermenschlichen Typs, der mit seinen verabsolutierenden Medien, einschließlich der KI, nun auch sich selbst ganz aus dem *Verkehr* (was nämlich in der Mitte der Medien geschieht) zu ziehen droht. Dieser neuer „Exterminator" stellt „treuherzig alle nur erdenklichen Mittel, ob wirtschaftliche, technische oder wissenschaftliche, zur Verfügung, um einer abgeschlossenen Welt und ihrer Menschheit (inzwischen embedded) ein Ende zu bereiten. Dabei ist er zutiefst überzeugt, für den Fortschritt zu arbeiten, für eine bessere Welt ..."[77]

In ihrer völligen *Verkehrung* heißen diese Mittel heute auch liberale, demokratische oder „westliche", um ohne jegliche differenzielle Kontamination ‚rein' als Einheit, Freiheit, Sicherheit, Identität oder Liebe zu erscheinen. Daher auch die liberale Feindseligkeit gegenüber Andersdenkenden und Andershandelnden, die, berechtigt oder unberechtigt, jenes Gute, Wahre, Schöne und Richtige der liberal-demokratischen Polis (eine die sich inzwischen nicht mehr so liberal zeigt) verletzen und daher allesamt als „Weltverschwörer", „Querdenker" oder Autokratenfreunde diffamiert und vom liberalen, öffentlichen Raum aussortiert werden. Wird nämlich *im liberalen, politischen Raum* eine andere Differenz politisch eingeführt, die sich gegen den neutestamentarischen Satz wendet („Wer nicht für mich ist, ist gegen mich"), so droht jene *einheitliche liberale Ordnung* (wo das Ganze der liberalen Gesellschaft restlos in die Summe seiner Teile aufgeht) zusammenzubrechen. Ein politisches Schisma, das heute als „Spaltung der Gesellschaft" bezeichnet wird, aber in Wirklichkeit eine antagonistisch-polemische Gesellschaft beschreibt, die zwischen „Demokratie" und „Autokratie" sich zu entscheiden hat. Insofern weist auch der „rhizomatische" oder pseudodialektische Widerstand nur auf dieses eine, komplementäre, monarchisch-polyarchische Gesetz der integralen Medienökonomie hin, wo nämlich das „Ganze" gerade durch die rhizomatische oder kritische Subversion stabil gehalten wird – dagegen hieß es einmal in völliger Naivität: „Das Internet läßt sich nur partiell eindämmen, als Ganzes nicht in den Griff bekommen. Es ist tatsächlich so etwas wie die Kartographie der globalen Deregulierung."[78] Auch das dialektische Radikalmittel, das gegen den „abstrakten Raum" des Kapitalismus scheinbar angeht, um anthropologisch-heimatlich den „konkreten Ort" zu retten, erweist sich zuletzt als ein dialektisches Schmiermittel, das nur die eine menschlich-göttliche Medienmaschine immer weiter vorantreibt. Jene globale Deregulierung verdeckte eben in Wirklichkeit die eine komplemen-

[77] Virilio 2007, S. 82.
[78] Türcke 2005, S. 170.

täre Medienmaschine in ihrer Sollenhaftigkeit: das monarchische Regime der Kapitale und das polyarchische Regime der A-Kapitale. Die bloße theoretische Diagnose einer negativen ‚wesentlichen Erscheinung' (dialektisch), oder die Diagnose einer ontologisch gewordenen Finanz- und Datenökonomie (die selbst mehr oder weniger staatliche Strukturen produziert) bleibt hingegen *unpolitisch*, weil sie das ‚*antagonistisch-polemische Geheimnis'* der Medienökonomie nicht in den *politischen Fokus* stellt. Insofern könnte man mit Rancière neu formulieren: ‚Politik existiert nur dort, wo eine Störung der feindseligen Einheit (heute als liberale oder illiberale) stattfindet'. Das Politische ist dann dasjenige, was aus der polizeilichen und militärischen Einheit des liberal-demokratischen oder illiberal-autoritären ‚Ganzen' herausfällt, ohne schon das ‚heile Ganze' zu sein. Das wirklich *Wertvolle* der politischen Differenz meint daher jene politische Differenz, welche die liberale oder illiberale Totalität selbst in Frage stellt und sie außer Kraft setzt. Eine politische Differenz, die Badiou mit Rancière so zu beschreiben versucht: „Man kann Rancière folgendermaßen zusammenfassen: Das Wertvolle ist immer die flüchtige Einschreibung eines überzähligen Terms. Und mich so: Wertvoll ist die Disziplin der Festschreibung eines Überschusses. Für Rancière lässt sich der Begriff des Überzähligen als Anteil der Anteillosen in einem gegebenen Regime der Ungleichheit beschreiben. (…) Für Rancière gibt es keine andere Ausnahme als die epochale, historische. Für mich gibt es keine andere Ausnahme als die unendliche."[79]

Wenn aber die „Ausnahme des Unendlichen" selbst auch Teil der *einen* ontologischen Finanz-, Aufmerksamkeits-, Design- und Datenökonomie ist (das endliche und unendliche Wirken zugleich). Dann ist auch die „unendliche Ausnahme" keine wirkliche Ausnahme mehr. Vielmehr, wie auch Rancières eigene historische Ausnahme, Teil des einen Finanz-, Informations- und staatlichen Rechtsmittelregimes (in seinen zugleich parastaatlichen und genuin staatlichen Rechtsstrukturen). Diese komplementäre, liberale Einheit ist eben keine harmonische, vielmehr eine zutiefst feindliche und produziert in sich selber ihren eigenen Widersacher: den autoritären Illiberalismus oder den religiösen Islamismus als absolutes Gegenprinzip. Denn die ‚Regel des Liberalismus', so könnte man hier Carl Schmitt paraphrasieren, ‚beweist nichts', die ‚Ausnahme hingegen alles', nämlich, dass die liberal-demokratische Regel („Wer nicht für mich ist, ist gegen mich") ihre Feinde selbst hervorbringt. Freilich muss diese „Ausnahme" keine bloß autoritäre sein; sie kann auch eine wahrhaft emanzipatorische, humane und *wirkliche Ausnahme* sein. Aber nur sofern sie aus der kontaminierten Einheit von Nicht-Staat (die Menschheit in ihrem Kapitalbegriff) und Staat (die Menschheit in ihrem territorialen National- und Rechtsmittelbegriff) sowie den libera-

---

[79] Badiou 2015, S. 237.

len oder illiberalen Blöcken ganz herausfällt. Dergestalt, dass sie das *Mittel* in seiner *antagonistisch-polemischen Mitte human revolutioniert*, d. h., im Gegenbefehl gegen sich selbst wendet und damit seinen verkehrten Lauf in Zeit und Raum außer Kraft setzt. Wenn heute Endliches (Geschichte) und Unendliches (Sein) in der Einheit des pseudoreligiösen Kapitalmittels (die liberal-demokratische Totalität) und in der my-thischen Vielheit der staatlichen Rechtsmittel nicht nur das gegebene Regime der Un-gleichheit (liberal oder illiberal), sondern auch das *antagonistisch-polemische Prinzip der Feindschaft* abgeben. Dann wäre Politik einzig noch jener Gegenbefehl, der dieses komplementäre Regime der Feindschaft im politischen Raum deaktiviert, um von den Mitten einen neuen, anarchischen, gewaltlosen, *anti-polizeilichen* Gebrauch zu ma-chen. Politik existiert einzig dort, wo die *archische* und *feindselige* Ordnung (die Ar-cheo-Ökonomie der nicht-staatlichen und staatlichen Mittel) von einem *antithetischen Widerstand* des eigentlich Politischen *gestört* wird, um dabei den herrschenden, *un-politischen* Raum der Polis *politisch* zu „korrumpieren". Denn die Gewalt des Me-diums in seiner integralen Ökonomie ist deshalb so zerstörerisch, weil die *Möglichkeit* zerstört zu werden eine Grundbedingung des Mediums ist; Aktualität und Potenziali-tät, Grund und Wirkung des Mittels fallen hier zusammen. Daher ist die gefährlichste Unfreiheit der Polis diejenige, wo die *politische Unfreiheit* als eine *politische Freiheit* erscheint und als solche erlebt wird. Jede wirkliche *Ausnahme* von der totalitären Polis-*Regel* (sei sie nun demokratisch oder autokratisch, profan oder religiös) bedeutet daher: die Normalität des Feindes in seiner Arbeit *stören* und diese Normalität *poli-tisch* in der wahren *Ausnahme ganz aufheben*: das liberal oder illiberal Seinsollende in ein Nicht-Seinsollendes. Die politische „Ausnahme" als ‚politischer Ernstfall' meint daher nicht die apriorische Reduktion des Feindes auf ein anthropologisches Ur-phänomen (Schmitt), weil die Ausnahme, ‚dialektisch' gelesen, selbst die „Regel der Geschichte" darstellt, wie Benjamin in seinen „Geschichtsthesen" scharfsichtig gegen Schmitt diagnostiziert hat.

Somit können wir mit Agamben formulieren: „Der Kampf gegen einen Feind, dessen Struktur einem unbekannt bleibt, endet früher oder später damit, daß man sich mit ihm identifiziert."[80] Identität und Feindbild meinen heute das individuelle All-gemeine, oder, mit und gegen Reckwitz soziologisch gelesen, das singuläre All-gemeine, die allgemeine Singularität. Ein menschlich-göttliches Mediendispositiv, wo alles Besondere und alles Allgemeine mit dem Feindbild der Imperative kontami-niert ist. Die liberal-demokratische Finanz-, Design-, Informations-, Daten- und staatliche Rechtsmittelökonomie belehren uns heute, dass man den himmlischen Gott (die Transzendenz Gottes als souveräne Macht) und die himmlischen Götter (die mythischen Mächte, die sich in den Nationalgöttern säkularisiert haben) konkret im Diesseits suchen muss. Darin bilden sie nämlich die eine *komplementäre* Gestalt

---

[80]Agamben 2002, S. 22.

aus Mono- und Polymythie, die aber als ein liberal-demokratisches Prinzip ebenso das andere, illiberal-autoritäre, antagonistisch-polemische Gegenprinzip hervorbringt. So verkünden die neuen Evangelien der liberalen, pseudotheologischen Finanz-, Aufmerksamkeits-, Informations-, Daten- und neomythisch-staatlichen Rechtsmittelökonomie: „Niemand kommt zum Vater denn durch mich". Der liberal-demokratische Monotheismus reaktiviert somit in der neuen Finanz-, Daten- und Informationsökonomie nicht nur die theologische Monarchie, sondern dabei auch jene mythische Welt, die heute als säkularisierte, national-staatliche Rechtsmittel der Monarchie der Kapitale eine Stabilität verschaffen. Das Neue am Monotheismus (die Monarchie der Kapitale) bedeutet daher nicht, dass er die Herrschaft des einzigen Gottes proklamiert. Vielmehr dass er eine *komplementäre Einheit und Herrschaft* aus *vorstaatlich-gesellschaftlich-kulturellen Mitteln* und *staatlichen Rechtsmitteln* installiert hat: die zwei Ökonomien aus Kapitale (Bewirtschaftung) und A-Kapitale (Verrechtlichung). Das ganz und gar Neue und Unerhörte ist hierbei, dass Monotheismus und Polytheismus das *eine* liberal-demokratische, monarchisch-polyarchische *Gesetz* der Medienökonomie bilden, das im Raum der Politik den neutestamentarischen Satz wieder reaktualisieren: „Wer nicht für mich ist, ist wider mich". Ein liberal-demokratisches Regime, das sich politisch gegen alles andere wendet und jede wirkliche Differenz als totalitär abwehrt, um dabei das andere, illiberal-autoritäre Regime als antagonistisches Gegenprinzip zu erzeugen.

3.8 Die „ontologische Verwurzelung des Kapitals"

Das Problem der Medien liegt nicht sosehr darin, dass sie in ihrem immanenten Prozess, in ihrem Werden und Geschehen Schlussmachen mit Theismus, Sein, Grund, Wesen, Gott, Götter oder dem Absoluten (und die ihrerseits angeblich von einer anfänglichen *Reinheit* der Medialität berichten), sondern dass sie darin das imperative ‚Sei!' nicht wahrnehmen und begreifen. Denn Medien müssen ja erst einmal angefangen haben zu *wirken*, um darin als Werden (ontisch) oder Sein (ontologisch) bestimmt zu werden. Dieses *Wirken-Müssen* und *Wirken-Sollen* (Imperativ) – und nicht bloß das Wirken, Werden und Geschehen der Medien als menschliche, universelle Produktion und Konsumtion (Indikativ) – ist dann genau das, was atheistisch, historisch-gesellschaftlich und zugleich theistisch, metaphysisch, mythisch und theologisch zugleich geschieht. Ein Wirken-Müssen als instrumentelles, poetisches, technologisches, kommunikatives, wissenschaftliches, informatisches, medizinisches und politisches Medienregime, das die alte Metaphysik in der immanenten Bewegung der Medien auflöst. Was einst den himmlischen Sphären oder der Sprache der Metaphysik angehörte, wird nunmehr in die Sprache der Technik, Netzwerke, Kommunikation, Kultur, Kunst, Wissenschaft,

Information, Affekte, Daten, Algorithmen, KI, Medizin oder Politik transferiert und darin ontologisiert.

In dieser medialen Falle (eines ontologisch gewordenen Kapitalmittels) gehen heute nicht nur die Theoretiker des „kommunikativen Handelns", die sich dem kryptoautoritären Charakter der Demokratie („consensus democraty"; Habermas) verschrieben haben – und die sich dann mit den konservativen Denkern einer physisch-unmittelbaren Anwesenheit (Schmitt) in ein gemeinsames Feld wieder-finden. Vielmehr auch die „rhizomatischen" Denker, die in der neuen Finanz- und Informationsökonomie überall Undichtheiten, Abzweigungen, Fluchtlinien und Lecks sehen. So etwa wenn J. Vogl mit Deleuze alle Totalitäten wie Kapitalismus, Ganzes oder Identisches ablehnt, da diese, so der Gedanke hier, nur als eine lineare, feste, repräsentative oder zyklische Einheit gedacht werden. Dennoch kann auch Vogl, nach seiner Untersuchung des finanz- und informationsökonomischen Maschinenraums, nicht umhin, um schließlich festzustellen, dass das „Kapital ontologisch verwurzelt"[81] sei. Damit entfällt freilich die Differenz von Schein und Sein, von Phänomenon und Noumenon (Kant); etwas, das den Erscheinungen (ma-terialistisch etwa der Warenwelt) zugrunde liegt, sie ermöglicht, aber selbst nicht erscheint. Wenn nämlich die „Darstellung von Welt" mit ihrer finanz- und informationsökonomischen „Bewirtschaftung" zusammenfällt. Dann ist auch die alte Differenz von Bild und Realität, von Tauschwert und Gebrauchswert, von fal-schem und richtigem Bewusstsein nicht mehr aufrecht zu erhalten. Aber in der neuen Finanz- und Informationsökonomie geht es eben nicht bloß um Schein und Sein, um Aktualität und Potenzialität, um Wirken und Grund – und auch nicht um ein negativ-dialektisches ‚erscheinendes Wesen', wo sich Geschichte wieder in den

---

[81] „Bis vor kurzem und am Beispiel des modernen Industriekapitalismus wollte man mit Geldfunktion und Warenwirtschaft eine allgemeine ‚Verdinglichung' oder ‚Kommodifizie-rung' von Arbeits- und Sozialverhältnissen konstatieren, deren Wirklichkeit sich in ‚Phantas-magorien' und ‚Fetischismen', in den Verzauberungen der Waren und Konsumwelt ent-stellte. Solche ideologischen Entstellungen werden im gegenwärtigen Finanz- und Informationsregime allerdings durch eine Hegemonie von Codes und Informationsbegriffen überboten. Monetarisierung wurde durch Informatisierung überholt. Darum geht es nicht mehr allein um die Produktion gesellschaftlichen Scheins durch die Warenform, durch die Herstellung, den Vertrieb und die Konsumtion kommerzieller Güter. Es steht vielmehr die Produktion des Wirklichen selbst auf dem Spiel: Der Kapitalismus ist ontologisch verwurzelt und schickt sich an, die Struktur elementarer Seinsbeziehungen zu prägen. Der damit ver-bundene Schematismus lässt sich wohl weniger den Regionen ideologischen Überbaus in den Basisstrukturen jüngster Produktionsverhältnisse zuschlagen" (Vogl 2021, S. 132). „Mo-netarisierung" wurde aber nicht einfach „durch Informatisierung überholt", vielmehr die Informatisierung eine *Form der Monetarisierung*, während umgekehrt die Monetarisierung ihrerseits informatitisch geworden ist. Geld und Information sind dann ihrerseits durch eine *Geschichte der Medien als organa (Mittel) der Herrschaft* vermittelt, die von Anfang an ar-chisch bestimmt ist.

Mythos zurückstellt, um sich zugleich in der ‚emphatischen Geschichte' dialektisch zu negieren. Vielmehr auch um das archische Gebot, das jener Bewirtschaftung (Kapitale) und Verrechtlichung (Politik) der Welt als imperatives ‚Sei!' zugrunde liegt. Ein ursprünglicher Befehl, der in der neuen finanz-, aufmerksamkeits-, informations- und staatlich-rechtlichen Medienökonomie toxisch wirkt und in der westlichen Welt die glorreiche Demokratie meint.

Damit ist auch noch Derridas „kommende Demokratie" kontaminiert, da sie sich in ihren beiden „Gesetzen" als morsch erweist: „Keine Demokratie ohne Achtung vor der irreduziblen Singularität und Alterität. Aber auch keine Demokratie ohne ‚Gemeinschaft der Freunde' (*koina ta philon*) (…). Diese beiden Gesetze lassen sich nicht aufeinander reduzieren; sie sind in tragischer und auf immer verletzender Weise unversöhnbar."[82] Die „beiden Gesetze" bilden aber auch nur die *eine* Figur des *singulären Allgemeinen*, wo nämlich die „Singularität" und die „Gemeinschaft der Freunde" *in sich selbst verkehrt haben*: im liberal-demokratisch-kapitalistischen ‚Gesetz der individuellen Aufmerksamkeitsökonomie' („Gesellschaft der Singularitäten"; Reckwitz), das sich zugleich als ‚Gesetz eines feindseligen Gemeinschaftsgefühls' erweist. Die „beiden Gesetze" stecken sich somit mit ihren infizierten Medien selber an, sie infizieren sich gegenseitig und werden so zum dialektischen Gesetz einer toxischen Medienökonomie. Angesichts dieser Wirklichkeit müssen wir daher den oberen Satz neu reformulieren: ‚Keine Demokratie ohne Verachtung der Singularität. Aber auch keine Demokratie ohne eine Gemeinschaft der Feinde, ohne das feindselige Gemeinschaftsgefühl'. Die „beiden Gesetze" lassen sich nämlich auf dieses *eine* Gesetz der *inneren* und *äußeren* Feindschaft reduzieren – eines, das dann nach einer *Stasiologie* (Theorie vom Bürgerkrieg) und *Polemologie* (Theorie vom Krieg) verlangt. In den glorreichen Demokratien findet somit sowohl eine Enteignung des Singulären als auch eine Enteignung des Gemeinsamen und Gemeinschaftlichen statt. Eine Perversion des Mediums in der liberal-demokratischen Finanz-, Aufmerksamkeits-, Informations- und Affektökonomie, wo uns nun unser Selbst, unsere Gemeinschaft, unsere Freundschaft und unseres Gemeinschaftsgefühl *verkehrt* entgegentritt.

Kapital begreifen heißt also, wie hier J. Vogl zu Recht hervorhebt, die kapitalistischen Wirtschaftsformen nicht bloß traditionell am Leitfaden von Rationalisierungsprozessen beschreiben, sondern die Bewirtschaftung der Welt auch in der Form des Nichtwissens, der Phantasmen, Triebe, Affekte, Leiblichkeit oder Irrationalitäten begreifen. Aber diese vermittelten und unmittelbaren Irrationalitäten sind eben nicht bloß modernen Charakters, die anschließend kritisch-subversiv, ‚rhizomatisch' durch „Wissen" (ein Wissen, das umständlich mit Logik, Begründung und Rechtfertigung operiert, statt nur Information zu sein,

---

[82] Derrida 2002, S. 47.

die zwar auch Wissen enthält, darin aber auch mit einem Minus versehen wird) aufgelöst werden. Vielmehr weist die ontische Struktur der Medienrealität (als profitrationale und affektive Informationsökonomie) in der Tat auf ihre ontologische, auf die „ontologische Verwurzelung des Kapitals" hin. Eine Produktion des Wirklichen, die ebenso eine transzendente „Produktion des Wirklichen" ist und darin immer auch eine instrumentelle und zugleich poetische Praxis meint – insofern sind wir „gezwungen", unsere „gegenseitigen Beziehungen" nicht nur mit „nüchternen Augen" (Marx/Engels), sondern vor allem mit trunkenen Augen anzusehen. Der Mensch, der, nach Marx, – im Gegensatz zur Produktion des Tiers – frei vom physischen Bedürfnis produziert und erst wahrhaft produziert in der Freiheit von diesem, verfängt sich in seiner ontisch-ontologischen Produktion des Wirklichen, wo er seinem Produkt frei und zugleich unfrei gegenübertritt. Das moderne Projekt, das sich nun in einer Finanz-, Informations- und Rechtsmittelökonomie hypermodern fortentwickelt hat, weist daher ebenso auf archaische, mythische und theologische Zwangszusammenhänge zurück – nicht bloß auf ontische, historisch-gesellschaftliche Zwangszusammenhänge, die heute in der Form einer Finanz-, Informations- und staatlichen Rechtsmittelökonomie auftreten. Tun und Sein fallen hier im ‚Gesetz der doppelten Medienökonomie' zusammen, wo alle Mittel monarchisch (Kapitalmittel) und polyarchisch (Rechtsmittel) besetzt sind. Es ist die ontisch-ontologische Medienmaschine, die nicht etwa von einem mythisch-gnostischen Satan ersonnen, konstruiert und gesteuert, vielmehr von einer hoch entwickelten, instrumentell-poetischen Intelligenz des Menschen (der *Un*welt-Schöpfer) vorangetrieben wird; wie er sich in der Neuzeit und nun, in höchster Potenz in der Finanz-, Aufmerksamkeits- und Informationsökonomie offenbart. Es ist das grandiose Projekt einer *atheistischen Praxis und Theorie*. Eine ohne Gott und Götter geschaffene Welt, die aber in der mediale Mitte mit der Welt Gottes (Kapitalgottes) und der Götter (Nationalgötter) zusammenfällt. Dergestalt, dass hier Freiheit und Knechtschaft, Kontingenz und Notwendigkeit, Produktion und Sein, moderner ‚Macher' und alter ‚Schöpfer' in der neuen, pseudoreligiös-liberalen Finanz-, Informations- und Datenökonomie ununterscheidbar werden. Das heißt, die Ontologie des Kapitals (*Ist, Sein*) verweist einerseits auf die zweite, seinsollende Ontologie des Kapitals (*Sei!*), andererseits auf das mythisch-staatliche Gesetz hin, das jenes reguliert und reguliert. Wir haben es hier mit einem transzendentalen Materialismus zu tun, wo das „Machwerk" der Hand (materialistisch) und das „Machwerk" des Kopfes (idealistisch und religiös) in der einen immanent-transzendenten Herrschaft (*archē*) koinzidieren: „*Wie der Mensch in der Religion vom Machwerk seines eigenen Kopfes, so wird er in der kapitalistischen Produktion vom Machwerk seiner eigenen Hand beherrscht.*"[83]

---

[83] Blumenberg 1986, S. 642 (im Original kursiv).

Insofern weist die hypermoderne, atheistische Finanz- und Informationsökonomie des Kapitals (die informatisch-effektive *Hand* und das informatisch-
effektive *Gehirn* des Menschen, die inzwischen in der KI posthumanistisch überboten werden) auf die alten mosaischen Anfänge, auf den Geist der monotheistischen
Tradition zurück (Gott in der Einzahl; Sokrates und Moses/Christus). Während das
andere, polytheistisch-mythische „Machwerk" des Menschen – das angeblich ursprünglicher und aufschlussreicher sein soll als etwa Sokrates und Moses/Christus
(Nietzsche, Heidegger) – in der neuheidnischen Tradition der säkularisierten
Nationalstaaten (Nationalgötter) wieder aufersteht. Dies bedeutet dann aber, auch
jene „parastaatlichen Strukturen" der Privatökonomie (Google, Amazon, Twitter,
Facebook) hängen immer noch von den eigentlich-rechtlichen Strukturen der
Nationalstaaten ab, weil sie politisch (trotz des parastaatlichen Charakters der
neuen Finanz- und Informationsökonomie) immer noch von den Nationalstaaten
(Rechtsstaaten) umrahmt werden. Damit greift der Hinweis Vogls, dass man in den
neuen „Plattform-Souveränitäten" von „einer Staatswerdung von Informationsmaschinen sprechen" solle, weil die traditionellen, nationalen Währungsmonopole
offenbar immer mehr privatisiert werden, ein wenig zu kurz: „Wenn Geld nichts als
eine unschuldige Ware neben anderen Waren ist, können alte nationale Währungsmonopole getrost entstaatlicht bzw. entpolitisiert und die privatisierten Währungen
der ‚Wertkontrolle durch Kompetition' überantwortet werden."[84]

Diese These würde freilich auf eine Identität von Kapital (theologische Monarchie) und Staat (mythische Polyarchie) hinauslaufen. Was aber die konkrete Realität widerspricht, wo es nämlich sehr wohl „parastaatliche" Strukturen in den
Plattform-Souveränitäten gibt, sie aber dabei immer noch „parastaatliche" Strukturen bleiben – genauso wie es Paramilitärs gibt – und eben nicht genuin-staatliche
Rechtsstrukturen sind. So wurde dies zuletzt auch am Beispiel der Facebook-
Währung „Libra" deutlich, wo es nämlich angesichts des Gegenwinds von Seiten
der Aufsichtsbehörden der Facebook-Gründer Mark Zuckerberg von seinen Ambi-
tionen auf eine preisstabile Digitalwährung sich verabschieden musste. So hieß
es im *Manager-Magazin*: „Mark Zuckerbergs Traum von einer Facebook-
Digitalwährung ist ausgeträumt. Der Widerstand von US-Notenbank und Regulie-
rern war zu groß. Die Technologie hinter dem Kryptogeld ‚Diem' (einst Libra)
wurde nun an eine Bank verkauft."[85] Daraus wird ersichtlich, dass parastaatliche
Strukturen nicht mit den genuin staatlichen Rechtsstrukturen identisch sind. Unter
dem Druck der staatlichen Regulierungsbehörden und der US-Notenbank musste
nämlich die private Währungskryptoinitiative aufgegeben werden. Auch die
Kryptografie als Verschlüsselung der Blockchain-Technologie entpuppt sich immer

---

[84] Vogl, a. a. O., S. 106.
[85] Zuckerberg 2022.

mehr als ein offenes Buch für die Nationalstaaten und ihrer Geheimdienste, sodass
diese Kryptografie immer mehr von einer kaskadierende Zunahme von Regeln,
Verordnungen und Gesetzen erfasst wird – genauso wie die vormals noch als
‚kommunikationssicher' geglaubte Plattform Telegram, in der immer mehr
die staatlichen Rechtsmittel einsickerten, um sie liberal-demokratisch oder
illiberal-autoritär zu ersticken. Somit können wir der These widersprechen, dass
Privatunternehmen und Plattform-Souveränitäten zunehmend eine Entstaatlichung
und Entpolitisierungen betreiben. Vielmehr können wir diese These auch umdrehen und, mit Julian Assange, ebenso gut behaupten: „Google sei eine private
Version der NSA". Private amerikanische Raumfahrtunternehmen, so heißt es von
kritischer Seite, seien eben vertrauenswürdige Auftragnehmer des Pentagon, oder
gar Agenten des Pentagon oder der CIA, unter dem Deckmantel privater un-
abhängiger Unternehmen. Nicht die private Plattform-Souveränität, sondern die
National-Souveränität, der Staat (hier freilich in der Form des amerikanischen Exzeptionalismus), erhält nämlich den Vorrang, der mit polizeilicher, militärischer
und geheimdienstlicher Gewalt massiv eingreift, um dabei nach innnen und außen
Feind und Freund zu markieren. Nach wie vor rahmt also der Nationalstaat – und
in der Form des amerikanischen Exzeptionalismus sogar die ganze westliche Welt
als Block – die kapitalistische Produktionsweise und gibt ihr eine genuin staatliche, polyarchische Rechtsform (liberal-demokratische, illiberal-autoritäre,
nationalistisch-faschistische oder religiös-islamistische). Und zwar in einer Zeit,
wo der Sozialstaat (oder was davon noch übrig blieb) vom Kapital vollkommen
ausgehöhlt wurde – ein Staat, der einmal, mit Hegel, substanziell war. Damit verlaufen alle „rhizomatischen" Fluchtlinien in der Finanz-, Daten- und Informationsökonomie innerhalb des *einen* komplementären, monarchischen (Kapitale) und
polyarchischen (A-Kapitale) Kraftfeldes. In jedem Augenblick springen sie
kritisch-subversiv von einem Verknüpfungspunkt zum anderen, um in den Bre-
chungen, Kehrtwendungen, Drehungen, im Richtungswechsel und in den Wider-
ständen nur das eine komplementäre, seinsollende Mediendispositiv zu bestätigen.
Hier ‚leckt' nämlich die liberal-demokratische (oder illiberal-autoritäre) Medienmaschine der Bewirtschaftung und Verrechtlichung kaum, vielmehr ist sie in einer
Allianz aus Privatunternehmen und staatlichen Strukturen ganz schön abgedichtet.

Gegen die Komplementarität aus *kapital-theologischer Bewirtschaftung* und
staatlich-mythischer Verrechtlichung wird dagegen argumentiert, dass die Konzerne jenen staatlichen Rahmen mehr oder weniger in sich aufgelöst haben; sie
hätten inzwischen einen neuen organisatorischen Rahmen für die Menschheit kre-
iert, nämlich den Unternehmensrechtsraum. Sie produzieren immer mehr ihr eigenes Staatsgebiet, in dem dann ihre eigenen Regeln gelten würden. So greifen etwa
Google, Facebook, Twitter oder Instagram mit ihren selbst gemachten Regeln tiefer ins Leben der Leute ein, als etwa die Regeln der Staaten, in denen sie leben.

Gewiss ist dieser Privatisierungsprozess kaum zu leugnen, da jene Regeln der Plattformen in der Tat immer mehr das Leben der Prosumenten (die Konsumenten und Produzenten) bestimmen: das Netzwerk der gleichzeitig operierenden Sender-Empfänger als subjektiv und objektiv besetzte Knotenpunkte im globalisierten Datenverkehr. Auch weist der Privatisierungsprozess (als ein zugleich parastaatlicher) auf eine Entwicklung hin, wo in der Tat die liberal-demokratischen und marktradikalen Regierungen immer weniger in den demokratischen Staat investieren. Vielmehr mehr und mehr die vormals noch öffentlichen Funktionen einfach dem Markt oder den Monopolen (vormals die ‚Industriemonopole', heute die ‚Informations- und Datenmonopole'; insofern fallen hier westliche und östliche Oligarchen wieder zusammen) übertragen; damit pendelt das Kapitalmedium in seiner historischen Dynamik zwischen Markt und Monopol hin und her. Eine liberal-demokratische Politik der Informations- und Datenmonopole, die freilich von Anfang an für ihre entscheidende *Voraus-setzung*, nämlich für ihre normativen Grundlagen und Stützen, nichts tun wollte. Denn bei ihrer Gründung überließ sie ja die vorstaatlichen Prozesse einer Subjektivierung einfach den ökonomischen, kulturellen oder religiösen Mächten; ob sie sich dabei nun als Prozesse der Befreiung vollziehen oder aber die Muster der Herrschaft nur reproduzieren, war nämlich der liberalen Politik weitgehend entzogen; die liberale Ordnung setzt daher voraus, was sie aussetzt: „Der Liberalismus negiert sich selbst" (C. Menke).

Dennoch, die ‚Vermarktung des Sozialstaates' (wie er ja zumindest im nordeuropäischen Raum mühsam erworben wurde) beweist keineswegs, dass der Staat einfach im Markt, in seinen parastaatlichen Strukturen und digitalen Neogemeinschaften verschwindet. Ganz im Gegenteil, denn nach wie vor rahmt er ja die liberal-demokratisch-kapitalistische Produktionsweise und gibt ihr eine genuin rechtsstaatliche Form. Gerade als entsubstanzialisierte, ausgehöhlte Staaten müssen sie nämlich mit ihren kaskadierenden Rechtsmitteln die Kapitalmaschine auf ihrer jeweils erhöhten historischen Stufenleiter immer mehr regulieren und nachregulieren, wenn nämlich die liberale Maschine der Verbesserung und Optimierung weiterlaufen soll. Allerdings meint sie nicht mehr bloß den abstrakten Tausch Ware gegen Geld, Geld gegen Ware, oder, als linguistische Maschine, Zeichen gegen Zeichen. Der Markt meint nicht bloß den Tausch der Abstraktion (Begriff, Geist, instrumentelle Vernunft, abstrakter Raum), sondern auch die Trieb- und Affektökonomie („Gefühlswerte"), um darin eine metaphysische Vergesellschaftung zu betreiben – was einmal noch das Heilige leistete. Als eine säkularisierte Sphäre kann sie freilich weder christlich vom Tod retten, noch eine jenseitige Heimat versprechen. Ebenso wenig ist hier aber eine Dialektik zwischen dem ‚abstrakten Raum' (instrumentelle Vernunft) und dem ‚konkreten Ort' (Leib, Heimat, Lokales) am Werk, um anthropologisch, psychologisch oder romantisch einen ‚tiefen Drang' im Körper des Menschen zu mobilisieren. Das Medium differenziert sich nicht in

Geist, Abstraktion, Begriff, Information, Instrument einerseits, und Körper, Ort, Heimat oder Leib andererseits. Dergestalt, dass es dann als eine dialektisch-leibliche oder romantische „Waffe" zum gestillten Trieb übergehen kann: „Nur eine Waffe taugt –/die Wunde schließt/der Speer nur, der sie schlug" (R. Wagner, *Parsifal*). Die „Waffe" meint vielmehr die dynamische *Mitte* des Mediums als ein immanent-transzendentes, menschlich-göttliches *Bezogensein*, wo gerade die ständige *Verbesserung* der Welt immer zugleich ihre ständige *Verschlechterung* bedeutet. Die historische Wirksamkeit des Mediums ist dabei nicht bloß der ‚ökonomische Prozess' des Tausches als kreisförmige Bewegung und Rückkehr zum Ausgangspunkt. Der Austausch, der Warenumlauf, die Expansion, müssen zwar unablässig im *Ist-Zustand* des Markts (der gewissermaßen immer schon am guten Ende angekommen *ist*) und in der *Krise* (Störung des Markts) immer weiter gehen. Aber das fortschreitende Medium bildet darin nicht nur eine historisch-mythische *Kreisfigur* als Ewigkeitsschein, weil die mediale *Mitte* (‚Vermittlung') sich historisch auch immer mehr dynamisiert hat und darin durch den archischen Befehl zu verbrennen droht.

Wenn also heute Privatunternehmen wie etwa Google in ihrer ‚Bewirtschaftung der Welt' zugleich die Politik der Staaten bestimmen; indem sie etwa Smart Citys im Namen des Staates entwerfen, weil letzterem die Ressourcen und die Erfahrung dafür fehlen, um sie selbst zu bauen. Dann weist dies – abgesehen vom Sinn und Unsinn dieser Smart Citys – nicht etwa auf eine Schwäche des Staates hin, sondern darauf, dass die Staaten (als der zweite Pol der Medienmaschine) *sich selbst entpolitisiert* haben, *apolitisch* und *asozial* geworden sind; indem sie nämlich *mit aller ihnen zur Verfügung stehenden Rechtsmitteln* sich selbst als Sozialstaaten (in denen ja die aufklärerische, historische, emanzipatorische und humanisierende Reflexion drin steckt) *entsozialisiert* haben, um darin nur noch als ‚nackte mythische Rechtsgewalt' zur Stabilisierung der ‚göttlichen Kapitalgewalt' (das pseudotheologische Kapitalmittel) zu fungieren. Hierbei erweist sich das demokratische Handeln nicht etwa als ineffizienter gegenüber dem privatwirtschaftlichen – so noch das neoliberale Dogma. Vielmehr besteht seine Effizienz gerade darin, die *Bewirtschaftung der Welt* durch eine *politische Verrechtlichung* zu stabilisieren. In der ökonomisch-theologischen *Bewirtschaftung* und staatlich-mythischen *Verrechtlichung* der Welt findet somit die *Enteignung der Singularität und des Gemeinsamen* ihre vorerst äußerste Ausprägung statt. Eine, die inzwischen durch KI und Quantencomputing sich noch weiter verschärft hat.

Das Problem in den „Medien" ist daher nicht, dass sie als neues Geschäftsmodell in der Monopolisierung von Aufmerksamkeit auftreten, wo der Einsatz von Amplifizierungs-Algorithmen die Menschen auf die jeweiligen Plattformen festhalten und darin eine ‚demokratische Aufklärung' unmöglich gemacht haben. Wir bekommen heute nicht deswegen Hate Speech, Desinformation und Ver-

schwörungstheorien (was immer das sein mag), weil die neue Plattformen diese
zunehmend befördern. Sondern weil die liberal-demokratisch-kapitalistische
Sphäre die *humane Beziehung* des Mediums zu einer *Beziehung des Kapital- und
Nationalmittels* (als Mittel der polyarchischen *Verrechtlichung* und monarchischen
Bewirtschaftung) *verkehrt* hat, um darin das Medium in seiner Tätigkeit zu be-
schlagnahmen. Daher gilt es hier die *Ursache* der Krankheit (Markradikalismus,
Liberalismus, Informationsmonopole, Kolonialisierung, Entpolitisierung, ‚Reflexion der Reflexion', Rückkehr in den ursprünglichen Grund) von den *Symptomen*
der Krankheit (Irrationalismus, Regression, Nationalismus etc.) scharf zu unterscheiden. Denn wenn die liberal-demokratischen Medien der *Bewirtschaftung und
Verrechtlichung* sich als Totalität abschließen (wo nämlich von Kultur und Staat
nur noch die nackte, ‚göttliche' und ‚mythische Gewalt' übrig geblieben sind),
produzieren sie in ihrem eigenen Innern auch die illiberal-autokratische oder islamistische Reaktion, die auf jenen liberalen Totalitarismus ihrerseits totalitär
antworten; der Autoritarismus, Irrationalismus oder Islamismus als Symptome der
liberal-demokratisch-kapitalistischen Krankheit.

Dies ist dann auch der Grund dafür, warum Vogls' Denken zuletzt an der Sache
vorbeigreift, das offenbar keine Totalität akzeptieren möchte, vielmehr als immanente Ontologie den Widerstand nur noch *innerhalb* des liberal-demokratischen
Kapitalismus (das ökonomisch-theologische und national-mythische Dispositiv)
organisieren möchte. Diese kritische Subversion und die Partisanenmethode schlagen aber in Herrschaft zurück, weil das rhizomatisch-wuchernde Denken von der
monarchischen und polyarchischen Totalität der Imperative wieder eingefangen
wird. Der Widerstand *innerhalb* der ökonomisch-theologischen und national-
rechtlich-mythischen Medienökonomie (innerhalb der göttlichen und mythischen
Gewalt) ist somit keiner und treibt sogar die liberal-demokratisch-kapitalistische,
glorreiche Medienmaschine noch weiter voran. Insofern müsste der Blick auf die
Monarchie des Kapitals und auf die Polyarchie des liberal-demokratischen Staats
gerichtet werden. Denn wenn jener liberale Rechtsstaat und seine Steuerpolitik erst
die heutigen Krisen geschaffen haben. Wie ist dann ein emanzipatorischer Widerstand *innerhalb* des liberal-demokratischen Kapitalismus (der seinen neoliberalen
Exzess zugunsten des alten konservativen Liberalismus wieder loswerden möchte)
noch möglich? Revolution, so hingegen Deleuze und mit ihm nun Vogl, ist nur
dann erfolgreich, führt nur dann nicht wieder zu erneuter Herrschaft und Bevor-
mundung, wenn sie *nicht totalisierend*, vielmehr „rhizomatisch" gedacht und praktiziert wird; so etwa wenn heute vom liberalen Rechtsstaat verlangt wird, etwa
gegen die Monopole wie Google, Amazon oder Facebook, wieder regulierend-
steuerpolitisch einzugreifen, oder aber auf der Seite der Kultur und Subjektivierung
vom Individuum ein ‚exaktes Leben' romantisch abverlangt wird, das hier offenbar
als Bedingung der Möglichkeit von Erschaffung von neuen Solidarmilieus vor-

gestellt wird. Revolution wird also „rhizomatisch" als ein allseitiges Partisanentum vorgestellt, das aber mit seinem Widerstand in Wirklichkeit nur die eine, monarchisch-polyarchische Herrschaft der liberal-demokratischen Finanz-, Ausstellungs-, Informations- und Rechtsmittelökonomie festigt. Eine, bei der weder die Immanenz noch die Transzendenz den Vorrang hat, weil beide in der *Mitte* der integralen Medienmaschine miteinander koinzidieren, um darin vom feindseligen Medium zu berichten. Denn der Relations- und Beziehungsort dieser Medialität (das sollenhafte *Bezogensein* auf Finanz-, Informations-, Aufmerksamkeits-, Daten- und staatlicher Rechtsmittelökonomie) beschreibt jenes mediale *Dazwischen*, wo alles Unterscheiden, Differenzieren und Zerstreuen in der monarchischen Einheit (Marktidentität, die Identität der Finanz- und Informationsökonomie) und polyarchischen Vielheit (Nationalidentität) sich wieder einfängt und darin kollektiv *sammelt*. Es sind die *zwei Gesetze der Medienökonomie* als die beiden komplementären *Anweisungen* im digital-informatischen und analog-physischen Kosmos: das *Bündnis* aus Kapitale und A-Kapitale, das sich beim Prosumenten als *Bedürfnis* nach unablässiger Produktion und Konsumtion äußert. Eine integrale, nützliche (utilitaristische) und zugleich nutzlose (antiutilitaristische) Medienmaschine, die in ihrem historisch-gesellschaftlichen Wirken *unwirksam* und ‚nutzlos' zu machen wäre;[86] dies ‚Nutzlose' eines Gegenbefehls zum Befehl umgreift dann auch den Antiutilitarismus der „Gefühlswerte" (M. Mauss), die ebenso als Affektökonomie kontaminiert sind. Wenn heute die Medien der Finanz-, Aufmerksamkeits- oder Affektökonomie nicht nur den *utilitaristischen Wert*, sondern ebenso den *antiutilitaristischen Wert* als *Verschwendungsökonomie* kennen; die potenziell unendlichen Bedürfnisse und „Begehrnisse"[87] des

---

[86] Insofern hat Horkheimer recht, wenn er Adornos Denken wie folgt charakterisiert: „Ich glaube, Sie wollen etwas Ähnliches wie jener, der die Nutzlosigkeit nützlich machen wollte." (Horkheimer 1985, S. 597).

[87] Vgl. hierzu: Böhme 2016. Der fortgeschrittene Kapitalismus, so Böhme, hat die „Ökonomie der Bedürfnisse" verändert und aus „Bedürfnissen" „Begehrnisse" gemacht. Er transformierte den „Konsum zur Lebenserhaltung" zum „Konsum zur Lebenssteigerung". Und letztere lassen sich eben endlos steigern. Auch wenn hier der Unterschied zwischen „Bedürfnis" und „Begehrnis" rein nominell ist, so ist doch damit auf etwas hingewiesen, dass eine Verlagerung des Konsums von ‚begrenzt' auf ‚unbegrenzt' bewirkt. In diesen neuen kapitalistisch-ästhetischen „Begehrnissen" drückt sich dann auch eine ‚Dialektik' von „Konsum als Lebenssteigerung" (das Mittel als Heilmittel) und „Konsum als Lebensminderung" (das Mittel als Gift) aus, sodass eine ‚Lebensverbesserung' immer auch eine ‚Lebensverschlechterung' bedeutet. Die endlose Steigerung der „Begehrnisse" meint somit die ‚Potenzialität der hypermodernen Begehrnisse', sodass hier ein einziger Mensch (als Akt und Potenz zugleich) schon genügt, um sämtliche Ressourcen auf der Erde ganz zu verbrauchen – etwa im „Begehrnis" als Tourist, um des Spektakulären willen, eine andere Galaxie zu besuchen.

Prosumenten. Dann gilt es sowohl die utilitaristische Logik des *materiellen Tauschs* als auch die Logik des *symbolischen und affektiven Tauschs* außer Kraft zu setzen. Das ‚agonale Prinzip' beschreibt daher in Wirklichkeit keine anthropologische Invariante oder ontologische Konstante, vielmehr die Monarchie der Finanz-, Ausstellungs-, Affekt-, Spiel-, Rausch- und Aufmerksamkeitsmittel sowie die Polyarchie der staatlichen Rechtsmittel – ein agonales Prinzip, das dann das andere, antagonistisch-polemische Prinzip wieder reaktiviert. Im analog-physischen und technisch-digitalen Netz des „Netzbürgers" und „Staatsbürgers" ist nämlich das ‚agonale Prinzip' darauf ausgerichtet, das ‚individuelle' und ‚soziale Netz' herzustellen. Während gerade in diesen ‚sozialen Netzwerken' (digitale oder analoge) die *Enteignung des Singulären und Sozialen* stattfindet. In der Bearbeitung der gegenständlichen Welt bewährt sich eben der Mensch nicht wirklich als ein „Gattungswesen" (Marx). Vielmehr als ein Gattungswesen, das sich in seinem menschlichen und übermenschlichen Produkt schließlich beseitigt. Wenn das Tier *unmittelbar* eins ist mit seiner Lebenstätigkeit, da es sich von ihr nicht unterscheidet. Es ist sie. Dann macht zwar der Mensch seine Lebenstätigkeit selbst zum Gegenstand seines *vermittelnden* Wollens und Bewusstseins, ohne aber dabei zu merken, dass darin die uralten Mächte in ihrer Sollenhaftigkeit weiter sich durchsetzen. Nur deswegen produzieren Kapitale und A-Kapitale die Aufrechterhaltung des Falschen, des Feindes, das Reich der Freiheit als Reich der Knechtschaft, das Soziale als asoziale Sozialität, wie sie heute in den Netzwerken als ein ‚singuläres Allgemeines' kreativ auftritt. Die vormalige These der Modernen lautete hingegen: Die Menschen, die je mehr sie sich vom Tier im engeren Sinn entfernen, desto mehr machen sie ihre Geschichte selbst, mit Bewusstsein, und das heißt, desto geringer wird der Einfluss unvorhergesehener Wirkungen, unkontrollierte Kräfte auf diese Geschichte sein. Dass die Menschen, je mehr sie sich vom Tier entfernen, nicht nur umgekehrt, immer mehr sich dem Tier annähern würden, sondern dieses sogar noch an Gewalt unendlich überbieten sollten, konnte in dieser historisch-fortschrittlichen Gleichung der Menschheit noch gar nicht eingebracht werden: die Menschheit in ihren pseudotheologischen Kapital- und mythischen Nationalmittel. Die freie Konkurrenz, der Kampf ums Dasein, den die liberalen Ökonomen als höchste historische Errungenschaft der Moderne feiern, stellte eben nicht bloß den Normalzustand des *Tierreichs* wieder her, vielmehr sollte sie noch dieses an Macht und Gewalt unendlich überbieten. Eine hypermoderne, liberal-demokratische Enteignung, die heute ihrerseits die illiberal-autoritäre oder islamistische Reaktion hiervorruft. Deswegen wird das *Mittel* politisch einzig da noch ‚nützlich', sozial und heilsam, wenn es als ‚Gesetz der Medienökonomie' einer sozial gegenseitigen „Gabe" (einer utilitaristischen und antiutilitaristischen zugleich) seinen asozialen, politisch-toxischen Charakter verliert. Es ist der politische und ökonomische *nomos* (Gesetz) des liberal-demokratisch-kapitalistisch-regierten (oder illiberal-autoritär-kapitalistisch-regierten) Hauses (*oikos*), wo das unbewohnbare Haus (*oikos*) und die unbewohnbare Stadt (*polis*) zugleich als ‚Haus der Menschheit' erscheinen. Womit hier also zu brechen wäre, wäre einmal mehr das ‚Gesetz des *oikos* und der *polis*', um darin die Enteignung des Eigenen wie des Sozialen wieder rückgängig zu machen.

Literatur

Adorno, Theodor W. 1985. *Diskussionsprotokolle*. In *Max Horkheimer, Gesammelte Schriften*, Hrsg. Gunzelin Schmid Noerr, Bd. 12, Frankfurt/M.: Fischer.

Adorno, Theodor W. 1989. *Ästhetische Theorie*, Frankfurt/M.: Suhrkamp.

Adorno, Theodor W. 1990. Über Walter Benjamin, Frankfurt/M.: Suhrkamp.

Adorno, Theodor W. 1992. *Negative Dialektik*, Frankfurt/M.: Suhrkamp.

Adorno, Theodor W. 1996. *Geschichtliche Möglichkeit. Arbeit, Freizeit und Freiheit (I)*, In *Max Horkheimer, Gesammelte Schriften*, Bd. 19, Frankfurt/M.: Fischer.

Agamben, Giorgio. 2002. *Homo sacer. Die souveräne Macht und das nackte Leben*, dt. Frankfurt/M.: Suhrkamp.

Agamben, Giorgio. 2010. *Herrschaft und Herrlichkeit. Zur theologischen Genealogie von Ökonomie und Regierung*, dt. Berlin: Suhrkamp.

Agamben, Giorgio. 2021. *Una comunità nella società*. In https://www.quodlibet.it/giorgio--agamben-una-comunit-14-ella-societa [Zugriff: 20.10.2021]

Anders, Günther Anders. 2003. *Brief vom 27.08.1963*, In *Adorno. Eine Bildmonographie*, Hrsg. Theodor W. Adorno Archiv, Frankfurt/M.: Suhrkamp.

Arabatzis, Stavros. 2019. *Feindselige Mediengesellschaft: Krieg der Öffentlichkeit*, Wiesbaden: Springer VS.

Arendt, Hannah. 1981. *Vita Activa oder vom tätigen Leben*, München: Piper.

Aristoteles, 1978. *Über die Dichtkunst*, Werke, griechisch und deutsch, Hrsg. von F. Susemihl, Aalen: Scientia.

Assmann, Aleida. 2022. In https://www.youtube.com/watch?v=7v-axTUzH7k [Zugriff: 20.03.2022].

Assmann, Jan. 2003. *Die Mosaische Unterscheidung. Oder der Preis des Monotheismus*, München: Carl Hanser.

Badiou, Alain. 2015. *Das Abenteuer der französischen Philosophie seit den 1960ern*, dt. Wien: Passagen.

Badiou, Alain. 2016. *Versuch, die Jugend zu verderben*, dt. Berlin: Suhrkamp.

Beck, Ulrich. 1995. *Die feindlose Demokratie*, Stuttgart: Reclam.

Benjamin, Walter. 1983. *Das Passagen-Werk*, Bd.1, Hrsg. Rolf Tiedemann, Frankfurt/M.: Suhrkamp.

Benjamin, Walter. 1991. *Kapitalismus als Religion*. In Ders., *Gesammelte Schriften*, Bd. VI, Hrsg. Rolf Tiedemann und Hermann Schweppenhäuser, Frankfurt/M.: Suhrkamp.

Blumenberg, Hans. 1993. *Matthäuspassion*, Frankfurt/M.: Suhrkamp.

Blumenberg, Hans. 1986. *Arbeit am Mythos*, Frankfurt/M.: Suhrkamp.

Böhme, Gernot. 2016. *Ästhetischer Kapitalismus*, Berlin: Suhrkamp.

Brüggmann, Mathias. 2022. Russland nutzt YouTubes Sperrung von „RT" für üble Propaganda. In https://www.handelsblatt.com/meinung/kommentare/kommentar-russland-nutzt-youtubes-sperrung-von-rt-fuer-ueble-propaganda/27661604.html [Zugriff: 02.05.2022].

Derrida, Jacques. 2002. *Politik der Freundschaft*, dt. Frankfurt/M.: Suhrkamp.

Habermas, Jürgen. 2008. *Diskurs und Massenkommunikation*. In Ders., *Ach, Europa. Kleine Politische Schriften XI*, Frankfurt/M.: Suhrkamp.

Habermas, Jürgen. 2021. *Überlegungen und Hypothesen zu einem erneuten Strukturwandel der politischen Öffentlichkeit*. In Ders., *Ein neuer Strukturwandel der Öffentlichkeit?*, Sonderband Leviathan 37, Baden-Baden: Nomos.

Habermas, Jürgen. 2021a. *Corona und der Schutz des Lebens. Zur Grundrechtsdebatte in der pandemischen Ausnahmesituation*. In https://www.blaetter.de/ausgabe/2021/september/corona-und-der-schutz-des-lebens [Zugriff: 13.10.2021].

Hegel, G.W.F. 1969. *Vorlesungen über die Philosophie der Religion II, Theorie Werkausgabe*, Bd. 17, Frankfurt/M.: Suhrkamp.

Hildebrandt, Paul. 2022. *Ein Prof driftet ab. Ein Münchner Medienwissenschaftler verbreitet Verschwörungsmythen. Warum darf er immer noch lehren?* In https://www.zeit.de/campus/2022/02/lmu-muenchen-professor-verschwoerungstheorien-lehre [Zugriff: 27.02.2022].

Horkheimer, Max und Adorno, Theodor W. 1995. *Dialektik der Aufklärung. Philosophische Fragmente*, Frankfurt/M.: Fischer.

Horkheimer, Max. 1985. *Nachgelassene Schriften 1931–1949*. In Ders., *Gesammelte Schriften*, Hrsg. Gunzelin Schmid Noerr, Bd. 12, Frankfurt/M.: Fischer.

Horkheimer, Max. 1996. *Nachträge, Verzeichnisse und Register*. In Ders., *Gesammelte Schriften*, Bd. 19, Hrsg. Gunzelin Schmid Noerr, Frankfurt/M.:Fischer.

Kant, Immanuel. 1970. *Beantwortung der Frage: Was ist Aufklärung?* In Ders., *Werke in zehn Bänden*, Bd. 9, Darmstadt: Wissenschaftliche Buchgesellschaft.

Kittler, Friedrich. 1986. *Grammophon – Film – Typewriter*, Berlin: Brinkmann und Bose.

Maier, Heinrich. 1913. *Sokrates, sein Werk und seine geschichtliche Stellung*, Tübingen: Mohr.

Marquard, Odo. 1983. *Aufgeklärter Polytheismus – auch eine politische Theologie?* In *Religionstheorie und Politische Theologie. Der Fürst dieser Welt. Carl Schmitt und die Folgen*, Hrsg. Jacob Taubes, Bd. 1, München: Fink; Paderborn: Schöningh.

Menke, Christoph Menke. 2015. *Kritik der Rechte*, Berlin: Suhrkamp.

Mersch, Dieter. 2018. *Philosophien des Medialen*. In *Handbuch der Medienphilosophie*, Hrsg. G. Schweppenhäuser, Darmstadt: Wissenschaftliche Buchgesellschaft.

Meyer, Eduard. 1981. *Geschichte des Altertums in acht Bänden*, Bd. V, Darmstadt: Wissenschaftliche Buchgesellschaft.

Möller, Christoph. 2021. *Ich halte die individualliberale Sicht für verfehlt, Interview mit Theresa Schouwink*. In https://www.philomag.de/artikel/christoph-moellers-ich-halte-die-individualliberale-sicht-fuer-verfehlt [Zugriff: 29.11.2021].

Parmenides. 1964. In *Fragmente der Vorsokratiker*, griechisch und deutsch, Hrsg. Hermann Diels, Zürich/Berlin: Weidmannsche Verlagsbuchhandlung.

Rancière, Jacques. 2002. *Das Unvernehmen. Politik und Philosophie*, dt. Frankfurt/M.: Suhrkamp.

Schopenhauer, Arthur. 1991. *Die Welt als Wille und Vorstellung*, Bd. 1, Zürich: Haffmans.

Sloterdijk, Peter. 2005. *Im Weltinnenraum des Kapitals*, Frankfurt/M.: Suhrkamp.

Türcke, Christoph. 2005. *Vom Kainszeichen zum genetischen Code. Kritische Theorie der Schrift*, München: C. H. Beck.
Türcke, Christoph. 2002. *Erregte Gesellschaft: Philosophie der Sensation*, München: C.H. Beck.
Türcke, Christoph. 2006. *Heimat. Eine Rehabilitierung*, Springe: zu Klampen.
Virilio, Paul. 2007. *Panische Stadt*, dt. Wien: Passagen.
Vogl, Joseph. 2021. *Kapital und Ressentiment. Eine kurze Theorie der Gegenwart*, München: C.H. Beck.
Žižek, Slavoj. 2022. *Was bedeutet es, Europa zu verteidigen?* In https://www.project-syndicate.org/commentary/europe-unequal-treatment-of-refugees-exposed-by-ukraine-by-slavoj-zizek-2022-03/german
Žižek, Slavoj. 2022b. *Für Putin ist auch Deutschland eine potenzielle Kolonie.* In https://www.welt.de/kultur/plus239509037/Slavoj-Zizek-Ein-Krieg-des-protestantischen-Erbes-gegen-die-autoritaere-Orthodoxie.html
Zuckerberg, Mark. 2022. *Zuckerberg beerdigt Digitalwährung Einstige Facebook-Währung „Diem" wird verkauft.* In https://www.manager-magazin.de/unternehmen/aus-fuer-diem-einstige-facebook-waehrung-diem-ehemals-libra-wird-an-silverlake-verkauft-a-22275b48-6efe-4775-aa08-a950f10886a9 [Zugriff: 01.02.2022].

Praktiken der Herrschaft und Praktiken der Befreiung

4

4.1 Soziologie im Dienst der Herrschaft

Soziologie ist die Wissenschaft, die sich mit dem Verhältnis des Einzelnen zur Gesellschaft befasst, und die nichts anderes als die Abhängigkeit der Einzelnen von der Totalität meint, die sie als soziales Netz bilden. Denn das Ganze erhält sich nur durch das Zusammenwirken der einzelnen Mitglieder, ihren Praktiken und Funktionen. Weil aber dieses Zusammenwirken der Mitglieder in der Gesellschaft weder im Medium des Begriffs oder der bloßen Empirie, noch in einem anderen Medium sich definieren oder zeigen lässt, fordern die sozialen Phänomene unabweislich nach einem Medium, dessen Organ die Theorie ist. Und Theorie heißt hier zunächst einmal ‚Vermittlung‘ zwischen Individuum und Gesellschaft, Natur und Kultur, Subjekt und Objekt, Identität und Nichtidentität, Innen und Außen, Erscheinung und Wesen, Schein und Sein, wo ein Unmittelbares immer schon in seiner Vermittlung, Relation und Beziehung steht. In den westlichen Demokratien heute: das *Bezogensein* moderner Individuen auf die Kapitale, auf die Informationsmonopole der liberalen oder illiberalen Systeme, wo sie sich behaupten müssen; denn der Kapitalismus hat heute zahlreiche Formen entwickelt, die liberal-demokratisch, autoritär-demokratisch, totalitär-autokratisch, archaisch-primitiv oder religiös-islamisch sein können. Es ist das Bezogensein auf eine Finanz-, Aufmerksamkeits-, Design-, Affekt- und Informationsökonomie und auf eine nationalstaatliche Gesetzesökonomie, wo sich die Marktteilnehmer als Netzbürger und Staatsbürger behaupten müssen. Insofern hat es in der Geschichte der Menschheit noch nie soviel *Mittelbarkeit in der Unmittelbarkeit* der uns umgebenden Welt gegeben. Dieses soziale Bezogensein moderner Individuen meint nicht bloß die rationale und instrumentelle Beziehung, sondern ebenso die Irrationalität der Affekte

S. Arabatzis, *Medien politisch denken*, https://doi.org/10.1007/978-3-658-40676-9_4

als eine neurophysiologische und psychosomatische Gefühlsökonomie. In solch einer Soziologie der Medien sind daher Perspektiven herausgefordert, welche die Geschichte kapitalistischer Ökonomie nicht allein als Rationalisierungsprozess oder profitrationale Abstraktion beschreiben. Vielmehr den Blick vor allem auf die produktiven Kräfte von Irrationalitäten, Affekten, Wünschen, Nichtwissen und Phantasmen richten. Es ist das engmaschige Netz immanenter Beziehungen, das die Einzelnen in ihren Produktionen und Kreationen durch ihre soziale Verknüpfung erfassbar, kontrollierbar und psychosozial steuerbar macht. Damit ist die Relation als Selbstbestimmung in der *Mitte* der Medien (ein individuelles Relatives auf ein Objektives, auf Gesellschaft und Geschichte Bezogenes) nicht ohne ein fremdes Gewaltverhältnis zu denken. Ein mediales Bezogensein, welches das ‚Gesetz der Medienökonomie‘ als modernes, manifestes und zugleich ursprüngliches Gewaltverhältnis meint.

Genau dies ist dann auch der Grund dafür, warum soziologische Theorien, die sich des manifesten Gewaltverhältnisses in ihrer Medienökonomie nicht bewusst sind, heute Gefahr laufen, sich Seite an Seite mit der kryptotheologischen Finanz-, Aufmerksamkeits-, Informations-, Affekt-, Design-, Daten- und neumythischen Rechtsmittelökonomie wiederzufinden. Es sind vor allem soziologische Medientheorien, die sich in den ‚sozialen Medien‘, in der Information, im Text, in der Kommunikation, in der Technik, im Code oder in der Digitalität verabsolutieren und darin die imperative Funktion der Medien verkennen: die Bewirtschaftung und Verrechtlichung der Welt als eine komplementäre Medialität, die von Anfang an im Dienst der Imperative steht: ‚Sei!‘ Jedenfalls ist dies der Preis dafür, den soziologische Entwürfe heute zu zahlen haben, wenn sie glauben, auf eine archäologische Absicherung ihrer ‚sozialen Medien‘ verzichten zu können. Zu erinnern sei hier nur an Max Webers Begriff der Rationalität, der von der gesellschaftlichen Textur abgezogen wurde; eine angeblich nüchterne und „entzauberte Welt“, die aber in ihrer modernen *oikonomia* in Wahrheit ganz ‚verzaubert‘ und ‚trunken‘ auftreten sollte.

So auch in der Zeit des „Plattformkapitalismus“, wo ein neues, besonderes Wirklichkeitsverhältnis entstand und dabei der Unterschied zwischen ‚Sache‘ und ihrer ‚informationellen Repräsentation‘ zunehmend verschwand. Schein und Wesen, Dasein und Sein, Ontisches und Ontologisches, Relatives und Absolutes vermischen sich hier in der sozialisierenden *Mitte* der Medien (als Rationalitäts- und Gefühlswert) und gehen darin zu einer Ununterscheidbarkeit über. Damit kann diese Mitte als Beziehung und Relation weder durch ein ‚falsches‘ Bewusstsein (als Gegensatz zum ‚richtigen‘), noch durch eine Dialektik des ‚erscheinenden Wesens‘ (positiv bei Hegel, negativ bei Adorno) erfasst werden. Denn die ontische, kapitalistische Produktion des Wirklichen hat sich zugleich als eine ontologische erwiesen, sodass die „wirkliche

Bewegung", anders als Marx noch dachte, nicht nur dabei ist den „jetzigen Zustand", sondern damit auch den vergangenen und zukünftigen Zustand „aufzuheben". In der *Mitte* der Medien geht es daher weder um den ‚ontischen Schein' noch um das ‚ontologische Sein', vielmehr um das imperative Gebot: ‚Sei!'. Es ist die verabsolutierte *Mitte* der medialen Relation in ihrer doppelten *oikonomia* (monarchische Kapitalmittel-Ökonomie und polyarchische Rechtsmittel-Ökonomie), die heute im *antagonistisch-polemischen* Feld der liberal-demokratischen und illiberal-autoritären Systeme zu verorten ist. Denn es gehört zum Grundbestand der Herrschaft (sei sie liberal-demokratisch, autoritär-demokratisch, neoliberal-konservativ, totalitär-autokratisch oder religiös-islamistisch verfasst), jeden, der sich nicht mit ihr identifiziert, ins Lager der Feinde zu verbannen. Eine durch die jeweiligen Imperative konfiszierte *Mitte* der Medien, die heute alle elementaren Seinsbeziehungen prägt und darin eine toxische Wirkung entfaltet. So blieb und bleibt die Modernität der Soziologie – die sich gegenüber der spekulativen, transzendentalen und metaphysischen Philosophie angeblich immanent, konkret und handgreiflich auszeichnet – ein höchst abstraktes Sozialprodukt, das sie freilich in den modernen, ausdifferenzierten Gesellschaften als etwas Konkretes und Objektives präsentiert. Heute etwa in den spezifischen, informationstechnologischen, statistischen, probabilistischen, stochastischen und algorithmischen Formen, in der mathematischen, systemtheoretischen und informatischen Formalisierung,[1] die über Software, Codes und Programmiersprachen selbstgenügsam auftritt. Während darin in Wirklichkeit eine Finanz-, Aufmerksamkeits-, Daten- und Rechtsmittelökonomie sich durchsetzt, die in der Struktur der Realität

---

[1] So etwa bei Armin Nassehi (Nassehi 2019), der mit Luhmann Totalität allenfalls in spezialisierten Systemen zu denken vermag, nicht aber als Zentrum der Gesellschaft erfassen will. Denn jedes „selbstreferentielle System hat nur den Umweltkontakt, den es sich selbst ermöglicht, und keine Umwelt an sich." (Luhmann 1984, S. 146). „Gesellschaftliche Rationalität würde erfordern, daß die durch Gesellschaft ausgelösten Umweltprobleme, soweit sie die Gesellschaft rückbetreffen, im Gesellschaftssystem abgebildet, das heißt in den gesellschaftlichen Kommunikationsprozeß eingebracht werden. Dies kann in begrenztem Umfang *in* den den einzelnen Funktionssystemen geschehen – so wenn Mediziner die durch sie selbst verursachten Krankheiten wieder zu Gesicht bekommen. Typischer ist jedoch, daß ein Funktionssystem über die Umwelt andere Funktionssysteme über die Umwelt andere Funktionssysteme belastet. Vor allem fehlt aber ein gesellschaftliches Subsystem für die Wahrnehmung von Umweltinterdependenzen. Ein solches kann es bei funktionaler Differenzierung nicht geben; denn das hieße, daß die Gesellschaft selbst in der Gesellschaft nochmals vorkommt." (Ebd., 645). Der ausdifferenzierte systemische Blick Luhmanns lässt dann nicht einmal mehr die *Totalisierung* mit einer *Ausnahme* zu, wie es etwa die Philosophie Derridas praktiziert; bei Derrida ist die *Ausnahme* als ‚undekonstruierbare Bedingung der Dekonstruktion' konzipiert, womit sie freilich die kryptotheologische (kryptoontologische) und imperative *Regel* der Geschichte beschreibt. Eine, die alle Medien in der Geschichte durch das Gebot antreibt: ‚Dekonstruiere!', ‚Interpretiere!'

auch die poetische Möglichkeit kennt, um die Wirklichkeit zu strukturieren. Diese soziale, poetische und reflexive Struktur bedeutet also, dass die auf dem Markt zirkulierenden Informationen nicht allein logisch, wissenschaftlich, profitrational und utilitaristisch daherkommen, vielmehr vor allem der Doxa (Meinung), der Affekte, der Spekulation und der Verherrlichung (*doxazein*) bedürfen. Hier geht es weder um die argumentierende Rede (*logos*), noch um die erzählende Rede (*mythos*), weder um den „Konsens" (Habermas), noch um den „Dissens" (Luhmann). Vielmehr darum, wie nämlich in der Informationsgesellschaft Wertschätzungen aus Wissen, Meinungen und Affekten sich gesamtmedial formieren. Dabei gehen sie ebenso zu einer ontologischen *Feststellung* über, wo nämlich das dynamisch-bewegliche Wissen schließlich zum ‚realen‘, ‚wahren‘, ‚liberalen‘ und ‚fundamentalen Wert‘ der Dinge übergeht: zur Verabsolutierung des Kapitalmittels und des staatlichen Rechtsmittels.

Die digital-informatische Verknüpfung verwandelt den sozialen Raum zu einem Existenzial. Denn je mehr man hier verknüpft ist, desto mehr *ist* man, desto mehr ist man in der affektiv aufgeladenen Informationsmaschine ‚da‘; desto mehr wird man darin sichtbar, wahrnehmbar, kommunizierbar, emotionalisierbar. Denn sozial Nichtverknüpftsein und Nichtvernetztsein heißt in der liberal-demokratischen Finanz-, Informations- und Rechtsmittelökonomie ‚Nichtsein‘, aus dem liberal-einschließenden System Ausgeschlossensein. Denn wenn es in der liberal-demokratischen Finanz-, Daten- und Rechtsmittelökonomie alles miteinander potenziell verknüpft ist, dann geht dieses ontische Netzwerk ins ontologische Netzwerk eines Gleichgeschaltetseins über: „Das Wesen steht zwischen *Sein* und *Begriff* und macht die Mitte derselben und seine Bewegung den *Übergang* vom Sein in den Begriff aus." „Das Werden im Wesen, seine reflektierende Bewegung, ist daher die *Bewegung von Nichts zu Nichts und dadurch zu sich selbst zurück*. (…) Das Sein ist nur als die Bewegung des Nichts zu Nichts, so ist es das Wesen".[2]

Das liberale Medium in der Bewegung der Finanz-, Informations- und Rechtsmittelökonomie meint allerdings nicht mehr den „Begriff" als Medium, der das Sein in der *Mitte* idealistisch als Wesen dynamisch rekonstruiert, um dort zu erscheinen. Vielmehr die doppelte Medialität des kryptotheologischen Kapitalmediums (göttliches Mittel) und des neoheidnischen Nationalmediums (mythisch-staatlichen Rechtsmittel). Verknüpftsein heißt also im liberal-demokratischen Kosmos der Finanz-, Informations-, Daten- und Rechtsmittelökonomie sozial Eingeschlossen- und Ausgeschlossensein; Ausgeschlossensein aus der liberal-demokratischen Gleichschaltung der Medien, sodass hier die Differenz nur noch antagonistisch-polemisch auftreten kann. Denn wer in den liberalen ‚sozialen Medien‘ nicht ‚gleichgeschaltet‘ ist, fällt nicht nur aus dem liberalen Kosmos (digital-

---

[2] Hegel 1969a, S. 15 f. und 24 f.

vermittelt und physisch-unmittelbar) heraus, sondern wird darin auch als Gegner und Feind angesehen. Die liberale Totalität als ‚Gesetz der Medienökonomie' heißt eben auch Selbstzerspaltung des einen, absoluten Prinzips und führt darin ein antagonistisches, illiberales Prinzip ein. Dieses ist von Haus aus eine Reaktion auf die liberale Moderne und wendet sich gegen deren imperial-universalistischen Anspruch. Ein Anspruch, der freilich nicht nur nicht erfüllt, sondern auch selbst durch das liberal-demokratische System blockiert wird; die Hegemonie des liberal-kapitalistischen Geltungsanspruchs als kolonialer Diskurs und koloniale Praxis.

Wir haben es hier mit einer zweifachen Verschiebung des liberal-demokratischen Mediums zu tun, wo Privatheit und Öffentlichkeit, Singularität und Gemeinschaft das individuelle Allgemeine (digital und analog) des liberalen Vernetztseins bilden: das soziale *Bezogensein* moderner Individuen auf die liberal-demokratische Bewirtschaftung (Kapitalmittel) und Verrechtlichung (nationales Rechtsmittel) der Welt. Es sind die zwei komplementären Seiten desselben liberal-hegemonialen Mediendispositivs, das aber gerade darin auch den illiberal-autoritären oder religiös-islamistischen Feind hervorbringt. Denn liberal-demokratisch Verknüpft- und Vernetztsein heißt heute, in einer Umformulierung des Luhmannschen Axioms, ‚alles, was wir sind, sind wir durch die liberal-gleichgeschalteten Medien, in ihrer Bewirtschaftung und Verrechtlichung der Welt'. Es ist das integrale, totalitäre Design des liberal-demokratischen Systems. Allerdings auch so, dass dieses liberal-demokratische, kryptotheologische (Kapital) und neumythische (Staat) Mittel, das unterm *Befehl* der beiden Imperative steht, seinerseits die illiberal-autokratische oder islamistische Reaktion hervorruft: ‚Sei in Relation (digital-vermittelt) und Beziehung (physisch-unmittelbar) mit deinem illiberal-autoritär-kapitalistischen oder religiös-islamischen Mittel!' Insofern wären heute Medien in ihrer *Wirkung* weniger aus den abstrakten Räumen der profitrationalen und technisch-digital-vermittelten Welt, vielmehr aus dem liberal-demokratisch-totalitären, oder aus dem illiberal-autoritär-totalitären Kosmos abzulesen. Finanzökonomisches, profitrationales, utilitaristisches Geschäftsmodell und soziales Gemeinschaftsgefühl (der antiutilitaristische „Gefühlswert"; M. Mauss) fallen somit in der liberal- oder illiberal-konstruierten *Mitte* der Medien zusammen. Und zwar nicht als idealistisches „Wesen" (Hegel), oder als dialektisch-kritisches ‚Unwesen' (Adorno), sondern in der Form des imperativen ‚Wese!' Dies ist nicht mehr der soziale Raum des liberal-demokratischen *Spiels* (auch nicht in der Form des ‚erscheinenden Unwesens'), sondern der *ernste* Raum einer asozialen Sozialität in der liberal-demokratischen, illiberal-autoritären oder religiös-islamistischen Gesellschaft, wo ein *antagonistisch-polemisches Verhältnis* zwischen Freund und Feind herrscht – nicht mehr das *Verhältnis* im liberal-verabsolutierten Kosmos, der sich in der *Relation* und *Beziehung* frei, aufklärerisch, tolerant, feindlos oder menschenfreundlich ausgibt. Dieses neue Freund-Feind-*Verhältnis* im liberal-demokratischen Kosmos meint daher nicht die apriorische Reduktion eines ahistorischen oder anthropologischen ‚Urphänomens‘, sondern das konkrete, historisch-gesellschaftliche, soziale und politische Feindverhältnis als ein ‚Urphänomen‘.

Das liberal-totalitäre Verknüpftsein in Ökonomie, Kultur und Politik sprengt dann jenes archäologisch unreflektierte, soziologische Medienmuster und weist auf den imperativen Medienzusammenhang des liberal-demokratischen Kapitalismus zurück. In den neuen soziologischen Theorien, die sich mit der Digitalisierung als neue Medien beschäftigen, heißt es hingegen in technischer und systemtheoretischer Sprache: Etwas liegt entweder in Zahlen und Daten digital vor oder eben nicht vor. Unter der Voraussetzung seiner Unterscheidbarkeit kann so das Ereignis mit allen anderen Ereignissen *verknüpft* werden, die ebenfalls entweder vorliegen oder nicht vorliegen. Deswegen bleibt hier jeder Widerstand gegen die Digitalisierung „aussichtslos“, weil dies „ein Widerstand der Gesellschaft gegen sich selbst ist.“[3] Was hier freilich vergessen wird, ist, jene Verabsolutierung des Medialen im liberal-demokratisch-kapitalistischen Kosmos, wo heute die unbedingte Feindschaft produziert wird. Denn der Liberalismus kann in seiner Totalität, in seinen gleichgeschalteten Medien nicht irren. Daher ist sein Prototyp das christliche Unfehlbarkeitsdogma. Der liberale Totalitarismus als neue Herrschaftsform ist daher nicht postideologisch und ohne Weltbezug, sondern mit Bezug auf die Religion und Mythologie der Finanz-, Daten-, Informations- und Rechtsmittelökonomie und ihr Dogma, das den Ritus (nicht bloß das Argument und die Erzählung) ihrer Anhänger in Gang setzt. Ein stetiges, liturgisch-zeremonielles, praktisches wie theoretisches Optimieren, das gerade darin einzig noch das Ziel hat, Mensch, Welt und Menschheit zu entsorgen. Die liberale Autorität kann daher in ihrem Dogma nicht irren, wenn sie ihre liberalen Evangelien verkündet und dabei die kultische Begehung anordnet. Deswegen gehört zur *oikonomia* der absoluten Herrschaft, jeden, der sich nicht mit ihr voll und ganz identifiziert, zum Feind zu erklären.

Wer heute die Digitalisierung im liberal-demokratischen oder illiberal-autoritären Kosmos verstehen will, der muss also nicht nur Gesellschaftstheorie betreiben, sondern auch die liberale oder illiberale Welt im Lichte der beiden ursprünglichen Imperative begreifen, die in der Modernität weiterwirken. Gesellschaft und Staat geben hierbei nicht nur die beiden pseudotheologischen und neumythischen Muster des Liberalismus ab, sondern ebenso die Muster des Autoritarismus, Faschismus, Nationalismus oder Islamismus. Es sind politische Totalitarismen, die mustern, lenken, kontrollieren und darin alle ‚echte Differenz‘ aus sich selbst absondern. Denn Differenz ist hier nur innerhalb des liberal-demokratischen oder illiberal-autoritären Systems erwünscht. Dabei werden noch Kritik und Widerstand als etwas Un-

---

[3] Baecker 2022.

wahrscheinliches algorithmisch errechnet und im jeweiligen politischen Muster integriert. Freilich, sofern die moderne liberale Gesellschaft zählt und das Gezählte untereinander in Beziehung setzt, war sie immer schon digital (der Ausdruck *digital* ist übrigens lateinisch und heißt *Finger, Zeh,* womit inmitten der Informatik ein analoges Moment erscheint) und diente der kommunikativen Entlastung – eine Entlastung, auf die Arnold Gehlen hinweist, der dabei das Subjekt mit einem Minuszeichen versieht. Indem sie nämlich liberal funktioniert macht sie die kommunikativen Prozesse rationalisierbar und objektivierbar. Aber diese Objektivierungsprozesse gehen eben weder in ihrer statistischen Funktion, in der digitalen Wahrheit der KI als statistische Wahrscheinlichkeit, noch politisch im liberal-demokratisch-kapitalistischen Kosmos auf. Die neue digitale Welt denken heißt eben, nicht bloß zwischen den „Formen" der Digitalisierung und dem „Medium" der Digitalisierung zu unterscheiden. Vielmehr das digitale Medium auch in den ökonomischen und politischen Fokus stellen sowie diese Medienökonomie unter dem archischen Befehl sehen: der Befehl innerhalb des *oikos* un der *polis* als der lokalisierte Ort inmitten des Universmus vollständiger Überwachung und Steuerung. Alle systemtheoretische Differenz bleibt hingegen in der bloßen Kontinuität des historisch-gesellschaftlichen Prozesses stecken, wo nämlich das „Medium" und seine „Form" auch nur die eine Medienökonomie bilden: das archische ‚Gesetz der seinsollenden Medienökonomie', wo die „Form" als *Wirklichkeit* und das „Medium" als *Möglichkeit* in der *Mitte* ununterscheidbar werden. Dergestalt, dass hier das bedingende mit dem bedingten „Medium" – in der Sprache Luhmanns, die „lose Kopplung" und die „strikte Kopplung" – zuletzt in der *einen* integralen Medienökonomie zusammenfallen: das *Konstituierende* mit dem *Konstituierten,* der *actus* mit der *potentia,* das *Wirkliche* mit dem *Möglichen.* Es ist der kryptotheologische und neumythische Ort der Finanz-, Informations- und Rechtsmittelökonomie, wo empirische Tatsachen mit Erwartungen und Nachrichten mit Meinungen sich kontaminieren. Sodass die aristotelische *Poetik* in den neuen Finanz-, Aufmerksamkeits- und Informationsmärkten eine unerwartete Aktualisierung erfährt: „Nicht was war oder ist, sondern was vielleicht, möglicherweise oder wahrscheinlich eintreten wird, bestimmt den Gang der Ereignisse. Der Finanzmarkt funktioniert als ein System von Antizipationen, die das ökonomische Verhalten auf das Erraten dessen verpflichten, was der Markt selbst von der Zukunft denken mag. (…) Damit nehmen gegenwärtige Erwartungen nicht einfach das künftige Geschehen vorweg, vielmehr wird das künftige Geschehen von den Erwartungen und das künftige Geschehen mitgeformt und gewinnt als solches aktuelle Virulenz."[4]

---

[4] Vogl 2021, S. 53. Fast wörtlich heißt es bei Aristoteles: „Es ist nun nach dem hier Gesagten offensichtlich, dass es nicht Aufgabe des Dichters ist, das, was wirklich geschehen ist (*genomena legein*), zu berichten, sondern das, was geschehen könnte (*an geneto*), das heißt das, was als wahrscheinliches (*pithanon*) oder Notwendiges (*anangeion*) möglich (*esti to dynaton*) ist." (Aristoteles 1978, 1451b.).

Damit ist auch erklärt, wie es zu den wirkmächtigen Totalitarismen der Digitalisierung kommt, die in Wirklichkeit weniger technisch-selbstreferenziell sind, vielmehr die liberal-demokratische Basisstruktur der Finanz-, Aufmerksamkeits- und Informationsökonomie abgeben, und die ihrerseits von einer kaskadierenden staatlichen Rechtsmittelökonomie umrahmt wird. Eine liberale Medientotalität, die ihrerseits die illiberal-autoritäre Reaktion hervorruft, ohne allerdings an der komplementären Basis des Kapital- und Nationalmittels etwas zu ändern. Dass Ware und Geld Zustände von Kapital sind, das war einmal die historisch-materialistische Kernthese; dass aber auch Codes, Daten, Chatbots, Aufmerksamkeit, Empfindung, Sichtbarkeit, Texte, Affekte, Bilder, Prominenzen, Öffentlichkeiten und sogar Rechtsmittel (als parastaatliche Strukturen) es sind – das lernen wir heute vor allem in der liberalen und illiberalen digitalisierten Medienökonomie. Insofern in der neuen Finanz- und Informationsökonomie auch ,Wahrheit‘, mit und gegen Aristoteles, als statistische Wahrscheinlichkeit der KI zu begreifen. Es sind nämlich die liberal-demokratischen Ministerien der Wahrheit, der Erzählung und Fiktion, die in der kapitalistischen Informationsgesellschaft nicht mehr „verdinglicht" (Industriegesellschaft), sondern in der Verabsolutierung des Medialen (der pseudoreligiöse ,heilige Geist‘ sowie das menschliche Wirken als ein zugleich theologisches Wirken) ,ver*un*dinglicht‘ vorliegen. Eine liberal-demokratische Öffentlichkeit, die als Freiheit, Toleranz oder Demokratie ontologisch auftritt, sodass sie darin, ,dialektisch‘, ihr historisch-gesellschaftliches und archaisches Moment in ihrer Modernität verkennt (mit Hegel gesprochen: Reflexion der Reflexion, Rückkehr in den Grund) und so ihren eigenen Feind hervorbringt – denn würde sie ihren ,Anspruch‘ auf Freiheit, Demokratie, Toleranz und heilendes Mittel erfüllen, dann wäre auch der Feind aus ihr verschwunden. Daher heißt es in der liberal-demokratischen Ontotheologie und Mythologie nicht zwischen „Freiheit" (Demokratie) und „Unfreiheit" (Autokratie), Freund und Feind zu wählen, sondern aus solch einer vorgeschriebenen Wahl herauszutreten.

Die Medien der Rationalität, der Ästhetik, des Wachens und des Traums, des Arguments und der Erzählung, des Tauschwerts und Gebrauchswerts haben sich in der entsozialisierten, entpolitisierten *Mitte* einer asozialen Sozialität niedergelassen, um sich darin liberal, illiberal oder islamistisch zu verabsolutieren – wodurch auch die Luhmannsche Differenz von „Medium" („lose Kopplung") und „Form" („strikte Kopplung") in eine mediale Indifferenz übergegangen ist. Das heißt, das Medium als das *Bedingende*, das eine Vielzahl möglicher Formen erzeugt, ist auch das Medium, das, in seiner Differenz von „Medium" und „Form", nur die *eine* Potenz-zu-sein (*dynamis*) kennt und damit seine Potenz-nicht-zu-sein (*adynamia*), seine *Unwirksamkeit* im Medienprozess nicht mehr kennt; ein Medium, das nicht in seiner Ökonomie von „Form" (Aktualität) und „Medium" (Potenzialität) aufgeht. Vielmehr in der verabsolutierten *Mitte* auch seine eigene *dynamis* zum Gegenstand hat, nämlich seine *Zweiheit* (als Akt und Potenz zugleich) außer Kraft zu setzen, sie zu deaktivieren, um von sich selbst einen anderen, *wahrhaft sozialen* Gebrauch zu machen. Ein Medium also, das zuletzt in sich selbst ruht, sein Medien*vermögen* betrachtet und damit neue Möglichkeiten des sozialen Gebrauchs eröffnet, ohne dabei in der asozialen Figur des ökonomischen Kreises (Gabe und Gegengabe) aufzugehen.

In dieser asozialen Sozialität können wir dann auch die ontologische Figur des „rechnenden Denkens" und des technischen „Ge-stells" als „vollständige Bestellbarkeit des Anwesenden im Ganzen" (Heidegger) neu reformulieren. Das „Gestell" ist nicht technisch, sondern meint die ganze *oikonomia* der Mittel als asoziale Sozialität: die ‚vollständige Herstellbarkeit, Ausstellbarkeit, Inszenierbarkeit, Informatisierbarkeit, Emotionalisierbarkeit und Konsumierbarkeit des Anwesenden im Ganzen'. Etwas, das uns heute liberal-demokratisch in der Finanz-, Aufmerksamkeits-, Informations- und Datenökonomie pseudotheologisch sowie in der Ökonomie der staatlichen Rechtsmittel neumythisch entgegentritt, um in dieser liberalen Sollenhaftigkeit auch das antagonistisch-polemische Feld des Feindes zu markieren. Es ist das eine Mediendispositiv, das uns in der jeweiligen Totalität (liberalen oder illiberalen) etwas *ermöglicht* und zugleich *verunmöglicht*, um darin zugleich eine Feindökonomie zu bilden. Diese Feindökonomie meint nicht bloß das „technologische und mathematische Regime", wie es etwa Dieter Mersch beschreibt, um dann, romantisch, das Ästhetische, ganz Andere oder das dekonstruktive Denken jenseits von Technik, Mathematik und instrumenteller Kommunikation zu lokalisieren. In den Medien geht es nicht um die Differenz zwischen *Abstraktion* (die Ungreifbarkeit der digitalen Welt; Relation) und *Konkretion* (die Sinnlichkeit des Körpers; Beziehung), vielmehr um die ökonomische und politische konfiszierte *Mitte* der Medien, die darin als liberale Heilmittel auftreten, während sie in ihrer totalitären Wirkung immer toxischer werden und dabei den illiberalen Feind als ein archisches Gegenmittel produzieren.

Das mediale Problem liegt somit nicht bloß in der Realabstraktion oder Scheinkonkretion, wie sie etwa von einer technisch-epistemischen und mathematisch-digitalen Intelligenz erzeugt werden. Die Verabsolutierung des Medialen meint nicht bloß die Idole ‚Medium', ‚Information', ‚Code', ‚Text', ‚Schrift', ‚Technik', ‚Mathematik', „rechnendes Denken", „instrumentelle Vernunft", oder die abstrakte kapitalistische Marktbewegung – gegen die dann eine anthropologische oder ontologische Invariante als Ausgleich oder als das ‚ganz Andere' entgegengesetzt wird. Die angebliche physisch-unmittelbare Invarianz hat sich vielmehr in der liberalen Mitte eines sozial *Konstituierenden* und *Konstituierten* zugleich aufgelöst, wo schließlich nicht nur Form und Medium, Generiertes und Generierendes zusammenfallen. Vielmehr auch die mediale Mitte als ‚immanente Transzendenz' in den Dienst des finanz-, aufmerksamkeits-, informations- und datenökonomischen Imperativs steht: ‚Kopple und Entkopple!', ‚Forme und Entforme!', ‚Verknüpfe und Einknüpfe, in deinem jeweiligen liberalen oder illiberalen System!' Das prozessierende Medium ‚ist' hier in seinen

Formen *nicht*, wohl aber das immanent *Generierende* und *Konstituierende*, das immer
auch ein Transzendentes (die Verabsolutierung des Medialen) ist und darin im Imperativ steht: ‚Geschehe, in deiner Formung und Entformung!‘, ‚Mediatisiere!‘ ‚Ver-
schalte!‘, ‚Kommuniziere!‘ ‚Stelle Relationen (digital-vermittelt) und Beziehungen
(physich-unmittelbar) in deiner liberalen oder illiberalen Praxis her!‘ Gerade in dieser
liberalen oder illiberalen Totalität als imperative Sollenhaftigkeit bedeutet dieser Imperativ aber auch: ‚Partizipiere an Feindschaft und Krieg!‘, weil wir es hier mit einem
antagonistisch-polemischen Prinzip zu tun haben. Eine integrale Feindökonomie im
Netz der Relationen, Beziehungen, Verknüpfungen und Übertragungen. Deswegen ist
auch die neue politische Kontrolle, Steuerung, Verschaltung und mediale Gleichschaltung keine Anomalie, keine Abweichung vom liberal-demokratischen System,
sondern sein notwendiger ontotheologischer und mythischer Rahmen. Somit kann das
liberale System den Anschein von Freiheit, Toleranz, Menschenrechte und Demokratie nur unter den Bedingungen digitaler und anderer (Schule, Erziehung, Universität etc.) Kontrollmechanismen leisten, die unsere individuelle Freiheit entsprechend institutionell regulieren und nachregulieren. Denn damit das liberale
System funktioniert, müssen wir formal frei bleiben, uns frei fühlen und wahrnehmen.
Eine liberal-demokratische Gesellschaft als Ort einer asozialen Sozialität, die allerdings in sich selbst auch ihre eigene Krise und Feindökonomie produziert. Sie wird
nämlich im politischen Raum des Gegners auch stasiologisch-polemisch scharf gestellt, denn jeder der sich nicht mit ihr identifiziert wird ins Lager der Feinde verwiesen.

   Sozialrelevant in den Medien ist somit heute nicht sosehr die moderne auto-
poietische Selbstreferenz der Systeme und Subsysteme, die vielmehr durch ihre zunehmende Vernetzung überholt ist. Vielmehr die *liberal-demokratische oder
illiberal-autoritäre beschlagnahmte Mitte* der Medien, die darin ‚sozial-unbeweglich‘,
ontologisch, mythisch und religiös wurden. Somit besteht ihre wirkliche Bewegung –
gegen die These von Marx, wonach der „Kommunismus“ die „wirkliche Bewegung“
sei, „welche den jetzigen Zustand aufhebt“ – gerade darin *stasiologisch* und *polemisch*
zu sein: der Moment, indem alle aufklärerische, soziale und politisch-emanzipatori-
sche Bewegung zum Stillstand kommt, um darin nur noch Konflikt, Streit, Bürgerkrieg und Krieg zu bedeuteten. Eine Stasis und ein Polemos, wo die liberalen oder illiberalen Akteure im Dienst des jeweiligen ‚Generals‘ stehen, der heute die unipolare
oder multipolare Welt befiehlt. Nicht relevant ist hingegen die Ontologie der bloßem
Relation und Partizipation, die gerade die Mitte der Medialität durch eine ‚Differenz
an sich‘, durch das ‚Prinzip der Vielheit‘ einfach konfisziert, dabei aber auch nur die
Pseudotheologie der Finanz-, Aufmerksamkeits- und Informationsökonomie bestätigt. Relevant ist die Gestaltung von Schnittstellen (individuelle wie kollektive) und
des politischen Widerstands als Gegenbefehl zum Befehl. Mag die neue digitale
Medienmaschine ohne Vernunft sein, weil sie offenbar rational nicht mehr erklärbar
sei; sie bedarf eben nach wie vor des kritischen Mediums (*krinein*: unterscheiden und

entscheiden zugleich), welches das ‚Gesetz der asozialen Sozialität' außer Kraft setzt, um vom den Mitteln des Sozialen einen neuen Gebrauch zu machen. Technik, Mathematik, Informatik, Systeme und Medien überhaupt sind somit weder vernünftig, noch unvernünftig, sondern von Anfang an in der Herrschaft der ökonomischen und politischen Medienpraktiken eingebettet. Die liberal-demokratische Finanz-, Ausstellungs-, Design-, Affekt-, Aufmerksamkeits-, Informations-, KI- und Rechtsmittelökonomie besetzt heute den Platz der medialen Mitte, wo Drinnen und Draußen, Privatheit und Öffentlichkeit, Haus und Stadt, Natur und Geschichte, Individuum und Gesellschaft, Argument und Doxa, Feind und Freund ineinander sich angleichen und in der Mitte ununterscheidbar werden. Es ist der liberale oder illiberale Platz, der darin immer auch ein Platz des Nicht-Platzes, des Nicht-Sozialen, der *sozialen Nicht-Beziehung* und *Feindbeziehung* ist. Ein medialer Ort, wo das wahrhaft soziale Medium aus der Mitte seiner Relation und Beziehung liberal-demokratisch, illiberal-autokratisch oder religiös-islamistisch *vertrieben* wurde. Aber gerade darin ist es eben auch das politische Paradigma einer Heilung dessen, was die Verabsolutierung des Medialen in der liberalen oder illiberalen Gesellschaft vergiftet hat. Denn die „Politik existiert dort, wo die Rechnung/Zählung der Anteile und Teile der Gesellschaft von der Einschreibung eines Anteils der Anteillosen gestört wird. (…) Die Politik hört auf zu sein, wo dieser Abstand keinen Ort mehr hat, wo das Ganze der Gemeinschaft restlos in die Summe seiner Teile aufgeht."[5]

Freilich kann ein Ganzes nicht einfach auf die Summe seiner Teile reduziert werden. Auch weist das ‚Ganze' der liberal-demokratischen Gesellschaft nicht bloß auf die wahre oder falsche Totalität, vielmehr stasiologisch auf den neutestamentarischen Satz hin: „Wer nicht für mich ist, ist gegen mich". Das Ganze meint also keine soziologische, integrale Kategorie mehr, vielmehr hat sich inzwischen auf das *Freund-Feind-Verhältnis* reduziert und sprengt damit sowohl den ontischen als auch den ontologischen Ort des Sozialen. Insofern wären heute die ökonomisch-politischen „Warenhüter" von Marx nicht nur zugleich als „Hüter des Seins" von Heidegger zu lesen (wo nämlich jenes „wahren" und „in die Hut nehmen" eine Funktion der liberalen Totalitäten ist), sondern auch als ein antagonistisch-polemischer Ort zu begreifen. Was H. Arendt als moderne Revolutionen charakterisiert – um sie als etwas ganz Neues vom antiken Kreislauf der Staatsformen (*politeiōn anakyklōsis*) abzugrenzen – beschreibt somit in Wirklichkeit nur die Revolutionen des kyptotheologischen Kapitalmittels, während die politischen Staatsformen, auf der erhöhten historischen Stufenleiter, den nationalstaatlichen, polytheistischen Rahmen der Rechtsmittel abgeben. Die Gewalt des Mediums ist daher im neuen *Feind-Freund-Verhältnis* (wo man nämlich nur noch zwischen schwarz und weiß zu wählen hat) deshalb so zerstörerisch, weil die Möglichkeit

---

[5] Rancière 2002, S. 132.

zerstört zu werden, die Grundbedingung des entsozialisierenden und entpolitisierten Mediums ist. In seiner liberalen oder illiberalen ‚Potenz-zu-wirken' ist
nämlich seine Potenz allein auf diese Feindökonomie ausgerichtet – deshalb nennt
Schelling jene Potenz „blind", die nur in den Akt überzugehen vermag. Die einzige
Art, in der heute das Leben (natürlich und kulturell) als solches wieder *sozialisiert*
und *politisiert* werden kann ist daher die bedingungslose Konfrontation mit den
liberalen oder illiberalen Imperativen eines unbedingt Seinsollenden. Die Dring-
lichkeit nach solch einer Deaktivierung der menschlich-göttlichen Medienökonomie steigt jedenfalls ökonomisch-politisch proportional an, weil die Medien in
ihren exponentiellen Kurven (der Finanz-, Rechtsmittel, Displays, Datenbanken,
Plattformen, Netzwerke, Algorithmen, KI) den Konflikt und die Feindschaft meinen. Denn wir navigieren heute jenseits der Argumente (*logos*), Meinungen (*doxa*)
und Narrative (*mythos*) und sogar noch jenseits des „agonalen Prinzips"[6] und haben
inzwischen das Gebiet des Feindes erreicht. Wir tauschen nicht mehr Argumente,
Geschichten, Geld, Bilder, Töne, Informationen, Gefühle oder Codes aus, sondern
bewerfen uns mit physisch-metaphysischen Granaten, die im Raum der asozialen
Sozialität ebenso in uns selbst explodieren. So ist diese *Ökonomie der Feindschaft*
nicht bloß auf die ‚Schnellkommunikation' jener Plattformen (Google, Twitter,
Facebook, Telegram) begrenzt. Vielmehr meint sie auch die ‚Langsamkommunikation' des liberal-demokratischen Diskurses, das liberal-koloniale Denken in seinem imperial-universalistischen Anspruch, der nie erfüllt wird. Etwas,
das scheinbar aufklärerisch, gewaltfrei, offen, unbestimmt, unfertig, different,
demokratisch oder tolerant daherkommt. Der Feind (*stasimos* und *polemios*) kann
eben sowohl schnell-kommunikativ (autoritär) als auch langsam-kommunikativ
(liberal) auftreten, weil er das *antagonistisch-polemische*, liberal-demokratische
(Habermas) und illiberal-autoritäre (Schmitt) Paradigma abgibt. Diese *Ökonomie
der Feindschaft* meint nicht die ‚erkaltete Individualität' der Moderne, das Verschwinden der Leidenschaften des *homo democraticus* durch die Erosion des sozialen Beziehungsgeflechts. Sie meint nicht die kalte „instrumentelle Rationalität",
die „verwaltete Welt" (Horkheimer) oder das „rechnende Denken" (Heidegger),
die heute in der Form eines dystopischen, digital-technokratischen Transhumanis-

---

[6]Vgl. Mouffe 2020. Mouffe meint damit, dass es sich beim „agonalen Prinzip" der Gegenüberstellung nicht um die äußerste Differenz der Feindschaft gehen muss, vielmehr um einen
politischen Kampf. Allerdings ist ihr ‚agonales Weichbild' der Feindschaft so etwas wie
‚Schmitt ohne Schmitt', sodass sie den *Ernst* der politischen Lage, wie sie in der Freund-
Feind-Unterscheidung auftritt, nicht ganz gerecht wird. Ihre Intention jeglichen *Antagonismus* durch einen *Agonismus* einzuhegen bleibt daher in dieser abgeschwächten Form weit
hinter dem *Ernst der politischen Lage* zurück, die als eine *antagonistische Mitte der Feindökonomie* heute den absoluten Gegensatz zur Freundschaft und Gerechtigkeit bildet.

mus unreflektiert wiederkehren – eine metaphysische Rationalität, wie sie dann politisch auch in Heideggers „Schwarzen Heften" als „metaphysischer Antisemitismus" (Donatella Di Cesare) daherkommt. Die *Ökonomie der Feindschaft* beschreibt vielmehr den toxischen Raum einer asozialen Sozialität als ‚Gesetz einer feindseligen Kriegsökonomie', wo die Enteignung sowohl des Singulären als auch des Gemeinsamen im ‚singulären Allgemeinen' stattfindet. Wenn aber heute die ‚Feindseligkeit aller gegen alle' sowohl das profitrationale ‚Geschäftsmodell' als auch das universelle ‚Gemeinschaftsgefühl' bildet – nicht mehr jenes romantische „Seid umschlungen Millionen" (Schiller). Dann gilt es diese ‚Feindseligkeit aller gegen alle' zu deaktivieren, außer Kraft zu setzen, um so von den Medien einen neuen, wahrhaft sozialen und freundschaftlichen Gebrauch zu machen.

4.2   Medien der verkehrten Revolution

Auf die Frage des Moderators, ob er denn eine Vorstellung von einer anderen Gesellschaft hätte, antwortete Nancy kurz vor seinem Tod: „Ich habe keine Vorstellung von der Zukunft, aber ich habe eine absolute Sicherheit: Es wird eine spirituelle Revolution geben." Denn, so Nancy weiter, so wie einmal der Kapitalismus eine „spirituelle Revolution" war – er hat nämlich nichts anderes gemacht als den vormals „höchsten Wert" des Lebens, nämlich Gott, durch das „allgemeine Äquivalent" (Marx) zu ersetzen –, so wird auch die neue spirituelle Revolution eine sein, die den alten, inzwischen morsch gewordenen ‚Wert' durch einen neuen ‚Wert' umdefiniert.

In der Tat, das Kapital sollte die wirkliche Revolution und der ‚Gott dieser Welt' sein, dessen ‚schöpferisches Werk' von den neomythischen Nationalgöttern mythisch-staatlich-rechtlich umrahmt wird. Eine pseudoreligiöse Wiederverzauberung der Welt, die in der postmodernen Lebensdynamik übersehen wurde, als sie nämlich gegen die Autonomie der Vernunft (Moderne) die Heteronomie des Erhabenen (Lyotard) setzte und dabei mit dem wirklich Erhabenen der Kapitale und A-Kapitale verwechselte. Während Foucault noch die oberen hegemonialen Strukturen nach unten, in eine Mikrophysik der Macht diffundieren lässt und das Subjekt gründlich in Diskurse, Machtpraktiken und Disziplinierungen zerstreut, bis sich dessen „Spur im Sand" verläuft. Und während Deleuze alle Einheit und Totalität in eine partisanenhaften Fluchtbewegung dynamisch auflöst, haben sie übersehen, dass hinter dieser Vielheit, Zerstreuung und Fluchtbewegung ebenso eine Sammlung und Konzentration stattfindet: die Bewirtschaftung und Verrechtlichung der Welt, wo beide im Dienst der archischen Gebote stehen: ‚Zerstreut und versammelt euch in euren liberal-demokratischen, illiberal-autoritären oder islamistisch-fundamentalistischen

Synthesen!' Damit wird ersichtlich, das Marx in seiner geschichtsphilosophischen Metaphysik in Wahrheit nur die Praxis des weltweit rhizomatisch-agierenden vernetzten Akteurs beschrieben hat: die ontischen, historisch-gesellschaftlichen Praktiken, wo das ‚göttliche Wirken' im ‚menschlichen Wirken' überging. Während Heidegger in seiner späten Fundamentalontologie, die keine historische Handlung mehr kennt, jenes Seiende ontologisch „in die Hut zurückbringt" und „wahrt". Der eine stellt das historisch prozessierende *Machwerk des Menschen* als etwas dar, was *ist*; der andere *erdenkt* in seiner „ontologischen Differenz" was im Seienden noch *fehlt*, nämlich, das „Seyn" (so der spätere, kontemplative Ausdruck für das „Sein"). Tun (ontisch) und Sein (ontologisch) bilden so nur die eine, ontisch-ontologische *Finanz-, Daten-, Ausstellungs-, Affekt-, Design-, Doxa- und Rechtsmittelökonomie*. Eine, die in ihrer liberal-demokratischen oder illiberal-autoritären Totalität ebenso das antagonistisch-polemische Feld der universellen Feindökonomie markiert.

Das „Kapital" entbirgt dann aus sich heraus auch keine Revolution, weil es selbst die ständige Revolution der vorstaatlichen Mittelökonomie ist, die von einer staatlichen Rechtsmittelökonomie stabilisiert wird. Ein komplementäres, verabsolutiertes Mittel, das sich in seiner *Mitte* immer mehr dynamisiert und darin als ‚übermenschliche Praxis' und ‚absolute Wahrheit' ganz zu verbrennen droht. Wenn Marx den „Kommunismus" nicht als „Ideal" eines „Sollens", sondern als „*wirkliche* Bewegung" denkt, „welche den jetzigen Zustand aufhebt". So hat er in der „wirklichen Bewegung" nicht nur die „mögliche Bewegung" (das Kapital als Wirklichkeit und Möglichkeit), sondern darin auch das archische, imperativen ‚Sollen' übersehen: ‚Verwirkliche und Ermögliche in deiner Praxis und Theorie der Sollenhaftigkeit dein kolonisierendes Projekt mit imperial-universalistischen Anspruch, während du dabei von deinen vielfältigen, neomythisch-staatlichen Grenzen stabilisiert wirst!' Kapital ist das kosmische Universalprojekt dieser Welt, in seiner neomythischen, nationalstaatlichen Pluriversalität. Es ist die Grammatik einer doppelten Kolonialisierung der Welt, des Sozialen (Gemeinsamen) und des Selbst (Singulären), die sich heute politisch liberal-demokratisch, illiberal-autoritär oder religiös-islamistisch ausgibt. Die wirkliche Bewegung in ihren übermenschlichen Eskalationen meint somit das doppelte Diktat der monologischen und polylogischen Hypermoderne, die nach einer destituierenden Praxis und einem dekolonialisierenden Denken ruft. Daher müssen wir heute jenen Satz von Marx für die Dynamik des menschlich-übermenschlichen Kapitalmediums (in seiner liberalen oder illiberalen Fassung) neu reformulieren: ‚Das Kapital ist die wirkliche und mögliche Bewegung, welche dabei ist den jetzigen, vergangenen und zukünftigen Zustand der Welt ganz aufzuheben.' Als ständige ‚Revolution der Mittel' meint daher das ökonomistische und rechtliche Mittel weder die „Technik", die einmal als Erscheinung (Unterhaltungselektronik) das „Wesen des Krieges" (Kittler) verbergen sollte, noch bloß das profitrationale Mittel, oder die abstrakte „universale

Herrschaft des Willens zur Macht" (Heidegger). Vielmehr die Doppelherrschaft der nicht-staatlichen und staatlichen Mittel, in ihrer menschlichen und göttlichen *oikonomia* und darin zugleich die Feindökonomie. Eine antagonistische Feindökonomie, die darin immer auch die Anwendung der Kriegsmittel meint. Damit ist auch die moderne „Revolution" nicht das „ganz Neue",[7] wie Hannah Arendt meint, vielmehr die ‚Revolution des feindseligen Kapital- und Rechtsmittels', das als ein hypermodernes zugleich auf das archaische Mittel zurückweist.

Die Differenz von „Arbeit" und „Kapital" war somit keine, weil das ‚menschliche Wirken' von Anfang an mit dem ‚göttlichen Wirken' kontaminiert ist. Damit ist auch die theologische, christlich-jüdische Differenz zwischen „Denken" und „Tun"[8] entfallen. Ebenso gehen die begrifflichen und ästhetischen Medien (Philosophie und Kunst) in der einen menschlich-göttlichen Medienökonomie auf, um

---

[7] So Hannah Arendt: „Moderne Revolutionen haben kaum etwas gemein mit der *mutatio rerum* römischer Geschichte oder dem Bürgerzwist, den wir als *stasis* aus den griechischen Stadtstaaten kennen. Sie lassen sich nicht mit den platonischen Umschwüngen, den in den jeweiligen Staatsformen selbst angelegten *metabolai*, gleichsetzen, noch mit Polybius' Kreislauf der Staatsformen, der *politeiōn anakyklōsis* (…). Mit politischen Umschwüngen dieser Art und mit der Gewalt, die in ihnen zum Ausbruch kam, war das klassische Bürgertum nur zu vertraut; was ihm aber ganz fremd war, ist, (…) dass sich in solchen Umschwüngen jeweils etwas ganz Neues zeigt". (Arendt 1974, S. 23 f.). Das „ganz Neue" ist aber in Wirklichkeit nur das ‚ganz Alte', das säkularisiert als ständige ‚Revolution des Kapitalmittels' auftritt und dabei von den staatlichen Rechtsmitteln neomythisch umrahmt wird. Das ganz Neue ruiniert die Unterscheidungen, die es trifft. Es ruiniert sich selber, steckt sich selber an, kontaminiert sich und wird schließlich zum ganz Alten. Eine „kreative Zerstörung" (Schumpeter), wo auf der Rückseite des „ganz Neuen" die ‚ganz alte', ökonomisch-theologische und mythisch-staatliche Medienökonomie sich einschreibt: moderne Freiheit als uralte Knechtschaft. Es ist das liberal-demokratische oder illiberal-autoritäre Mittel, das sich heute totalitär absondert und dabei den Krieg nach außen sowie den Bürgerkrieg nach innen führt. Dergestalt, dass wir hier sowohl eine Theorie des Krieges (*Polemologie*) als auch eine Theorie des Bürgerkriegs (*Stasiologie*) brauchen, die diese verkehrte Setzung des Mediums in seiner Mitte etwas erklären hilft.

[8] In „Geleit" der theologischen Arbeit von Andreas Pangritz schreibt Friedrich-Wilhelm Marquard: „Dies Buch erscheint mir als ein höchst origineller Beitrag zu den Versuchen, das christlich-jüdische Verhältnis nicht nur ethisch, sondern auch zentral theologisch zu erneuern. Originell insofern, als es jenseits des Gegensatzes von einem Christentum, dem Theologie, das Denken des Glaubens, unverzichtbar ist, und einem Judentum, das – ganz aufs Tun gestellt – einer theologischen Reflexion auf Gott gar nicht bedarf, eine Unverlierbarkeit der Theologie durch jüdische Nichttheologen feststellen läßt – und dies in Beziehung zu evangelischen Theologen stellt, die von innen her ein ‚Kleiner- und Unsichtbarwerden' (nicht: ein Verschwinden!) der Theologie für Gott entsprechend halten." (Marquard 1996, VII). „Denken" (Christentum) und „Tun" (Judentum) sind aber nur die *zwei theoretische und praktische Medien*. Während jenes „Kleiner- und Unsichtbarwerden der Theologie" heute konkret den *deus absconditus* des Finanz-, Aufmerksamkeits-, Informations- und Datenkapitals beschreibt, der von den neoheidnischen Nationalgöttern rechtlich abgesichert wird.

sich darin als *Praktiken der Herrschaft* in Zeit und Raum zu „verwirklichen".[9] Was den gesellschaftlichen und politischen Raum global wie national vergiftet, das herrschaftliche Prinzip, ist nämlich dasselbe, das, als Machwerk des Kopfes (Denken, Begriff, Bild, Fiktion etc.) auftritt, um sich darin metaphysisch und überempirisch zu manifestieren. Mag der traditionelle Zugang zum Machtproblem vom juridischen und staatlichen Pol sich immer mehr in die Prozeduren der Finanz-, Aufmerksamkeits- und Datenwirtschaft, in ein Netz aus Institutionen, Personen, Diskursen und Praktiken verschoben haben; die *Bewirtschaftung* der Welt, die den Körper der Menschheit horizontal-ontisch und vertikal-ontologisch durchschneidet, beschreibt immer noch die eine, komplementäre Medienmaschine, die zwischen *Nicht-Staat* und *Staat* hin und her pendelt und dabei sowohl die Abstraktion, den „Tauschwert", die „instrumentelle Vernunft", als auch den poetisch-ästhetischen und leiblichen Gefühlswert als ein integrales ‚Gesetz der Medienökonomie' kennt.

Wenn heute in der pseudotheologischen *Bewirtschaftung* und in der mythisch-staatlichen *Verrechtlichung* der Welt jegliche ‚Wärme in den menschlichen Beziehungen' verloren gegangen ist. Dann also nicht nur weil inzwischen auch der liberal-demokratisch-kapitalistische Staat totalitär geworden ist; die Zone der Ununterscheidbarkeit, in der die Techniken der Subjektivierung mit den Techniken der Totalisierung koinzidieren. Sondern auch deswegen, weil in der *Mitte* der Medien sowohl die *Relation* (technisch-informatisch vermittelt; Netzwerke, Operativität, Verschaltung, Übertragung, Referenz) als auch die *Beziehung* (unmittelbar-physisch; Sozialität, Denken, Kreativität, Kommunikation, Reflexivität, Leiblichkeit) von der liberalen oder illiberalen Finanz-, Aufmerksamkeits-, Informations- und Rechtsmittelökonomie konfisziert wurden. Die liberal-demokratische oder illiberal-autokratische Welt hat das Medium metaphysisch in Beschlag genommen, es in der Totalität stillgestellt (*stasis*), um als ‚Kriegswaffe' gegen den anderen einzusetzen. Dies ist der Grund, warum das Medium nach einer *Stasiologie* (Theorie des Bürgerkriegs) und *Polemologie* (Theorie des Kriegs) verlangt, die es aus seiner antagonistisch-polemischen Zwangslage politisch befreien könnten. Denn wenn heute das absolut Wahre und Gute liberal-demokratisch oder illiberal-autokratisch zunimmt, setzt umgekehrt auch die Ära des absolut Falschen und Bösen ein, sodass das Problem sowohl auf der liberal-demokratischen als auch auf der illiberal-autokratischen Seite auftritt. Beiden liegt nämlich der neu-

---

[9] Adorno leitet hingegen seine *Negative Dialektik* mit dem Satz ein: „Philosophie, die einmal überholt schien, erhält sich am Leben, weil der Augenblick ihrer Verwirklichung versäumt ward." (Adorno 1989, S. 15). „Interpretation" und „Veränderung der Welt" beschreiben aber nur das *eine Medium* in seiner integralen Medienökonomie (die Aktion von Theorie und Praxis), das sich historisch-dynamisch entfaltet und gerade darin sein politisches Ende – nicht Ziel – immer weiter hinausschiebt.

testamentarische Satz zugrunde („Wer nicht für mich ist, ist gegen mich"), der das *antagonistisch-polemische Feind-Freund-Verhältnis* meint. Es gehört nämlich zum Grundbestand der Herrschaft (sei sie nun liberal, demokratisch, faschistisch, autokratisch oder islamistisch) jeden, der sich nicht mit ihr identifiziert, ins Lager der Feinde zu verweisen – insofern sind auch „Ökonomie" und „Politik" Epiphänomene; sie sind nämlich noch durch eine *Geschichte der Medien* (die Ökonomie des Denkens, Fühlens und Tuns mit kolonialen, imperial-universalistischen Anspruch) als eine *Praxis und Theorie der Herrschaft vermittelt.* Was historisch vermittelt werden muss, entsteht somit erst durch die mediale *Vermittlung.* Genau die ist aber auch von Anfang an durch die Imperative beschlagnahmt, sodass die vorstaatliche (ökonomisch-kulturelle) und staatliche (politisch-staatliche) Seite der Medien kontaminiert vorliegt. Deswegen bedeuten heute *Bewirtschaftung* (Finanz-, Daten-, Ausstellungs-, Affektökonomie) und *Verrechtlichung* (staatliche Rechtsmittelökonomie) im ‚Gesetz der Medienökonomie' immer auch *Entpolitisierung, Entindividualisierung, Entgemeinschaftung, Entsubjektivierung, Enteignung des Individuellen und Gesellschaftlichen.* Denn die Möglichkeit enteignet zu werden ist hier die Grundbedingung der Mediation.

Die *Mitte* der Medialität meint dann nicht das *double bind* einer stetigen dekonstruktiven Entleerung (Derrida), wo jedes Ereignis im Moment seines Auftretens auch sich selbst wieder annulliert; und dessen Wahrheit in seiner Nicht-Wahrheit, sein Sein in seinem Nicht-Sein, im Sich-nicht-Manifestieren und Sich-nicht-Enthüllen besteht. Vielmehr lässt die imperativ-besetzte Mitte der Medien (in ihrer Wahrheit und Lüge zugleich) sowohl Singularität als auch Gemeinschaft, Individuelles wie Allgemeines zugleich absterben. Sie tötet von Anfang an beide zugleich, weil alle wirkliche Bewegung von den Mächten bereits konfisziert worden ist. So gesehen besteht die ‚Reflexion' in der neuen, ‚revolutionären' Finanz-, Daten-, Wissens- und Rechtsmittelökonomie vornehmlich darin, noch jene erste, ‚aufklärerische' des Mythos und des späteren Logos (denn auch sie sind ja schon eine Form von Aufklärung) wieder zurückzunehmen – daher heute die Wiederkehr der antiken Begriffe wie „Oligarchie" oder „Plutokratie", die freilich nicht nur die östlichen, sondern ebenso die westlichen Oligarchen und Plutokraten meinen, heißen sie nun Bill Gates, Jeff Bezos oder Elon Musk. Als kolonialisierende Theorie und Praxis ist sie, auf der erhöhten historischen Stufenleiter der liberal-demokratischen Informationsgesellschaft, eine ‚Reflexion der Reflexion' (Hegel), *Wiederherstellung der alten mythischen und göttlichen Gewalt.* Die Hypermodernisierung, die heute im Namen der Finanz-, Daten-, Ausstellungs-, Fortschritts-, Wachstums- und der politischen Rechtsmittelökonomie geschieht, meint somit immer auch die Rearchaisierung: *Rückgang in den archischen Grund,* aus dem einst alle Aufklärung, Kultur, Zivilisation und Politik als Mittel der Emanzipation hervorgingen.

Freilich erfuhren die vormals noch mehr oder weniger stabilen Medien der Moderne in der postmodernen Gesellschaft auch ein entsubstanzialisierendes, antiessentialistisches und scheinbar anti-hierarchisches Update, das sich heute als ‚Differential ohne Identität' anti-hegemonial ausgibt. Ein in seinen Differenzen und Fluchtlinien scheinbar nicht mehr „zentriertes", „nicht hierarchisches" instabiles Mediensystem „ohne General" (Deleuze). Was hier aber übersehen wurde und wird, ist, dass gerade im ‚Differential ohne Identität' die alten „Generäle" weiterhin ihre Befehle erteilen. Die nicht-linearen, nicht hierarchisierenden, nicht-patriarchalen Praktiken sind nämlich die wahren Praktiken der hegemonialen Herrschaft: die Identität des glorreichen, liberalen oder autokratischen Kapitals. Daher sind *Medien* in der weltweit rhizomatisch-verzweigten Netzkultur des sozialen Akteurs nicht einfach informativ, semantisch, affektiv, kommunikativ, ästhetisch, ökonomisch oder politisch, vielmehr ein Ort der *Transmission von archischen Befehlen.* Nur deswegen können sie heute von den jeweiligen liberal-demokratisch- oder illiberal-autoritär-kapitalistischen Staaten ökonomisch, epistemisch, politisch oder ökologisch als Kriegswaffen eingesetzt werden. Denn hat einmal die liberal-demokratische oder illiberal-autokratische Welt das kulturelle, soziale und politische Leben in der *Mitte* kolonial besetzt, so kann sie nicht nur dem sozialen Leben der Menschen, sondern auch der Tier-, Pflanzenoder Unterwasserwelt die Möglichkeit als solche zu existieren verweigern. Das heißt, die ‚verkehrte Revolution' des kolonisierenden Mittels zerstört nicht nur die ‚Grammatik des Sozialen', sondern ebenso die ‚Grammatik der Mitwelt'.

Politisch heißt dies dann, die „Demokratie" ist nicht etwa „im Kommen", wie sie einmal Derrida in seinem dekonstruierenden Horizont sah. Denn sie ist heute weder auf eine „Gemeinschaft der Freunde", der untereinander gleichen Subjekte ausgerichtet, noch sind Anzeichen einer „Achtung vor der irreduziblen Singularität" zu erkennen. Vielmehr haben glorreiche Demokratie und glorreiche Autokratie nur noch ‚Verachtung' für „Singularität" und „Gemeinschaft" übrig; Einzigartigkeit der Person und soziale Gemeinschaft sollen hier nämlich im Konflikt, Streit, Bürgerkrieg und im zwischenstaatlichen Krieg verbleiben; in einer kreisförmigen Bewegung der Feindschaft als Rückkehr zu ihrem polemischen Ausgangspunkt und sich darin unendlich verschleißen lassen. Es sind die energetisierten und rhizomatisch-vernetzten Akteure, die sich in ihrer Immanenz und Transzendenz in einer Flucht nach vorne bewegen. Das mediale *Dazwischen* soll das instabile Differenzial ohne Identität sein, während es in Wirklichkeit darin nur die nichtstaatlichen und staatlichen *Praktiken der Herrschaft* (die Menschheit in ihrem monarchischen Kapital- und polyarchischen Staatsbegriff[10]) immer weiter voran-

---

[10]Agamben löst hingegen Staat und Politik ganz in der Maschine der christlichen Theologie auf: „Nun wird ersichtlich, inwiefern man sagen kann – und mit dieser These nehmen wir

getrieben werden. Diese seinsollende Medientotalität meint nicht etwa die „Schizophrenie des Kapitals" (Deleuze) – als eines von Stabilität, Repräsentation, Baum, Linie, Kreis und Territorialität –, das anschließend durch ein nomadisches Denken, durch ein auf der Flucht befindliches Nomadentum antihierarchisch durchbrochen wird; weil hier angeblich keine Totalität in Sicht sei, da die Kapitalmaschine überall leckt, Undichtheiten aufweist und Fluchtpunkte ermöglicht. Nicht das *nomadische Produktive* hier und das statische *Sesshafte* dort, sondern das nomadische Produktive erweist sich vielmehr selbst als das Sesshafte: das *stasiologische*, monarchisch-regierende Haus der vorstaatlich-kulturelle Finanz-, Ausstellungs- und Datenökonomie und das polyarchisch-regierende Haus der staatlichen Rechtsmittelökonomie. Das nomadische Denken ist somit in Wirklichkeit ein koloniales Denken, das darin die monotheistische *Universalität* (Kapitale) auch als polytheistische *Pluriversalität* (A-Kapitale) kennt.

Medien umfassen somit den ganzen finanziellen, digitalen, informatischen, wissenschaftlichen, medizinischen, juridischen, polizeilichen, militärischen und politischen Komplex, der sich als eine feindselige Medienökonomie zu erkennen gibt. Es ist ihre ‚revolutionär-verkehrte' (*kata-strophēn*) Wirkung, die totalitär und feindlich auftritt. Deswegen sind „Ökonomie" und „Politik" (in ihrer traditionellen Unterscheidung) Oberflächenphänomene. Aber nicht weil sie selbst ihrerseits durch eine „Geschichte des Denkens als Organ der Herrschaft vermittelt sind" (Adorno/Horkheimer). Sondern weil auch das Mittel (*organon*) „Denken" selbst auf die *Geschichte der Medien als auf kolonialisierende Praxis und Herrschaft* verweist. So ist auch das transzendente Mittel des „heiligen Geistes", welches einmal die Empfindung als „ewige Liebe" ausdrücken sollte, zwar nicht zum Heilmittel des Geistes (Hegel) oder der Praxis (Marx), wohl aber zum aggressiven Mittel des Kapitals und Nationalstaats geworden. Deswegen liegt das mediale Problem weniger in der ‚säkularisierten Gottheit' (Adorno), die im Geist des Absoluten

---

gegen Schmitt Stellung –, daß die christliche Theologie von Anfang an nicht im Zeichen der Politik und des Staates steht, sondern in dem der Betriebswirtschaft. Die christliche Theologie enthält somit nicht nur eine Politik, sondern auch eine Ökonomie." (Agamben 2010, S. 87). Aber dies beschreibt nur die eine Erbschaft des Monotheismus (die Monarchie der Kapitale), während die Rechtsmittelökonomie die andere Erbschaft des Polytheismus (die Polyarchie der A-Kapitale) bildet. Die säkularisierte Welt, die in ihrem modernen Fortschreiten zugleich ihre Rückkehr zu ihren beiden archaischen Anfängen betreibt: zum pseudotheologischen ‚Gott in der Einzahl' (die hypermoderne Finanz-, Ausstellungs- und Datenökonomie, samt den parastaatlichen Strukturen darin) und zu den neomythischen ‚Göttern in der Mehrzahl' (hypermoderne staatliche Rechtsmittel). Monotheismus (Monomythie) und Polytheismus (Polymythie) bilden so die eine dialektisch-komplementäre Figur – solange nämlich wie die ökonomisch-theologische Herrschaft nicht selbst zugleich den einen Weltstaat bildet.

idealistisch wieder aufersteht.[11] Vielmehr ist im *menschlichen, hegemonialen Modell* von Anfang an selbst das *göttliche, hegemoniale Modell* eingeschrieben, das in Neuzeit und Moderne nur von einem Ort (himmlischer) zum anderen hin (irdischer) verschoben wurde, ohne jene Macht und jene Mächte (die Transzendenz Gottes und der Götter als souveräne Mächte) als solche anzutasten. In der ‚Vermittlung‘, in der Mitte der Medien, geht es daher weder um das Absolute des Geistes, noch um das Absolute der Praxis – etwas, das dann negativ-dialektisch als ‚Vorgeschichte‘ dechiffriert wird, um sie dialektisch durch eine „bessere Praxis" (wie sie in der Kunst erscheint) im „Anderen der Geschichte" zu verlassen.[12] Die ‚Vermittlung‘ verbirgt auch nicht das intellektuelle oder ästhetische *Spiel* des Indikativs (Ist, Sein, Werden, Erscheinung, Wesen). Vielmehr das polemische Verhältnis und darin den *Ernst* der politischen Lage, wo sich das Mediale im Raum der liberalen oder illiberalen Polis stasiologisch und polemologisch hochexplosiv verdichtet hat. Deswegen meint das Feind-Freund-Verhältnis in seinem *politischen Ernst* (wo die Imperative im Raum der Öffentlichkeit walten) nicht das *philosophische oder ästhetische Spiel-Verhältnis*. In der ‚Vermittlung‘ geht es nicht um das indikative ‚Ist‘ eines ‚erscheinenden Unwesens‘ (Adorno), oder um das ontologische ‚Sein‘ (Heidegger), oder um das ‚Sein *ohne* Sein‘ (Derrida). Vielmehr um das imperative ‚Sei!‘, wo nämlich das Mittel in seiner Stillstellung (*stasis*) von Anfang als Waffe polemisch auftritt, um den Krieg und Bürgerkrieg politisch zu eröffnen.

Daher hatte Georg Lukács einmal recht, als er der Kritischen Theorie vorwarf im „Grand Hotel Abgrund" zu wohnen. Denn gerade der reale, politisch-unbewohnbare Ort (das globale Un-Zuhause als ein privates Zuhause) ist keiner des ‚intellektuellen oder ästhetischen Spiels‘ (wie negativ er immer auch in der Philosophie beschrieben oder in der Kunst dargestellt sein mag), sondern der Raum der *ernsthaften Politik*, wo nämlich ein *antagonistisch-polemisches Verhältnis* herrscht. Ein politisches Verhältnis, das sich heute als liberal-demokratisches oder illiberal-autoritäres feindlich positioniert hat und dabei nicht nur

---

[11] „War das Hegelsche Absolute Säkularisation der Gottheit, so eben doch deren Säkularisation; als Totalität des Geistes blieb jenes Absolute gekettet an ihr endlich menschliches Modell." Das Problem liegt hier nicht in der „Totalität des Geistes" – ein „Geist", der in der Fakultät der „Geisteswissenschaften", längst aufgegeben wurde, um als „Neuralink" im sogenannten „Brain-Computer-Interface" neurophysiologisch wieder aufzuerstehen –, sondern vor allem in der ‚Totalität der Praxis‘, in den immanenten und transzendenten Praktiken der Herrschaft.

[12] „Dazu muß Dialektik, in eins Abdruck des universalen Verblendungszusammenhangs und dessen Kritik, in einer letzten Bewegung sich noch gegen sich selbst kehren." (Adorno 1989, S. 397).

den universellen Weltbürgerkrieg, sondern auch den traditionellen Krieg[13] zwischen Nationen, Ideologien, Pseudotheologien und Blöcken befeuert. Nein, der Staat ist nicht tot, wie seit Marx ökonomisch immer wieder unterstellt wird, vielmehr kommt er heute mit voller Macht wieder zurück; gerade der Neoliberalismus vertrat die Auffassung, der Staat müsse aktiv an der Organisation der Marktwirtschaft *mitwirken*, und was er durch eine Kaskade von Gesetzen und Regulierungen auch getan hat. Aber seine Macht ist eben nicht mehr eine des 19. Jahrhunderts, wo er, mit Hegel, noch substanziell war. Vielmehr nur noch als staatliche Hülse vorhanden, die einerseits dazu dient, die Finanz- und Informationsökonomie einen rechtlichen Rahmen zu geben. Anderseits aber – durch seinen Rückgang in den Grund – den Krieg (*polemos*) innerstaatlich (Bürgerkrieg) oder zwischenstaatlich und geopolitisch nach außen zu führen. Dies heißt dann aber auch, in solch ein *antagonistisch-polemische Verhältnis* (nicht das *indikative* und *spielerische* Verhältnis) nicht eintreten zu wollen bedeutet, einfach im unpolitischen Zustand des Privaten (griechisch: der *idiotis*) und Unpolitischen verbleiben;[14] und damit den Bürgerkrieg und Krieg unbewusst national wie international weiter zu befeuern, indem man sich etwa auf die ,absolute Wahrheit' oder moralisch auf das ,absolut Gute' liberal oder illiberal beruft.

Diese Ernsthaftigkeit des Politischen meint somit nicht bloß das ,agonale' Verhältnis zwischen Individuum und Gesellschaft, Singularität und Gleichheit, Einzigartigkeit und Allgemeinheit im Medium der Philosophie, Kunst, Literatur, Musik oder Fiktion. Die Welt ist kein Theater – auch kein schlechtes. Vielmehr von Anfang an der politische Ort eines antagonistisch-polemischen Verhältnisses, wo

---

[13] Agamben sieht hingegen den traditionellen Krieg (womit sich die „Polemologie" beschäftigt) durch den Bürgerkrieg („Stasiologie") ersetzt: „Unabhängig davon, wo man den Beginn dieser Entwicklung verorten will, muss man doch feststellen, dass der Kriegszustand im traditionellen Sinne heute fast vollständig verschwunden ist." (Agamben 2016, S. 12). Die Realität spricht freilich eine andere Sprache, wie wir es heute im Ukrainekrieg und damit im Konflikt zwischen Nato und Russland feststellen müssen; und ähnlich bahnt sich der vielleicht noch kommende Krieg zwischen USA (westliche Welt) und China (Russland) an; und ebenso der andere, noch radikalere Krieg zwischen *antimodernen Islamisten* und *Modernisten*.

[14] Agamben beschreibt dies am Beispiel der griechischen Polis: „Nicht am Bürgerkrieg teilzunehmen ist gleichbedeutend damit, aus der *polis* ausgestoßen und auf den *oikos* beschränkt zu werden, aus der Bürgerschaft auszutreten und auf den unpolitischen Zustand des Privaten zurückgeworfen zu sein. Das heißt selbstverständlich nicht, dass die Griechen den Bürgerkrieg als ein Gutes betrachteten: Dennoch fungiert die *stasis* wie ein Reagens, das unter extremen Bedingungen das politische Element kenntlich macht, wie eine Schwelle der Politisierung, die von sich aus die politische oder unpolitische Beschaffenheit eines gewissen Wesens bestimmt." (Agamben 2016, S. 28).

nämlich in der immanenten und transzendenten *Vermittlung* Vergangenheit, Gegenwart und Zukunft sich unendlich verdichten und darin *stasiologisch-hochexplosiv* auf die eigentliche ‚revolutionäre Chance' warten. Daher die Formulierung Benjamins aus den Geschichtsthesen: „Den Juden wurde die Zukunft aber darum doch nicht zur homogenen und leeren Zeit. Denn in ihr war jede Sekunde die kleine Pforte, durch die der Messias treten könnte."[15] Hier entfallen nämlich die Fiktionen von Geschichte, Kultur, Aufklärung, Wissenschaft, Recht, Denken oder Praxis, die im Kontinuum der Zeit (die Praktiken der Herrschaft, die sich in Vergangenheit, Gegenwart und Zukunft unendlich ausdehnen) *apolitisch* entspannt werden. Ein unpolitischer Ort, wo aber in Wirklichkeit der „Krieg im eigenen Haus" (*oikeios polemos*) stattfindet. Dergestalt, dass im intellektuellen oder ästhetisch-poietischen Spiel (Kunst und Philosophie) das ‚unbewohnbare Haus des Menschen' wieder theoretisch- fälschlich bewohnbar gemacht wird. Denn im intellektuellen Diskursraum oder im Raum der Kunst wird der genuine politische Ort einfach *spielerisch entspannt* und damit die *wirkliche Differenz* (als Praxis, Begriff oder Affekt) *nicht* mehr in den Raum der Polis überführt – der politische ‚Fehler' von Sokrates, der umgekehrt den Diskursraum in die Polis einbrachte –, wo eben die Götter und Gesetze herrschen. Insofern lag Schiller falsch, als er den Menschen nur dort sah, wo er spielte; das Spiel ist nämlich eine Hauptkategorie der Kapitale und A-Kapitale (Mensch und Menschheit in der Unfreiheit ihrer Monomythie und Polymythie), die darin so etwas wie eine Übung für den Krieg oder eine Vorkriegszeit darstellen – nicht umsonst hieß es einmal „Brot und Spiele". Repolitisierte Medien meinen somit den *stasiologischen Ort* der politischen Vermittlung, der freilich solange feindlich kontaminiert bleibt, bis er von einem Ort der *Feindschaft* zu einem Ort der *Freundschaft* umgewandelt worden ist. Denn im politischen Ort der ‚Vermittlung' ist das Medium von Anfang an in sich selbst ‚revolutionär' *verdreht*, um dabei auch idealistisch in den „heiligen Geist der ewigen Liebe" (Hegel) zu pervertieren: „Der heilige Geist ist die ewige Liebe. Wenn man sagt: ‚Gott ist die Liebe',

---

[15] Benjamin 1991a, S. 704). Ein hochverdichteter Punkt in der *Vermittlung* selbst, der freilich im Ausnahmezustand die *Regel* der ganzen Geschichte darstellt: „Die Tradition der Unterdrückten belehrt uns darüber, daß der ‚Ausnahmezustand', in dem wir leben, die Regel ist." (Ebd., S. 697). Dies übersehen heute sowohl die Liberalen (Habermas) als auch die Pseudoliberalen und Existenzialisten (die sich vor allem in der Coronakrise meldeten), die ihre Individualität gegen den Staat retten wollen. Entindividualisierung bedeutet aber immer auch Entpolitisierung, Enteignung des Individuellen wie des Allgemeinen. Die mediale *Mitte* tötet beide zugleich, weil sie bereits vom wahren „Feind" der Imperative konfisziert worden ist, um dabei noch die „Toten" in der Geschichte mitzuschleifen. Daher Benjamins Formulierung: „auch die Toten werden vor dem Feind, wenn er siegt, nicht sicher sein. Und dieser Feind hat zu siegen nicht aufgehört." (Ebd., S. 695).

so ist es sehr groß, wahrhaft gesagt; aber es wäre sinnlos, dies nur so einfach als einfache Bestimmung aufzufassen, ohne es zu analysieren, was die Liebe ist. Denn die Liebe ist ein Unterscheiden zweier, die doch füreinander schlechthin nicht unterschieden sind. (…) – und ich bin nur, indem ich Frieden in mir habe; habe ich diesen nicht, so bin ich der Widerspruch, der auseinandergeht – (…). Dies Anschauen, dies Fühlen, dies Wissen der Einheit, – das ist die Liebe."[16]

Wir müssen diesen Satz Hegels heute konkret aus der gesellschaftlichen und politischen Textur ablesen und neu reformulieren: ‚Dies Anschauen, dies Fühlen, dies Wissen der menschlich-göttlichen Einheit – das ist der Hass, der Bürgerkrieg, der Krieg im eigenen Haus einer universellen Feindschaft'. Die liberal-demokratische, marktradikale Entpolitisierung und Entindividualisierung (das Gesetz des singulären Allgemeine, das keine Achtung vor der Individualität und Singularität mehr kennt) erzeugt somit, durch Enteignung des Individuellen wie des Gemeinsamen, in sich selbst *ihr eigenes antagonistisch-polemisches Gegenprinzip*: das illiberal-autoritäre oder religiös-fundamentalistische. Wo die wirkliche Welt zu einem feindlichen Schauplatz der liberal-demokratisch-kapitalistischen Mittel verwandelt worden ist und die liberal-demokratisch-kapitalistischen Mittel wirklich geworden sind, geht die Potenz des Menschen (geistige wie praktische) in die Welt des feindseligen Netz- und Staatsbürgers über, um dort als eine *Welt an und für sich* zu erscheinen. In Gestalt dieser von den liberal-demokratischen Medien geordnete Welt, in der sich Ökonomie und Staat gegenseitig durchdringen, erlangt zwar die liberal-demokratische Welt den Status einer absoluten Souveränität über das gesellschaftliche Leben. Aber eben auch so, dass sie zugleich ihr eigenes, illiberal-autoritäres oder islamisch-fundamentalistisches Gegenprinzip produziert. Ein rearchaisiertes, in sich selbst gewendetes, gegen sich selbst arbeitendes Medium, das freilich als Waffe, in seiner zerstörerischen Kraft, im historischen Prozess nicht etwa gleich bleibt (als ewige Wiederkehr des Gleichen oder des Neuen). Auch stellt sein pervertiertes ‚Verkehrtsein' keine anthropologische Konstante oder ontologische Invariante dar. Das dynamische *Mittel* der ‚Vermittlung' droht vielmehr in Zeit und Raum zuletzt in der *Mitte* ganz zu „verdampfen" – wie bereits Marx den historischen Prozess für seine Zeit diagnostiziert hat; eine „Verdampfung", die er allerdings nur auf das „Ständische und Stehende" der bürgerlichen Welt bezogen hat, ohne zu merken, das seine *Praxis* selbst ontologisch und theologisch kontaminiert war; das Kapital als der ‚eine Gott dieser Welt', der von der A-Kapitale (Vielheit der Nationalgötter) rechtlich reguliert und rereguliert wird. Es ist der dynamische Medienprozess, wo sich Medien, auf ihrer jeweils erhöhten historischen Stufenleiter, immer weiter beschleunigen, um zuletzt auch

---

[16] Hegel 1969b, S. 221 f.

noch sich selbst aus dem ‚Verkehr' zu ziehen; und damit das „Unterscheiden zweier" (Einzigartigkeit und Gleichheit, Subjekt und Objekt, Individualität und Allgemeinheit, Immanenz und Transzendenz, Mensch und Gott) ganz zu beseitigen – wenn hier nicht vorher eine andere, *antithetische Kraft* eingreift, um das Medium in seiner pervertierten Praxis zu stoppen.

Waren einmal die Christen Fremdlinge auf Erden, weil sie wussten, dass ihre wahre Heimat im Himmel lag, so kennen die neuen Anhänger der Finanz-, Information-, Digital-, Design-, KI-, Medizin- oder Wissensreligion sowie der neuheidnischen Nationalreligionen – nun belehrt durch die liberalen Evangelien – nur noch den irdischen Ort der unendlichen Vernichtung: die Optimierung des Heilmittels als Optimierung des Giftmittels. Vergegenständlichte sich das Christentum in seinen Kirchen und Kathedralen, so die liberale, postindustrielle Finanz-, Design-, KI- und Datenwelt in ihren anwachsenden Bergen des Konsums, in ihren digitalen Finanz-, Informations- und Datenspeichern, in der Touristenindustrie, oder in der kaskadierenden Fülle von Verordnungen, Rechten und Gesetzen, die jene Bewirtschaftung der Welt permanent regulieren müssen. Wurde einmal der Mensch in der Religion vom semantischen *Machwerk seines eigenen Kopfes* und später, materialistisch, vom *Machwerk seiner eigenen Hand* beherrscht, so in der Pseudoreligion der Finanz-, Daten- und Rechtsmittelökonomie sowohl vom Machwerk seiner eigenen Hand als auch vom Machwerk seines eigenen Kopfes, das inzwischen auch zu einem *Machwerk seiner eigenen Künstlichen Intelligenz* wurde. Das vom Ballast des Mythos, der Metaphysik und Theologie scheinbar emanzipatorisch *gereinigte Medium* (das heute virtueller Handlungsraum, hypertextuelle Struktur, epistemische Eigenlogik, Existenz, Wissen, Information, Netzwerk, Operativität, Verschaltung, Übertragung, Referenz, Praxis, Denken, Kommunikation oder Kreativität heißt) fällt so wieder mit Mythos, Metaphysik, Ontologie und Theologie zusammen; die *Minimierung des metaphysischen Rauschens* im atheistischen Projekt des ‚Machers' (einer menschlichen, instrumentell-poietischen Intelligenz) und die *Maximierung des metaphysischen Rauschens in der theistischen Schöpfung* werden damit ununterscheidbar. Das heißt, ein *Relationales* hört hier auf relational zu sein und wird in der Mitte der Medien zur Sache selbst, zum *Absoluten* einer liberalen oder illiberalen Gewalt (*archē*).

In der neuen ‚Revolution' der Mittel haben wir es also mit einer instrumentell-poietischen Intelligenz zu tun, die sich in ihren *instabilen*, rhizomatisch-verzweigten Netzwerken *gleichgeschaltet* hat, um sich darin als ein *Absolutes* zu präsentieren; eine ökonomische und politische „Gleichschaltung", die einmal der Faschismus durchs „Radio" herstellte („das Maul des Führers"; Adorno/Horkheimer), sodass ihre volle Entfaltung erst heute, in der liberalen, digital-epistemisch-finanziellkulturellen und staatlich-rechtlich-regulierenden Welt sich ganz erfüllt hat. Denn ihr liberal-demokratisches Organisationsprinzip heißt in der neuen Finanz-, Daten- und Rechtsmittelökonomie: „Jeder Punkt eines Rhizoms kann (und muß) mit jedem anderen verbunden werden."[17] Damit beschreibt dieses „muss" exakt das Gebot der liberal-demokratisch-kapitalistischen Welt. Eine, die sowohl die lineare Einheit des Wissens (Geschichte), als auch die zyklische Einheit der „ewigen Wiederkehr" (Nietzsche) und die rhizomatische „Vielwurzeligkeit" (Deleuze) als den komplementären, kolonisierenden ‚Haushalt' der Mittel kennt. Der ewig umherirrende Nomade schließt sich in seinem Finanz-, Informations- und Daten- kosmos ein (zusammen mit seinen parastaatlichen Strukturen), während die an- dere, komplementäre Teil die genuin staatlichen Rechtsstrukturen sind, um so die Welt, in ihrer gesellschaftlich-kulturellen Bewirtschaftung, staatlich-rechtlich zu regulieren und zugleich gegen eine wirkliche Differenz ganz abzudichten.

Auch die neue, ‚literarisch-erzählerische' Umbesetzung der Ökonomie durch „Ökologie"[18] ändert dann kaum etwas an der ‚Medienökonomie des Opfers'; eine kollektive, von harten Widersprüchen durchzogene Medienökonomie der wechsel- seitigen Abhängigkeiten, wo nicht nur die ‚Ansprüche des Menschen', sondern auch seiner ‚Mitwelt' verzerrt und pervertiert vorliegen. Denn es gibt heute keinen ‚Menschen' und keine ‚Menschheit' jenseits des pseudotheologischen Kapital- und neuheidnischen Nationalmittels, jenseits der Kapital- und Nationalidentität. Sodass eine Ersetzung oder Erweiterung der *Politischen Ökonomie* durch eine *Poli- tische Ökologie* kaum eine Änderung des Mittels an seinem kolonialisierenden und imperativen Charakter zur Folge hätte. Deswegen kann es auch keinen ‚agoni- schen' Kampf zwischen „Staat" und „Nicht-Staat"[19] („Menschheit") mehr geben. Die Vermittlung zwischen Staat und Nicht-Staat ist daher kein *agonales*, sondern ein *antagonistisch-polemisches* Verhältnis, das in der Mitte der Medien den Krieg und den Bürgerkrieg als das eigentliche Feld der politischen Medien offenbart. Die

---

[17] Deleuze 2005, S. 16.

[18] Auch die ‚ökologischen Erzählungen' Bruno Latours verwechseln daher den Indikativ (ich erzähle euch im Lockdown eine Geschichte von den „Erdverhafteten", die sich als diejenigen erkennen, weil sie „alle im selben Boot sitzen") mit dem Imperativ: ‚Erzähle deine Lock- down-Geschichte!' Vgl. Latour 2021.

[19] Daher bleibt die einfache Entgegensetzung von Nicht-Staat und Staat abstrakt: „*Denn die kommende Politik ist nicht mehr der Kampf um die Eroberung oder Kontrolle des Staates, sondern der Kampf zwischen dem Staat und dem Nicht-Staat (der Menschheit); sie ist die unüberwindbare Teilung in beliebige Singularitäten und staatlicher Organisation.*" (Agam- ben 2003, S. 79).

alte Unterscheidung zwischen „Ökonomie und Politik"[20] ist daher in der postindustriellen Gesellschaft keineswegs verschwunden. Vielmehr weist sie auf die Komplementarität des vorstaatlichen (kulturell-gesellschaftlichen) und staatlichen (nationalen) Mittels hin, das aber darin auch das antagonistische, illiberal-autoritäre oder islamisch-fundamentalistische Gegenmittel produziert – inzwischen auch die geopolitischen Blöcke und Einflusssphären. Dies ändert allerdings nichts

---

[20] Diese scheinbare Friedfertigkeit der liberalen Mittel hat einmal Schmitt scharf erkannt, ohne allerdings das eigene, autoritär-politische Mittel selbst kontaminiert zu sehen: „Daß die wirtschaftlichen Gegensätze politisch geworden sind und der Begriff der ‚wirtschaftlichen Machtstellung' entstehen konnte, zeigt nur, daß von der Wirtschaft wie von jedem Sachgebiet aus der Punkt des Politischen erreicht werden kann. Unter diesem Eindruck ist das vielzitierte Wort Walter Rathenaus entstanden, daß heute nicht die Politik, sondern die Wirtschaft das Schicksal sei. Richtiger wäre zu sagen, daß nach wie vor die Politik das Schicksal bleibt und nur das eingetreten ist, daß die Wirtschaft ein Politikum und dadurch zum ‚Schicksal' wurde. Es war deshalb auch irrig zu glauben, eine mit Hilfe ökonomischer Überlegenheit errungene politische Position sei (wie Josef Schumpeter in seiner Soziologie des Imperialismus 1919 sagte) ‚essentiell unkriegerisch'. Essentiell unkriegerisch, und zwar aus der Essenz der liberalen Ideologie heraus, ist nur die Terminologie. Ein ökonomisch fundierter Imperialismus wird natürlich einen Zustand der Erde herbeiführen suchen, in welchem er seine wirtschaftlichen Machtmittel, wie Kreditsperre, Rohstoffsperre, Zerstörung der fremden Währung usw., ungehindert anwenden kann und mit ihnen auskommt. Er wird es als ‚außerökonomische Gewalt' betrachten, wenn ein Volk oder eine andere Menschengruppe sich der Wirkung dieser ‚friedlichen' Methoden zu entziehen sucht. Er wird auch schärfere, aber immer noch ‚wirtschaftliche' und daher (nach dieser Terminologie) unpolitische, essentiell friedliche Zwangsmittel gebrauchen, wie sie z. B. der Genfer Völkerbund (…) aufgezählt hat (…). Schließlich verfügt er noch über technische Mittel gewaltsamer physischer Tötung, über technisch vollkommene moderne Waffen, die mit einem Aufgebot von Kapital und Intelligenz so unerhört brauchbar gemacht worden sind, damit sie nötigenfalls auch wirklich gebraucht werden. Für die Anwendung solcher Mittel bildet sich allerdings ein neues, essentiell pazifistisches Vokabularium heraus, das den Krieg nicht mehr kennt, sondern nur noch Exekutionen, Sanktionen, Strafexpeditionen, Pazifizierungen, Schutz der Verträge, internationale Polizei, Maßnahmen zur Sicherung des Friedens. Der Gegner heißt nicht mehr Feind, aber dafür wird er als Friedensbrecher und Friedensstörer (…) gesetzt, und ein zur Wahrung oder Erweiterung ökonomischer Machtpositionen geführter Krieg muß mit einem Aufgebot von Propaganda zum ‚Kreuzzug' oder zum ‚letzten Krieg der Menschheit' gemacht werden." (Schmitt 1979, S. 76). Hinter dem „pazifistischen Vokabularium" versteckt sich eben die absolute liberale Gewalt – insofern hat Schmitt recht –, die in ihrer Totalität gegen die „Friedensbrecher" angeht, die ja das liberale Prinzip selbst in Frage stellen. Allerdings bleiben auch Schmitts' Begriffe noch in einer traditionellen Maschinen-metaphorik stecken und können daher weder das Wesen des Liberalismus (das ökonomisch-theologische und staatlich-mythische Mediendispositiv) noch des illiberalen Autoritarismus erklären, das ja mit dem *Prinzip der Feindschaft* (eine, die in Wirklichkeit eine äußere und innere, historisch-gesellschaftliche, mythische und theologische Figur ist) auch auf das *Prinzip der Freundschaft* hinweist.

am gemeinsamen Projekt des Fortschritts, des Wachstums, der Bewirtschaftung, der Verrechtlichung, der Innovation, der epistemischen, semantischen oder politischen Landnahme als Praktiken der Herrschaft. Denn das Mittel in solchen ‚Werten' (westliche oder östliche), als ‚Wahrheit' oder ‚Gutes' absolut festschreiben zu wollen, heißt auch, das *Mittel in seiner Mitte abtöten*, um es dann als liberales oder illiberales Kriegsmittel wieder auferstehen zu lassen.

So war auch der „Fehler der Philosophie von Aristoteles über Leibniz bis Hegel" nicht, „daß sie den Begriff der Differenz mit einer bloß begrifflichen Differenz verwechselte".[21] Vielmehr dass sie den Indikativ (Ist, Sein, Prozess, Geschehen, Praxis, Instabilität, Vielheit) an die Stelle des *archischen* Imperativs (‚Sei!') setzte und damit den ursprünglich-feindseligen Pol der „göttlichen"[22] und „mythischen" Gewalt" als einen der freiheitlichen oder revolutionären Praxis ausgab. Die viel gepriesene postindustrielle, informatisch-diversifizierte Finanz- und Netzstruktur, die zur Synchronisierung von intersubjektiv und kollaborativ besetzten Knotenpunkten im globalisierten Datenverkehr beiträgt, ist daher in Wirklichkeit das menschlich-göttliche Fangnetz eines Seinsollenden, das dem rhizomatisch-vernetzten Gesamtakteur immer mehr ökonomisch wie politisch an die Gurgel geht. Deswegen kann auch die „kapitalistische Religion" (Benjamin) nicht einfach als ein universelles Programm der „Abstraktion" oder als „abstrakter Raum" beschrieben werden, wo es dann nur noch darum geht, anthropologisch, den „konkreten Ort" (C. Türcke), oder den „lokalegoistischen" Ort wieder neu besetzen, und der angeblich in den „Ortsgeistern" (Sloterdijk) eine Entlastung vom „abstrakten Universalismus" bieten soll. Wir haben es hier vielmehr mit einer liberal-demokratischen Medienmaschine (die Monarchie des einen Kapitalmittels und die Polyarchie der rechtlichen Nationalmittel) zu tun, die in ihrem Innern ebenso die illiberal-autoritären oder altreligiösen Gegenkräfte mitproduziert. Es sind die *antagonistisch-polemischen Kräfte der Feindschaft*, die gerade aus dem abgedichteten ‚abstrakten Raum' und ‚konkreten Ort' der liberal-demokratischen Sphäre hervorgehen. Eine neomythische und pseudotheologische Abdichtung der Sollenhaftigkeit, wo heute der Mensch den Ort der *stasis* und des *polemos* bewohnt. Was dann der Mensch anthropologisch sei, lässt sich nicht mehr unmittelbar angeben; der heute ist ein entleerter Behälter, den man je nach Bedarf mit Propaganda, Angst, Hass und Feindbildern abfüllen kann, um ihn dann gegen einen äußeren wie inneren Feind links oder rechts zu positionieren. Ein ‚unheiliger Geist', der von den Gehirnen und Praktiken der Menschen ganz Besitz ergriffen hat, um dabei die universelle Kriegsmaschine immer weiter voran-

---

[21] Deleuze 2007, S. 46.
[22] Eine „göttliche Gewalt", die Benjamin von der „mythischen" unterschied und sie als messianische „Entsetzung" der „mythischen Rechtsgewalt" beschrieb (Benjamin 1991b, S. 202).

zutreiben. Eine totalitäre Kriegsmaschine, die inzwischen kaum noch Undichtheiten aufweist, sodass sie aus sich selbst alle *echte Differenz* aussortiert, um sie dann als Lüge, Feind oder als das absolut Böse auszusondern. Daher heute die umgekehrten Formulierungen wie „Medienkrieg" oder „westliche Welt" als ein „Lügenimperium", wo die liberal-demokratische ‚Wahrheit' als eine dogmatische Waffe beschrieben wird – deswegen sind die liberalen oder illiberalen *Dogmen* nicht bloß als *Ideologien* zu verstehen, die ja noch mit dem Unterschied zwischen Basis (Materie) und Überbau (Idee) operierten. Als eine ‚Religion *ohne* Religion' können sie nämlich universell verkünden, was nun das ‚absolut Gute' und ‚absolut Richtige' ist und sein soll, und sie können es dann auch medial in Bildern, Affekten, Schriften oder Tönen darstellen – und die anderen sind eben die ‚absolut Schlechten' und ‚Bösen', die nur noch ihre Lügen verbreiten.

Gegen diese liberale oder illiberale Beschlagnahme der Kategorien (Wahrheit, Gerechtigkeit, Gutes, Richtiges, Freiheit, Verbesserung, Toleranz etc.) hat sich eine wirkliche Kritik zu wenden. Denn in der bloßen *Unmittelbarkeit* können wir nicht wissen, was das absolut Gute und Wahre ist – jedenfalls nicht die eigene Nation, Kultur, Religion oder der eigene politische Block, die als metaphysische Totalitäten noch historisch-gesellschaftlich, ökonomisch und politisch zu *vermitteln* wären. Alle Kategorien und Medien sind somit nicht *rein*, sondern von Anfang an *kontaminiert*. Gerade deswegen produzieren sie ja auch von Anfang an mit dem Besten auch das Schlimmste, mit der Verbesserung die Verschlechterung, mit dem Richtigen das Falsche, mit der Freiheit die Unfreiheit, mit der Menschlichkeit die Unmenschlichkeit, mit der Freundschaft die Feindschaft, mit dem Frieden den Krieg. Insofern hat Friedlich Kittler anders recht als er in seinem technologischen Apriori noch meint: „Schon 1945, im halbverkohlten Schreibmaschinenprotokoll der letzten OKW-Lagen, hieß der Krieg der Vater aller Dinge: Er habe (sehr frei nach Heraklit) die meisten technischen Erfindungen gemacht." „Medien bestimmen unsere Lage, die (…) eine Beschreibung verdient. Lagen, große am Mittag und kleine am Abend, veranstaltete bekanntlich der deutsche Generalstab".[23]

Die Medien des Krieges und der Feindschaft gehören aber nicht zur technischen, anthropologischen oder ontologischen Grundausstattung des Menschen; sie sind keine technisch-ontologische Invarianten oder anthropologische Ausstattungen – ein Prinzip der „Feindschaft", das bei Schmitt noch als eine anthropologische Invariante fungiert. Vielmehr eine Form der vorstaatlichen Bewirtschaftung (Kapitalmittel) und staatlichen Verrechtlichung (Nationalmittel) der Welt. Technik als Mittel oder der „Wille zur Macht" sind als instrumentelle und affektive *Mittel* – die den *Zweck* selber konfisziert haben – eine Form des Ökonomischen und Politischen, die ihrerseits in

---

[23] Kittler 1986. S. 3 und 6.

eine archische Medienökonomie verwoben sind. In einem ‚Gesetz der Medienökonomie', das in seiner absoluten Herrschaft ebenso die Selbstzerspaltung des einen
Prinzips als antagonistisches Feind-Freund-Verhältnis meint. Medien als ‚Waffen'
bilden von Anfang an ein *polemisches Mediendispositiv*, wo sie die Wunde immer
wieder schlagen und zugleich schließen – anders hingegen die in Mythos um-
schlagende Dialektik Richard Wagners: „Nur eine Waffe taugt –/die Wunde schließt/
der Speer nur, der sie schlug" (*Parsifal*). Denn Medien in ihrer Arbeit stehen von Beginn an im Dienst der archischen ‚Generäle', die bis heute ihre Befehle erteilen. Der
Speer ist dann nicht nur der Archetyp aller Medien, als eine immerwährende Waffe im
Kreislauf der Ökonomie und der politischen Staatsformen. Vielmehr auch das ‚revolutionäre' Medium der Kapitale und A-Kapitale, das sich in Zeit und Raum unendlich
beschleunigt, dabei auch an *Gewalt immer mehr gewinnt*, um darin das historisch-gesellschaftliche und transzendente ‚Geheimnis der Medienökonomie' zu bilden. – Insofern hat Horkheimer recht, wenn er schreibt, „daß es im ernsten Sinne eigentlich gar
keine Geschichte gebe."[24] Weil diese „Geschichte" als eine des toxischen Mediums in
seiner modernen und zugleich archaischen Wirkung fehle, fehlt eben auch die Einsicht
in den Ursprung des Mediums, das sich in der dynamischen Geschichte als archischer
Grund behauptet. Ein *medienökonomisches Prinzip, das sich heute als liberal-demokratisches zerspaltet und in sich selbst die Feindschaft* einführt.

Die Ökonomie des Kapitalmittels (Monarchie) und staatlichen Rechtsmittels
(Polyarchie) ist somit ein unbewusster, instrumentell-poietischer Prozess der Ver-
wüstung der Welt. Vorangetrieben durch ein koloniales Denken und Handeln des
planetarisch-vernetzten Demiurgen, der in seinem *Bewirtschaftungsprojekt* ebenso
eine *ordnungspolitische* Komponente braucht, weil die Bewirtschaftung der Welt
ohne Ressourcensicherung, politische Außensteuerung und Verrechtlichung nicht
erfolgreich gestaltet werden kann. Nur wenn es gelänge, den Nicht-Staat (die Menschheit in ihrem pseudoreligiösen Kapitalmedium) und den Staat (die formale mythisch-
staatlich-politische Rechtsstruktur) als die *zwei Gesichter derselben Medienökonomie
der Feindschaft zu erkennen und sie außer Kraft zu setzen* bliebe noch Hoffnung. Eine
anarchische Hoffnung, die nicht einfach die Gesetzlosigkeit und das Chaos, sondern
das ‚Gesetz einer herrschaftslosen Welt' meint. Auch der Staat, der freilich immer an
den *Nicht-Staat* (Kultur, Zivilgesellschaft) zurückgekoppelt bleibt, muss dann nicht
unbedingt bedrücken, bedrohen, unterdrücken oder gar vernichten; er kann nämlich durch eine destituierende Kraft (die die konstituierte und konstituierende Gewalt

---

[24] Horkheimer 1981, S. 148. Er irrt allerdings, wenn er darin weiter schreibt: „Das, was da
mit den Menschen vor sich gehe, seien Angelegenheiten einer Tiergattung". Das Mittel in
seiner dynamischen Mitte kennt eben auch diese „Tierwelt" nicht mehr, weil es zuletzt mit
dem Menschen auch noch Tier, Natur und Gott ganz aus der Welt schafft.

außer Kraft setzt) auch Schutz, Entlastung und Halt geben. In diesem Fall verliert er aber seinen vormals kolonialen, imperialen, gewalttätigen Charakter und fungiert so nur noch als eine Service-Station der vorstaatlichen Menschheit, die ihren feindseligen Charakter verloren hat. Es ist der wahrhaft politische Ort des dekontaminierten Mediums, wo es alle seine Möglichkeiten des Bösen verbraucht hat und infolgedessen in seiner Tätigkeit nichts Böses mehr übrig bleibt, das hier noch ökonomisch, kulturell, staatlich, universal oder pluriversal begangen werden könnte.

4.3   Medien als Praktiken der Befreiung

Es gibt in der Tat etwas, das der Mensch heute *ist* und darin liberal-demokratisch, illiberal-autoritär oder islamisch-fundamentalistisch *sein soll*. Doch dieses Etwas, das *ist* und sein *soll*, ist auch etwas, das *nicht sein soll*: die archischen Praktiken der Herrschaft. Erst dieses *Nicht-sein-Sollen*, diese resistente politische Praxis befreit die Medien von den archischen Mächten, die sie beschlagnahmt haben. Die resistente Praxis meint daher den dekolonialisierenden, destituierenden, politischen Gegenbefehl, der den polemisch-antagonistischen Befehl als politischen Lärm abdreht – eine Gegentonalität, welche die Musik auch in ihren Zwölftönen (Schönberg) vergeblich gesucht hat; eben, weil diese resistente Tonalität im ernsthaften Feld des Politischen und nicht im spielerischen Feld der Ästhetik und der Kunst erklingt. Den politischen Lärm hören heißt, die enge Verflechtung von Natur- und Humangeschichte, von Mensch, Natur, Tier, Pflanzen und Kosmos als ein Miteinander unserer Geschichte und unserer Natur erkennen, erfahren und wahrnehmen. Die politische Gegentonalität zerstört die Grammatik der asozialen Sozialität, die Dehumanisierung und Denaturierung des Menschen. Die liberaldemokratische oder illiberal-autoritäre Welt verweigert nämlich in ihrem kolonialen Befehl ‚Mensch' und ‚Natur' als solche miteinander harmonisch zu existieren – insofern ist auch die musikalische Kategorie der „Harmonie" in Wahrheit eine politische, und erst dann eine ästhetische, nicht umgekehrt. Das kolonialisierende Denken und die kolonialisierende Praxis sind daher weder ‚aufklärerisch', noch sozial und human, vielmehr mit der Entsorgung von Mensch und ‚Natur' beschäftigt. Deswegen zielt der politische Gegenbefehl auf die Befreiung und Entsorgung dieser menschlichen und dinglichen Entsorgung. Eine dekolonialisierende Wende in der historischen, monotheistischen und polytheistischen Sphäre der Medialität selbst, die dem Diktat der monomedialen (Kapitale) und polymedialen (A-Kapitale) Moderne und Spätmoderne ein Ende setzt.

Dies ist der Grund dafür, warum dann auch das „postkoloniale Denken" in seiner abstrakten Unterscheidung von Modernität/Kolonialität (universale Welt) und Transmoderne/Dekolonialität (pluriversale Welt) zu kurz greift. Denn lokale Welten, regionale Naturmodelle und indigene Weltansichten bilden nicht die ‚helle Seite' zur „dunklen Seite der Moderne". Eben, weil auch sie, die gegen die helle Logik der Modernität/Kolonialität kämpft, in Wahrheit[25] selbst mit der Universalität kontaminiert ist: mit der egalitären universalen Idee des Humanen und der ‚Natur' – eine, die allerdings heute, und hier hat der postkoloniale Diskurs in der Tat recht, von der hegemonialen, westlichen Welt mit Füßen getreten wird. Medien als Praktiken der Befreiung meinen daher die Dekolonialisierung des Sozialen, Humanen und damit der ganzen ‚Natur', die von der instrumentell-poietischen Intelligenz des Menschen (Medium) vertrieben werden. Daher bedeutet Dekolonialisierung immer auch die Deökonomisierung, Entsetzung des national-staatlichen Unrechtsmittels, die Neutralisierung der kolonialen, liberal-demokratischen oder illiberal-autokratischen Politik. Medien als Praktiken der Befreiung begreifen heißt, immer auch die Dekolonialisierung von Mensch und ‚Natur' und damit des Mediums selbst betreiben. Damit reduziert sich die hochkomplexe Gesellschaft in der Mitte zuletzt auf einen einzigen, resistenten Ton (Medium), der alle gesellschaftliche, liberal-demokratische oder illiberal-autoritäre Tonalität (Totalität) als Kriegslärm beendet, um vom Ton (Medium) einen neuen, politisch-harmonischen, anarchischen Gebrauch zu machen.

Heute gilt es also nicht mehr die liberale, illiberale, ethnische, lokale oder islamische Fülle, sondern den Mangel des Mediums (unmittelbares oder vermitteltes) sich anzueignen. Es gilt die doppelte Last des biologischen und kulturellen, universellen und lokalen, horizontal-relationalen und vertikal-absoluten Mediums abzuwerfen und damit das Leben zu befreien. Dass auch die kulturelle Lebensform endet, wenn das biologische Leben nicht gesichert sei, heißt nämlich in der Zweiheit des Mediums auch, dass umgekehrt das biologische Leben endet, wenn die kulturelle Lebensform nicht gesichert ist – was wäre das bloße Leben ohne einen Begriff vom Menschen? Kulturelles und biologisches Leben zugleich singulär

---

[25] Vgl. Latour 1993. Gewiss, die Politik und Geopolitik der westlichen Welt, des Wissens, des Rechts, des Guten und Humanen, die für sich eine Universalität beansprucht und darüber entscheidet, was als universal gelten soll und was nicht, was modern und entwickelt und was archaisch sein soll, ist nicht mit der Idee des Universellen, Sozialen, Humanen und der ‚Natur' identisch. Vielmehr hat sie diese Idee in sich selbst verdreht und die ‚Universalität' des Kriminellen' national-staatlich *verrechtlicht*. Insofern sind die Kategorien der westlichen Welt nicht modern, sondern selbst zutiefst archaisch. Wenn die westliche Welt in ihrer Universalität eine monotheistische Struktur aufweist (eine Monarchie, worin der mythische Polytheismus aufgehoben ist), dann weisen die lokalen, metaphysischen Konfigurationen von Natur, Kultur und Ökonomie auf eine polytheistische Struktur auf, die auf die alte Machtteilung der Götter zurückweist. Daher verbleiben Monarchie (universale Welt) und Polyarchie (pluriversale Welt) im Rahmen des alten *archē*, der Herrschaft.

und allgemein denken meint daher, die Dialektik und Ununterscheidbarkeit der beiden Momente. Beide kommen nämlich in der Mitte zum Stehen. Aber dieser Stillstand (*stasis*) meint nicht mehr die Paradoxie und das *Spiel* in Philosophie und
Kunst (das ‚Werden als Sein‘), sondern den konkreten, politischen Ort der Feind-
schaft, der heute als Medientotalität liberal-demokratisch, illiberal-autokratisch,
lokal-pluriversal oder religiös-islamisch auftritt. Es ist die Verortung des Kriegs und
Bürgerkriegs im öffentlichen Raum des Politischen. Ein Ort der feindseligen
Singularität und Gemeinschaft, Individualität und Allgemeinheit, der als solches
Kriegsfeld zu neutralisieren und das Medium als Waffe zu deaktivieren wäre. Daher:
Nicht der hermeneutische Sinn oder bloß das koloniale Denken, sondern die ganzen
Praktiken der Herrschaft sowie der *Zustand der Welt* werden hier nur geringfügig
‚ver-rückt‘: von den *Praktiken der Herrschaft* hin zu den *Praktiken der Befreiung*; doch dadurch werden Mensch und Welt, Singularität und Gemeinschaft
anders, *ohne Herrschaft* und *Gewalt* anders. Womit hier zu brechen wäre, ist also
einmal mehr das ‚Gesetz‘ der Medienökonomie als Kriegsökonomie, das Gesetz
des Eigenen, des *oikos*, des kolonialen Eigentums, das noch Marx als ein gesellschaftliches „Gemeinschaftseigentum“[26] zu bewahren suchte. Denn wenn heute
die neuen Netz- und Staatsbürger in ihrer ontologischen Finanz-, Sozial-, Wahr-
nehmungs-, Design-, Trieb-, Daten- und Staatsökonomie sich feindselig gegenüber
verhalten, dann nicht nur, weil sie Dinge und Undinge konsumieren und produzieren, die selbst voll mit Aggressivität affektiv aufgeladen sind. Sondern auch deswegen, weil sie glauben, über Mensch, Ding und Natur Eigentumsrechte zu besitzen, sodass sie die *soziale und ‚natürliche‘ Beziehung* als eine asymmetrische
Freundschaftsbeziehung zum Anderen (jenseits der Figur des sozialen Kreises,
die für alle Ökonomie wesentlich ist) verweigern. Eine Verweigerung, die gerade
aus dem liberal-demokratischen oder illiberal-autokratischen Besitzanspruch
und damit aus der Beschlagnahme der *Beziehung* resultiert. Etwas, dass dann not-

---

[26] „Was den Kommunismus auszeichnet, ist nicht die Abschaffung des Eigentums überhaupt,
sondern die Abschaffung des bürgerlichen Eigentums. (…) Wenn das Kapital in gemeinschaftliches, allen Mitgliedern der Gesellschaft angehöriges Eigentum verwandelt wird, so
verwandelt sich nicht persönliches Eigentum in gesellschaftliches. Nur der gesellschaftliche
Charakter des Eigentums verwandelt sich. Es verliert seinen Klassencharakter.“ (Marx und
Engels 1966, S. 70 f.). Die Überführung des Privateigentums in ein Gemeinschaftseigentum
hat aber das ‚Gesetz der Ökonomie‘ (das auch die Denk- und Arbeitsökonomie kennt)
keineswegs geändert, vielmehr nur von einem Ort (Privateigentum) zum anderen (Gemeineigentum) hin verschoben, ohne dabei den monarchisch-regierenden ‚Haushalt‘ des *oikono-
mos* und *despotēs* als des Eigentümers und Herrschers anzutasten. Insofern sind Ökonomie
und Politik Epiphänomene; sie sind nämlich selbst noch einmal durch eine Geschichte der
Medien als praktische und theoretische *organa* (Mittel) der Herrschaft vermittelt.

wendig den äußeren und inneren Feind produzieren muss, und der wiederum seinerseits den Alltag des liberalen oder illiberalen Bürgers strukturiert. Die Gewalt der Medien ist also deshalb so zerstörerisch, weil in der vermittelnden *Mitte* die Möglichkeit der Entsozialisierung, Denaturierung, Dehumanisierung und Feindbildung eine Grundbedingung der Medien darstellt – auch der postmoderne, scheinbar anti-hierarchische Umstieg von der *Substanz* (Parmenides) auf die *Relation* hat hier nicht nur die ‚Substanz *in* der Relation' aufgelöst, sondern darin auch die Herrschaft der ursprünglichen Mächte auf der erhöhten historischen Stufenleiter bestätigt. Es ist die monarchische und polyarchische Macht, die von Beginn an verhindert, dass das kulturelle ‚Haus' seinen feindseligen Charakter verliert und wir seinen archaischen Eigentümer endlich los werden. Auch Utopie oder Imaginäres sind dann nicht bloß vergebliche Versuche, die symbolische Ordnung, das ‚Gesetz des Vaters' zu umgehen, wie Derrida noch meinte. Vielmehr sind sie selbst in der verkehrten Utopie, im verkehrten Imaginären des Kapital- und Nationalmittels selbst eingeschrieben; die Kryptotheologie des Mediums ist daher in Wirklichkeit eine des Kapitalmittels (der mystische Grund der Autorität), das durch das mythisch-staatliche Rechtsmittel stabilisiert wird. Daher gibt es keine Freundschaft im Haus der Kapitale (das globale Un-Zuhause als privates Zuhause) und A-Kapitale (die vielfalt der Häuser der Herrschaft, wo das Blut, der Boden, der Autochthone, der Bruder, die Schwester, der Patriot, der Demokrat, der Autoritarist, der Faschist oder der Islamist sich befinden), sondern nur eine Feindschaft, die erst durch den Gegenbefehl beendet wird. In eine Freundschaft der fremden Polis-Freunde, die ihrerseits das kosmische Haus meint, wo das Allerfernste zum Allernächsten wird. Diese ‚Gastfreundschaft', diese *philia* und *agápe* sind dann nicht etwas, was es nicht gibt, vielmehr etwas, das man als Idee eines wahrhaft Humanen nie besitzen und daher niemals Privat- oder Gemeineigentum werden kann – daher entfällt auch die Frage nach dem Eigentum des Meeres, der Luft oder der Flüsse. Gegen die allgemeine Feindökonomie, gegen Krieg und Bürgerkrieg angehen heißt daher, im inhumanen Kosmos wieder die versöhnende Motivation der *philia*, des *eros* und der *agápe* einführen: Eine denkende und handelnde Revolution als Gegenbefehl, der im feindseligen Medium selbst die Handbremse zieht, um es auf die ‚Idee der Menschheit' neu auszurichten. Auch *philia* (Freundschaft) ist nämlich nicht, wie Aristoteles meint, allein für „wenige"[27] reserviert, ein rarer und exklusiver Affekt. Vielmehr

---

[27] „Befreundet im Sinne der vollkommenen Freundschaft kann man nicht mit vielen sein, sowenig man gleichzeitig in viele verliebt sein kann. Denn solche Freundschaft hat etwas vom Übermaß an sich, und das Übermaß der Neigung ist seiner Natur nach auf einen gerichtet." (Aristoteles 1985, IX, 1171a (übers. vom Verf.).

universell und unterschiedslos auf jeden gerichtet, der den eigenen Weg kreuzt – deswegen müssen hier auch alle Pluriversalitäten, Lokalgeschichten und Dekolonisierungserzählungen scheitern, die sich in ihrer relationalen Ontologie selbst genügen wollen. Wenn nämlich *philia* nicht ohne „Achtung vor der Singularität" und ohne eine „Gemeinschaft der Freunde" auskommen kann, wie Derrida meint. Dann ist Freundschaft sowohl auf den „einen" als auch auf „alle" im Universum gerichtet, sodass hier das Medium nicht lokal-polytheistisch-völkisch oder kolonial-monotheistisch-universell verseucht auftreten kann. Deswegen liegt die wirkliche *soziale Beziehung* immer in *Verbindung* mit etwas (die Idee der Menschheit als ihr wahrhaft humaner Kern; die Menschheit des Menschen, der den Menschen einwohnende, anarchische, unantastbare Gott), das man sich individuell und kollektiv *nie aneignen* kann. Ein asymmetrisches Medium, das sich auf ein *anökonomisches* und *dekolonialisierendes Verhältnis der Gabe* ohne Rückkehr zum Gebenden bezieht, ohne dass die Relation wieder Gegenstand des Besitzes (lokal oder universell) und der Aneignung werden kann. Es sind asymmetrische Praktiken der politischen Befreiung und Heilung, die als eine humanisierende Tätigkeit des Menschen auftreten, um sogleich im ‚Nichts der Idee der Menschheit' wieder zu vergehen – etwas, das einmal in der jüdischen Lehre theologisch formuliert wurde, wonach die Engel jeden Augenblick entstehen, um im Nichts zu vergehen, sobald sie ihr Lied vor Gott gesungen haben. Ein dekolonisierendes und heilendes Medium als ‚Medien-Gabe', die als solche der Spur des *Allerfernsten im Allernächsten* folgt, während sie dabei zugleich *empfängt* und so im Gravitationsfeld des humanen Kerns verbleibt. Solche Medien sind herrschaftslos, anarchisch, ohne Investition, ohne Perspektive auf eine Rückkehr zum Gebenden. Es sind Medien, die zum höchsten Opfer bereit sind, nämlich zur Opferung des Gesetzes des *oikos* und des Eigenen, um der Spur des Humanen zu folgen. Ein anarchisches Denken und Handeln, das außerhalb der wechselseitigen Anerkennung (die zyklische Figur im ökonomischen Prozess) geschieht, aber in der Mitte auch eine *Verbindung* mit etwas hält (die *unantastbare* Idee des Menschen und der Menschheit), das man sich nie aneignen kann und daher niemals Eigentum des Menschen oder der Menschheit (heute in ihrem Kapital- und Nationalbegriff) werden kann.

Nun wird klar, dass man diese anarchische Medienpraxis als *Gabe*, die immer zugleich ein *asymmetrisches Empfangen* ist, nicht mit dem banalen Hinweis auf eine antiutilitaristische Gabe („Gefühlswert"; Mauss) oder auf eine „Soziologie der *agápe*"[28] zurückführen kann. Diese Gabe gehört nämlich weder zur laizistischen Sphäre der Soziologie, welche die Beziehungen zwischen den Menschen regelt (in Wahrheit von einer Finanz-, Informations- und Rechtsmittelökonomie

---

[28] Vgl. Boltanski 1990.

geregelt wird), noch zu einer übernatürlichen, erhabenen und göttlichen Sphäre; denn beide sind ja bereits von den Imperativen eines Seinsollenden konfisziert worden. Womit die *anarchische Gabe* als eine zugleich der *Empfängnis* (die Idee als Kern des Humanen) bricht, ist vielmehr das ‚Gesetz der immanent-transzendenten Medienökonomie als Feindökonomie‘, das Gesetz des *oikos*, des individuellen und kollektiven Eigenen, um ohne *archē* und ohne Perspektive auf Wiedergewinn des Eigenen der Spur des Allerfernsten im Allernächsten zu folgen. Eine ‚Medienökonomie des Opfers‘, die das imperative Gesetz (der Linearität, Zirkularität, Rhizomatik, Dialektik oder Dekonstruktion) außer Kraft setzt, um der Gabe ihre unkontaminierte, unverdorbene Reinheit wiederzugeben. Solch eine *An-Ökonomie* der Mittel heißt daher nicht einfach, von der traditionellen „Ökonomie" in die neue „Ökologie" (Latour) hinüberzuwechseln – weil letztere angeblich das *Innere* des ökonomischen *Außen* bildet. Vielmehr alle Mittel als ‚Gesetz der Feindökonomie‘ *unwirksam* machen. Wenn nämlich die Feindseligkeit aller gegen alle zum universellen wie lokalen Geschäftsmodell und Gemeinschaftsgefühl geworden ist. Dann gilt es die universelle und lokale ‚Gemeinschaft der Feinde‘ zu einer ‚Gemeinschaft der Freunde‘ umzuwandeln. Medien enthalten daher auch eine andere, freundschaftliche Möglichkeit, die im Gegenbefehl gegen die erste, kontaminierte gewendet werden kann.

Medien als resistente Praktiken der Befreiung meinen somit die *politisch-antithetische Gewalt*, die gegen die *thetische Gewalt* der alten Imperative archisch (als Gegengewalt des Widerstands) und zugleich anarchisch (herrschaftslos) angeht. Gewalt ist nämlich nur dadurch politisch legitimiert, als sie einzig dafür angewandt wird, um jene *thetische Gewalt der Imperative* außer Kraft zu setzen, um Gewalt, Feindschaft und Krieg zu beenden. Denn letztere sind ja nichts anderes als die gegebene, herrschende Gewalt, die heute im Nicht-Staat (der Kapitalbegriff als ‚göttliche Gewalt‘) und Staat (‚mythische Gewalt‘) als ein begrenztes und unbegrenztes Gesetz gilt, darin sich freilich auch *human, freundlich* und *gewaltlos ausgibt*. Das Leben hat daher nur noch dadurch einen absoluten, ‚unantastbaren Wert‘, als es gelingt, den verabsolutierten ‚Wert‘ (rationaler Wert wie sensitiver Gefühlswert) der Finanz-, Ausstellungs-, Informations-, Rauschs-, Affekt- und Rechtsmittelökonomie *unwirksam* zu machen. Als es den Preis dafür zahlt und dadurch *anders wert* ist als das bloße biologisch-physisch-unmittelbare und kulturell-ökonomisch-vermittelte Leben. Nur dadurch, dass das resistente Mittel das Gesetz des *oikos* (des Eigenen) bricht, so um das Leben trauert, wird es zu dem, was es *ohne* Macht, Gewalt und Herrschaft anders wäre. Das Leben ist sakral (darauf weist auch die Formulierung „die Würde des Menschen ist *unantastbar*" hin; auf den Begriff des *Unantastbaren* kommt es hier vor allem an), heilig unendlich achtungswürdig (Kant). Einzig im Namen dessen, was in ihm *anders wert* als es in seiner biologischen

Natürlichkeit und historischen Prägung bloß ist. Der Preis des menschlich Lebendigen, der Preis dessen, was geborgen, heilig, sakral, gesund, heil, unantastbar, immun ist und darin seinen absoluten Preis hat, ist etwas, das erst durch die *Entwertung* des absoluten Preises (das verabsolutierte Medium im Nicht-Staat und Staat) entsteht. Dieser Preis hat dann keinen Preis mehr. Er entspricht vielmehr der „Würdigkeit" Kants, der Würdigkeit des Selbstzwecks, des absoluten Werts, jenseits des pseudo-theologischen Markt- oder Monopolpreises und jenseits des staatlich-mythischen Nationalpreises. Es ist die *dekolonialisierende, anökonomische* Idee des Mediums selbst, das Halt vor dem macht, was gesund, geborgen, heil und unberührt bleiben muss. Damit ist das Medium in seiner *Mitte* zuletzt nichts anderes als die „Liebe", die als eine *an-archische* Gravitationswelle von keiner Mauer des pseudotheologischen Kapitalmittels, des neumythischen Nationalmittels, oder des Lokalmittels aufgehalten werden kann – insofern hat Paulus recht: „Nun aber bleibt Glaube, Hoffnung, Liebe, diese drei; aber die Liebe ist die größte unter ihnen." (Kor. 13,13). Liebe, Gerechtigkeit, Gutes, Soziales und Freundschaft als wahrhaft humane Beziehungen im inhumanen Allgemeinen politisch erfahren heißt daher, dass man Person und Welt von einer anderen als der *verkehrten* (von der *dia-bolē* und *kata-strophē*) Zweiheit der Feindökonomie aus erfahren muss: jenseits der „Rache des Einen"[29] (die Monarchie des universellen Kapitalmittels) und des „Vielen" (die Polyarchie des staatlichen National- oder Lokalmittels).

Im Raum des politischen *Ernstes* – nicht im *spielerischen* Raum der Kunst oder der Philosophie – liegt somit der konkrete, *stasiologische* (die nach innen gerichtete Feindschaft als Bürgerkrieg) und *polemische* (nach außen als zwischenstaatlicher Krieg) Ort der Menschheit begraben. Auch der „Teufel" hat dann nicht, wie die christlichen Evangelien noch eschatologisch unterstellen, „wenig Zeit". Vielmehr weisen die zunehmenden ‚Krisen der Welt' (worin die Eschatologie im Projekt der instrumentell-poietischen Intelligenz säkularisiert wurde) darauf hin, dass hier sowohl Mensch als auch ‚Natur' und Gott (der einmal als Transzendenz eine jenseitige Heimat versprach) *selbst wenig Zeit haben* – sofern hier nämlich die politische Aktion ausbleibt, die dieses glorreiche, menschlich-göttliche Machwerk außer Kraft setzen könnte. Denn wer wäre hier das Subjekt, das, nach der absoluten Vernichtung, noch von einem Menschen, einem Gott oder einer Natur berichten könnte? Die materielle und revolutionäre Dynamik der Produktivkräfte (Marx) sollte jedenfalls

---

[29] Vgl. Badiou 2011. Die Ontologie des Kapitalmittels meint daher nicht bloß die „kapitalistische Logik", und auch nicht, wie Badiou meint, den Ausweg aus dem Nihilismus über die „vier" möglichen Zugangsweisen als Formen der Wahrheit: „künstlerische Anschauung, mathematischer Beweis, politische Tat und leidenschaftliche Liebe". Denn alle diese ‚Medien' sind in der *einen* monarchischen und polyarchischen Medienökonomie aufgehoben.

eine sein, in der das Medium in seiner *Zweiheit* (Individuum und Gesellschaft, Immanenz und Transzendenz, Atheismus und Theismus) zuletzt sich selbst dynamisch auch verschlingt. Öffnung zum Anderen, zur ‚Natur‘, zur Liebe, Gerechtigkeit, zum Kosmos und Freundschaft heißt hingegen: die Verkehrung des Mediums durch eine *gegenthetische Gewalt* deaktivieren, die Verkettung der Gewaltakte unterbrechen, das Medium so in sich selbst wenden und dabei das soziale und kosmische Band des „ewigen Lebens“[30] neu knüpfen. Es geht also auch um unsere Selbstbegegnung in der dekontaminierten *Mitte* der Medien, die darin als neue Beziehung immer auch die Praktiken der Befreiung als ‚absolute Asymmetrie‘ meint. Es ist der Preis einer Menschheits-Immunisierung gegen sich selbst, weil die ‚Menschheit‘ als ein produzierendes und konsumierendes Medium sich selbst ständig „verrät“.[31]

Die alte philosophische Frage, „warum ist überhaupt etwas und nicht vielmehr nichts?“ aktualisiert sich heute und spitzt sich in der Frage zu: Warum ist es nicht möglich, dies durch das Machwerk des Menschen (das sich inzwischen informatisch durch eine Algorithmus- und KI-ökonomie selbst transzendiert hat) produzierte *inhumane Etwas* in ein *humanes Etwas* umzuwandeln? Warum muss die Welt ökonomisch-politisch, unipolar oder multipolar inhuman immer mehr verdichtet und abgedichtet werden, statt dass sie entspannt und humanisiert wird? Warum muss das *Wachstum* der Medien in der *Mitte* immer weiter in Richtung Katastrophalität verlaufen, dabei die unendlichen ‚Krisen des Patienten‘ (Mensch, Natur, Tier, Mitwelt) produzieren, anstatt das *Wachstum der sozialen Bänder und des Humanen* zu betreiben? Stellt sich die Frage des Menschen heute nicht als ein negativ-apokalyptisches Weltende dar, als ein durch Menschenhand (oder durch seine KI) bewirktes, sodass hier nicht einmal mehr jene positiv-apokalyptische

---

[30] Vgl. Badiou 2021. Für Badiou gibt es das „wahre Leben“ nicht als eine ‚historische‘, sondern nur als eine ‚unendliche Ausnahme‘. Das ‚wahre Leben‘ bedeutet für ihn, wertvoller Teil eines Körpers und eines Subjekts des Überschusses zu sein, und dadurch Anteil an der „ewigen Wahrheit“ zu haben. Wenn aber die endliche, historisch-ontische und die unendliche, ontotheologische Ausnahme nur Teile der *einen* Medienökonomie sind. Dann gilt es diese zu deaktivieren und unwirksam zu machen, damit das Leben als versöhntes und ‚ewiges‘ (*zōē aiōnios*) wirklich leben und die Liebe als *Mitte* der Medien sich unendlich entfalten kann.

[31] Insofern greift Benjamins Unterscheidung von „Technik“ und „Menschheit“ ein wenig zu kurz. Wenn er etwa die „Technik“ im ersten Weltkrieg beschreibt, um sie von der „Menschheit“ abzusetzen: „Weil aber die Profitgier der herrschenden Klasse an ihr ihren Willen zu büßen gedachte, hat die Technik die Menschheit verraten und das Brautlager in ein Blutmeer verwandelt.“ (Benjamin 1991c, S. 147). Nicht die „Technik“ hat die „Menschheit“ verraten, sondern die ‚Menschheit sich selbst‘. Eine, die heute in ihrem pseudotheologischen Kapitalmittel (Finanz-, Informations-, Daten-, Affektökonomie) sowie in ihrem neomythischen Nationalmittel (staatliche Rechtsmittelökonomie) verschwindet.

Sinnerfüllung der Theologie übrig bleibt? Ist das Problem der theologischen Apokalypse nicht längst ein anderes geworden, wenn nämlich der Weltuntergang kein semantisch-fiktionales Programm, vielmehr ein vom Menschenarm und Menschenkopf (einschließlich der Künstlichen Intelligenz) gemachter sein wird? – wenn es uns nämlich nicht rechtzeitig gelingt, uns selbst in den von uns geführten Arm zu fallen. Warum kann das Medium des Unrechts, des Bösen, des Krieges und der *Feindschaft* nicht zu einem Medium des Friedens, der Gerechtigkeit, des Glücks, der Liebe und *Freundschaft* umgewandelt werden? – Das sind heute die schlichten Fragen, die vom ‚Macher' und ‚Schöpfer' dieser Welt (die instrumentell-poietischen Intelligenz) politisch noch zu beantworten wären.

4.4   Schluss

Wir fassen zusammen: Alle Fragen nach dem, was Medien *sind*, die vormals eine Medientheorie, Medienwissenschaft oder Medienphilosophie stellten, müssen verschwinden, weil sie sich in der *Mitte* in Feindschaft, Krieg, Unfreiheit und Unrecht der glorreichen Demokratie oder Autokratie verkehrt haben. Ebenso die Fragen nach ihrem temporären „Wann" (‚wann sind Medien') und performativen Geschehen. Und ebenso die Fragen nach ihren historisch-kontingenten Bedingungen als eine angeblich nie ans Ende gelangte Erforschung des Medialen. Medien *sind* nicht dies oder jenes, oder befinden sich bloß in einem ständigen Prozess, sondern sie *müssen* und *sollen* von Anfang an (*en archē*). Dieses *Müssen* und *Sollen* bestimmt von Beginn an ihre ‚vermittelnde Mitte', die im Dienst der Imperative steht. Heute: des säkularisierten Kapitalgottes und der säkularisierten Nationalgötter. Sie übernehmen nun die Vergesellschaftung, die einmal der Gott der Theologie und die Götter der Mythologie leisteten, ohne mit ihnen identisch zu sein. Denn das pseudotheologische Kapitalmittel und das neoheidnische Nationalmittel sind weniger um unser eigenes Seelenheil oder um unser Leben besorgt, vielmehr inzwischen mit der Entsorgung von uns und mit der Welt beschäftigt. Nicht das gute Ende der wahren, himmlischen Heimat, sondern die Mitte der prozessierenden Medien ist schon das gute Ende als ein ständiger Optimierungsprozess, wo „alles Stehende verdampft" (Marx): das Mittel soll unablässig weitergehen, als Mittel weiterwirken und eskalieren, wenn es dabei als Medium bleiben soll. Damit fungiert auch der Mensch selbst als Mittel und Zweck zugleich und steht dabei immer im Gebot: ‚Wirke!', ‚Sei!' Er hat sich damit in der medialen *Mitte* – über die psychologische Bedeutung des Begriffs hinaus – mit dem „Angreifer", nämlich mit dem Kapitalgott und den Nationalgöttern „identifiziert". Es ist das, was Hegel mit dem Begriff der „Vermittlung" zu fassen versucht. Die Vermittlung ist bei ihm das Absolute, der Weltgeist, der säkularisierte Gott. Etwas, das die gesamte Sphäre der Natur- und Kulturphänomene durchläuft und dabei im säkularisierten Gott zu sich selbst kommt. Marx, der das Ganze auf die Füße stellt, beschreibt dann nur die andere, praktische Seite des Mediums, indem er das *göttliche Wirken* im *menschlichen Wirken* auflöst (in der wirklichen Bewegung) und darin auch noch eine Revolution erwartet, die den „jetzigen Zustand aufhebt". „Interpretation" und „Veränderung der Welt" stellen aber nur die zwei Seiten der *einen* immanenten Medienökonomie dar (als Theorie und Praxis), die darin immer auch ontologisch, theologisch und mythisch signiert ist.

In seiner Bewegung steht somit das Medium immer im Befehl eines Seinsollenden, der die Unfreiheit und Herrschaft des Monomythos und der Polymythie beschreibt. Es steht im Dienste der Imperative. Mit ihrer ganzen Kraft des Normativen fordern die imperativen Mächte dazu auf, die Vermittlung, die Relation, das *Bezogensein auf sie* als das wahre Sein, als die liberal-demokratisch-kapitalistische Welt selbst in ihrer Totalität anzunehmen. Diese *Bewegung*, die in ihrer Wahrheit, Rationalität und Güte „alles Ständische und Stehende verdampft" und „alles Heilige" entweiht, ist aber auch diejenige resakralisierte Sphäre, die in ihrer liberal-demokratisch-kapitalistischen Totalität auch den Widerstand des ‚Irrationalen' erzeugt, das wie der Schatten das Licht bekleidet. Damit ruft sie jene *antagonistisch-polemische Gegenbewegung* (illiberal-autokratische, nationalistisch-faschistische oder religiös-islamistische) hervor, die – als Selbstzerspaltung des einen Prinzips – ihrerseits der liberal-demokratisch-kapitalistischen Welt den Krieg erklärt. Insofern ist auch der liberal-demokratische Kapitalismus (als monarchische Kapitale und polyarchische A-Kapitale) geradezu durch die Erfahrung definiert, dass er ein pseudosakrales Fundament besitzt. Nur deshalb klammert er sich heute nur um so heftiger an seinen metaphysischen Begriffen (westliche Welt, Freiheit, Demokratie, Menschenrechte, Nato etc.). Sein Prototyp ist das christliche Unfehlbarkeitsdogma: Der Papst, die transzendente Herrschaft des liberal-demokratischen Kapitalismus kann nicht irren, wenn er *ex cathedra* spricht, d. h. Dogmen verkündet, die alle menschliche und übermenschliche Praxis (als ein menschliches göttliches Wirken) kultisch bestimmen – daher geht es hier nicht nur um die Erzählung (Narration) der liberalen Evangelien, sondern darin auch um die kultische Begehung (der liturgisch-zeremonielle und akklamatorische Aspekt der Macht). Der Unterschied an der neuen, säkularisierten Pseudoreligion (als Monomythie oder Polymythie, sei sie nun liberal oder autoritär verfasst) ist allerdings, dass die durch diese neue Schöpfung der „eingerichteten Dinge" (*creatio*) nicht wieder durch ein zweites Element (in der doppelten Maschine von „Herrschaft" und „Regierung") ewig erhalten (*conservatio*) werden – das war einmal das theologische Programm der alten Schöpfung. Denn in der *Mitte* der Medien findet in der neuen Theologie und Mythologie auch eine exponentielle Einrichtung der Dinge statt, die darin das immanente und transzendente Medium (Mensch, Ding, Gott, Götter) durch die dynamische Beschleunigung selbst zu verbrennen droht. Gerade die hochdynamisierte, rhizomatisch-bewegliche *Mitte* der Medien (wie wir sie hier integral verstehen) weicht also nicht bloß alles „Ständische und Stehende" auf, wie Marx noch dachte. Vielmehr erweist sie sich, in der Verabsolutierung des Medialen, auch als eine zutiefst *verhärtete Form*, die Beziehung als eine feindliche Beziehung, wie wir sie heute in den liberal-demokratisch-kapitalistischen oder illiberal-autoritär-kapitalistischen Gesellschaften erfahren. Nur deswegen kann sie dann in sich selber stasiologisch sowie nach außen antagonistisch-polemisch auftreten. Als abgeschlossene Welten und Totalitäten klammern sie sich nämlich an das, was sich in ihrer Mitte ontologisch, theologisch und mythisch bereits verhärtet hat, um dies dann als etwas Höheres, moralisch Gutes, Wahres, Gerechtes und Schönes narzisstisch zu beschwören; sei es als Demokratie, Autokratie oder Theokratie. Die Moderne hat somit sowohl einen modernen als auch einen dezidiert archaisch-fundamentalistischen Zug, der heute in der Monarchie der Kapitale und in der Polyarchie der A-Kapitale manifest wird. Es ist die Zwangsjacke einer allumfassenden Identität, die sich heute als polizeiliche und militärische Uniform im Bürgerkrieg (*stasis*) und Krieg (*polemos*) der liberal-demokratisch- oder illiberal-autoritär-kapitalistischen Systeme äußerst.

Die mediale Mitte hat sich somit historisch-gesellschaftlich immer weiter dynamisiert, sodass sie nicht einmal mehr, dialektisch, die mythische Wiederholung des Immergleichen oder Neuen als eine immer wiederkehrende Gewalt meint und sich dabei Geschichte nennt. Denn auch Gewalt bleibt ja nicht immer gleich. Die spezifische Gewalt der säkularisierten Mittel (die in der Epoche der Neuzeit und Moderne am Werk sind und die gesamte Gesellschaft immer mehr durchdringen) ist durchaus nicht umstandslos von der gleichen Art wie die Gewalt des Mythos oder der Vormoderne. Vielmehr ein modernes und hypermodernes ‚Gesetz der Not', das durch die Dynamik der Mittel exponentiell wächst. Ein säkularisiertes ‚Gesetz der Medienökonomie', das in der Moderne als ‚Gesetz der industriellen kapitalistischen Gesellschaft' und heute als ‚Gesetz der Finanz-, Design-, Informations- und staatlichen Rechtsmittelökonomie' wirksam ist. Damit fallen auch ‚Tauschabstraktion' und ‚Denkabstraktion', obwohl beide verschieden, in der einen integralen Medienökonomie zusammen, wo das ‚Machwerk des denkenden Menschen' mit dem ‚Machwerk seiner ökonomischen Hand' in der instrumentell-poetischen und künstlichen Intelligenz koinzidieren.

Die vormalige Utopie (einer den Mythos vernichtende und angeblich „anarchische Revolution") sollte somit in Wirklichkeit nur die ‚Revolution des Kapitalmediums' sein (der ‚eine Gott dieser Welt'), das ebenso der anderen Macht des säkularisierten, nationalstaatlichen Rechtsmittels bedarf (,die vielen Götter dieser Welt'), um sich in der Welt zu stabilisieren – die zwei irrenden Totalitäten, die sich zu einer komplementären, liberalen oder illiberalen Einheit vereinen. Die Dynamik der empirischen Mittel geht dabei zu einem überempirischen, metaphysischen, liberal-demokratischen oder illiberal-autoritären Standpunkt über, der immer schon die *archische Voraussetzung* für die immanent-historische *Wirkung* der Medien war und ist: das Seinsollende in der Verzeitlichung des Absoluten. Daher, nicht Mythos und Logos, Lüge und Wahrheit, Schicksal und Freiheit, Immanenz und Transzendenz, Mensch und Gott als dualistisch getrennte Sphären. Vielmehr bilden beide das *eine* komplementäre Mediendispositiv, das im Gebot steht: ,Sei!' Das Ursprüngliche der Monomythie und Polymythie ist dann nicht – wie die ontologische (positiv) oder dialektische (negativ) Tradition meint – das Ehrwürdigere, Vornehmere, Unverdorbene und Reinere, sondern geradezu das Verdorbene und Unreine, das von Anfang an alle Medien kontaminiert hat. Ein imperatives Gebot, das den Stillstand in der medial prozessierenden Diakrisis meint: das verabsolutierte Medium als Freiheit und Zwang, Heilmittel und Gift, Kontingenz und Notwendigkeit zugleich. Ein Ununterscheidbares, das dabei Werden und Sein, Zeit und Ewigkeit gleichermaßen beschlagnahmt, sodass die eine von Gott (Monotheismus) und Göttern (Polytheismus) geschaffene Welt schließlich eins wird mit der Welt *ohne* Gott (säkularisierte Geschichte, Modernität, Atheismus, Gesellschaft, Kultur, Ökonomie) und Götter (säkularisierte Nationalstaaten und Rechtssysteme). Es ist das *historisch-zeitliche* und zugleich *überzeitliche Existente*, atheistisch-theistische Zugleichsein des scheinbar Inkompatiblen. Solch ein Stillstand des Mediums meint nicht – im intellektuellen oder ästhetischen Spiel – die Geschichte als eine *mythisch-erstarrte* Figur (die „Dialektik im Stillstand"; Benjamin), die anschließend, ,dialektisch' (Adorno) oder ,messianisch' (Benjamin) gesprengt wird. Vielmehr den politischen Ort der *stasis* und des *polemos*, wo die ganze *Dialektik selber* das Problem der ontisch-ontologischen Medienökonomie bildet; ein politischer Ort, wo sich Freund und Feind, Liebe und Hass, Freiheit und Knechtschaft, Kontingenz und Notwendigkeit, Heilmittel und Gift vermischt haben und darin nur noch die eine archische Figur der Feindökonomie bilden. Nur wenn die kontaminierte *Zweiheit* (von Wahrheit und Lüge, Atheismus und Theismus, Freiheit und Unfreiheit, Drinnen und Draußen, Freund und Feind, Nächster und Fernster, Heilmittel und Gift, Frieden und Krieg) durch einen politischen Gegenbefehl deaktiviert wird, können Medien wieder anarchisch (herrschaftslos) als neue Praxis *unkontaminiert* auftreten: *frei sein, nicht mehr von den Imperativen Beherrschtsein.*

In den Medien gibt es daher keine *reine* Wahrheit oder *reine* Unwahrheit. Es gibt auch keine Wahrheit, die sich scharf von der Lüge, Erzählung und Fiktion unterscheiden ließe. Es gibt auch nicht den scharfen Gegensatz von Wissen gegen

Erzählung, von Wissen gegen Glauben, weil beide von Anfang an miteinander kontaminiert sind. Ebenso wenig sind Wahrheit und Wissen als Prozess einer unendlichen Annäherung zu begreifen, die sich dem Absoluten stetig annähern (Leibniz, Kant); der unendliche Prozess steht in Wirklichkeit im Dienst der alten Imperative: „Man musst wollen können" (Kant). Es gibt dann auch kein ‚Stück Wahrheit', die sich von der ‚ganzen Wahrheit' unterscheiden ließe. Eben, weil die ‚ganze Wahrheit' heute ökonomisch-politisch von der ‚absoluten Wahrheit' der liberal-demokratisch-kapitalistischen, oder von der illiberal-autoritär-kapitalistischen Totalität konfisziert wurde. Dergestalt, dass Medien in ihrer stillgestellten (stasiologischen) Mitte und metaphysischen Totalität (Demokratie, Autokratie, Nationalismus, Islamismus) nur noch *antagonistisch-polemisch* auftreten können. In der heutigen Sprache der Feindschaft heißt dies: friedliches Diskursparadigma der „alten Realität"[32] gegen das neue *Feind-* und *Kriegsparadigma* – daher heute auch die Krise der Intellektuellen, die, seit der Coronakrise und nun erst recht im Ukrainekrieg, mit ihrem alten ‚Diskursparadigma' regelrecht abgestürzt sind. Eben, weil sie, wie es heute heißt, die „Zeitenwende" nicht mitmachen wollen oder können. In ihrem naiven „Pazifismus" wollen und können sie offenbar, so der Tenor, nicht von ihrer naiven ‚Friedenspolitik' auf die neue ‚Kriegspolitik' umschalten und überlassen so den illiberal-autoritären Kräften der Finsternis wieder das Feld – wobei hier freilich beide vergessen haben, dass die neue ‚Ausnahme der Kriegspolitik' immer schon die alte ‚Regel der Friedenspolitik' war.

Vor dem Hintergrund dieser ‚neuen Realität', die liberal- oder illiberal-dogmatisch verkündet wird, wird nun auch die Diagnose der *Dialektik der Aufklärung* wieder verständlich (die bekanntlich in den dunkelsten Jahren des Zweiten Weltkrieges erstellt wurde): dass der letzte Funken von Vernunft aus der Realität entwichen und die Menschheit auf archaische Stufen regrediert sei[33] (also in er-

---

[32] So heißt es in der WELT anlässlich eines „offenen Briefes an Kanzler Scholz": „Zwei Monate nach dem Überfall Russlands auf die Ukraine erreicht die Zeitenwende Deutschlands Intellektuelle. Doch ein Teil verharrt in seiner alten Realität." (Alexander 2022). Gemeint sind hier vor allem die Vordenker des alten Diskursparadigmas (Jürgen Habermas, Alexander Kluge, Hartmut Rosa oder Harald Welzer), die sich auf eine ‚vermittelnde', aber darin auch abstrakt-diskursive, poetische und ‚pazifistische' Position zurückgezogen hätten.

[33] „Die Unmöglichkeit, aus der Vernunft ein grundsätzliches Argument gegen den Mord vorzubringen, nicht vertuscht, sondern in alle Welt geschrien zu haben, hat den Haß entzündet, mit dem gerade die Progressiven Sade und Nietzsche heute noch verfolgen." (Horkheimer und Adorno 1995, S. 127). Habermas, der die *Dialektik der Aufklärung* kommentiert, schreibt im *Der philosophische Diskurs der Moderne*: „Diese Stimmung, diese Einstellung ist nicht mehr die unsere." (Habermas 1989, S. 130). Inzwischen hat ihn und uns diese „Stimmung" wieder kollektiv eingeholt, wobei er (und mit ihm die Intellektuellen der „Konsensdemokratie") seine ‚alte, diskursiv-abstrakte Realität' immer noch verzweifelt zu retten versucht.

neuerter alter Barbarei versank und Aufklärung als radikal gewordene mythische Angst sich erwiesen hat), sodass die Trümmer einer in sich zerfallenden Zivilisation trostlos zurückgelassen wurden. Ähnlich heute das Bild der „neuen Realität", die das Feld des Diskursiven (der „zwanglose Zwang des besseren Arguments"; Habermas) und der dialektischen Kritik ganz verlassen hat, um die archaische Ferne des Kriegs moralisch in der Nähe der glorreichen Demokratie zu verherrlichen. Was aber damals noch als ein historisch-mythisches Bild („dialektisches Bild") begrifflich oder ‚poetisch-spielerisch' entfaltet wurde, ist heute keines mehr, weil inzwischen die Medien der Philosophie (Begriff) und Kunst (Bild, Sprache, Musik) in der politischen Feindökonomie kollabiert sind. Auch rotiert die historisch-mythische Medienmaschine nicht immer weiter auf der gleichen Stelle, um darin die ewige Wiederkehr des Gleichen zu bedeuten. Vielmehr hat die historisch-gesellschaftliche und politisch-staatliche Medienmaschine auch unendlich an Macht und Gewalt gewonnen, um die Anhänger der ‚westlichen, liberal-kapitalistischen Demokratien' psychotechnisch in einen neuen ‚Kriegsrausch'[34] zu versetzen; eine liberal-demokratisch-kapitalistische Gesellschaft, die sich an ihren eigenen metaphysischen Begriffen wie „westliche Werte", Demokratie, Freiheit,

---

[34] So sah einmal Benjamin im „Rausch" einen der großen Affekte des kollektiven Subjekts (Benjamin 1991c, S. 146–148). Eine kollektive Regung der Kräfte revolutionären Umbruchs und der Glückssteigerung – es waren Affektausbrüche wie sich in den antiken kosmischen Rausch- und Mysterienbildern, aber auch in den kollektiv-revolutionären Glücksbilder des „Surrealismus" ausdrückten. Sie waren aber auch Rauschbilder einer kriegerischen Passion, wie sie sich im modernen technischen Krieg als pervertierte Berauschung der Kollektive zeigten. Wenn wir aber diese dionysische Berauschung heute konkret aus der gesellschaftlichen Sphäre ablesen würden, so sind dies in Wirklichkeit Affekte (die Medien als Wogen und Wallen der Empfindungen, die einen scheinbar privilegierten Zugang zum Ansichsein, zur Spontaneität selber haben), die immer schon im Dienst der ökonomischen und politischen Imperative stehen: ‚Spüre!' ‚Fühle', ‚Berausche dich an deiner Marke, Demokratie oder Nation!' Deswegen müsste heute der „Rausch" psychopolitisch als ‚Irrationalität' der kulturell-gesellschaftlichen und politischen Formen gelesen werden. Es sind, wie J. Vogl schreibt, „Perspektiven herausgefordert, welche die Geschichte kapitalistischer Wirtschaftsformen nicht nur am Leitfaden von Rationalisierungsprozessen, sondern auch mit dem Blick auf die Ressourcen und auf die produktiven Kräfte von Nichtwissen, Phantasmen oder Irrationalitäten erfassen." (Vogl 2021, S. 158) Diese „Irrationalitäten" wären dann, in ihrer dionysisch-ekstatischen Form, vor allem auf dem Feld des Sports (Spiel) zu lokalisieren, der den doxologischen Aspekt der Macht bildet – nicht umsonst gab es im Römischen Reich der Ausdruck „Brot und Spiele". Eine pervertierte Berauschung, wie sie heute vor allem im Fußball (Spiel) stattfindet und dabei einerseits den liberal-demokratischen oder illiberal-autoritären Kapitalismus stabilisiert, andererseits aber auch das ‚Vorspiel' zur politischen Kriegsberauschung liefert, wo liberal-demokratische, illiberal-autokratische oder religiös-islamistische Totalitäten antagonistisch-polemisch gegeneinander antreten.

Toleranz oder Menschenrechte berauscht. Die „Freiheit zum Immergleichen" ist somit in der medialen Mitte zur ‚Freiheit der absoluten Vernichtung' geworden. Damit diente auch die ‚Potenz der Arbeit' nicht dazu, den „Kommunismus" in der „*wirklichen* Bewegung"[35] zu realisieren, sondern – sofern hier der Widerstand als politischer Gegenbefehl zum Befehl ausbleibt – von Mensch und Welt ganz zu befreien. Auch die ontologische „Sorge" (Heidegger) sollte dann in Wirklichkeit nur die ‚Entsorgung' von Mensch und Welt sein. Das ganze, ontisch-ontologische ‚Gesetz der Medienökonomie' hat somit keine Fehler, vielmehr ist selbst der Fehler: der Fehler in den Medien selbst, die von Anfang an im archischen Befehl einer Sollenhaftigkeit stehen.

Medien (ökonomische, kulturelle, politische, rechtliche etc.) als Wesen und Unwesen sind somit in ihrer individuellen wie kollektiven, immanenten wie transzendenten Wirkung nichts anderes als stasiologisch-polemische Kriegs- und Rauschmittel, die als Hypermoderne immer noch im Dienste der uralten Mächte stehen – alles andere bleibt indikative Medienkonstruktion (Ist, Sein, Werden), welche nur die jeweilige Herrschaft festigt. Genau deswegen gilt es aber sie in ihrer Wirkung auch zu deaktivieren, sie politisch im resistenten Gegenbefehl außer Kraft zu setzen – anstatt sie in Kunst, Philosophie oder Theologie unpolitisch zu verherrlichen. In den Medien geht es eben nicht um die Differenz von Vernunft vs. Affekte, Ökonomie vs. Politik, Technik vs. Leib, Relation (abstrakt) vs. Beziehung (konkret), Theorie vs. Praxis, Materie vs. Idee, Immanenz vs. Transzendenz, Atheismus vs. Theismus. Vielmehr darum, eine politische *Gegenwirksamkeit* zu erzeugen, die als Gegenbefehl den archischen Befehl außer Kraft setzt. Denn während uns die modernen Medien ständig an die neuen und alten *Gebote* des Mythos und der Theologie zurückbinden (Religion: das Verbindende, Zurückverbindende; „religare"), meint *politische Gegenwirksamkeit* die ‚Kultur' und ‚Religion der Befreiung': die Praktiken der Befreiung, die an ein befriedete Haus der Menschheit ohne Befehl, Hass, Feindschaft und Krieg erinnern. Die real existierende Religion (in ihrer säkularisierten Form der Kapitale und A-Kapitale) *bindet* uns hingegen in der Mitte der Medien ständig zurück an das große archische Gebot des Mythos und der Theologie, das von Anfang an das Leben unter dem ‚Gesetz einer verkehrten Medienökonomie' stellt und es dadurch unlebbar macht. Medien müssen aber

---

[35] „Der Kommunismus ist für uns nicht ein *Zustand*, der hergestellt werden soll, ein *Ideal*, wonach die Wirklichkeit sich zu richten haben wird. Wir nennen Kommunismus die *wirkliche* Bewegung, welche den jetzigen Zustand aufhebt." (Marx und Engels 1978, S. 35). Die „wirkliche Bewegung" hebt nicht den „jetzigen Zustand" auf, vielmehr bildet die ‚revolutionäre Differenz' darin geradezu die Bedingung dafür, dass die ontisch-ontologische Medienmaschine weiterläuft. Das „Sollen" ist daher nicht der wirklichen Bewegung selbst anwesend und meint heute den Befehl der Imperative.

nicht notwendig verkehrt (*kata-stophisch*) laufen und darin immer mehr ihre katas-
trophische Gewalt entfalten; in ihrer Mitte können sie auch anders, nämlich *anarchisch* und *heilsam* wirken und zuletzt diese ,verkehrte Mitte' als Mediengesetz
auch wegnehmen – wie ein Arzt, der ja nicht der Gesundheit etwas hinzufügt,
sondern nur die Krankheit wegnimmt, aber mit diesem Wegnehmen der Krankheit
auch die Gesundheit von Körper, Psyche und Geist freisetzt.

In den Medien gilt es daher die Frage zu stellen: Was zeichnet Philosophie,
Kunst oder Theologie als Medien überhaupt aus? Es ist jedenfalls nicht ihre bloße
Unbestimmtheit, Komplexitätssteigerung, Vieldeutigkeit, Intransparenz oder un-
ergründliche Transzendenz; denn alle diese Kategorien sind ja als autonome ebenso
hegemonial bestimmt. Vielmehr die Resistenz gegen die ontisch-ontologische
Medienökonomie, die im Dienst der Imperative steht. Medien richten sich gegen
die Macht. Sie sind mit dem Abbau von Hegemonie und Herrschaft beschäftigt,
und die aber nicht irgendwann, in der Kontinuität der Zeit, erfolgen soll, sondern
im *Hier und Jetzt* konkret und politisch stattfinden muss – alles andere beschreibt
nur den glorreiche Aspekt der Macht; die philosophischen, künstlerischen oder
theologischen Praktiken, die alle noch in ihrer radikalen Kritik auf der Ebene der
Herrschaft operieren. Philosophische, künstlerische und theologische Praktiken
koinzidieren als humane einzig in der politischen *Resistenz gegen die Macht*, um
im Raum des Politischen die neue *Beziehung* eines versöhnend-anarchischen Zu-
stands herzustellen. Es gilt die historisch-gesellschaftliche, ontologische, metaphysische, neomythische und pseudotheologische *Beschlagnahme der Medien*
wieder rückgängig zu machen – und sie nicht liberal-demokratisch, illiberal-
autoritär oder islamistisch-fundamentalistisch stillzustellen, um anschließend den
metaphysisch-moralischen Standpunkt des ,Guten' gegen das ,Böse' einzunehmen. Denn die Stelle, wo das ,Wahre' und ,Gute' liberal-demokratisch,
illiberal-autoritär oder islamisch-fundamentalistisch zunimmt, ist auch der Ort, wo
die Ära des ,Falschen' und ,Bösen' zunimmt. Das Teuflische des Mediums liegt
eben darin, dass es sich an die Stelle des ,guten', ,richtigen', ,hellen' und ,heilen-
den Mediums' setzt und darin Versöhnung, Sozialität, Gemeinschaft, Singularität,
Güte, Freiheit, Demokratie und Gerechtigkeit vorgaukelt. Denn wenn es wirklich
das Wahre, Gute, Sichere, Schöne und Gerechte wäre, wie es ontologisch vor-
täuscht, dann wären auch Widerspruch, Konflikt, Streit, Feindschaft und Krieg erst
gar nicht entstanden. Dass sie aber in Geschichte und Gesellschaft immer noch
wirksam sind, beweist, dass jene humanistischen Heilmittel in Wirklichkeit das
Gift enthalten, das sie freilich keinesfalls sein wollen. Deswegen wäre hier die
Frage zu stellen: Warum erzeugen die Mittel (einschließlich des Körpers und der
Gefühle) der Aufklärung, der Rationalität, der Vernunft, der Humanität, des Fortschritts, der Moderne, der Zivilisation oder der Demokratie ihrerseits die illiberale,

autokratische, faschistische, nationalistische oder islamistische Irrationalität? Warum erzeugt die ‚Wahrheit des liberal-demokratisch-kapitalistischen Systems' die Unwahrheit des Autoritarismus, Faschismus, Islamismus, oder die neue postulierte „Vierte politische Theorie" (Alexander Dugin), die angeblich nach Liberalismus, Faschismus und Kommunismus am ehesten geeignet sei, das Überleben der Menschheit im Zeitalter der Globalisierung zu sichern? Warum sondert die Verabsolutierung des liberal-demokratischen Kapital- und Nationalmittels in seiner ‚absoluten Wahrheit' und ‚Güte' immer wieder das ‚Gift' des ‚unbedingten Feindes' ab? Die Antwort lautet: Weil jene liberal verfestigten Begriffe (Freiheit, Demokratie, Toleranz, „westliche Werte" etc.) selber auch das ‚Gift' sind, das sie freilich nur als reines Mittel und Heilmittel präsentieren. *Wahrheit heute ist der Wahn des Ganzen, die unbedingte Feindschaft* im liberal-demokratischen, illiberal-autoritären, nationalistischen, faschistischen, islamistischen oder eurasischen Kosmos. Damit aber auch der *absolute Gegensatz* zum Frieden, zur Freiheit, Sicherheit, Freundschaft, Gewaltlosigkeit und Versöhnung. Ein in sich selbst verdrehtes Medium als Katastrophalität, das in seiner hypermodernen Dynamik sowohl die Singularität des Einzelnen als auch die ‚soziale Gemeinschaft der Freunde' einer unendlichen Vernichtung aussetzt. Genau deswegen gilt es aber das Medium in seiner stasiologisch-polemischen Mitte zu deaktivieren, die Verkettung der Gewaltakte außer Kraft zu setzen, um den Medien ihre unverdorbene, herrschaftslose Wirkung wieder zurückzugeben. Solch eine Resistenz entkoppelt die Medien (Worte, Bilder, Töne, Dinge, Taten etc.) von ihrer bloßen Wirkung und schneidet sie von jeder feindlichen Referenz ab. Die Medien der *stasis* (Bürgerkrieg) und des *polemos* (Krieg) werden außer Kraft gesetzt, um so *irenophil* (friedensfreundlich) wirken zu können. Gerade die antitoxische Referenzlosigkeit, die jede ‚Beziehung als feindseliges Geschäftsmodell und Gemeinschaftsgefühl' neutralisiert, stellt somit auch die *neue Beziehung* zur Freundschaft, Gerechtigkeit, Freiheit und zum Frieden her – in einer Welt wo Frieden, Versöhnung und Freundschaft an die Stelle des alten Konflikts, des Streits und der Feindschaft getreten wären, hätte dann auch Heraklit (Πόλεμος πάντων μὲν πατήρ ἐστί; Krieg ist aller Dinge Vater) unrecht. Die ‚demokratische Wahl' des ‚kleineren Übels' ist hingegen immer schon die Wahl des ‚größten Übels' gewesen, weil die kleine Differenz nicht etwa die Herrschaft kontinuierlich schwächt, vielmehr sie als eine absolute im Kontinuum der Zeit immer wieder bestätigt und sie dynamisch vermehrt. Der ganze Prozess ist daher als solcher unwahr, feindselig, antagonistisch-polemisch, sodass die *genuine politische Differenz* durch jenes ‚kleinere Übel' als kontaminierte Differenz um ihr ganzes politisches Gewicht gebracht wird. Die *Differenz* als politisches Gewicht retten heißt vielmehr, sie als Resistenz und Gegenbefehl gegen die Imperative eines Seinsollenden begreifen. Denn es gibt keine ‚Demokratie'

ohne eine humane ‚Gemeinschaft der Freunde' und ohne eine Achtung vor der
Singularität, die im ‚archischen Gesetz des singulären Allgemeinen' nicht aufgeht.
Genau deswegen meinen Medien alle Kategorien in ihrer Dekontamination (Freiheit, Schönheit, Lust, Glück, Wahrheit, Gerechtigkeit etc.); wenn man nämlich eine
dieser Kategorien für sich allein nimmt, dann wird sie notwendig toxisch und infiziert damit alle anderen Kategorien gleich mit; wenn man etwa das „Ästhetische"
als Kategorie für sich allein isoliert, dann landet man etwa bei Leni Riefenstahl
oder bei Karlheinz Stockhausen, der bekanntlich über die eingestürzten Türme des
World Trade Center formulierte: „Das war das größte Kunstwerk, das es je gegeben
hat." Auch wenn es heute keinen unschuldigen Standort mehr gibt, von dem aus
die Welt überblickt werden könnte, so meint doch das außer Kraft setzen des Gesetzes der Medienökonomie auch den wieder bewohnbaren Ort, wo die Schönheit
nicht mehr bloß eine des Kosmos ist, wie ihn einmal Platon oder Kant betrachtet
haben (wissenschaftlich inzwischen ein Unort), sondern, nun vom Weltraum aus
betrachtet, auch zu einer der Erde und Erdlinge werden kann, die ihre Schulden,
durch eine Ökonomie des Opfers, endlich los geworden sind.

Medien als *Differenz* meinen die ‚Vermittlung' der *Zweiheit*, zwischen Individualität und Gesellschaft, Privatheit und Öffentlichkeit, Einzigartigkeit und Allgemeinheit,
Singularität und Gemeinschaft. Sie verorten den *Ernst* der politischen Lage und sind
daher nicht das *Spiel*, das auf der Theaterbühne oder auf der intellektuellen Bühne
gespielt wird – auch wenn dieses tragisch sein soll. Sie meinen auch nicht das ‚agonale', sondern das *antagonistisch-polemische Verhältnis*, das den ernsthaften Raum
des Politischen bildet. Was konkret vermittelt werden muss, entsteht somit erst durch
die mediale Vermittlung, die aber durch die Imperative auch archisch besetzt ist. Deswegen bedeutet Entpolitisierung immer auch Entindividualisierung, Enteignung des
Individuellen und Allgemeinen, des Singulären und Gemeinsamen zugleich, weil die
Möglichkeit enteignet zu werden eine Grundbedingung des Medialen ist. Die *Mitte*
lässt nämlich beide Momente (Individuelles und Gesellschaftliches, Selbst und Soziales, Singuläres und Allgemeines, Mensch und Gott, Immanenz und Transzendenz)
zugleich absterben. Sie tötet beide zugleich, weil die *Zweiheit* von Anfang an durch die
Idee einer monarchischen oder polyarchischen Sollenhaftigkeit besetzt ist, um heute,
durch die Selbstzerspaltung des einen Prinzips, ein *antagonistisch-polemisches* Verhältnis zu bilden. Das wahrhaft politische, resistente, antithetische Medium zerstört
hingegen seine *feindselige Zweiheit* (Individuum und Gesellschaft, Besonderes und
Allgemeines, Säkulares und Sakrales, Mensch und Gott, Immanenz und Transzendenz etc.) und löscht dabei die Erinnerung daran aus. In seiner dekontaminierten Mitte
meint es das radikale Vergessen, weil die Erinnerung daran – eben der Missbrauch von
Geschichte, wie sie auch in Schulen, Universitäten und Institutionen bis heute gelehrt
wird – das Medium wieder toxisch und feindselig werden lässt. Es ist die politische

Aufforderung, Erinnerung und Geschichte nicht im Andenken zu missbrauchen und damit Schaden anzurichten, vielmehr alle toxische Erinnerung unschädlich zu machen. Deshalb ist das Medium in seiner politischen Mitte das Unvergessbare. Etwas, das, um der ‚Ökonomie des Leidens' willen, nicht vergessen werden darf. Denn wenn die pseudotheologische Kapital- und mythisch-staatliche Rechtsmittelökonomie als Bewirtschaftung und Verrechtlichung der Welt sowohl die Enteignung des Singulären als auch die Enteignung des Gemeinsamen betreiben. Dann ist nur noch die zeitliche Umkehrung des Mediums denkbar: Das Medium der Enteignung, des Vergessenmachens, des molekularen Gestöbers, der ewigen Quantenfluktuation, des Diffundierungs- und Disseminationsprozesses tritt aus dem Vergessen hervor, um in seinem verkehrten (*diabole, katastrophen*) Lauf unschädlich gemacht zu werden. Einzig als *gereinigtes* Mittel (nicht reines) verhindert es jegliche Kontamination mit seiner feindseligen Medienökonomie (Netzwerk-, Operativitäts-, Verschaltungs-, Übertragungs-, Referenz-, Informations-, Daten-, Konsum-, Kreativitäts-, Denk-, Praxis- oder Affektökonomie) und führt so in seiner *Mitte* eine *asymmetrische* Motivation, Gravitation und Liebe ein, die den Kern des Humanen bildet – insofern hat Hegel anders recht als er idealistisch meint: ‚Liebe ist das unterscheiden zweier (Singuläres und Allgemeines, Individuum und Gesellschaft, Immanenz und Transzendenz, Mensch und Gott), die füreinander nicht unterschieden sind'. Das heißt, nicht Privatisierung oder Kollektivierung (kollektiver Narzissmus) der ‚Liebe' und des ‚Lebens' im bürgerlichen Dasein, sondern ihre radikale Politisierung im singulär-allgemeinen Gravitationsfeld der Freundschaft und der Liebe. Solch ein politisch freundschaftliches Medium ist dann universell und unterschiedslos auf jeden gerichtet, der den eigenen Weg kreuzt. Wenn also die politische Mitte die ‚Feindseligkeit aller gegen alle' heute zum allgemeinen Geschäftsmodell und allgemeinen Gemeinschaftsgefühl geworden ist, um darin alle Kultur, Religion, Staatlichkeit, Zivilisation und Politik auf ihren archischen Grund zurückzuführen. Dann gilt es diese Enteignung und Pervertierung des Singulären und Gemeinsamen wieder rückgängig zu machen. Denn sich dieser Enteignung und Pervertierung des Singulären und der Gemeinschaft einfach zu überlassen, verbietet einfach die Idee des Politischen als eine ‚Gemeinschaft der Freunde', die immer auch die Achtung vor dem Singulären meint.

Literatur

Adorno, Theodor W. 1989. *Negative Dialektik*, Frankfurt/M.: Suhrkamp.
Agamben, Giorgio. 2003. *Die kommende Gemeinschaft*, dt. Berlin: Merve.
Agamben, Giorgio. 2010. *Herrschaft und Herrlichkeit. Zur theologischen Genealogie von Ökonomie und Regierung*, dt. Berlin: Suhrkamp.

Agamben, Giorgio. 2016. *Stasis. Der Bürgerkrieg als politisches Paradigma*, Frankfurt/M.: Fischer.

Alexander, Robin. 2022. Der neue Streit der Intellektuellen stürzt Scholz in ein Dilemma. In https://www.welt.de/politik/deutschland/plus238610949/Waffenlieferungen-Die-neue-Front-der-Intellektuellen-und-Scholz-Dilemma.html [Zugriff: 10.05.2022].

Arendt, Hannah. 1974. *Über die Revolution*, München: Piper.

Aristoteles, 1978. *Über die Dichtkunst*, Werke, griechisch und deutsch, Hrsg. F. Susemihl, Aalen: Scientia.

Aristoteles. 1985. *Nikomachische Ethik*, Philosophische Bibliothek, Bd. 5, Hamburg: Meiner.

Badiou, Alain. 2011. *Lob der Liebe*, dt. Wien: Passagen.

Badiou, Alain. 2021. *Was heißt Leben? Bilder der Gegenwart III. Seminar 2001–2004*, dt. Wien: Passagen.

Baecker, Dirk. 2022. *Auf dem Weg zu einer Theorie der digitalen Gesellschaft*. In https://www.soziopolis.de/lesen/buecher/artikel/auf-dem-weg-zu-einer-theorie-der-digitalen-gesellschaft/ [Zugriff: 09.01.2022].

Benjamin, Walter. 1991a. *Über den Begriff der Geschichte*. In Ders., Gesammelte Schriften, Bd. I. 2, Frankfurt/M.: Suhrkamp.

Benjamin, Walter. 1991b. *Zur Kritik der Gewalt*. In Ders., *Gesammelte Schriften*, Bd. II.1, Frankfurt/M.: Suhrkamp.

Benjamin, Walter. 1991c. *Zum Planetarium*. In *Gesammelte Schriften*, Bd. IV, Frankfurt/M.: Suhrkamp.

Boltanski, Luc. 1990. *L'Amour et la Justice comme Compétences. Trois essais de sociologie de l'action*, Paris: Métailié.

Deleuze, Gilles. 2005. *Tausend Plateaus. Kapitalismus und Schizophrenie*, dt. Berlin: Merve.

Deleuze, Gilles. 2007. *Differenz und Wiederholung*, dt. München: Fink.

Habermas, Jürgen. 1989. *Der philosophische Diskurs der Moderne*, Frankfurt/M.: Suhrkamp.

Hegel, G.W.F. 1969a. *Wissenschaft der Logik II*, Theorie Werkausgabe, Bd. 6, Frankfurt/M.: Suhrkamp.

Hegel, G.W.F. 1969b. *Vorlesungen über die Philosophie der Religion II, Theorie Werkausgabe*, Bd. 17, Frankfurt/M.: Suhrkamp.

Horkheimer, Max. 1981. *Zur Kritik der gegenwärtigen Gesellschaft (1968)*. In Ders., *Gesellschaft im Übergang, Aufsätze, Reden und Vorträge 1942–1970*, Frankfurt/M.: Fischer.

Horkheimer, Max und Adorno, Theodor W. 1995. *Dialektik der Aufklärun. Philosophische Fragmenteg*, Frankfurt/M.: Fischer.

Kittler, Friedrich. 1986. *Grammophon – Film – Typenwriter*, Berlin: Brinkmann und Bose

Latour, Bruno. 1993. *We have never been modern*, Cambridge: Harvard University Press.

Latour, Bruno. 2021. *Wo bin ich? Lektionen aus dem Lockdown*, dt. Berlin: Suhrkamp.

Luhmann, Niklas. 1984. *Soziale Systeme*, Frankfurt/M.: Suhrkamp.

Marquard, Friedrich-Wilhelm. 1996. *Zum Geleit*. In *Andreas Pangritz, Vom Kleiner- und Unsichtbarwerden der Theologie*, Tübingen: Theologischer Verlag.

Marx und Engels. 1966. *Manifest der kommunistischen Partei (1948)*. In *Marx-Engels III, Geschichte und Politik 1*, Studienausgabe, Frankfurt/M.: Fischer.

Marx, Karl und Engels, Friedrich.1978. *Die deutsche Ideologie*. In MEW 3, Berlin: Dietz.

Mouffe, Chantal. 2020. *Über das Politische: Wider die kosmopolitische Illusion*, dt. Berlin: Suhrkamp.

Nassehi, Armin. 2019. *Muster. Theorie der digitalen Gesellschaft*, München: C.H. Beck.

Rancière, Jacques. 2002. *Das Unvernehmen. Politik und Philosophie*, dt. Frankfurt/M.: Suhrkamp.

Schmitt, Carl. 1979. *Der Begriff des Politischen. Text von 1932 mit einem Vorwort und drei Corollarien*, Berlin: Duncker und Humblot.

Vogl, Joseph. 2021. *Kapital und Ressentiment. Eine kurze Theorie der Gegenwart*, München: C.H. Beck.

CPSIA information can be obtained
at www.ICGtesting.com
Printed in the USA
LVHW060814170723
752637LV00004B/535